《欧洲评论·2013(秋)》
EUROPEANA, 2013-Spring

主办：上海交通大学欧洲文化高等研究院

主编/创办人：高宣扬

执行主编：汲喆

EUROPEANA, 2013-Automne

欧洲评论·2013（秋）

高宣扬◎主编

人民出版社

责任编辑:洪　琼

图书在版编目(CIP)数据

欧洲评论·2013(秋)/高宣扬 主编. -北京:人民出版社,2013.12

ISBN 978－7－01－012752－1

Ⅰ.①欧…　Ⅱ.①高…　Ⅲ.①欧洲-研究　Ⅳ.①K500.7

中国版本图书馆 CIP 数据核字(2013)第 258183 号

欧洲评论·2013(秋)

OUZHOU PINGLUN 2013 QIU

高宣扬　主编

人民出版社 出版发行

(100706　北京市东城区隆福寺街 99 号)

北京市文林印务有限公司　新华书店经销

2013 年 12 月第 1 版　2013 年 12 月北京第 1 次印刷

开本:710 毫米×1000 毫米 1/16　印张:22.25

字数:350 千字　印数:0,001-1,500 册

ISBN 978－7－01－012752－1　定价:48.00 元

邮购地址 100706　北京市东城区隆福寺街 99 号

人民东方图书销售中心　电话 (010)65250042　65289539

目 录 · Sommaire · Contents

总　序

在全球化的新时代,亚洲的崛起和欧盟的扩建,不但使全球人类社会的时间和空间两大维度的结构及其性质发生了根本的变化,也使文化和思想创造的过程及其产品,在欧亚两大洲所完成的史无前例转折中,转化成为文化创造的高效率力量,促使全球文化从此迈入全面复兴和繁荣的新时期。从此,危机虽然不断出现,不确定性和风险性也时时威胁我们,但欧亚文化的紧密交流以及由此产生的威力,将足以应对各种考验和挑战,引领人类进入与自然进一步和谐的生存环境。

《欧洲评论》以欧洲二千五百多年的哲学传统及其近三百年的社会理论和社会运动的历史经验为基本脉络,以一个多世纪以来汉语学术界对于欧洲社会、人文科学的接受史为背景,来研究作为一种政治、思想和文化传统整体的欧洲,来追溯欧洲这一"精神—思想—文化合金"在中国的辐射和蜕变,探寻它作为一种历史成果和思想实验对于中国的未来政治和对于全球化中的中国自身的身份认同的意义。我们将倚重人文社会科学这一欧洲历史实践的光辉遗产,与欧洲和中国同行一起,通过深入研究欧洲的过去、现在和未来,来挖掘并引申其与中国的当前和未来的纠结。

《欧洲评论》将以上海交通大学欧洲文化高等研究院暨欧亚研究中心为基地,汇聚国内外欧洲研究之精英力量,聚焦本领域当前的研究兴趣、眼光和论题,力争成为该学科的前沿研究和论争的阵地。我们热烈期待着大家的关注和参与。

高宣扬

Migrations et mobilités européennes
欧洲的移民与流动性

导　言

安娜·克勒斯泰娃

"我在哪里都没有根,而哪里都想去。我到处寻找值得我活的生活和值得我知道的知识。"

这段出自沙法克(Elif Shafak)小说《爱》中的一位 13 世纪的波斯游方僧的话,说明作为对意义的追寻的流动,是如何的源远流长。今天的游牧民出走是为了发现自己,这一特性与中世纪的游牧民并无区别。对大部分的移民来说,对意义的追寻则往往交缠于其他更平凡、更急迫的生活面向——工作、安全、教育、家庭。本书专题里分析、问题化、概念化、反省的对象,就是作为移民流动舞台的欧洲。

欧洲与其移民的关系既矛盾又暧昧。一个"无奈的移民大陆"(Wenden),最重要的移民输入地之一,欧洲大陆对于把这段历史铭刻在自身记忆中,以至将其作为自我认同的一部分,有过许多困难,而现在仍然如此。

三个因素在改变着现况。第一个因素,是无可避免的全球化进程。虽然在其中,资本与货物的流动方向与人的迁移相反,但流动正是全球化的定义本身。第二个因素则和迁移的原因相关。"人们离开自己的国家更多是因为被其他国家所吸引:在原籍地没有出路,渴望自我的实现,假期返乡移民所展现的一个有言论自由的消费社会;而较少是迫于人口的压力(况且这压力已经

减少,特别是在马格里布地区)和贫穷而被'推出'自己的国家的。"（Wenden）
"对欧洲的渴望",或者说,"欧洲自身就在吸引着人们",文登（Catherine
Wenden）如此作结论。第三个因素,则是"跨国"逻辑取代"国家"逻辑,人口
流动的模式从永久定居性的移民转变为一系列不同的运动——循环式、钟摆
式,转变为此端与彼端的生活共存。这一转变可以归结为"定居在流动性
中"。

　　潮、浪、蜿蜒的轨迹——流动。要形容移民现象滑入各种需要变化的社会
经济、人口层面时,表现出的不可思议的力量,关键的意象就在于此。在人口
大幅流向城市与海外的保加利亚村庄,英国人用低得让人失笑的价钱购买着
度假小屋。而在不可同日而语的规模上,罗马尼亚移民锁定了一代人前因为
工业化而逐渐荒废的意大利村庄（Weber）。后工业时代的移民发现了工业变
迁的轮廓,从而注入新的人口平衡——这样的地理学,仅仅是移民擅长于发现
社会经济受到削弱的地带而加以重振的例证之一。

　　移民的全球化与欧洲化不仅呈现在"劳力"的流动性上,也包括"脑力"的
流动。如同文登所分析的那样:"与20世纪60年代大规模移民时期相比,现
在的移民潮流中不识字的农民越来越少,而受过教育的城市中产阶层越来越
多。"移民现象的参差百态可以框范在两个极端之中:"3D工作"和"欧洲之
星"。第一个说法同时是描述性和规范性的:作为描述性的表述,这些移民集
中于费力（Difficult）、肮脏（Dirty）而危险（Dangerous）的"3D工作";而在规范
性的表述中,移民被剥夺了一整套权利,成了真真正正的二等公民,让部分作
者称之为"非人"（non-personnes）（Weber 所引 Dal Lago 1999）。卡拉维塔（K.
Calavita）由此创造了"他者经济"（l'économie de l'altérité）的概念以强调移民
对国民经济的融入与本国人不同,而两者的文化差异则被雇主"转译"为高低
之别与差别对待。而在另外一端,则是高学历、工作经验丰富、充满野心的高
级专业人员,全球化现象最引人注目的面孔——法威尔（Favell 2008）称之为
"欧洲之星"。张邦庆（Felix Chang）针对南欧与东南欧的中国移民,特别是塞
尔维亚的情况的研究,就特别侧重于大投资商人以及经理人。布里松
（Thomas Brisson）则介绍了另外一种高技能移民的形象:阿拉伯知识分子。他
的研究爬梳了这个群体在欧洲与法国曲折复杂的建构过程。

　　关于移民现象的论述同样也摆荡在对他者的焦虑,和对流动性这一自由

的赞颂之间。安布洛西尼（Maurizio Ambrosini）区分了移民现象的四种面貌：第一种形象是"入侵者"的形象，亦即未经许可穿越国界的非法移民，他们的行动培育了不安全感的幻觉。第二种形象对移民的呈现，则是从经济出发，在拉动增长方面，而非社会融入方面，赞赏移民的实用性。这个视角让人联想到佐尔伯格（Zolberg 1987）的著名句式："wanted but not welcome"，被需要而不被欢迎。第三种形象则是全球资本主义剥削的受害者，在接收国中被边缘化，在来源国中身陷不可承受的贫穷。与之前两个批评性的负面形象相反，第四种形象是理想性的，着力于描述移民超越距离、阻碍、限制，去适应，去创新的能力，把移民描绘成另类全球化下的英雄（Ambrosini 所引 Rea 2010）。

　　性别与移民互相关联。选择、过程、移居轨迹、移民类型，乃至融入抑或回国的决定，都由性别关系定调，并受其影响。移民经验时而将性别关系问题化，时而又将其强化，但无论在哪种情境中，都将性别关系从惯常的架构中卸除，重新嵌入各种社会、文化、政治环境的不同脉络中，从而提高了性别关系的反身性。这些问题在本编中不止一篇文本都有涉及，但在莫罗克瓦西奇（Mirjana Morokvasic）的文章中，成为了分析的核心。性别的经验随着移民的社会地位、阶级与种族而变异，移民的经验可以被挪用为重新定义性别角色的"借口"，也能成为"赋权"（empowerment）的资源。

　　本书选择了五个地理区域来说明欧洲移民现象的多元性：地中海模式，两个后共产地区——巴尔干半岛及俄罗斯——移民现象的欧洲化，中国与阿拉伯移民社群。

　　在 20 世纪 90 年代最开头的几年，在移民方面（当然不止是移民方面），巴尔干半岛经历了一场爆炸。南斯拉夫解体后的战争、武装冲突、种族清洗让该地区八千万居民中的一千万打上了行囊。而柏林墙推倒后迁移自由的重新确认，又让许多罗马尼亚、保加利亚、阿尔巴尼亚的公民用脚投票，以三种方式回应改革的迟缓，以及新精英的腐败行为：移民，移民，移民。吊诡的是，90 年代初巴尔干半岛的天翻地覆之后，出现了两种截然相反的模式：巴尔干地区西部的移民模式由经济化过渡到政治化（从前南时期的自由移动转为后南斯拉夫时代战乱下的被迫移民）；而在东部则目睹了由政治化转为经济化的移民趋势（之前是罗马尼亚、保加利亚、阿尔巴尼亚等共产党政权对向外移民的禁止，之后则是后共产时代的大规模向外移民）。克勒斯泰娃（Anna Krasteva）

的文章分析了巴尔干半岛东西两部分移民趋势合流的漫漫长路。

本专题中安布洛西尼和韦伯（Serge Weber）的两篇文章凸显的是地中海模式这一主题。地中海模式的分量与日俱增。这首先是因为，20世纪80—90年代欧洲的移民潮深深地打上了这一模式的烙印，但同时也是因为我们会推测，后共产国家社会是否会追随南欧的脚步，由人口输出转变为人口输入。在经历了整个20世纪的向外移民后，南欧国家摇身一变，成为移民输入国，接收了历史新高的两千万新移民。东欧的欧盟新成员国尝试从地中海经验中吸取的教诲之一，就在于移民移入和经济增长动力两者间的连带关系："意大利的经济增长来自移民劳动力的贡献，移民移入更是西班牙经济奇迹的支柱之一"（Weber）。意大利、葡萄牙、希腊等国的移民在20世纪的上半叶为欧洲的经济增长以及第二次世界大战后的重建做出了大幅贡献。前往南欧的移民，与几十年前来自南欧的移民扮演了同样角色。而如果说南欧自身的向外移民，过去时常受雇于公私部门的大型企业——矿业、工厂、铁路，南欧国家对于移民提供的工作则多在家庭与照护产业之中。

俄罗斯作为移民的输出国已广为知晓，较不为人知的是，它也是美国之后世界第二大的移民接收国。它的移民模式建立在两种逻辑的交会上：后共产国家公民在同时发现了言论自由和流动自由后，对于移动的无穷渴望；各地域在经济自由主义转型过程中的转变，加剧了不同地区之间的竞争，最终导致俄罗斯空间的收缩。"俄罗斯边陲地区人口空洞化，纷纷迈向欧俄、乌拉尔山脉和西伯利亚西部。我们也观察到俄罗斯国土的收缩：2/3的领土过去20年中移民净值呈现负向，而西方的1/3国土则大不相同。"（Seys）

一个在中国期刊上的移民专题决不应该错过对欧洲的华人社群的讨论。中国移民是最像移民的移民：流动性、充满弹性、随时准备面对危机和转变："中国移民是一种跨国现象，在危机时期或者过度竞争的时候，可以容易地把他们的供应网络、分销网络和劳工网络转移到其他国家。"（Zhang）。在张邦庆文中，欧洲华人社群这种机敏的弹性被从两个面向加以分析：一个是中国移民在巴尔干，特别是塞尔维亚的定居——在这些地方，华人现象只有不到三十年的历史；此外是大投资者这个角色（而非小商人或餐馆老板），他们的投资在危机时刻特别受欢迎。

布里松选择从一个既相近又不同的视野上分析阿拉伯移民社群。相近，因为与华人社群同样,他所分析的是精英阶级的移民;不同,是因为这群精英并非经济导向,而是知识分子;不是投资者,而是大学教授。这个选择同时包含了理论、政治和社会的面向:知识分子示现了由客体转向主体的过渡历程:"受殖民人民在很长时间里都是欧洲科学凝视的'对象';现在,多亏非殖民化运动,他们成为拥有充分权利的'主体',他们自己讲话而且为自己发声。"(Brisson 所引 Abd-el-Malek 1963)知识关系和权力关系是内在相连的。诸多矛盾可兹证明:"在独立前夕,在巴黎大学注册的阿尔及利亚学生人数多于阿尔及尔大学。(……)直到20世纪50年代末,法国国内所有从事阿拉伯世界研究的研究员和大学教师都是法国人,一个阿拉伯人都没有。"(Brisson)阿拉伯知识分子的在场并不总是带来承认,而这篇文章就分析两者之间争议性的关系。

　　千变万化的旅途终点、轨迹、行为者、认同归属、政策和记忆构建了欧洲移民现象与流动性的纷繁图像。我们并未追求建立一个解释的模型,而是希冀提供更加多元的方法论和分析视野。我们期盼在行为者和政策,移民与融入,理论与实证,政府的优先考虑与人权之间寻找平衡。

　　哪些平衡已经达成,还余下哪些视角有待补充,就交由读者来判断了。

（庄雅涵　译）

参考文献

Abd-el-Malek, Anouar. 1963. "L'Orientalisme en crise". *Diogène*, no. 44: 109-142.

Dal Lago, Alessandro. 1999. *Non-persone: L'esclusione dei migranti in una società globale*. Milan: Feltrinelli.

Favell, Adrian. 2008. *Eurostars and Eurocities, Free Movement and Mobility in an Integrated Europe*. Oxford: Blackwell.

Rea, Andrea. 2010. "Conclusion: les Transformations des régimes de migration de travail en Europe". In *De l'ouvrier immigré au travailleur sans papiers: les Étrangers dans la modernisation du salariat*, edited by Alain Morice and Swanie Potot, 307-315. Paris: Karthala.

Zolberg, Aristide R. 1987. "Wanted But Not Welcome: Alien Labor in Western Development".In *Population in an Interacting World*, sous la direction de William Alonso, 261–297. Cambridge: Harvard University Press.

Introduction

ANNA KRASTEVA

«JE N'AI DE RACINES nulle part et je veux aller partout. Je cherche partout la vie qui vaut la peine que je vive et les connaissances qui valent la peine que je connaisse». Les mots d'un derviche du XIIIe siècle, personnage du roman *Amour* d'Elif Shafak, illustrent la pérennité de la mobilité comme recherche de sens. Partir pour se découvrir caractérise les nomades d'aujourd'hui comme ceux du Moyen Âge. La recherche de sens est, pour la plupart des migrants, imbriquée dans la recherche d'autres dimensions de la vie plus prosaïques et plus urgentes-emploi, sécurité, éducation ou famille. L'Europe, théâtre des mouvements migratoires, tel est l'objet des analyses, des problématisations, des conceptualisations et des réflexions de ce dossier.

Le rapport de l'Europe à l'immigration est paradoxal et ambigu. Ce «continent d'immigration malgré lui» (Catherine de Wenden), l'un des plus grands en ce domaine a eu et a encore du mal à graver cette histoire dans sa mémoire pour faire une partie de son identité.

Trois facteurs changent la donne. Le premier est dû à l'inévitable marche de la mondialisation qui engendre la circulation des capitaux et des marchandises dans une direction opposée à celle des personnes, marche qui n'est rien d'autre, en sa définition même, que cette circulation et cette mobilité généralisée. Le second est lié aux causes de la migration:

Ce sont moins la pression démographique (d'ailleurs en baisse, notamment au Maghreb) et la pauvreté qui poussent les gens hors de chez eux que l'attirance pour d'autres horizons, l'absence d'espoir sur

place, le désir de se réaliser, la visibilité à travers les migrants de re-
tour pendant le temps des vacances d'une société de consommation et
de liberté d'expression.　　　　　　　　　　　　　　　（Catherine de Wenden）

Comparativement à l'attrait croissant et décisif des facteurs qui retiennent la
migration (*pull factors*), les facteurs qui la poussent (*push factors*), déterminants
dans le passé, commencent à perdre de leur importance. Catherine de Wenden le
résume en ces termes: «Envie d'Europe», «L'Europe attire par elle-même». Le
troisième facteur se caractérise par le passage de la logique nationale, celle de la
migration définitive et sédentarisée, à la logique transnationale, celle d'une variété
de mouvements, circulaires et pendulaires ainsi qu'à la coprésence-à la vie ici et
là-bas. Il s'agit de «s'installer dans la mobilité».

Flux, vagues, parcours sinueux, la fluidité est la métaphore centrale pour
désigner l'incroyable capacité de la migration à s'immiscer dans tous toutes les
niches sociales, économiques, démographiques en attente d'innovation et de
changement. Des Britanniques achètent des maisons à prix dérisoires dans des vil-
lages bulgares affaiblis par la migration vers les villes et vers l'étranger. À une
échelle moindre, les Roumains ont investi les villages italiens désertés par les
générations précédentes pendant l'industrialisation (Serge Weber). Cette
géographie de la migration postindustrielle retrouve les contours de la dynamique
industrielle pour réintroduire un nouvel équilibre. Elle illustre l'habilité de la mi-
gration à identifier les points et les espaces affaiblis de la texture socioéconomique
pour y apporter des solutions.

La mondialisation et l'européanisation de la migration impliquent la mobilité
des «bras», aussi bien que des «cerveaux»: «Aussi, les migrants sont-ils moins
des ruraux analphabètes que du temps des migrations de masse des années 1960,
mais davantage des urbains scolarisés issus des classes moyennes», constate Cath-
erine de Wenden. Deux pôles organisent l'extrême variété des figures de la migra-
tion:3D et «*eurostars*». Le premier se décline selon un double volet à la fois de-
scriptif et normatif: les migrants sont concentrés dans les types de travail D*ifficult*,
D*irty*, D*angerous* aux statuts précaires et sont exclus de toute une série de droits.

Citoyens de seconde zone, certains auteurs n'hésitent pas à les définir comme de véritables *«non-personnes»* (Dal Lago 1999, cité par Serge Weber). *L'économie de l'altérité*, concept forgé par K. Calavita, est également là pour souligner d'une part que ces immigrés n'intègrent pas les économies nationales comme le font les nationaux et que d'autre part leurs différences culturelles sont «traduite» par leurs employeurs en termes d'infériorité et de traitement différentiel. Au pole opposé sont les «eurostars», terme qui, selon Adrian Favell (2008), renvoie à la mobilité des professionnels, hautement qualifiés occupant des emplois à la hauteur de leurs diplômes, de leurs ambitions et de leurs expériences. Ils sont l'une des figures les plus visibles de la mondialisation. Felix Chang l'étudie du point de vue des grands investisseurs et manageurs afin de comprendre la migration chinoise en Europe du Sud-Est et plus particulièrement en Serbie. Thomas Brisson envisage, quant à lui, une autre figure du migrant hautement qualifié, celle de l'intellectuel arabe, et s'intéresse au le long cheminement sinueux et tourmenté de sa difficile implantation en Europe et en France en particulier.

Les discours sur la migration varient selon une large gamme qui va de l'angoisse de l'altérité à la célébration de la mobilité comme liberté. Maurizio Ambrosini distingue trois images de la migration. La première est celle de l'envahisseur, le migrant clandestin qui traverse les frontières sans autorisation et qui nourrit les phantasmes d'insécurité. Une seconde image présente la migration en termes économiques, elle en montre l'utilité moins du point de vue de l'intégration que de la croissance. La célèbre formule d'A. Zolberg (1987) l'illustre très bien: *«wanted but not welcome»*. La troisième image est celle de la victime exploitée par le capitalisme global, marginalisée dans les pays d'accueil et réduite à une insoutenable pauvreté dans les pays d'origine. À la différence des images précédentes négatives et critiques, la dernière est idéalisée et présente les migrants, avec leur capacité à s'adapter, à innover et à surmonter leurs distances, leurs obstacles ainsi que leurs limites, comme étant les héros d'une globalisation alternative (Rea 2010, cité par Ambrosini).

Genre et migration sont en interactions. Les relations de genre circonscrivent et influencent les choix, les processus, les parcours migratoires, les types de migration, les décisions d'intégration ou de retour. l'expérience migratoire, de son coté, parfois renforce, parfois rend problématique les relations de genre, mais dans tous les cas, elle en augmente la réflexivité en les extirpant de leur cadre habituel et en les recontextualisant dans des environnements sociaux, politiques, culturels différents. Ces questions traversent plus d'un texte, mais sont centrales dans l'analyse de Mirjana Morokvasic. L'expérience de genre varie selon le statut de la migrante, de la classe ou de la race. L'expérience de migration peut être mobilisée comme «alibi» pour revendiquer la redéfinition des rôles genrés, ainsi que comme ressource pour l'autonomisation (*empowerment*).

Les migrations européennes peuvent être appréhendées, dans leur diversité, selon cinq axes: ces deux espaces postcommunistes, les Balkans et la Russie, le modèle méditerranéen, ainsi que les communautés chinoises et arabes.

Les Balkans ont connu une explosion migratoire avant même le tout début des années 90. Les conflits, les guerres, le nettoyage ethnique qui ont marqué l'éclatement de la Yougoslavie ont mis sur les routes 10 de ses 80 millions d'habitants. Le Mur de Berlin tombé et la liberté retrouvée, de nombreux citoyens roumains, bulgares et albanais ont voté en traînant des pieds et ont répondu de trois manières à la lenteur des réformes et à la corruption des nouvelles élites: migration, migration, migration. Le paradoxe est qu'au lendemain des changements du début des années 90, les Balkans se sont scindés en deux modèles opposés: le premier, dans les Balkans occidentaux, s'est caractérisé par le passage de l'économisation à la politisation (de la liberté de mouvement de l'ex-Yougoslavie aux migrations forcées de la post-Yougoslavie), le second, dans les Balkans orientaux, a connu le phénomène inverse, il est passé de la politisation à l'économisation (de la migration interdite par les régimes communistes, roumains, bulgares et albanais, à l'émigration massive postcommuniste). Anna Krasteva analyse le long cheminement qui a permis de rapprochement des deux parties des Balkans en un seul modèle migratoire.

Si la Russie en tant que grand exportateur de migration est un fait bien connu, la Russie comme importateur de migration, le plus grand au monde après les États-Unis l'est beaucoup moins. Son modèle migratoire s'est construit au croisement de deux logiques : la première répond à une mobilitéavide des citoyens post-communistes qui découvrent simultanément la liberté d'expression et celle de circulation ; la seconde obéit à la mutation des territoires et au passage au libéralisme économique qui exacerbe la concurrence entre les régions, concurrence qui va se traduire par une contraction de l'espace russe :

> Les espaces périphériques se vident au profit de la Russie d'Europe, de l'Oural et du sud-ouest de la Sibérie. On observe une rétraction de l'espace russe avec deux tiers du territoire où le solde migratoire moyens des 20 dernières années est négatif quand il n'est positif dans le tiers ouest du pays avec des contrastes très importants.
>
> (Francois-Olivier Seys)

Les articles de Maurizio Ambrosini et de Serge Weber témoignent, quand à eux, de l'importance croissante du modèle migratoire méditerranéen d'un point de vue à la fois spatial et temporaire. Le modèle méditerranéen a été, en effet, marqué, non seulement, par les flux migratoires européens des années 80-90, mais aussi par le problème de savoir dans quelle mesure ce même mouvement de l'émigration à l'immigration allait également avoir lieu dans les pays postcommunistes. Producteur d'émigration tout au long du XXe siècle, le Sud européen s'est radicalement transformé en terre d'immigration en accueillant en temps record dix millions de nouveaux migrants et en s'affirmant comme l'un des plus grands importateurs en ce domaine. Une des leçons que les nouveaux membres est-européens de l'UE essaient de tirer de l'expérience méditerranéenne est celle du lien entre immigration, d'un coté et croissance, et dynamisme économique, de l'autre : « L'essentiel de la croissance en Italie s'est faite sur le travail migrant ; les immigrés sont un des piliers du miracle espagnol » (Serge Weber). Les migrants italiens, portugais, grecs ont largement contribué tant au développement de l'Europe pendant la première moitié du XXe siècle qu'à sa reconstruction après la Seconde Guerre mondiale. Les immigrés *en* Europe du Sud ont joué le même rôle que les migrants *de* l'Europe du Sud quelques décennies plus tôt. Ces émigrés étaient, dans le passé, embauchées par de grandes entreprises publiques et privées-mines, usines ou chemins de fer. De nos jours, le Sud offre du travail aux immigrés surtout dans le domaine de l'emploi à domicile (*care*).

Dossier migratoire dans une revue chinoise oblige, le quatrième axe d'appréhension des migrations européens sera évidemment la communauté chinoise en Europe. La migration chinoise est, par excellence, une migration, fluide, flexible, et prête à se réorienter en temps de crise et de changement: «*Chinese migration is a transnational phenomenon with supply, distribution, and labor networks which can be easily moved to other countries in times of crisis or excessive competition.*» (Felix Chang)

Felix Chang analyse cette flexibilité ingénieuse la migration chinoise en Europe. Il la juge significative d'une part dans une région comme les Balkans-en Serbie plus particulièrement où le phénomène chinois ne date que d'une trentaine d'années; et il en rend compte d'autre part à travers la figure moins du petit commerçant ou du restaurateur, que du grand investisseur dont les investissements sont d'autant plus appréciés qu'ils arrivent en temps de crise.

Thomas Brisson étudie, quant à lui, la communauté arabe selon une perspective à la fois proche et différente de celle de Felix Chang: proche, car il s'intéresse également à l'élite mais différente, car cette élite arabe n'est pas, à la différence de la chinoise, économique, elle est intellectuelle; il ne s'agit pas d'investisseurs, mais d'universitaires. Ce parti pris est à la fois théorique, politique et civique; les intellectuels illustrent, représentent et incarnent le passage de l'objet au sujet: «Les peuples colonisés ont longtemps été l'*objet* du regard scientifique européen; or, à la faveur des décolonisations, ils sont devenus des *sujets* de plein droit, entendant parler par et pour eux-mêmes» (Abd-el-Malek 1963, cité par Thomas Brisson). Les rapports de pouvoir et les rapports de savoir sont intrinsèquement liés. De nombreux paradoxes l'attestent: «À la veille de l'indépendance, il y aura plus d'étudiants algériens inscrits à l'université de Paris qu'à celle d'Alger [...] jusqu'à la fin des années 1950, tous les chercheurs et les universitaires spécialistes du monde arabe en France sont français ; aucun n'est arabe » (Thomas Brisson). Présence ne rime pas toujours avec reconnaissance et Brisson précise dans son article leurs rapports controversés.

Le tableau ici dressé des migrations et des mobilités européennes l'a été à partir d'un caléidoscope de destinations, de parcours, d'acteurs, d'identités, de politiques et de mémoire. Nous avons moins cherché à formuler un modèle explicatif qu'à diversifier les perspectives méthodologiques et analytiques et rechercher un équilibre entre acteurs et politiques, migrations et intégration, théorie et empirie, priorités gouvernementales et droits humains.

Aux lecteurs de juger quels équilibres ont été trouvés et quelles perspectives restent encore ouvertes.

References

Abd-el-Malek, Anouar. 1963. « L'Orientalisme en crise ». *Diogène*, no. 44 : 109–142. Dal Lago, Alessandro. 1999. *Non-persone : L'esclusione dei migranti in una società globale*. Milan : Feltrinelli.

Favell, Adrian. 2008. *Eurostars and Eurocities, Free Movement and Mobility in an Integrated Europe*. Oxford : Blackwell.

Rea, Andrea. 2010. « Conclusion : les Transformations des régimes de migration de travail en Europe ». In *De l'ouvrier immigré au travailleur sans papiers : les Étrangers dans la modernisation du salariat*, sous la direction d'Alain Morice et Swanie Potot, 307–315. Paris : Karthala.

Zolberg, Aristide R. 1987. « Wanted But Not Welcome : Alien Labor in Western Development. » In *Population in an Interacting World*, sous la direction de William Alonso, 261–297. Cambridge : Harvard University Press.

欧洲，一个无奈的移民大陆

卡特琳娜·维托尔·德·文登

　　长久以来，在手忙脚乱地成为移入地之前，欧洲是前往新世界和殖民地的出发之地。在成为全球移民最主要的目的地之一的过程中，欧洲一直苦于制订对移民潮的政策以及共同生活的方式，费力解决欧盟在与周边国家共同执行对移民潮的管理方式时所遇到的困难，努力克服由于老龄化、劳动力匮乏、被安全问题所掌控的公共舆论和贫穷问题族群化的挑战而产生的反面影响。面对着移民潮的全球化，欧洲现正处在各种关系的交叉路口：家庭的，经济的，地理的，历史的，文化的，这些关系根据出发地和中转地的不同而变化；欧洲仍然经常视移民为一个暂时的现象，然而移民俨然已经成为其认同的一个构成部分。2008年10月，欧盟轮值主席国法国通过了一项针对移民和庇护的欧洲公约，随后又成立了地中海联盟，但是安全主义的精神恐怕仍然在协调利益一致的各主权国家的移民政策的意愿中占据主导地位。

　　2011年年初，有3万多名突尼斯和利比亚移民陆续抵达意大利西西里的兰佩杜萨岛，这一事件引起了人们对欧洲移民政策的大讨论。申根协议在应对危机情况时的有效性受到质疑，而双边协议——相对于欧洲对其边境的整个管制机制而言——在管理欧洲及其非欧洲邻国之间的外围边境时的重要性被突显出来。因此，面对突尼斯危机，法国要求实施申根协议里的例外条款，以在欧盟委员会的支持下暂停申根协议，这样做，意大利和法国就可以假装在那些持有意大利临时居留证的突尼斯人进入法国这事上存在纠纷，双方发现这是向各自国内的公共舆论重申国家主权的一个机会：在欧盟机制之外，自己对本国边境仍保持着控制。

20多年来,欧洲正在成为世界上最主要的移民迁入地之一。然而此前,欧洲从来没有被认为是一片移入之地,因为几个世纪以来,她一直是大量人口流出的地方。人们带着各种目的离开:殖民、探险、传教、经商以及移民到新世界。如今深深触及了欧洲的全球化移民潮,正是最近这20多年来多种突发因素共同的结果:

——南欧与东欧国家从移民输出国转变为移民输入国或者中转国,其中一些国家则两种转变兼有;

——除了极少数国家仍严格控制护照的发放以外(古巴、朝鲜),护照已经逐渐普遍化了。这一现象使得出国的权利大众化,而进入富裕国家的权利却越来越受限制(签证);

——此前比例不明的难民申请在20世纪90年代出现爆炸性增长,(主要来自非洲大湖地区*,巴尔干地区,近东、中东,加勒比海地区);自2000年后,申请庇护的数量大幅下降,而在此之前,每年的申请高达50多万次。

——合法及非法的国际网络被激活,而这导致了基于流散族群或移民经济的链式移民①的出现。

——往返的钟摆式移民②的发展:来去自由使得人们不再永久性地而只是短时期地离开,基于改善生活条件的目标,从东欧向西欧移动;

——由于交通费用,特别是航空费用的普遍降低,输出国收到的由广播和电视频道所传达的欧洲的印象,供应西方制造的商品的当地市场和移民寄回国的资金(2005年,在欧洲的移民寄回原籍地的资金达140亿欧元),这都使得跨越地理距离变得更加便利。所有这些甚至在最闭塞的地区里都激发了对"欧洲的渴望"。

近些年来,移民的情形变得相当的多样化。离开的人们都是那些有着移民网络的人,在国外有定居的亲属的人,有一笔积蓄的人,以应付无法通过合

---

* 大湖地区包括布隆迪、卢旺达、刚果民主共和国以及乌干达四国。——译注

① 我们把由人口流动诱发的螺旋式移民潮称为"链式移民":一些人的离开产生了迁出地对劳动力即新移民的需求,所有这些构成了一条通往迁入地的链式移民。

② 这一概念多用于研究柏林墙倒掉之后的从东欧到西欧的移民。

法渠道入境的情况：没有网络，就没有移民。唯一一种不同于这种跨国移民的人口流动就是被迫迁徙的难民。人们离开自己的国家更多是因为被其他国家所吸引：在原籍地没有出路，自我实现的渴望，假期返乡移民所展现的一个有言论自由的消费社会；而较少是迫于人口的压力（况且这压力已经减少，特别是在马格里布地区）和贫穷而被"推出"自己的国家的。最后，许多的新移民，尤其是在东欧（南欧也有），在他们持有居留证并且不需要签证的情况下，采用一种"双重在场"（co-présence）①的策略，既在这里又在那里：边境越封闭，由于不能自由来去，人们越容易定居下来；边境越开放，人们来去就越频繁，就越少定居下来。

　　在加强边境安全这一政策压力下，欧洲继续奉行对移民的谨慎态度，而此时，欧洲正面临着人口老龄化和特定行业劳动力缺乏的双重挑战——这两个事实在2000年3月联合国关于替代性移民的报告，以及之后2005年的欧洲绿皮书中都被提了出来。同时，悖论数不胜数：从1974年开始，大多数西欧国家停止了对移民工人开放入境，与其他的移民迁入地区相比，这算是一个独特的制度安排了。出乎意料的后果非常之多：非法入境，无证者的定居，现代社会中的奴隶制，为了工作转而申请难民或寻求婚姻。那些缺少劳动力的行业，比如建筑施工和公共维修、旅游业、家政服务、照顾老人、农业和服装制造业吸引了大批非法移民。

　　边境的关闭与相应的欧盟政策有关，后者是根据一套并未实现过的错误观点而逐渐界定的。25年以前，多数欧洲国家认为大规模移民的时代已经结束了，他们认为现在是用本国劳动力取代外国劳动力和新的国际劳动分工的时刻；是制定非欧洲移民重返并重新融入原籍地的政策的时刻；作为移民的替代性选择，是没有内部边境限制的欧洲各国之间的内部流动和共同发展的时刻。这样的预见大大背离了欧洲的现实，而欧洲的政策，一如各国国内的政策，由于担心移民隐患、恐怖主义、有组织犯罪，以及"融入"这一挑战的困扰而局限于公共安全的视角，从而将他们的目标集中在对边境的控制上。因此，关于移民的政策与实际的移民潮一直存在着差距。现在这一差距由于工作移

---

①　语出（2004）。这一概念是相对于萨亚德（Abdelmalek Sayad）所描写的20世纪六七十年代移民的"双重缺席"（double absence）而提出的，意指一种由长期的经济、家庭和情感纽带所维系的双重生活的存在。

民的重新兴起（2006 年起法国实施"有选择的移民"政策，2005 年德国执行了点数政策，南欧关于劳动力的双边协议，2004 年英国、爱尔兰和瑞典向东欧的劳动者敞开了大门，并于 2010 年起实行了效仿"美国绿卡"的"蓝卡"），欧盟急切地想要与其邻国建立关系（对波兰和罗马尼亚东部边境的移民推行容忍；2008 年地中海地区尝试与欧盟确立一个欧洲—地中海区域，但这一尝试很快就被放弃了）以及对非法移民的继续打击而加剧。政策中经济自由主义与政治安全主义之间的矛盾，加上保护主义残留的影响，以及欧洲各国在面对一个对欧洲认同至关重要的主题——新移民时，缺乏合作共识，上述现象都具体体现在决策者及公共舆论对该问题的重视和恼怒中，他们都还没有意识到移民现象全球化，而欧洲正是其目的地之一。

1. 欧洲的边境和移民

1974 年开始的禁止外国劳工入境，至今差不多有 40 年了，其后果是加速了家庭团聚（占每年合法入境的 50%），并导致了移民的定居，然而并没有阻止其他移民潮的到来：难民、非法移民、专家、学生……与过去入境的大多是体力劳动者的现象相比，现在使人们离开家园的更多的是吸引的因素（"pull"）而不是推出去的因素（"push"）。欧洲自身就在吸引着人们。同时，移民本身也发生了变化，与 20 世纪 60 年代大规模移民时期相比，现在的移民潮流中不识字的农民越来越少，而受过教育的城市中产阶层越来越多。除了家庭移民，难民申请成为近 15 年里增长最快的移民来源，特别是在德国、英国和法国这三个国家。阿富汗、伊拉克、土耳其、前南斯拉夫、中国和撒哈拉以南非洲是几个主要的难民来源地。与具有移民潜力的主要人口大国，如中国、印度或者伊拉克相比，欧洲内部的人口迁徙，虽然享有定居、流动和工作等诸多自由，却一直相当微弱。欧洲内部的人口流动，比例最高的是在卢森堡（人口 40% 系外国人），其次是瑞士（30%）、爱尔兰、英国、比利时、葡萄牙、瑞典、西班牙和希腊。相反，我们发现，20 多年来，来自第三世界的外国人口在增加，并且某几种国籍所占分量最重（德国的是来自中欧和东欧国家的移民，法国的是摩洛哥人和塞内加尔人，荷兰的则是前南斯拉夫人），然而新的国籍也出现在移民潮中：巴基斯坦人、越南人、伊朗人、斯里兰卡人和中国人。

　　至于定居下来的人,在欧盟27国的5亿居民中,大约有3千万的外国人,其中欧共体人占1/4。这些移民并不是平均分布在各个接收国的:德国是最大的移民接收国,有750万的移民,占总人口的9%,紧接着是法国(350万移民,占总人口的6%),西班牙(从2002年150多万到今天的500多万的移民)和英国(300万移民,占总人口的4%),瑞士(140万移民,占人口总数的30%),意大利(400万外国人,占总人口的3%)以及希腊(80万外国人,占总人口的8%)。但是外国移民的比例与其人口数并不总是一致的(卢森堡,30%的外国人;奥地利是10%;芬兰是2%)。尽管移民是全球化的,每个国家都有一些"自己的"外国人,其原因在于殖民时代的历史遗产、享有优先权的双边关系或者是地理上的临近。虽然迁出国和移民的类型正在多样化,但是在多数欧洲国家中,其外国人口中的60%都集中来自四五个迁出国;区区十几个欧洲国家接收了几乎全部的移民:根据移民数量由多到少排序为,德国、法国、西班牙、英国、意大利、瑞士、比利时、希腊、奥地利、荷兰。

　　在东欧,柏林墙的倒掉产生了族群移民的回归,特别是德裔移民(Aussiedler)回到德国(200万),他们几个世纪以来一直居住在德国边境以东:波兰、波罗的海国家、俄罗斯和西伯利亚地区;保加利亚的土耳其裔回到土耳其(将近50万),卡累利阿的芬兰人①回到芬兰,旁狄的希腊人②返回到希腊(13.16万人),特兰西瓦尼亚(罗马尼亚)的匈牙利人返回到匈牙利,阿根廷以及其他地方的意大利人回到意大利(30.6万人),奥地利也有大约38万的移民后代返国。然而,在接纳来自乌克兰、波兰和罗马尼亚移民的同时,中欧和东欧国家也是迁往西欧国家的移民潮流中主要的一股。与我们接受的观点相反,大规模的移民潮并没有发生,我们看到的更多是来自邻国的移民(波兰人在德国,罗马尼亚人在意大利、乌克兰人在西班牙和葡萄牙)和钟摆式的移民,后者把不断的流动当做一种生活方式。在这种移民潮中,占分量最重的群体是波兰人,其次是罗马尼亚人和乌克兰人。其他的新移民有:罗姆

---

　　① 第二次世界大战之后,俄罗斯的外交部长莫洛托夫武断而随意地划定了俄罗斯和芬兰的边境(亦即著名的"莫洛托夫的手指"故事,他用手指斩断了直尺的线条而依之划界),这使得一部分芬兰人留在了苏联;直到1990年,他们才部分返回芬兰。

　　② 指的是在欧辛桥地区,也就是土耳其的黑海东部,定居了很久的希腊殖民地区。

人。在欧洲有 800 万到 1200 万的罗姆人（依据数据来源的不同，该数字变化很大），他们主要分布在罗马尼亚（200 万）、斯洛伐克、保加利亚以及匈牙利。

在南方，我们发现了同样的链式移民现象，土耳其已经成为一个移民国家，对来自邻近国家的移民而言，它也是一个中转站（大约 55 万的外国人，分别来自伊拉克、摩尔达维亚、伊朗、阿富汗）；还有，马格里布地区是一个人口迁出地区，并且对于来自塞内加尔、马里和毛利塔尼的撒哈拉以南地区的移民而言，也是一个移民迁入地区和中转地区。根据欧盟的边境外部化的安排，马格里布地区关闭了其边境，这使得非法移民不得不改变他们的移民路线，从非洲海岸渡海到加那利群岛而不再是直布罗陀海峡，或者穿越沙漠试图去西西里岛而不再是布林迪西（Brindisi），这使得整个移民旅途变得愈加危险，并导致了自 2000 年以来在欧洲周边上千移民的死亡。同样的，阿拉伯革命也迫使人们开辟新的移民路线。

在世界各处，人口的流动都取决于基于家庭、经济和商业而编织的跨国网络，以及仅在表面上受到边境检查政策影响的黑社会性质的网络。特别是对那些认为在原籍地看不到希望的人们来说，他们对西方黄金国的迷恋和"对欧洲的渴望"都是很强烈的。大量农村人口外流到作为出发地的大都市，那里是交易进行的场所，一种依托边境和边境的封闭而兴起的经济在那里繁荣昌盛：买卖劳动力、人口、毒品、走私，也有普通的商业。两个世界——出发的和达到的——之间的遭遇和冲突的区域，在大型市场上得到了具体的实现。这是移民潮的中心，通常靠近边境。有时候，婚姻（与传统婚姻或混合婚姻等其他形式相比，假结婚的情况比较少见）或者是宗教网络（基督教和伊斯兰教）可以作为通往欧洲梦的入场，因为边境只是向最富有的人敞开（商人，专家，拥有多次出入境签证的大学教员，持有接收国国籍或者长期居留证因此免去签证的人，大学生）。

这些新移民主要包括以下几种类型：出身城市中产阶级、受过良好教育并接受西方现代性浸淫的年轻男性；受过教育、经济和人格业已独立但是有时候也寻求言论自由的特立独行的女性；由于难以厘清的原因而成为各式各样剥削的受害者的未成年人；为了实现与其能力或才智相匹配的职业抱负的技术精英；随时准备伸出双手来改善自己生活条件的男性；"定居在流动之中"的群体,比如卡伊地区的马里农民;来自温州的中国人;奥阿斯地方(Oas)* 的罗马尼亚人;国际旅游变成了为了追逐阳光而由北向南的移民(英国人在法国和葡萄牙,法国人在摩洛哥,德国人在西班牙)。除了难民和婚姻移民(结婚或者家庭团聚)以外,许多新移民更渴望的是流动而不是永久性的定居。有时候他们把他们的逗留看作是通往其他更值得艳羡的目的地(美国、加拿大)的通道,或者看作是"这里"和他们的国家之间的往返。考虑到世界范围内的不平衡仍将继续,考虑到在迁出国中,对个体自由的渴求将会遭遇绝望的前景,所有这些都使我们相信前述的倾向将会持续下去。这样的人口迁移是经济和人口活力的来源(50%的来自地中海南岸的移民不到 25 岁),但遭遇了欧洲各国在处理手里这副牌的时候的战战兢兢。

地中海有点像格兰德河(位于北美洲),是非洲和欧洲的地理分界线。随着边境的关闭,商业贸易越来越自由化(这曾是 1995 — 2005 年间巴塞罗那进程的目标),同时也缺乏能替代移民的真正选择。同时,欧洲国家试图限制家庭移民的比重,相对的,劳工移民在很多国家被重新引进,后者期待着一个符合劳动市场结构要求的暂时性移民,以及一种不会定居下来的移民流动,这就是布鲁塞尔技术官僚们的美梦。但是他们很难集体决定,在一个长时间段里,对劳动力的需求,并且他们加强了对南方国家的边境封闭,这使得欧洲—地中海的区域融合计划变得含混不清。然而,考虑到新加入欧盟的东欧国家微薄的人口资源,欧洲国家对移民的依赖有可能进一步加深。

2.欧洲的回应:一个迟疑的欧洲一体化

从政府间的层面到决策的共同体化,欧盟决定了管理移民的政策框架,但其方式可谓是混乱的,以下这些事实说明了这一点:各国政策之间的差异与趋同;与申根协议非签署国(英国、爱尔兰、丹麦)相比,协议签署国之间相对的制度性团结;多个参考性规范空间之间的重叠,尤指北欧劳动力市场,其成员国包括两个并不是欧盟成员国的国家,挪威和冰岛;非欧盟成员国但加入了申根的国家,比如瑞士。另外,欧洲移民政策间的相互协调带来了对某些基本权

---

* 奥阿斯位于罗马尼亚东北部的特兰西瓦尼亚。——译注

利的限制,比如根据某一个国家根据自己对政治避难申请的可受理性而制定的庇护政策。它改变了申根协议的初衷,即申根地区将是自由流通和公正之地;它加重了欧洲人与欧洲以外的人在权利上的差距,用一种新的司法界线——签证,替代了本国人与外国人之间的边境线。

在欧洲决策过程中国家主权的消融,边境概念分量渐失,加上欧洲确认自己为一个政治体的困难,这些似乎是通过欧盟对其外部边境的控制而显现出来的主权所弥补,但也被呼吁国境管理回归主权国家的极右派国家主义的兴起(法国、意大利北部、瑞士、荷兰、丹麦、瑞典、芬兰、奥地利)所抵消。尽管移民和庇护政策日渐一体化的根基在于对欧盟各机构的更大的信任,然而面对国内的公共舆论,每个国家都在努力打造一个印象,就是他们对自己的移民政策仍然有决定权。2007年的里斯本条约在欧洲议会、欧盟委员会和欧洲委员会之间引进了共同决策,这标志着共同体化进程的一次倒退,鉴于其更加重视各国的公共舆论。这一趋势在2008年6月的投票中也显示了出来,一条"遣返"的指令将处在非法状态下的外国人收押在收留中心的许可时间延长到18个月。最近一些欧洲国家与布鲁塞尔当局的冲突(比如2010年秋天有国家在布鲁塞尔反对罗姆人),或是两个欧洲国家之间的冲突(比如法国和意大利关于兰佩杜萨的突尼斯移民的纠纷),都显露出国家在它认为不能适应形势的申根系统面前自我肯定的倾向。

(1)移民政策的欧洲一体化

欧洲移民空间的建构是通过多个阶段实现的。自1957年罗马条约的签订和逐步实行劳工的自由流动(1968)以来,于1985年迈出了决定性的一步:缔结了《单一欧洲法令》,该法令根据人口而不仅仅是劳动力的自由流动界定了一个无疆界的欧洲空间,以及签署了旨在实现单一法令尝试的申根协议(1985)。其主要内容如下:

  ——采用一种统一的三个月以下签证,想要进入并在申根国家旅行的非欧盟成员国国民必须持有该签证;

  ——欧洲公民、申根签证的(非欧盟成员国公民)持有者可以在欧洲内部自由流动;通过新的国家逐渐加入申根系统,以及在对欧洲边境国家对外部边境的管制上,欧盟各国利益保持一致,欧盟加强了对其外部边境的管控。1991 年以降欧盟与地中海沿岸非成员国以及欧盟的邻国签署了重新接纳的协议,因此这些国家开始着手把能确定为曾经是其国民或者从其国土过境的非法移民重新带回国内。

——采取了一套信息化的检查系统——申根信息系统(SIS)——以便把"不受欢迎的人"(非法移民,申请庇护被驳回者)的个人信息登录到网络上,要求所有的欧洲国家拒绝他们的居留申请并把他们驱逐出境。

——1990 年欧洲 15 国签订的都柏林协议上决定了一个共同的庇护政策,配合着一套强化的筛选机制:界定了安全国家的概念,其国民不能申请庇护;明显没有根据的申请;对蛇头的惩罚;欧洲各国对入境检查上的利益一致;申请庇护被拒绝者,除非有特殊情况,不能向另一欧盟国家提出庇护申请(为避免多次的、"辗转各国"的难民申请)。阿斯纳尔协议(Aznar)规定,从此以后,欧盟国家的公民不再拥有在欧洲申请庇护的权利(1997)。2003 年的都柏林 2 号协议补充道,庇护申请人必须在其踏入的第一个欧盟国家里接受审查("一站式服务"),这使得大部分欧洲东南部进入的庇护申请人(阿富汗人、库尔德人、伊拉克人、巴基斯坦人)不得不重返希腊,由此招致希腊抗议。

——打击非法移民。在欧洲层面上订立了一些共同的条例来打击非法居留(1990),协调家庭团聚并确定了雇佣时的"欧洲人优先"(1994),这就保护了本国人和欧洲人的就业免遭新进入劳动力市场的非共同体居民的冲击。2000 年 12 月制定了一项关于庇护的公约(Eurodac),以便从一个信息数据库核查申请庇护者和非法越境者的指纹。信息库是向每个欧盟成员国开放的。外部警戒综合系统(SIVE),借助于在西班牙和非洲海岸间的雷达,也标志着对边境检查的加强。2002 年 6 月在塞维利亚,欧洲各国决定,在更加"均衡"的方向上加快各国移民政策的协调过程,但尤其下工夫的方面,则是打击非法移民和滥用庇护申请:关于重新接纳的条款和联手管理移民潮(由西班牙协调执行的"尤利西斯"行动,旨在打击经由海上的非法移民)。这种安全主义倾向在 2003 年的萨洛尼卡和 2004 年的海牙峰会上都得到证实。在欧盟或某一欧洲国家与欧洲沿岸国家(土耳其、摩洛哥、阿尔及利亚、突尼斯特别是利比亚)之间达成的重新接纳协议,旨在使众多的缓冲国成为欧洲空间的"边防卫士",其他的国家(特别是非洲)业已受到一项强制性的重新接纳条款的约束。根据欧盟边防署在一个专门机构中制订的 Frontex 计划,自 2005 年以来,主管移民和难民的联络官们加强了对外部边境的检查。2010 年,Frontex 通过了 8800 万欧元的预算以及共同体层面的(也就是说由多个欧盟国家共同努力)遣返,这都被认为是欧盟发出的一个强有力的威慑信号。

——1992 年的马斯特里赫特条约(Maastricht)在其第 8 条中规定了,流动、定居和工作的自由是欧洲公民的基本属性之一;居住在原籍地之外的其他国家的欧洲人,还享有投票权、地方被选举权和欧洲议会被选举权。

——1997 年,阿姆斯特丹条约将"既成法规"("acquis Schengen")整合到欧盟条款中,标志这从第三支柱的"对移民和难民事务的政府间合作"①到第一支柱的共同体合作的转变。1999 年开始实施了一个为期 5 年的过渡阶段,这一机制造成了决策过程的变化,从之前的全票通过到现在的特定多数表决(QMV)。自 2007 年里斯本条约的实施以来,欧盟委员会(以特定多数)和欧洲议会以联合的方式共同实施了这一举措。关于入境和庇护的各国法律逐步取得一致,但是一体化进程也烙上了限制性的、安全主义的意识形态印记。

——1999 年,坦佩雷(芬兰)峰会决定,根据欧盟预计的经济和人口需求以及各迁出国的具体情况制定一个共同的移民政策,同时放弃了原来的"零移民"的目标。在拉肯(Laeken)(2001 年 12 月),欧洲国家提出,要在保护难民,对更好生活的合理憧憬以及成员国的接受能力之间寻求一个"必要的平衡"。尽管在最高限额的问题上仍然含糊,这一变化被解读为重新启动合法的劳务输入:2007 年,欧盟移民专员弗拉提尼(M.Frattini)宣布了"蓝卡"②的发行,这标志着,根据欧洲的需求,重新开放对欧洲的劳动力输入。但是许多成员国通过互邻双边协议、分包和黑工(根据行业,或多或少都能容许)的形式继续在国际上"选购"有技术的或没有技术的劳动力。对于高端人才 2000 年欧洲委员会通过的"里斯本战

---

① "支柱"(pilier)指的是,决策共同体化的每一个阶段所对应着的欧洲共同体的权限场域,第一个支柱是经济,第二个支柱是外交,第三个支柱则是司法和内政事务。

② 这是一种居留卡,它允许外国人在欧洲所需的技术行业从事有薪水的工作,并对这些行业取消了雇佣中的欧洲人偏向——一项在 1994 年设立的旨在保护欧盟公民就业的制度。

略"力图在欧洲打造一个吸引世界上最具竞争力人才的环境。但是 2008 年的危机使得正在开启的大门停滞了起来,特别是在那些曾经宣扬要对这类精英移民最大限度地开放边境的国家(英国和爱尔兰)。

当各种欧盟政策通过协调逐渐取得一致的时候,整个欧盟系统的复杂性强化了对检查的管理(进一步加强的欧盟合作,新加入欧盟的国家接受了既成协定)。多个参考性规范空间之间的重叠,与部分整合进欧盟的次级系统倾向于建立一个"点菜单式的欧洲"*。大不列颠、北爱尔兰和爱尔兰共和国并没有参与针对移民和难民的共同政策,尽管他们签署了关于对难民申请进行审查的都柏林协议。至于作为申根成员国的丹麦,虽然它参与了关于签证的共同政策,它并不愿意根据阿姆斯特丹协议第四章中对移民和难民的规定成为利害关系方。相反的,作为北欧海关联盟一员的冰岛和挪威,同时也是欧盟的新进成员国,却需要全盘接受申根协议,并且在司法和内部事务上进行合作。1991 年以后,欧盟政策向东欧(今天也包括德国)的公民开放欧洲边境,允许其自由流通(免除短期签证的威谢格拉德集团国:波兰、匈牙利、捷克,然后是斯洛文尼亚和爱沙尼亚,波罗的海国家,最后是自 2000 年 12 月 31 日起享有免签的保加利亚和 2001 年 12 月 31 日起享有免签的罗马尼亚),根据迁入国和迁出国的具体情况,不同程度地给予他们定居和工作的自由。虽然关于东欧人自由进入劳动力市场的条约预计需要一段等待时间,但是某些国家的公民已经可以合法地工作了(在瑞典、爱尔兰和英国,自 2004 年以来,有大量的波兰人到来)。

2001 年的 9・11 事件,如果说它并没有对欧盟的移民政策产生很大的影响,那么它也加强了欧盟对安全的考虑,同时把移民的形象捆绑在了犯罪活动和伊斯兰恐怖主义上:这一趋势由来已久,自 1990 年左右,各成员国的内务部力图将移民问题纳入自己的"治理"之中。然而,挑战却在别处,有时候甚至是矛盾的:人口、融合、劳动力的匮乏、对高端人才的争夺、福利国家的维持、经济自由放任主义、对人权的尊重。2010 年极右势力在欧洲的崛起,进一步加剧了一个自由欧洲的迫切的经济需要与出于安全考量的政治要求之间的差距,出于前一个需要,欧洲与地中海南岸国家共同组成了一个移民系统,从中

---

* 意指成员国可按照其意愿而任意选择协议。——译注

获得经济上和人口上的补给,后一个需求则以尊重民族认同和加强边境检查为名而让欧盟远离一种理性的移民政策,但这样做不过是更昂贵但并不更具威慑力。

(2)各国的政策

欧洲一体化的进程受阻,是因为每个国家都强烈依赖于本国的民意、劳动力市场、人口组成、邻国是否为欧盟成员国、外交政策、由于历史原因而造成的其国内移民潮的多样性(历史长短、是否有殖民史),以及与世界上不同的某个特定地区之间所存在的家庭网络、经济网络、文化网络和语言网络。

面对移民的压力,大多数欧洲国家的回应就是经常修改关于入境、居留、国籍以及后继的合法化浪潮的相关现行法律:关于入境和庇护权利的政策越来越严格,计算机远程管理边境,保留对刚到达欧洲、试图进入劳动力市场的非欧洲人就业的抗辩权,对新加入的东欧各国公民进入劳动力市场仍进行暂时的限制。

虽然有选择的移民政策现在很受欢迎(也包括在东欧国家新的移民政策中),大规模的移民被认为是历史上的一个特例,尽管大量移民都定居了下来,他们被认为有终将重返原籍国的使命。入境政策的制定就是受到这一是否承认外国人合法性的犹豫态度启发的:公共舆论的压力,在入境政策中引进语言测试和公民价值的习得,排外者的示威游行以及对来自南方和伊斯兰世界的"入侵"的担忧。

如果说各国关于入境的程序是一致的或正趋向一致,那么关于居留的相关规定仍在国家主权的管辖权限里(根据辅从性原则)。这造成了各个移民接收国的居留规定大相径庭:居留证期限的不同,入境后马上就有权利工作还是必须要等上一段时间,享有社会权利的不同,对日内瓦公约关于庇护的解释多种多样,对正在审核中的庇护申请者的社会处理不同——是否有工作的权利,(对有该权利者而言)家庭团聚的多种类型和国籍法规定的获得接收国国籍的方式。这些因素在劳动力市场、工资、社会补助、行业的特定岗位或者安家之所(无论是否有此预计),接收国的亲属网络或关系网络之上加入了多种可供比较的选择。

尽管很晚才迎来移民潮，南欧（意大利、西班牙、葡萄牙和希腊）是给予非法移民合法化最多的地方。一些北方的国家虽然同样面临这方面的要求，但是并没有真的去做。因此，意大利（1986、1990、1995、1998、2003、2005 年）经常进行，紧随其后的是西班牙（1991、1996、2000、2006 年）、葡萄牙（1993、1996年）和希腊。但是其他欧洲国家也有类似的政策：法国（1981、1997 年）和比利时（2000 年），也包括德国。

在庇护方面也是一样。欧盟各国分别面对着不同的难民，有的国家是由于过去的殖民历史，有的国家则是地理环境，还有一些国家基于其关于庇护的传统。如果再加上对庇护权利的解释和给予难民身份的原则上不可忽略的司法差异，这都使得在共同体层面上处理这一问题变得困难。因此，1945 年以来，仅西德自己就接收了近一半的庇护申请者，他们依据德国宪法中的难民庇护法（1949 年 5 月 23 日通过的基本法第 16 款第 2 条，1993 年修订）叩响了西欧的大门。移民最集中的几个欧洲国家（德国、奥地利），很乐意有其他国家来"分担重担"。

对于难民申请者的新情形，比如那些由于贫穷、政治危机或国内战争而逃离的人，接收国的回应是各种各样的，因为他们经常不愿意承认迁出国的情况是决定性的，害怕为单个群体或族群的有争议的胜利背书。因此出现了只有临时居留权的人道难民，接收国乐于发展外围的庇护所，将其收容在难民营里，发放前往其他国家的中转签证，在机场设立国际区域：自省裁量的措施和临时性措施一样的多，而这取决于各国的公共政策，尽管庇护政策自认为是共同体化的。降低对难民身份的承认比例的大趋势也出于欧盟层面上统一的标准的缺乏，以及在规范程序时，通常是独立的司法程序时的困难。

最后，在接收国，还存在着其他的、基于移民状况的各种差异。特定国籍的移民的数量和聚集地就很不一致。如果说土耳其移民是人数最多的（超过300 万），其次是摩洛哥人，某些国籍的移民只在某一特定国家生活（移民到欧洲的 97% 的阿尔及利亚人，2/3 的葡萄牙人和突尼斯人以及 50% 的摩洛哥人生活在法国）；80% 的希腊移民，72% 的土耳其人，68% 的波兰人和前南斯拉夫人在德国；英国则接收了几乎全部的爱尔兰移民和英联邦的国民。在这种情况下，我们发现了准流散族群（quasi-diasporique）的定居形式，它维系了流散地与原籍国的网络；还有别的定居形式，常常是因为曾经的殖民关系，他们与接收国结成了一种配对关系（印度—巴基斯坦人去英国，阿尔及利亚人去法国，土耳其人去德国）。然而欧洲国家也要面对一股不再要求定居、移动性更强的移民，特别是那些年轻的、受过教育的城市移民。另外，尽管居住权利正趋向某种一致，尽管获得国籍的权利倾向于在出生地法和血缘法之间取得平衡，但是围绕着城市隔离和歧视的问题，内部的边界却被构建了起来，在这个过程中当地政策扮演了最主要的角色。这些政策免受辅从性原则的约束，而这一原则的灵感来源于德国联邦制，按照它的规定，欧盟介入只局限在那些其成员国无法充分实现的领域。

如今，欧洲国家看起来是在移民定居模式与客工模式之间犹豫不决，然而移民仍然被视作在一段特定时期里的特殊现象，并且有意返回原地。2008年，正值法国轮值欧盟主席国之际，27国通过了关于移民和庇护的欧洲公约，阐明了一个双重的意向：一方面是安全的考虑，另一方面是对临时性移民的欢迎。其中第一点重申了欧洲的顾虑，根据其劳动力需求，在接收国的接纳能力范围内部分地开放边境；第二、第三点强调了打击非法移民、加强外部边境检查的必要性；第四点呼吁通过更加协同一致的政策建立一个庇护所的欧洲（据此，一个欧盟的支援办公室于2011年在马耳他设立）；第五点促使欧洲各国与南部国家达成双边协议，一方面重新接纳非法移民，另一方面是为了发展的政策。这一公约并不是条约：这是欧洲各国在行动准则上达成心照不宣的约定，既没有司法的约束，未来也不会投票立法。在欧盟移民和庇护政策边缘的双边协议或者多边协议，如今已成为欧洲国家与其南部、东部邻国制定政策时的争端之一，并丝毫不受惩罚。这些协议的一部分仍然保密，并且用基础建设（高速公路、工业设备）的贸易或者对发展的援助作为谈判筹码，让这些国家同意对边境继续进行管控。利比亚就是这样，作为欧洲的保护盾挡住了过路的难民和非法移民，由此获得新的合法性。法国也是这样与其非欧盟的邻国缔结了大约15个双边协议。某些国家，如摩洛哥或者俄罗斯，承受了来自欧盟的压力，后者希望它们能和整个欧盟签署多边协议，但是它们顶住压力，强调这样做会损害它们与南部邻国、东部邻国的关系。

3.结论:展望

21 世纪以来,一场新的辩论搅乱了对安全主义的共识和"零移民"的信条:在并不遥远的 2030 年,欧洲人口的老龄化,特定行业中劳动力的匮乏,以及就业人口与非就业人口的比例不均衡使得另一种形式的移民成为必需,它基于迁移的自由、职业生涯的安全保障和移民治理中的决策多边主义。这一形势,对习惯了封闭边境的欧洲国家而言,显得难以接受。然而部分开放边境还是提上了欧洲移民政策的议程。这一全新的转变也是由于考虑到放开边境带来的额外优势:吸引高端人才时的全球性竞争,欧洲人口的增加,并且还把年轻人口的自由流动囊括到"全球性的公共物品"当中。另外一个有争议的议题就是移民与迁出国的发展之间的关系。

短期来看(也就是说就移民政策而言),移民潮发生的时间与发展战略并不吻合:发展得越快,移民就越多;移民越多,发展得就越快——即使没有提供长期稳定的就业岗位,移民也带来了资金和生活水平的改善。对于充满幻想的准移民而言,他们对其家乡可能的长期发展的期待经常发生在移民之后——这诱惑甚至是危险的或致命的(1998 年至 2008 年之间,共计 14000 人死在了地中海)。对那些自认为没有义务为一个什么都不给他们提供的国家服务的精英们来说,事情也是一样。在全球化的影响下,贫穷的人民了解到了北方的富裕,并且认识到,如果这财富不向他们走过来,那就是他们,利用那些使他们得以流动的网络,努力向这财富走过去。如何接纳他们,并且和他们共同生活在同一个社会里,对欧洲国家而言,是另一项挑战。

面临着管理移民潮的欧洲机制与所呈现出来的现实之间的差距,欧盟决策的一体化比各国政策能够更加有效地做出回应,尽管它仍然留有大量混乱与虚伪的印记。今天我们看到了经济移民的再次兴起。对欧洲来说,挑战就在于如何在关闭和开放边境之间,如何在安全的逻辑和市场的逻辑之间取得折中。同时,自由流动的权利、边境的民主化正成为新兴权利的一部分,并通过联合国对移民全球治理的尝试而突显出来(2006 年的纽约会议,2007 年 7 月的布鲁塞尔会议,2008 年 11 月的马尼拉会议,2009 年 11 月的雅典会议以及 2010 年 11 月在墨西哥巴亚尔塔港举行的会议),这一尝试联合了迁出国、迁入国、政府间组织、非政府组织和移民协会，以便大家不再因为正门的不畅通，而一贯性地只走侧门。我们是否可以期待，在移民潮的事实这一头，与制定一项更加合理的、更加一体化的、更少依赖选举压力的移民政策这另一头之间的横亘的差距会得以减少？

（杜娟　译）

文献选摘

面对着对该专题的大量研究成果，我们在此仅选取以下若干参考文献：

Bade, Klaus J. 2002. *L'Europe en mouvement: la Migration de la fin du XVIIIe siècle à nos jours*. Translated by Olivier Mannoni. Paris: Seuil.

Bertossi, Christophe. 2006. "L'Europe en mal de migrations?". In *L'Europe et le monde*, edited by Thierry de Montbrial and Philippe Moreau Defarges, 81–91. RAMSES 2007. Paris: Dunod.

Bribosia, Emmanuelle, and Andrea Rea, eds. 2002. *Les Nouvelles Migrations: Un enjeu européen*. Bruxelles: Complexe.

Castles, Stephen. 2006. "Guestworkers in Europe: A Resurrection?". *International Migration Review* 40 (4): 741–766.

OCDE. 2010. *Perspectives des migrations internationales: SOPEMI 2010*. Paris: OCDE.

Weber, Serge. 2004. "Des chemins qui mènent à Rome...: trajectoires et espaces migratoires roumains, ukrainiens et polonais à Rome, 2000–2004". Thèse pour le Doctorat, l'Université de Paris 1.

Wihtol de Wenden, Catherine. 2007. "L'Union européenne et les enjeux migratoires". In *L'Etat de l'Union 2007*, edited by Thierry Chopin and Michel Fouche, 111–117. Paris: Fondation Robert Schuman.

——————. 2009a. *Atlas mondial des migrations*. 2e édition. Paris: Autrement.

——————. 2009b. *La Globalisation humaine*. Paris: PUF.

——————. 2010. *La Question migratoire au XXIe siècle: Migrants, réfugiés et relations internationales*. Paris: Presses de Sciences-Po.

L'Europe, un continent d'immigration malgré lui

CATHERINE WIHTOL DE WENDEN

L'Europe a longtemps été une terre de départ vers le nouveau monde et les colonies avant de devenir, dans le désordre, une terre d'accueil. En devenant l'une des premières destinations pour l'immigration au monde, l'Europe peine à définir ses politiques de flux et les modalités du vivre ensemble, aux prises avec les difficultés de l'Union à mettre en cœuvre des instruments de régulation des flux en commun avec les pays proches, avec les influences contradictoires du vieillissement, des pénuries de main d'œuvre, du contrôle d'une opinion publique gagnée par le syndrome sécuritaire et les défis de l'ethnicisation de la pauvreté. Confrontée à la mondialisation des flux migratoires, l'Europe est un carrefour de liens : familiaux, économiques, géographiques, historiques, culturels divers avec les régions de départ et de transit mais continue souvent à considérer l'immigration comme une donnée temporaire alors qu'elle est devenue constitutive de son identité. En octobre 2008, la présidence française de l'Union européenne a fait adopter un Pacte européen sur l'immigration et l'asile, suivi de l'Union pour la méditerranée, mais on peut craindre que l'esprit sécuritaire domine encore sur la volonté d'harmoniser les politiques migratoires d'Etats souverains solidaires entre eux.

1.Introduction

L'ARRIVÉE, depuis le début de l'année 2011 de quelques 30000 migrants tunisiens et libyens sur l'île sicilienne de Lampedusa a relancé le débat sur la politique européenne de l'immigration, mettant en cause l'efficacité des accords de Schengen à répondre à une situation de crise et faisant apparaître l'importance des accords bilatéraux qui régissaient les frontières extérieures de l'Europe avec ses voisins non européens, par rapport à l'ensemble des mécanismes européens de contrôle des frontières. Ainsi, la France a demandé à appliquer la clause de sauvegarde l'autorisant à suspendre les accords de Schengen face à la crise tunisienne, avec l'aval de la Commission européenne et l'Italie et la France ont pu feindre une dissension à propos de la circulation vers la France des Tunisiens dotés d'un titre de séjour provisoire italien entre les deux pays qui ont trouvé l'occasion de réaffirmer à leurs opinions publiques leur souveraineté dans le contrôle de leurs frontières externes, par delà les dispositifs européens.

L'Europe est devenue depuis une vingtaine d'années l'une des premières destinations migratoires dans le monde, alors que l'Europe ne s'est jamais pensée comme une terre d'immigration puisqu'elle a été depuis des siècles le point de départ des grandes migrations à des fins de colonisation, de découvertes, de missions, de commerce et de peuplement des nouveaux mondes. Les flux mondialisés qui touchent aujourd'hui l'Europe sont le fruit de la conjonction d'une pluralité de facteurs survenus depuis ces vingt dernières années:

—le passage, pour les pays d'Europe du Sud et de l'Est, de pays d'émigration à des pays d'immigration ou de transit, certains pays étant devenus l'un et l'autre à la fois;

—la généralisation progressive des passeports, à l'exception de rares pays qui les distribuent encore parcimonieusement (Cuba, Corée du Nord). Ce phénomène a entraîné une généralisation du droit de sortie, alors que le droit d'entrer dans les pays riches devenait de plus en plus contrôlé（visas）;

——l'explosion de la demande d'asile dans les années 1990, dans des proportions inconnues jusque là（Afrique des grands lacs, Balkans, Proche et Moyen-Orient, Amérique caraïbe）, atteignant plus de 500 000 demandes par an avant de connaître une rapide décrue depuis les années 2000;

——l'activation de réseaux transnationaux légaux et illégaux, à l'origine de migrations en chaîne①, d'origine diasporique ou résultant d'une économie du passage;

——le développement de migrations pendulaires② d'allers-retours où l'on ne part plus définitivement mais pour de courtes durées avec pour but de rester dans de meilleures conditions chez soi, d'Est en Ouest de l'Europe, car la liberté de circulation le permet;

——la proximité géographique, rendue plus aisée par la baisse généralisée du coût des transports, aériens notamment, par une image de l'Europe véhiculée par les chaînes de télévision et de radio reçues dans les pays de départ, par les marchés locaux approvisionnés en produits manufacturés occidentaux et les transferts de fonds des migrants（14 milliards d'euros envoyés par les immigrés d'Europe vers leurs pays d'origine en 2005）. Tout cela suscite une «envie d'Europe» dans les régions d'origine les plus enclavées.

Le profil des migrants s'est beaucoup diversifié au cours de ces dernières années. Ceux qui partent sont ceux qui disposent d'un réseau, de famille installée à l'étranger, d'un pécule quand le franchissement des frontières est impossible par les voies légales: s'il n'y a pas de réseau, point de migrations. La seule exception à

---

① On appelle «migrations en chaîne» la spirale des migrations induite par la mobilité: le départ des uns entraîne des besoins de main d'œuvre donc de nouveaux migrants dans les zones de départ, tout en construisant une chaîne migratoire vers les pays d'accueil.

② Ce terme a surtout été utilisé pour analyser les migrations est-ouest en Europe lors de la chute du mur de Berlin.

cette mobilité transnationale est la migration forcée des réfugiés. Ce sont moins la pression démographique (d'ailleurs en baisse, notamment au Maghreb) et la pauvreté qui poussent les gens hors de chez eux que l'attirance pour d'autres horizons, l'absence d'espoir sur place, le désir de se réaliser, la visibilité à travers les migrants de retour pendant le temps des vacances d'une société de consommation et de liberté d'expression. Enfin et surtout, beaucoup de nouveaux migrants, de l'Est notamment mais aussi du Sud s'inscrivent dans une stratégie de co-présence[1], ici et là bas, surtout quand leurs titres de séjour et l'absence de visas le leur permettent : plus les frontières sont fermées, plus les gens s'installent, faute de pouvoir repartir et revenir, plus elles sont ouvertes ou entrouvertes, plus ils circulent et moins ils s'installent.

L'Europe continue à arborer une attitude frileuse face aux migrations, sous la pression de la politique de sécurisation des frontières, tandis qu'elle est confrontée au double défi du vieillissement des Européens et des pénuries sectorielles de main d'œuvre, deux réalités mises en évidence par un rapport des Nations Unies sur les migrations de remplacement de mars 2000, suivi par un Livre Vert européen de 2005. Aussi, les contradictions sont légion : depuis 1974, la plupart des pays européens de l'Ouest ont suspendu l'accès de leurs frontières à l'immigration salariée, un régime d'exception comparé aux autres régions d'immigration du monde. Les effets pervers sont nombreux : entrées clandestines, sédentarisation des sans papiers, esclavage moderne, détournement de la demande d'asile et du mariage à des fins de travail. Les secteurs qui manquent de main d'œuvre comme le bâtiment et les travaux publics, les métiers du tourisme, les services domestiques et aux personnes âgées, l'agriculture, l'habillement font appel à un volant d'immigration clandestine.

La fermeture est liée au fait que les politiques européennes ont été progressivement définies autour d'une série d'idées fausses dont les scénarios n'ont pas eu

---

[1] Selon le terme de Serge Weber (2004). Cela s'oppose à la «double absence» des migrants des années 1960 et 1970 décrits par Abdelmalek Sayad et signifie l'existence d'une double vie entretenue par des liens permanents économiques, familiaux et affectifs.

lieu. Il y a vingt-cinq ans, la plupart des pays européens pensaient que l'ère des grandes migrations de masse était terminée, que l'heure était à la substitution de la main d'œuvre nationale à la main d'œuvre étrangère et à la nouvelle division internationale du travail, aux politiques de retour et de réinsertion des non Européens dans leurs pays d'origine, à la mobilité interne des Européens dans une Europe sans frontières intérieures et au co-développement, comme alternative à la migration. Ces prévisions ont été largement démenties par les faits et les politiques européennes, de même que celles des États, ont concentré leurs objectifs sur le contrôle des frontières, dans une vision sécuritaire habitée par le risque migratoire, le terrorisme, la criminalité organisée et l'obsession des défis à «l'intégration». Ainsi, les politiques d'immigration sont en permanent décalage avec la réalité des flux. Ce décalage est aujourd'hui accentué par la reprise des migrations de travail («immigration choisie» en France depuis 2006, politique des permis à points en Allemagne depuis 2005, accords bilatéraux de main d'œuvre dans l'Europe du Sud, ouverture aux travailleurs de l'Est depuis 2004 au Royaume-Uni, en Irlande et en Suède, mise en œuvre de la «blue card»-à l'instar de la «green card» américaine-à compter de 2010), le souci de tisser des liens entre l'Europe et ses voisins (poursuite tolérée de l'immigration frontalière à l'Est de la Pologne et de la Roumanie, et tentatives de définition d'un espace euro-méditerranéen avec l'Union pour la méditerranée lancée en 2008 mais vite abandonnée) et la poursuite de la lutte contre l'immigration clandestine. Les contradictions entre ces politiques économiquement libérales et politiquement sécuritaires avec des relents protectionnistes et l'absence de consensus entre les États européens sur la solidarité face aux nouveau migrants, un thème crucial pour l'identité européenne, cristallisent les attentions et les crispations chez les décideurs et dans l'opinion publique, encore peu acquis à l'idée de la mondialisation du phénomène migratoire dont l'Europe est l'un des terrains d'élection.

2. L'Europe, ses frontières et ses migrations

La fermeture des frontières aux travailleurs étrangers, voici près de quarante ans, en 1974, a eu pour effet d'accélérer le regroupement familial (plus de 50% des entrées légales annuelles), de provoquer la sédentarisation des migrants, et n'a pas empêché la venue d'autres flux : réfugiés, illégaux, experts, étudiants… : un phénomène où, contrairement au passé, où entraient surtout des «bras», les facteurs d'attraction («pull») sont devenus plus puissants que les facteurs qui poussent les gens hors de chez eux («push»). L'Europe attire donc par elle-même. Aussi, les migrants sont-ils moins des ruraux analphabètes que du temps des migrations de masse des années 1960, mais davantage des urbains scolarisés issus des classes moyennes. Outre la migration familiale, la demande d'asile est la source qui a le plus augmenté au cours des quinze dernières années notamment en Allemagne, au Royaume-Uni et en France. L'Afghanistan, l'Irak, la Turquie, l'ex-Yougoslavie, la Chine et l'Afrique sub-saharienne figurent en bonne place parmi les pays émetteurs. Comparées aux principaux réservoirs démographiques d'immigration potentiels que constituent la Chine, l'Inde ou l'Irak, les migrations intra-européennes qui bénéficient pourtant de toutes les libertés d'installation, de circulation et de travail, restent faibles. Cette mobilité interne à l'Europe est la plus élevée au Luxembourg (40% d'étrangers), suivi de la Suisse (30%), de l'Irlande, du Royaume-Uni, de la Belgique, du Portugal, de la Suède, de l'Espagne et de la Grèce. On constate en revanche que, depuis une vingtaine d'années, la part des étrangers originaires de pays tiers a augmenté et que certaines nationalités ont gagné en importance (migrants originaires des pays d'Europe centrale et orientale en Allemagne, Marocains et Sénégalais en France, ex-Yougoslaves aux Pays-Bas), tandis que des nationalités nouvelles s'affirment dans le paysage migratoire : Pakistanais, Vietnamiens, Iraniens, Sri Lankais, Chinois.

Quant aux installés, dans l'Europe des 27, sur 500 millions d'habitants, on compte environ 30 millions d'étrangers, dont un quart d'Européens communautaires. Ces étrangers sont inégalement répartis dans les pays d'accueil : ainsi l'Allemagne est le premier pays d'immigration, avec 7,5 millions d'étrangers, 9% de sa population totale, suivie par la France (3,5 millions, 6% de la population totale), l'Espagne (passée d'1,5 million en 2002 à plus de 5 millions aujourd'hui) et le Royaume-Uni (3 millions, 4% de la population totale), la Suisse (1,4 million, près de 30% de la population), l'Italie (4 millions d'étrangers, 3% de la population) et la Grèce (800 000 étrangers, 8% de la population totale). Mais la proportion d'étrangers n'est pas toujours liée à leur poids numérique (Luxembourg, 30% d'étrangers, Autriche 10%, Finlande 2%). Malgré la mondialisation, chaque pays a un peu « ses » étrangers, fruits de l'héritage colonial, de relations bilatérales privilégiées ou de la proximité géographique. Dans la plupart des pays européens, 60% des étrangers ne proviennent que de quatre ou cinq pays de départ, même si l'on s'achemine vers une diversification des pays d'émigration et des types de migrants et une dizaine de pays européens d'accueil seulement concentrent la presque totalité des immigrés : Allemagne, France, Espagne, Royaume-Uni, Italie, Suisse, Belgique, Grèce, Autriche, Pays-Bas par ordre décroissant du nombre d'étrangers.

En Europe de l'Est, la chute du mur de Berlin a donné lieu à des migrations ethniques de retour, notamment celle desAussiedler en Allemagne (deux millions), des Allemands installés depuis plusieurs siècles à l'Est de la frontière allemande, en Pologne, dans les pays baltes, en Russie, en Sibérie, celle des Bulgares retournés en Turquie (près d'un demi-million), des Finnois de Carélie en Finlande① des Grecs pontiques② en Grèce (131 600), des Hongrois de Transylvanie (Roumanie) vers la Hongrie, des Italiens d'Argentine mais aussi

---

① La délimitation de la frontière par Molotov entre la Russie et la Finlande après la seconde guerre mondiale selon un découpage non rectiligne (le «doigt de Molotov» dépassant de la règle qui a servi à la délimiter) a mis du côté soviétique une partie des Finlandais qui sont pour partie retournés ensuite en Finlande depuis 1990.

② Il s'agit de colonies grecques installées de longue date dans la région dite du Pont Euxin, c'est-à-dire à l'est de la mer noire, en Turquie.

d'ailleurs vers l'Italie (306 000), l'Autriche ayant aussi connu quelques 380 000 retours ethniques. Mais les PECO (pays d'Europe centrale et orientale) représentent surtout une migration vers l'Europe de l'Ouest, tout en accueillant une population venant d'Ukraine, de Pologne et de Roumanie. Contrairement aux idées reçues, la grande déferlante ne s'est pas produite et il s'est agi surtout de migrations de voisinage et plus encore de migrations pendulaires (Polonais en Allemagne, Roumains en Italie, Ukrainiens en Espagne et au Portugal), de la part de gens qui s'installent dans la mobilité comme mode de vie. Le groupe le plus important est celui des Polonais, suivis des Roumains et des Ukrainiens. Autre nouvelle migration : les Roms. Au nombre de 8 à 12 millions en Europe (les chiffres varient fortement d'une source à l'autre), les Roms sont surtout présents en Roumanie (deux millions), en Slovaquie, en Bulgarie, et en Hongrie.

Au Sud, on trouve le même phénomène de migrations en chaîne, la Turquie étant devenue une zone de migrations et de transit pour les migrations de voisinage (soit environ 550 000 étrangers, venus d'Irak, de Moldavie, d'Iran, d'Afghanistan) et le Maghreb une zone de départ et d'accueil ou de transit pour une migration sub-saharienne venue du Sénégal, du Mali et de Mauritanie. La fermeture des frontières appliquée par les pays du Maghreb en application des dispositifs européens d'externalisation des frontières conduit les migrants illégaux à changer leurs parcours et à partir des côtes africaines par mer jusqu'aux îles Canaries plutôt que Gibraltar ou à traverser le désert et tenter les îles siciliennes plutôt que Brindisi, ce qui rend le voyage plus dangereux et a conduit à plusieurs milliers de morts aux abords de l'Europe depuis 2000. Les révolutions arabes ont également imposé de nouveaux parcours.

Partout, la mobilité est régie par des réseaux transnationaux d'origine familiale, économique, commerçante, ainsi que mafieuse qui ne sont que superficiellement affectés par les politiques de contrôle des frontières. La fascination pour l'Eldorado occidental est grande et «l'envie d'Europe» aussi, surtout pour tous ceux qui considèrent qu'il n'y a aucun espoir chez eux. L'exode rural se dirige vers de grandes métropoles de départ qui sont des espaces d'échanges où prospère une économie liée à la frontière et à sa fermeture: trafics de main d'œuvre, d'êtres humains, de drogue, produits de contrebande mais aussi commerce tout court. De grands marchés viennent matérialiser ces zones de friction et de rencontre entre deux mondes, au départ ou à l'arrivée. Ce sont des plaques tournantes pour la migration, souvent à proximité des frontières. Parfois c'est le mariage, moins souvent blanc que traditionnel ou mixte d'ailleurs, ou les réseaux religieux (chrétiens comme musulmans) qui servent de ticket d'entrée vers le rêve européen, puisque les frontières ne sont ouvertes qu'aux plus nantis (commerçants et hommes d'affaires, experts, universitaires munis de visas à entrées multiples, titulaires de titres de séjour de longue durée ou de la nationalité d'un pays d'accueil et ainsi dispensés de visas, étudiants).

Quelques profils dominent dans ces nouveaux types de migrants: des hommes jeunes et diplômés issus des classes moyennes urbaines, nourris d'aspirations diffuses à la modernité occidentale, des femmes isolées, scolarisées, accédant à 'une indépendance économique et personnelle mais parfois aussi cherchant une liberté d'expression, des mineurs, souvent victimes d'exploitation en tout genre, aux motivations difficiles à démêler, des élites très qualifiées à la recherche d'une réalisation professionnelle à la mesure de leurs compétences ou de leurs talents, des hommes prêts à offrir leurs bras pour améliorer leur condition, des groupes installés dans la mobilité comme les paysans maliens de la région de Kayes, les Chinois de Wenzhou, les Roumains du pays d'Oas, des migrants nord-sud où le tourisme international se transforme en expatriation au soleil (Anglais en France et au Portugal, Français au Maroc, Allemands en Espagne). Hormis les réfugiés et l'immigration matrimoniale (mariages et regroupement familial), beaucoup de ces nouveaux migrants aspirent davantage à la mobilité qu'à l'installation définitive. Ils considèrent parfois leur séjour comme un passage vers d'autres destinations plus convoitées (États-Unis, Canada) ou comme un aller-retour entre «ici» et chez eux. Tout porte à croire que ces tendances vont se poursuivre, compte tenu de la persistance des déséquilibres mondiaux, de la rencontre d'un désir d'individualisme avec un sentiment d'absence de perspectives dans les pays de départ. Cette mobilité est une source de dynamisme économique et démographique (50% de la population sur la rive sud de la méditerranée a moins de 25 ans) mais elle se heurte à la frilosité des pays européens à prendre en compte cette nouvelle donne.

La Méditerranée fait un peu figure de Rio Grande, de ligne de fracture géopolitique entre l'Afrique et l'Europe. La fermeture des frontières s'y conjugue avec la libéralisation accrue des échanges commerciaux (tels étaient les objectifs du processus de Barcelone, entre 1995 et 2005) mais aussi avec l'absence d'alternative véritable à la migration. Dans le même temps, les pays d'immigration européens cherchent à limiter la part de l'immigration familiale par rapport à la migration de travail salarié, réintroduite dans plusieurs pays, en souhaitant une immigration temporaire répondant à la structure du marché du travail et une circulation migratoire sans installation, un rêve technocratique à Bruxelles. Mais ils peinent à définir collectivement leurs besoins de main d'œuvre dans le long terme et renforcent leur fermeture vis-à-vis des pays du sud, rendant ambigu le projet d'intégration régionale euro-méditerranéenne. Pourtant, la dépendance des pays européens à l'égard de l'immigration a des chances de s'accroître, compte tenu des faibles ressources démographiques des pays européens de l'Est nouvellement entrés dans l'Union.

3.Réponses européennes : une européanisation à reculons

L'Union européenne définit le cadre des politiques de maîtrise des flux, qui passent de l'échelon intergouvernemental à la communautarisation des décisions, mais de façon désordonnée du fait des divergences et des convergences entre les politiques nationales, de la solidarité institutionnelle relative entre les pays signataires des accords de Schengen par rapport à ceux qui n'en sont pas signataires (Royaume-Uni, Irlande, Danemark), de la superposition de plusieurs espaces normatifs de référence, notamment à propos du marché nordique du travail dont font partie deux pays non membres de l'Union européenne, la Norvège et l'Islande, de pays non membres de l'Union européenne mais entrés dans l'espace Schengen, comme la Suisse. De plus, l'harmonisation des politiques européennes de migration est porteuse de restriction des droits fondamentaux comme l'asile politique du fait de la recevabilité de la demande dans un seul pays. Elle détourne les accords de Schengen de leur finalité initiale qui était celle d'un espace de liberté de circulation et de justice, elle aggrave l'écart, quant aux droits, entre Européens et extra-Européens, substituant une nouvelle frontière juridique, celles des visas, à celle qui opposait les nationaux des étrangers.

La dilution de la souveraineté nationale dans les processus de décision européens, la perte de pertinence de la notion de frontières et les difficultés de l'Europe à s'affirmer comme objet politique semblent compensées par une affirmation de la souveraineté de l'Union sur le contrôle de ses frontières externes, mais aussi par la montée des nationalismes identitaires d'extrême droite qui appellent au retour à la souveraineté nationale sur les frontières des États (France, Italie du Nord, Suisse, Pays-Bas, Danemark, Suède, Finlande, Autriche). Alors que le bien fondé d'une communautarisation accrue des politiques d'immigration et d'asile dépend d'une plus grande confiance dans les instruments européens, chaque pays cherche à donner l'illusion qu'il reste maître de sa politique migratoire, vis-à-vis de son opinion publique. Le traité de Lisbonne de 2007, qui a introduit la co-décision entre le Parlement européen, la Commission et le Conseil a marqué un recul du processus de communautarisation dans la mesure où il fait une plus large place aux opinions publiques des États. Cette tendance s'est manifestée par le vote, en juin 2008, de la directive « retour » qui allonge à 18 mois le temps autorisé des étrangers en situation irrégulière dans les centres de rétention. Les derniers conflits opposant certains pays européens aux instances bruxelloises (comme celui qui a opposé à l'automne 2010 les Roms à Bruxelles) ou deux pays européens entre eux (comme entre la France et l'Italie à propos des Tunisiens de Lampedusa vont dans le sens d'une affirmation de l'État face au système de Schengen, jugé inadapté.

(1) L'européanisation des politiques migratoires

La construction de l'espace migratoire européen s'est effectuée en plusieurs étapes. Depuis la signature du traité de Rome en 1957 et la mise en place progressive de la liberté de circulation des travailleurs (1968), une étape décisive a été franchie en 1985 avec l'adoption de l'Acte Unique européen qui définit un espace européen sans frontière grâce à la liberté de circulation des personnes et non plus seulement des travailleurs et la signature des accords de Schengen (1985) qui avaient pour objet de réaliser le laboratoire pour l'Acte Unique. Ses principaux instruments sont :

—l'adoption d'un visa unique de moins de trois mois, obligatoire pour les non communautaires qui veulent pénétrer et circuler en touristes dans l'espace Schengen.

—la liberté de circulation à l'intérieur des frontières européennes pour les Européens et les détenteurs (non communautaires) d'un visa Schengen et le renforcement des frontières extérieures de l'Union grâce à l'adhésion progressive au système Schengen des nouveaux entrants et à la solidarité entre les pays européens dans les contrôles externes menés par les pays situés sur les frontières extérieures de l'Europe. Des accords de réadmission sont signés à partir de 1991 avec les pays non communautaires riverains ou voisins de l'Union européenne en vertu desquels les États s'engagent à reprendre sur leur territoire les clandestins dont on a pu établir qu'ils étaient leurs ressortissants ou qu'ils avaient transité par chez eux.

—l'adoption d'un système informatisé de contrôle, le SIS (système d'information Schengen) pour la mise en ligne des données nationales sur les « indésirables » (clandestins, déboutés du droit d'asile), obligeant tous les États européens à leur refuser le droit au séjour et à les expulser.

—une politique d'asile commune, définie en 1990 par les accords de Dublin à l'échelon de l'Europe des Quinze, assortie d'un dispositif de filtrage renforcé: notion de pays sûr, d'où on ne peut pas demander l'asile, de demande manifestement infondée, de sanctions contre les transporteurs, solidarité entre pays européens dans le contrôle à l'entrée, un demandeur d'asile débouté ne pouvant, sauf exception, demander l'asile dans un autre pays de l'Union (pour éviter les demandes d'asile multiples et «en orbite»). Le protocole Aznar spécifie qu'il n'est désormais plus possible de demander l'asile en Europe quand on est originaire d'un pays de l'Union européenne (1997). Les accords de Dublin II de 2003 ajoutent que les demandeurs d'asile doivent être examinés dans le premier pays de l'Union où ils mettent le pied («one stop, one shop»), ce qui revient à renvoyer vers la Grèce, qui proteste, la plupart des demandeurs d'asile entrés par l'Europe du sud-est (Afghans, Kurdes, Irakiens, Pakistanais).

　　—la lutte contre l'immigration clandestine. Des règles communes sont définies à l'échelon européen pour lutter contre le séjour illégal (1990), harmoniser le regroupement familial et définir une «préférence européenne» à l'emploi (1994) qui protège l'emploi des nationaux et des Européens des nouveaux entrants non communautaires sur le marché du travail. En décembre 2000 une convention (Eurodac) sur l'asile a été établie pour le contrôle des empreintes digitales des demandeurs d'asile et des personnes ayant franchi irrégulièrement une frontière à partir d'une base de données informatique. L'accès à l'information est ouvert à chaque État membre de l'Union Européenne. Le contrôle renforcé des frontières est aussi symbolisé par le SIVE (système intégré de vigilance externe) à l'aide de radars entre l'Espagne et les côtes africaines. A Séville, en juin 2002, les États européens ont décidé d'accélérer le processus d'harmonisation des politiques migratoires dans le sens de plus d' «équilibre», mais ils se sont surtout focalisés sur la lutte contre l'immigration clandestine et l'abus des demandes d'asile: clauses de réadmission, gestion conjointe des flux migratoires (opération «Ulysse» coordonnée par l'Espagne visant à lutter contre l'immigration illégale en mer). Cette tendance sécuritaire a été confirmée par les sommets de Thessalonique (2003) et de La Haye (2004). Des accords de réadmission entre l'Union européenne ou tel ou tel pays européen et les pays riverains de l'Europe (Turquie, Maroc, Algérie, Tunisie et surtout Libye) tendent à faire de nombreux États tampons les «garde-frontières » de l'espace européen, d'autres ' États (africains notamment) étant déjà liés par une clause de réadmission obligatoire. Des officiers de liaison immigration et asile à travers le programme Frontex, formalisé dans une agence spécialisée, assurent depuis 2005 un contrôle renforcé des frontières externes. En 2010, le budget de Frontex a été porté à 88 millions d'euros et le rapatriement communautaire (c'est-à-dire par plusieurs pays de l'Union, qui joignent leurs efforts de façon conjointe) est considéré comme un signal fort de dissuasion.

—la citoyenneté européenne, définie en 1992 par le traité de Maastricht qui fait de la liberté de circulation, d'installation et de travail l'un des attributs essentiels de celle-ci, en son article 8, avec le droit de vote et l'éligibilité locale et au Parlement européen pour les Européens résidant dans un autre pays que celui dont ils ont la nationalité.

—le passage du « troisième pilier intergouvernemental de l'immigration et de l'asile[1] au premier pilier communautaire avec, en 1997, le traité d'Amsterdam qui intègre «l'acquis Schengen» dans le traité de l'Union européenne. Mis en œuvre à partir de 1999 pendant une période transitoire de cinq ans, ce dispositif introduit un change-

---

[1] On entend par «pilier» un champ de compétence communautaire correspondant à une étape de la communautarisation des décisions, le premier étant l'économie, le second la politique étrangère et le troisième la justice et les affaires intérieures.

ment du processus de décision, passant de l'unanimité à la majorité qualifiée. Ce dispositif a été mis en ceuvre de façon conjointe entre la Commission (à la majorité qualifiée) et le Parlement européen à partir de la mise en ceuvre du traité de Lisbonne de 2007. Les législations nationales relatives à l'entrée et à l'asile s'harmonisent peu à peu mais la communautarisation est empreinte d'une idéologie sécuritaire et restrictive.

　　—la définition, avec, en 1999, le sommet de Tampere d'une politique d'immigration commune à partir d'une évaluation des besoins économiques et démographiques de l'Union européenne et de la situation des pays d'origine, et l'abandon de l'objectif de «l'immigration zéro». A Laeken (décembre 2001) les pays européens ont évoqué un «équilibre nécessaire» entre la protection des réfugiés, l'aspiration légitime à une vie meilleure et la «capacité d'accueil des États membres. Cette évolution est interprétée comme une reprise de l'immigration de main d'ceuvre légale malgré l'ambiguïté maintenue sur la question des quotas: en 2007 le commissaire européen à l'immigration, M. Frattini a annoncé le lancement de la «blue card»[1], symbole de la reprise de l'immigration de travail vers l'Europe en fonction des besoins européens. Mais beaucoup d'États membres continuent à «faire leur marché» de main d'ceuvre, qualifiée ou non, sur la scène internationale, sous la forme d'accords bilatéraux de voisinage, de sous-traitance et de travail au noir plus ou moins toléré selon les secteurs. Pour les très qualifiés, la «stratégie de Lisbonne», lancée au Conseil européen de 2000 cherche à favoriser en Europe l'économie de la connaissance la plus compétitive du monde. Mais la crise de 2008 a réduit l'ouverture amorcée, surtout dans les pays qui affichaient

---

　　[1]　Il s'agit d'une carte de séjour portant autorisation de travail salarié dans les secteurs qualifiés dont l'Europe a besoin et pour lesquels elle lève la préférence européenne à l'emploi, un système institué en 1994 pour protéger le travail des Européens de l'Union.

une plus grande ouverture de leurs frontières à ce type de migrations d'élites (Royaume-Uni et Irlande)

La complexité du système européen renforce le registre du contrôle (coopération européenne renforcée, adoption de l'acquis communautaire par les États entrés dans l'Union), tout en faisant progresser lentement l'harmonisation des politiques européennes. La superposition de plusieurs espaces normatifs de référence et de sous-systèmes partiellement intégrés à l'Union tend à créer une «Europe à la carte». Le Royaume-Uni, l'Irlande du Nord et la république d'Irlande ne participent pas à la politique commune d'immigration et d'asile, bien qu'ils aient signé la Convention de Dublin sur l'examen des demandes d'asile. Quant au Danemark, membre de Schengen, il n'a pas souhaité être partie prenante des délibérations du Titre IV du traité d'Amsterdam sur l'immigration et l'asile, bien qu'il participe à la politique commune des visas. L'Islande et la Norvège, qui appartiennent à l'Union douanière nordique et les nouveaux pays entrés dans l'Union européenne sont en revanche tenus d'adopter l'intégralité de l'acquis Schengen et de la coopération en matière de Justice et d'Affaires intérieures. Les politiques européennes qui ont ouvert les frontières de l'Union à la libre circulation des Européens de l'Est (y compris de l'Allemagne d'aujourd'hui) dès 1991 (pays dits deVisegrad exemptés de visas de court séjour: Pologne, Hongrie, république tchèque, puis Slovénie et Estonie, États baltes, les derniers en date étant la Bulgarie au 31 décembre 2000 et la Roumanie au 31 décembre 2001) leur accordent la liberté d'installation et de travail en ordre dispersé, selon les pays d'accueil et les pays de départ. Les accords sur le libre accès au marché du travail des Européens de l'Est prévoient un temps d'attente mais certaines nationalités peuvent déjà travailler légalement (en Suède, Irlande et Royaume-Uni depuis 2004 où les Polonais sont venus nombreux).

Les événements du 11 septembre 2001, s'ils n'ont pas eu d'impact majeur sur les politiques migratoires européennes, ont néanmoins renforcé le volet sécuritaire et associé les représentations de l'immigration à la criminalité et au terrorisme islamiste: une tendance qui s'inscrit de longue date, depuis que les Ministères de l'Intérieur des États-membres ont tenté, au tournant des années 1990, de s'approprier la «gouvernance» des questions migratoires. Pourtant les défis sont tout autres et parfois contradictoires: démographie, intégration, pénuries de main d'œuvre, concurrence pour recruter les plus qualifiés, maintien de l'État-providence, libéralisme économique, respect des droits de l'homme. La montée des extrêmes droites dans l'Europe de 2010 tend à accentuer le décalage entre les impératifs économiques d'une Europe libérale qui constitue un système migratoire avec la rive sud de la méditerranée dont elle est économiquement et démographiquement complémentaire, et la demande politique sécuritaire qui éloigne l'Union européenne d'une politique d'immigration rationnelle au nom du respect des identités nationales et du contrôle renforcé des frontières, plus coûteux que dissuasif au demeurant.

(2) Politiques des États

La marche à l'européanisation est entravée par la forte dépendance de chacun des États à l'égard de son opinion publique, de son marché du travail, de sa démographie, de son voisinage avec des pays faisant ou non partie de l'Union européenne, de sa diplomatie, de la diversité de ses flux migratoires du fait de l'histoire (ancienneté ou non de la migration, passé colonial ou non), de la géographie (insularité ou frontières terrestres), et des réseaux familiaux, économiques, culturels, linguistiques existants avec telle ou telle région du monde.

La plupart des pays européens ont répondu à la pression migratoire sous la forme de modifications fréquentes des lois en vigueur sur l'entrée, le séjour et la nationalité ainsi que par des vagues de régularisations successives: durcissement des politiques d'entrée et du droit d'asile, externalisation des frontières à distance, maintien de l'opposabilité de l'emploi pour les non Européens qui cherchent à entrer sur le marché du travail lors de leur arrivée, restrictions temporaires apportées à l'accès au marché du travail des nouveaux Européens de l'Est.

Malgré la faveur actuelle de la politique d'immigration choisie (y compris dans les nouvelles politiques d'immigration des pays d'Europe de l'Est), la migration de masse est considérée comme une exception historique, avec vocation éventuelle au retour, malgré la sédentarisation du plus grande nombre. Les politiques d'entrée s'inspirent de cette réticence à reconnaître la légitimité de la présence étrangère : pressions de l'opinion publique, introduction de tests linguistiques et d'apprentissage de valeurs civiques dans les politiques d'entrée, manifestations de xénophobie, crainte d'une invasion venue du Sud et de l'Islam.

Si les procédures sont harmonisées à l'entrée ou en passe de l'être, les dispositions relatives au séjour restent du ressort de la souveraineté des États (en fonction de la règle de la subsidiarité). Elles sont à la source de grandes disparités entre les pays d'accueil : durée des titres de séjour variable, admission au travail immédiatement après l'entrée ou à la suite d'un temps de présence défini, accès variable aux droits sociaux, diversité de l'interprétation de la Convention de Genève relative à l'asile, du traitement social des demandeurs d'asile en cours de procédure-avec ou non droit au travail -, pluralité des modalités du regroupement familial (quant aux ayants droits) et des codes de la nationalité donnant accès à l'acquisition de celle du pays d'accueil. Tous ces éléments viennent s'ajouter à l'attraction diverse et sélective du marché du travail, des salaires, des prestations sociales, des niches d'emploi sectorielles ou de l'installation, préalable ou non, de réseaux familiaux ou relationnels sur place dans chaque pays d'accueil.

Ce sont les pays d'Europe du sud, entrés plus tardivement dans l'immigration (Italie, Espagne, Portugal et Grèce) qui ont régularisé le plus les clandestins. Certains pays du nord y ont vu un facteur d'appel, sans que la démonstration en ait été faite. Ainsi, l'Italie (en 1986, 1990, 1995, 1998, 2003, 2005), y a procédé abondamment, suivie de l'Espagne (en 1991, 1996, 2000, 2006), du Portugal (en 1993, 1996) et de la Grèce. Mais d'autres pays européens y ont eu recours aussi : la France (en 1981 et 1997) et la Belgique (en 2000), y compris en Allemagne.

Il en va de même pour l'asile. Les pays européens sont, du fait de leur passé colonial pour certains, de leur situation géographique pour d'autres, de leur tradition en matière d'asile pour d'autres encore, diversement confrontés au phénomène des réfugiés. S'y ajoutent de sensibles différences juridiques sur l'interprétation du droit d'asile et sur les critères donnant droit au statut, ce qui rend difficile le traitement de la question à l'échelle communautaire. Ainsi, depuis 1945, l'Allemagne de l'Ouest a accueilli à elle seule près de la moitié de l'ensemble de demandeurs d'asile qui frappaient aux portes de l'Europe occidentale du fait de son droit d'asile constitutionnel (article 16. 2 de la Loi Fondamentale du 23 mai 1949, modifié par la loi de 1993). Les pays européens les plus concernés (Allemagne, Autriche), sont favorables à un «partage du fardeau».

Les réponses des pays d'accueil aux nouveaux profils de demandeurs d'asile, qui fuient à la fois la pauvreté, la crise politique ou la guerre civile sont variables car ils rechignent souvent à reconnaître la situation des pays de départ comme définitive, de peur de cautionner ainsi la victoire contestée d'un groupe ou d'une ethnie. D'où l'apparition de réfugiés humanitaires, au séjour temporaire, le développement de l'asile externe au gré des États d'accueil, l'assignation dans des camps, la délivrance de visas de transit vers d'autres destinations, la création de zones internationales dans les aéroports : autant de dispositifs aussi provisoires que discrétionnaires, dépendants de politiques publiques nationales, alors que la politique d'asile se veut européenne. Les grandes tendances à la baisse du taux de reconnaissance du statut de réfugié s'inscrivent aussi dans l'absence d'harmonisation des critères à l'échelon européen et la difficulté d'homogénéiser des procédures souvent juridictionnelles, donc indépendantes.

Enfin, d'autres disparités proviennent des situations migratoires dans les pays d'accueil. Disparité quant au volume et à la concentration des nationalités. Si les Turcs (plus de trois millions) sont les plus nombreux, suivis des Marocains, certaines nationalités ne vivent que dans un seul pays (97% des Algériens, les deux-tiers des Portugais et des Tunisiens et 50% des Marocains immigrés en Europe vivent en France), 80% des Grecs, 72% des Turcs, 68% des Polonais et des ex-Yougoslaves vivent en Allemagne ; la presque totalité des Irlandais et des ressortissants du Commonwealth se trouvent au Royaume-Uni. On trouve alors des implantations de type quasi-diasporique, entretenant des réseaux entre elles et les pays d'origine et d'autres qui se trouvent dans une relation de couple migratoire avec le pays d'accueil, situation souvent héritée d'un passé colonial (Indo-Pakistanais au Royaume-Uni, Algériens en France, Turcs en Allemagne). Mais les pays européens doivent aussi faire face à une immigration plus mobile qui n'aspire plus nécessairement à la sédentarisation, notamment chez les plus jeunes, plus scolarisés et plus urbains. De plus, malgré la marche vers une certaine convergence des droits des résidents, et du droit de la nationalité vers un équilibre entre le droit du sol et le droit du sang, d'autres frontières intérieures se construisent autour de la ségrégation urbaine et des discriminations où les politiques locales ont un rôle essentiel. Elles relèvent du principe de subsidiarité, inspiré du système fédéral allemand, en vertu duquel l'intervention de l'Union européenne se limite aux domaines pour lesquels l'action engagée ne peut être réalisée de manière suffisante par les États membres.

Aujourd'hui les pays européens semblent hésiter entre le modèle de l'immigration d'installation et celui des travailleurs hôtes, mais l'immigration continue à être considérée comme une exception de durée limitée, vouée au retour. En 2008, le Pacte européen sur l'immigration et l'asile, adopté entre les 27 lors de la présidence française de l'Union européenne, illustre la double tendance sécuritaire et la faveur pour une immigration provisoire. Son point un rappelle le souci européen d'entr'ouvrir ses frontières aux besoins de main d'œuvre, dans la limite des capacités d'accueil des États, ses points deux et trois insistent sur la nécessité de lutter contre l'immigration clandestine et de renforcer le contrôle des frontières externes, son point quatre appelle à construire une Europe de l'asile grâce à une politique plus harmonisée (dans ce sens, un bureau d'appui européen a été ouvert en 2011 à Malte) et son point cinq invite les États européens à développer des accords de bilatéraux avec les pays du sud, dans un double objectif de réadmission des sans papiers et de politiques de développement. Ce pacte n'est pas un traité : c'est un engagement tacite des pays européens à respecter cette ligne d'action, sans engagement juridique ni vote de lois futures nécessaires. Les accords bilatéraux et multilatéraux sont devenus aujourd'hui l'un des nerfs de la politique menée par les

États européens avec leurs voisins du sud et de l'est en marge de la politique
européenne de l'immigration et de l'asile, en toute impunité. Une partie de ces ac-
cords reste secrète et traite d'échanges d'infrastructures (autoroutes, équipement)
ou d'aides au développement contre l'engagement des pays à accepter les reconduc-
tions à la frontière. La Libye s'est fait ainsi une nouvelle légitimité en se faisant
passer pour le bouclier de l'Europe, filtrant les demandeurs d'asile et les passagers
clandestins. La France a ainsi conclu une quinzaine d'accords bilatéraux avec ses
voisins non européens. Quelques pays comme le Maroc ou la Russie font l'objet
d'une pression de l'Union européenne pour signer des accords multilatéraux avec
l'ensemble de l'Union, mais ils résistent en faisant valoir qu'ils mettraient ainsi en
péril leurs relations avec leurs voisins du sud et de l'est.

4.Conclusion: Perspectives

Depuis 2000, un débat nouveau est venu bousculer le consensus sécuritaire et
le credo de l' «immigration zéro»: le vieillissement à l'horizon 2030 de la
population européenne, les pénuries sectorielles de main d'œuvre et les
déséquilibres entre la part des actifs et des inactifs nécessitent une autre approche
des migrations, fondées sur la libre circulation, la sécurisation des parcours et le
multilatéralisme de la décision dans la gouvernance des migrations. Ce constat est
difficilement accepté par les États européens, habitués à la fermeture. Mais
l'entr'ouverture est néanmoins entrée dans l'agenda de la politique européenne des
migrations. Cette nouvelle inflexion s'inspire d'une seconde priorité affichée en
faveur de l'ouverture: la compétition mondiale pour l'attraction des plus qualifiés,
la croissance de la population en Europe mais aussi l'inscription de la mobilité
d'une population jeune parmi les «biens publics mondiaux». Un autre objet de con-
troverse réside dans les relations que la migration entretient avec le développement
dans les pays de départ.

A court terme (c'est-à-dire celui des politiques migratoires), le temps des
migrations ne coïncide pas avecles stratégies de développement: plus il y a de

développement, plus il y a de migration et plus il y a de migration, plus il y a de développement du fait des transferts de fonds et du mieux être apporté par l'immigration même s'il ne s'agit pas de développement durable créateur d'emplois. Pour le candidat au départ, nourri d'imaginaire, l'anticipation d'un éventuel développement de sa région à long terme passe souvent après la tentation migratoire, même périlleuse ou mortelle (on dénombre 14000 morts en méditerranée entre 1998 et 2008). Il en va de même des élites qui ne s'estiment pas toujours devoir servir un pays qui ne leur offre rien. Sous l'effet de la mondialisation, les pauvres ont connaissance de la richesse du Nord et savent que si elle ne vient pas à eux, c'est eux qui s'efforceront d'aller à elle grâce aux réseaux qui les mettent en mouvement. La question de l'inclusion et du vivre ensemble est un autre défi pour les pays européens.

Face au décalage entre les mécanismes européens de maîtrise des flux migratoires et les réalités qui se dessinent, la communautarisation des décisions européennes est un instrument plus performant que les politiques étatiques pour y répondre mais elle reste empreinte de bien des confusions et des hypocrisies. On assiste aujourd'hui à une reprise des migrations économiques. Pour l'Europe l'enjeu consiste à trouver un compromis entre la fermeture et l'ouverture, entre la logique sécuritaire et celle des marchés. Dans le même temps, le droit à la mobilité, la démocratisation des frontières font partie des droits émergents et se profilent à travers les tentatives onusiennes de gouvernance mondiale des migrations (Conférences de New York de septembre 2006, de Bruxelles de juillet 2007, de Manille de novembre 2008, d'Athènes de novembre 2009 et de Puerto Vallarta, au Mexique en novembre 2010,) associant pays de départ, d'accueil, OIG et ONG, associations de migrants, pour que la porte de service ne soit plus systématiquement utilisée à défaut de la porte principale. Peut-on espérer une réduction de l'écart entre la réalité des flux et une définition de politiques migratoires plus rationnelles, plus européennes et moins dépendantes des pressions électorales?

Bibliographie sélective

Face à l'abondomce de la production scientifique sur le sujet, nous avons choisi de ne citer que que lgues références.

Bade, Klaus J. 2002.*L'Europe en mouvement: la Migration de la fin du XVIII*e *siècle à nos jours*. Traduit par Olivier Mannoni. Paris: Seuil.

Bertossi, Christophe. 2006. «L'Europe en mal de migrations?». In *L'Europe et le monde*, sous la direction de Thierry de Montbrial et Philippe Moreau Defarges, 81-91. RAMSES 2007. Paris: Dunod.

Bribosia, Emmanuelle, et Andrea Rea, dir. 2002. *Les Nouvelles Migrations : Un enjeu européen*. Bruxelles: Complexe.

Castles, Stephen. 2006. «Guestworkers in Europe: A Resurrection?». *International Migration Review* 40 (4): 741-766.

OCDE. 2010. *Perspectives des migrations internationales: SOPEMI 2010*. Paris: OCDE.

Weber, Serge. 2004.«Des chemins qui mènent à Rome...: trajectoires et espaces migratoires roumains, ukrainiens et polonais à Rome, 2000-2004». Thèse pour le Doctorat, l'Université de Paris 1.

Wihtol de Wenden, Catherine. 2007. «L'Union européenne et les enjeux migratoires». In *L'Etat de l'Union 2007*, sous la direction de Thierry Chopin et Michel Fouche, 111-117. Paris: Fondation Robert Schuman.

————. 2009a.*Atlas mondial des migrations*. 2e édition. Paris: Autrement.

————. 2009b.*La Globalisation humaine*. Paris: PUF.

————. 2010. *La Question migratoire au XXI*e *siècle: Migrants, réfugiés et relations internationales*. Paris: Presses de Sciences-Po.

迁移中的女性[*]

——依靠性别秩序并从其内部进行挑战?

米里亚娜·莫罗克瓦西奇

　　跨国迁移中的女性人潮逐渐增加,这波女性迁移的趋势在欧洲尤其明显,占了总迁移人数的52%之上,此现象反映了女性移民工人大多从事低报酬、不稳定的服务工作:家务、护理、老人看护、娱乐和性产业。这些职业皆是建立在女人天生亲近生育领域工作这一性别化假定之上。可以预见的是,这样的情形并不利颠覆在性别规范下的家务分工,也不利于打破原有的性别等级。实际上,大量的研究证明显示,越来越多的女性迁移人数不一定能挑战原有的性别秩序,相反地性别秩序有相当强的抗拒改变的力量。在此,我希望跳开一般的提问方式:性别关系在移民的背景之下是否被重构,而是想提出结果是如何协商出来的,以后能动性与赋权的空间有多大的问题。我的观点是,女性移民倾向停留在传统的性别秩序,如果她们不公开挑战或质疑原有的性别秩序,她们就会依靠它来达到她们的目的。种种经验告诉我们(其中包含我自己过去三十年许多的研究),性别秩序再生产的进程在各式各样的情况中体现,与此同时也包含了许多变化和从内部颠覆的元素。根深蒂固的性别身份并未被公开挑战,而毋宁是被移民脉络下各个交叉的权力等级内部的压力、要求而重新定义。

---

　　[*] 本文为改订缩减版,原文为 Morokvasic, Mirjana. 2007. "Migration, Gender, Empowerment". 载 *Gender Orders Unbound. Globalisation*, *Restructuring and Reciprocity*, 由 Ilse Lenz, Charlotte Ullrich 及 Barbara Fersch 所编,第69-97页. Opladen; Farmington Hills: Barbara Budrich 出版社。

　　　　现在我不是无名小卒了。但我如果回到南斯拉夫的村子里，我
就只是一个寡妇。

（丹卡，访于瑞典，Morokvasic 1987a）

　　　　开始，我在外面工作了三年，好把家里的房子修好。现在，为了
保养那个房子，我又工作了三年，因为暖气什么的特别贵，我老公又
没有工作。没有我在比利时拿的工资，根本没有那个钱。我的生活
就是这样：干了六年的清洁工，换来一栋漂亮的小楼，我在里面一年
就住上个两三个月。

（布鲁塞尔的波兰移民，引自 Kuzma 2003，第 122 页）

　　女性从来都是迁移的一部分，但她们是否在场取决于来源地，来源地及移
入地的劳动市场状况，以及移入地的移民政策。她们的存在并不总是可见的，
也不都像现在一样吸引了学界政界这么多的注意力。很久以来，移民的范式
性的形象，都是一个男性，在工业或建筑业中工作。而现在在移民潮中有越来
越多女性的身影。在某些不雇佣外国人则无法存活的经济部门，女性甚至更
容易得到工作，例如家政与其他服务、卫生及部分农业工作。今天，女性化被
认为是全球化移民的一大趋势（Castles、Miller 2003）。女性化是指女性相对
于男性的人数增加。开始阶段男性多于女性的菲律宾移民就是如此，现在女
性占总移民人口的 70%。在欧洲，52% 的移民是女性。这一增加现象主要是
由于来自东欧的临时与永久移民（Morokvasic、Münst、Metz-Göckel 2008）。但
是在从南至北的移民潮中，女性的比重也越来越高：在安达卢西亚，草莓采收
季节的农民主要雇佣的就是女性，特别是已为人母的女性。她们在西班牙工
作期间，家人留在摩洛哥，就能作为担保，她们季节性工作所带来的临时居留
不会成为永久性的。

　　对女性来说，流动和迁移具有特别重大的意义：从历史上来看，说到女性
往往联想到的是不可流动性和被动性。很长的一段时间里，她们或者完全不
被讨论，或者被视为附属者，而非本身就算是移民，她们的迁移从属于男性的
迁移。在许多社会中，尽管迁移运动整体女性化，但女性的流动依然存在着限
制和障碍。此外，即使她们的迁移为数巨大，甚至成为移民及家中主要的经济
来源的大多数，迁移中的女性仍旧会面临道德污名化的问题（Potot 2005；

Peraldi、Bettaïeb、Manry 2001；Keough 2006；Le Espiritu 2005）。因此，对于女性而言，流动性作为一个新近获得或即将实现的自由的形式，其潜在社会影响相对于男性是有所不同的。

移民人口位于并非其自身所建构的权力等级（阶级、种族、民族、国籍、性别和移民状态等）之中，这些权力等级塑造着人们的思想行为。但是，在兼具限制和能动的双重作用的结构条件内部，他们可以从所处的社会位置中，发展出不同形式的能动性以应对这些权力等级。女性可能成为迁移的发起者，而且就算自己不参与迁移，也可以影响其他人的迁徙，或者受到他人的流动的不同形式的影响。性别既可以帮助也可能危及迁徙，移民前的性别关系会影响迁移工作、过程、移民模式及之后的持续关系（Catarino、Morokvasic 2005）。女权主义学者和其他学者因此聚焦于移民过程和家庭中的权力分配之间的联系，以及薪资劳动与女性的经济独立是否能够赋予女性在家庭关系中更多的决定权和平等地位。

研究显示，为工作而跨越国界可能促进赋权，带来挑战既定性别规范的契机，但也可能导致新的依附关系，并加深现有的性别界限和等级。日益女性化的国际移民，处在全球化、发展和性别意识形态的交叉处。这一点的反映就包括，女性在低报酬且不稳定的制造业工作，在服务业中的人数更是遽增（Parreñas 2001；Anderson 2000；Ehrenreich、Hochschild 2003），主要是在家务劳动、护理、照顾年长者、娱业项目和卖淫，后者往往与男性越来越高的流动性有关（例如军人、国际维和人员或游客）（Enloe 2000；Falquet 2006）。这些职业往往是不显见的，或者，特别是处在法律框架之外时，常不被承认为"工作"。在称呼上，也往往被称为是帮助，而非工作。对私人服务和看护相关的职业，法德意等国官方的统一命名，德语称作"家务帮助"（Haushaltshilfe），法语称作"育儿助理"（assistante maternelle）、"家务帮手"（aide-ménagère）意大利语"家庭助理/协作"（assistenza/collaborazione familiare）。而"换工姑娘"（au pair）的情况则是，她们具有全职照顾幼儿、保姆和家务劳动的责任，但比如在德国，却属于"文化交换计划"的框架（Hess 2005）。

这些职业皆是建立在女人天生亲近生育领域工作这一性别化假定之上。可以预见，正是这方面的工作不利于颠覆家庭分工的性别规范，也不利于扰乱性别等级关系。事实上,研究证据显示移民(特别是女性移民)的在场本身反而再生产或加深了性别等级与规范(Friese 1995;Lyon 2006;Shinozaki 2005;Oso 2003)。

阶级等级和性别等级的保留意味着,无论移民能够得到多少东西,这些所得都因失去社会地位,超时工作、阶级向下流动(declassing)、被剥削等情形有所抵消。依照工作的背景与部门不同,移民们面临极端羞辱或受到暴力对待的高风险,这一状况最突出地表现在性产业,但家务工作也是如此。

性别秩序并不一定会受到女性移民现象的挑战,相反,有相当多的例子证明,即使在传统角色互换的情况之下,性别秩序仍对挑战和改变有相当强的抵抗能力。在这篇文章中,我希望能超越平时常被明里暗里提出的一个问题:性别关系在移民的背景之下是否被重构——而是提出下面两个问题:结果是如何协商出来的? 迁移是否为女性带来了赋权(empowerment)①的机会与空间? 对我来说,如果从移民本身作为改变的能动者,而非改变的对象或目标的视角出发,这样提问就是不可或缺的。我在论点在于,国际移民如果不公开挑战或质疑传统的性别秩序,则倾向于出于自己的目的利用并依赖于这种秩序,尽管女性和男性的方式各不相同。

移民清楚地意识到塑造了他们跨国就业机会的政治、文化、社会和经济脉络。尽管各自使用不同的语汇表达,他们也明白为其敞开的机会之所以存在,是因为传统的性别秩序镶嵌于对(大部分是女性,但也包含部分男性)就业机会的期望中,而这些期望将连同阶级—性别的权力阶序、非正式的就业结构和家庭理想,维持原有的性别秩序。

当移民女性离开祖国的唯一机会是透过加入"另类流动"的走私网络,或者经由网路及中介成为邮购新娘,当她们唯一的就业机会是家务劳动或是性产业时,她们极有可能会出国找寻工作机会,而非挑战原有的性别秩序造成的界线和导致的工作结果。有些人甚至进一步证明他们是如何比之前在此岗位上的人"更好用"。

本文重点在强调女性(但不单单只有女性)对性别秩序的依赖和使用,但

---

① 赋权可被理解为一个增强人的能动性的过程,意味着强化个人性与集体性的抵抗(谈判、颠覆……)策略,以摆脱社会、经济和政治上的压力,或者试图寻找有价值的替代方案。

在其秩序中男性却享有特权。这现象并不如男性对性别秩序的运用来得不证自明。本文将揭示,尽管此秩序时常被依赖且因而维持,矛盾的是,此种依赖反而能够在现实上从内部对性别秩序进行颠覆。

1.在全球化世界中对性别秩序进行挑战。女性得到的好处?

在部分研究中的习惯性思维,特别是在"垦殖者社会"(settlers'society)中,今昔一致地认为性别关系的变化与女性参与劳动力的情形密切相关,且她们的议价实力将相较于原籍地增加。此外,新的社会背景往往促使男性投入传统上被认为属于女性从事的照顾小孩和操持家务的工作(Menjivar 1999)。相反的,即使女性没有踏入劳动市场,也能够获得在本国得不到的,体制性或其他的资源。因此,女性的成就与性别有关,而男性的损失则攸关职业地位。

研究回归祖国移民的调查普遍显示,一般来说,相对于男性,女性移民较为不愿意返回家乡(Morokvasic 1987a;Fibbi、Bolzmann、Vial 1999;Grassmuck、Pessar 1991)。这结果也强化了"移民女性的处境会比迁移前更好"的假设,认为女性比男性更容易适应移民生活,在异乡的男性会由于外在环境产生的敌意和冷淡疏离感觉,而更加强自己的价值和对自己的规范。

拉米雷斯透过比较西班牙和摩洛哥的"性别契约"而推论:相较于在摩洛哥进入就业市场被视为是对传统性别角色的逾越,在西班牙,即使女性仍然"由于外国人和女性的双重身份而居于弱势",在西班牙工作给予她们更多的自主权和对于资源的进用与掌控(Ramírez 1999,第35页)。西班牙的移民政策对于女性的优先保障改变了摩洛哥移民女性在原籍国的传统性别秩序:当女性和男性一样成为不可或缺的经济主体之后,男人不再被视为是家庭中唯一的经济来源提供者。史摩尔在2005年对意大利的突尼斯女性移民有类似的观察发现(Schmoll 2005)。

以来自在法国工作的菲律宾女佣角度,莫泽尔(Mozère 2005)强调,这些移民女性已成为自己的创业者(entrepreneurs d'elle-même)。随着留在原籍国的男性替补女性承担原有的责任,女性成为经济支柱的事实也改变了传统的性别秩序与行为。① 女性在菲律宾还获得了过去未曾享有的自由。尽管已有这么多的改变,莫泽尔警告这个世界仍然只给予女性移民"部分公民身份"(Parreñas 2001)。波多(Potot 2005)表明,尽管在移民国女性获得较多的自主权,但回到罗马尼亚之后,原籍国原有的性别秩序仍会继续作用在女性身上,女性有可能面临到坏名声并且只有很少的机会能够利用自己的成功。

2.维持或加强性别秩序

尽管许多关于"进步"的证据常强调相互矛盾的结果和社会成本,许多研究也指出了相反的现象:性别不平等的再生产、传统角色的加剧、依赖和增加的女性工作量。

(1)失去支持和工作量的增加

在本国依赖于有偿与无偿支持的中产阶级女性,对移民脉络的新环境里日益增多的新要求,努力适应,而毫不挑战性别秩序。

马克思·费瑞(Myra Marx Ferree)调查了在美国的古巴中产阶级女性的情况,背景是为维持家庭一定水准的体面(respectability),女性工作是必须的。在古巴社中,对女性的传统观点已经被拉伸改变:就业是女性角色中必须执行的一部分(Marx Ferree 1979,第48页)。据马克思·费瑞的分析,就业成为一种家庭义务这件事并非源于文化变革,而是旧的价值观作用于变化之后的环境之下,所产生的行为。因此,这并不表示其他价值观也跟着改变,例如性行为中的道德名誉问题,或者男女关系中的权威服从现象皆并未产生变化。

由于缺少人际网络的支持以及赚钱能力的降低,受过高等教育、移民至加拿大的香港女性移民也面临地位恶化的情况(Man 1995)。女性无论是在家或在外工作,她们的有薪职业始终都从属于对丈夫和小孩的照料。

(2)当女性的工作不是"工作"

莫罗克瓦西奇(Morokvasic 1987b)观察20世纪80年代在巴黎成衣业的

① 女性往往把留在国内的丈夫叫做"家庭主男",Mozère 2005,第227页。

状况时,注意到了多年来对男性——起码是部分男性,和女性来说,出现了不同的就业模式。小型企业家几乎只有男人担任,不论他们是否具有缝纫的技能。他们可以,或不得不仰赖其家人或其他女性的缝纫技术。他们甚至可以期待家族中的女性无薪为他们工作,在此缝纫工作仅仅被视为女性的家庭责任的延伸。虽然女性创造了收入,但是她们还是无法摆脱附属地位。"他把要做的活儿拿回家。我就光是干呀干的。他再把活儿带走,拿钱。我不知道拿了多少钱,从谁那里拿的。我什么都不知道,什么都没有。"(Morokvasic,巴黎成衣业田野笔记,1984)多年来女性都一直是在家工作或代工,既没有晋升的机会,也不可能合法化,因为她们不符合合法化的条件:不间断连续工作,以及长期从事工作。相反,她们的工作都充满间断,以短期、零星的工作安排为主。1982年法国实行的移民合法化程序,约有135000的非法移民劳工受益,但当中却独漏女性。只有17%的女性获得了合法身份,而在女性向占多数的行业中,比例仅仅是略高(服装行业22%)(Morokvasic 1987c,1993)。国家的监管工具与工作中的性别歧视合力,使得不稳定状态成了永久性的。

针对德国的中国移民商人的研究也证实:即使女性通常在劳动中"出了力",企业所有权和工作的性别认知仍带有男性偏见(Leung 2004)。女性的工作被看作"仅仅"是额外的帮助,一笔勾销。"没有,我只是在这边处理店里的生意。我老公才真是在干活,他在工厂干活。这边只是我自己的事情。"(第105页)。她工作的商店与住家之间的空间联系,潜在地将她的工作定义为"在家工作"而非是"真正的工作"。女性的缝纫工作即使持续到深夜,也只被看作是女性在家中"天然"角色的延伸,而不以其是"真正的工作"而受到看重。这样,在移民社区或其他社区里,所存在的"男主外,女主内"的期望,认为女性就该在家从事家务劳动,而男性则应该出外工作赚钱,以这种期望为基础的基本性别分工并没有被挑战,反而更加巩固。这位Kim就是这样,把自己的生意和自己对其的认知,都套进了这个并未加以质疑的性别秩序。

(3)在性别、阶级、移民交叉口的替补女性

生育领域工作的全球化以及南北迁徙运动造成了性别不平等的再生产。由于移民女性较于传统的社会化过程,或者移民身份的脆弱性,加上西班牙女性对于传统主妇角色日益增大的拒斥,涌入西班牙的女性移民使得部分西班

牙男性能够找到心中"有女人味的家庭主妇"的模范配偶。"我觉得，跟西班牙女人比起来，哥伦比亚女人更会照顾男人。"（Oso 2003，第 224 页）瓦尔提（Vartti 2003）对德国婚姻中介的研究，也证明了它们的客户（99% 为男性）向往同一类的对象类型：他们希望未来的移民新娘有"老式的传统女人味"，也就是说，不追求独立自主、温顺、爱家、不追求事业的女人，漂漂亮亮又忠贞的打理家事的人。相较太过解放，追求事业的当地女性，他们更愿意选择移民女性。

西班牙的移民限额政策，一种每年一次的合法化过程，反映了不断增加的家务人力需求，并鼓励了移民女性进入西班牙家庭从事家务工作——家务和农业是提供就业的两大部门。对西班牙中产阶级职业妇女来说，依赖女性移民帮助从事家务工作，这个情形反映出她们的生育策略，即通过雇佣替补女性来解决工作与家务的双重负担。对上流社会不工作的家庭主妇来说，聘请佣人则是维持社会地位的方式。因此，家务工作的外包（而非在家里解决），"对中产阶级职业女性来说，起到了解放性的作用，而对选择在家中抚育子女的女性来说，则构成了传统的延续"（Oso 2003，第 213 页）。

在女性就业率增加和人口老龄化的国家，如西班牙、意大利、希腊、法国、德国和土耳其等国，在一个"家务细分市场"（domestic niche）中创造了需求（Lutz 2002），管家与看护方面女性有薪无薪的劳动越来越被外国女性所取代。她们受雇工作的情况，由以下两点提供框架：移民国福利制度不足；而在移民政策方面，则是合法移民渠道的缺乏，并以对非正式人口流入的容忍及循环流动模式作为补偿（Finotelli、Sciortino 2006）。这种"移民—看护"的模式，在意大利与其他欧洲国家的女性与承担看护职责的移民女性二者之间，形成了一种新的种族和阶级分隔。雇用移民女性的理据仍旧是一种性别化且种族化的形象刻画：移民女性被视为具有自然天赋，性格善良、宽厚而顺从，换言之，完全适合服务业和看护工作（Lyon 2006，第 222-223 页）。她们的劳动不仅因为性别关系，而且也因为移民身份与合法性的原因，被边缘化为非生产性劳动，并排除出工作的范围。正因如此，她们的劳动才尤其更加嵌入于家庭照护老人的理想之中，并支撑着这个理想。

女性移民进入家务工作因此维持了雇主家中的性别等级。根据弗里泽（Friese 1995）的观察，德国社会中两性在劳动市场的日趋平等，与女性与女性之间逐渐扩大的不平等平行。德国中产阶级女性把生育领域工作转移到来自东欧的清洁工、保姆、看护身上,而她们多数人是被去阶级、去技能的:她们在自己的国家,本身是中产阶级,往往是学者和专业人士,并试图维持国内高地位低工资的工作。在国内社会上升或维持地位,全靠在工作的国家的阶级下降。

对于这些移民女性的雇主而言,移民女性在亲密的时空中维持了逐日基础的家庭照护规范;对于她们自己的家庭,他们则随机应变出"分居共活的安排"(living-apart-together arrangements)以处理时间空间的分离问题。尽管这样的模式对她们可以是赋权性的——这些女性当中的许多人在家中的经济和讨价还价权利往往有所改善(Irek 1998)——但我们也将发现,这一系统仍然强化了她们作为母亲和照护者的传统身份。传统的性别角色未必受到挑战。

> 我回波兰的时候不休息的,那么多要做的事情。你想象一下,就一个男人,带着两个孩子……我如果回去一个月的话,前两个星期什么事情都不做,就打扫、收拾家务。

(Kuzma 2003,第 124 页)

从例子中可以看出,即使(或者说正是因为)父亲在母亲缺席期间暂代母职,典型的传统性别秩序仍旧不受质疑。新的后社会主义母亲工人女超人一回国,一切就得"恢复正常",而必须做所有的家务工作的理所当然是母亲,即使这将耗掉她假期的大半时间。

到目前为止所展示的研究证据给出了混合的结果,指出移民对于性别秩序的作用是矛盾的:夫妻双方会变得更加互相依赖,因为他们为了经济无虞和情感支持被迫仰赖于对方与传统家庭。另一方面,由于传统的劳动分工和男性特权没有被挑战,有薪工作加重了女性的总工作负担。大部分的女性并不期待她们的丈夫会帮忙分担家务工作,而往往会选择依靠在社会地位中更为弱势的移民女性从事家务劳动,以此解决她们的问题。这也就是霍赫希尔德(Hochschild 2000)所提出的"全球照护链"(global care chain)。

本节中举出的实例说明了性别秩序不但抗拒改变,在某些情况之下,甚至会在与阶级、移民以及合法性的交错中得以强化。在不受挑战的、维持的性别秩序之后,是否隐藏着潜在的能动性呢?

3.依靠性别秩序:将其转化成自身的优势

在下文中我们会看到,移民女性(有时是男性)如何协调在经济收益和社会地位下降之间的矛盾,她们如何将"缺陷"转化成自身的优势以回应侮辱和指责,以及如何把规范与行为分离开,或是运用传统的模式以达成自己的目标,等等。

(1)联盟:以传统家庭和婚姻作为支持

突尼斯女性在异国工作所赚的钱往往投资在女儿的嫁妆或者教育上(Schmoll 2005)。因此,这些母亲需要处理存在于维护部分性别规范以及追求女儿的自由解放之间的矛盾。这些矛盾也存在于南斯拉夫的母亲之中,她们将自己所未曾经历的投射在女儿身上,努力让男孩女孩都能接受教育,并坚持两性都应参与家务,但在性方面仍坚持双重标准(Morokvasic 1987a)。

对东欧女性来说,最后和当地男子结婚的情形特别普遍(在法国的跨国婚姻里,有超过80%是法国男子和东欧女子的结合)。这样做,并不一定是一开始就斟酌的策略,但特别是对学生和"换工姑娘"来说,却是以通过传统的婚姻制度来实现着社会向上流动的原则为前提的。而对较年长的,移民目的主要是家中责任的女性来说(Rotkirch 2005),进入一段婚姻,是承担这些责任,并逃离她们通常是了为供养家庭而选择和当地男性结婚,同时也能摆脱母国贫穷的生活(Giabiconi 2005)。同样的情况出现在持短期工作居留,到日本从事表演工作的菲律宾女性中。和日本人结婚可以避免要么返回菲律宾,要么非法超时逗留的处境。这样获得的稳定的居留许可,就为在日本自我雇佣和创业打开了机会之门,而短期居留许可的持有者和非法居留者则与此无缘。结婚之后就有可能进一步把也把家人接来,并在自己的生意中给他们找份工作。例如,Annie 就可以由此而供养身在菲律宾的父母,并把长子接来东京。"那时候我想回日本……对我来说,他(Annie 的丈夫)是我的垫脚石。"①

①　见 Morokvasic 2001,关于东京的菲律宾女性的视频。

（2）好母亲，自我牺牲而不可替代的英雄

移民的社会成本往往被怪罪到移民女性的头上，她们往往被认为是"打乱"了原有的社会秩序与性别秩序。比起男性移民，女性移民现象常被视为更容易造成家庭问题（Asis 1995）。与三十年前，社会主义南斯拉夫的移民女工离开自己的孩子出外工作，而在社会上掀起的对"残缺的家庭"和其社会成本的强烈谴责相比（Katunarič 1978）——没有哪项研究专门提到男人离开孩子工作的问题——今天对移民的社会成本的那些谴责声则是不遑多让。从菲律宾到印度，从摩尔多瓦到波兰，谴责的炮火都是对准养活全家的女性移民。小谷千穗（Ogaya 2004）的观察发现，移民现象最耸人听闻的社会成本——"破坏家庭"，提出时的根据总是女性的缺席和性别规范的破坏。

三十年前，女性很少对性别秩序提出质疑，而是维护这一秩序，并把自己更坚定地置身其中，而今日情况亦然。正是好母亲、好好照顾孩子的人才会牺牲自己，为了孩子和整个家庭出国工作。"不管孩子能不能好好读上书，还生那么多（我们生了七个），我老公他一点都不在乎。我可受不了。"为此史塔娜去了德国工作。"首先，让我女儿们能受个好一点儿的教育，以后可以自食其力……其次，我是想给老了以后攒点钱，少点也行。"（Morokvasic 1987a，及本人田野笔记）

如今，对后共产国家的人民而言，离国工作已成为了一种生活方式。在中欧和东欧国家里，女性比男性在移民潮中占了更大的比重。在欧洲最贫穷的国家摩尔多瓦，1/4 到 1/3 的人民在国外工作。其中大部分是移往俄罗斯的男性，但据基奥（Keough 2006）的分析，引起了对社会秩序转换的焦虑感的，是女性出外工作导致在家庭和村庄中缺席的情形。摩尔多瓦的社会失序的责任，通常被指向女性的移出现象，特别是在土耳其的女性移民：她们被认为是不负责任的母亲，没有道德感的妻子和自私的消费者。而女性移民自身则反驳说，她们出国工作，是一件无私为孩子牺牲付出的事情。比起留在国内的母亲来说，她们是更有办法的，更好的母亲。通过这样的论点，她们把"母职为社会秩序关键"的地方规范的论证力极限推得更远，不仅能说明她们缺席的正当性，并能重新树立自己"比那些人还好的母亲"的形象（Keough 2006，第433 页）。

这样，用来批评她们的观点，被她们自己转了个弯，成为了反抗的手段。

认为身为人母者的迁移有问题,并为此责骂她们的那些人背后的性别化的逻辑,被这些女性移民自己,用来正当化自己在移民中的表现和参与。按照基奥的论证,这些移民置身其中的性别化的合理化理由,使得她们能够坚持自己新的想法——怎样才是好母亲? 怎样才是一个更好的社会经济秩序? 但同时,这套"新的道德经济"又是与全球以及摩尔多瓦政府的新自由主义理据保持一致。

怎样才是好母亲的论点,也被女性用来合理化从被认为是逾越道德标准的工作中获得的报酬。例如有些失去工作的离婚母亲,在德国与捷克两国边境卖淫:"……我必须得养活我的孩子。"(Sidén 2002,第36页)20世纪90年代初期,波兰的商贩中也有祖母级的人物,她们每周或每天远行工作以存取孙辈的教育基金,或者存钱购买一套小公寓(Morokvasic,田野笔记)她们的行为符合社会主义好工人好母亲的理想。

面对各种关于移民责备与污名,重新树立自己"好母亲"的形象也许是女性移民唯一自我辩驳的方式。这个说法可以在一定意义上合理化她们在家庭中的缺席,并能化解在"养家的好母亲"和"缺席的坏母亲"两者之间的矛盾。

(3)男性:面对性别、阶级和移民地位的矛盾

在另一方面,观察指出,独自移民的男性迫于需要,会承担家务工作,但是只要身边有妻子或其他女性,抑或回到本社区的众目睽睽之下(不论是在原籍国或是在国外的同一移民社群中),男性就会马上恢复到确立无疑的性别秩序里。

在男性受雇从事被视为女性的"天职"的工作时,亦即从事家务及照料工作时,情况也是如此。斯克林齐(Scrinzi 2005)试图通过访谈男性来了解迁移的女性化,她的研究揭示了移民背景下性别秩序是如何改变的,以及如何没有改变的。乍看之下,对这些男性受访者来说,性别秩序完全翻转:从事家务工作或照顾年长者的成了他们。工作和能力的高度性别化特性成为了一个要求,一个规范,以用来遵守并展示为适任工作的例外特质。因此,能够"像女人一样工作"或"不比女人差"的能力就成为男性找工作时的一个议价资源,一个"规范性理想"。回国度假则是重建自己(所认为的)男性身份的机会。在家里,他们不会帮姐妹或母亲从事家务劳动。那些并不从事有偿家务劳动,

而是待在家里的男性,不管是与挣钱养家的妻子住在一起,还是回到原籍国,则说他们"非得习惯这种情况不可……为了帮助他们的老婆孩子……我知道我必须得接受,所以我就做了。"(Scrinzi 2005,第 235 页)这里我们看到了,反转的性别秩序在互相帮助和家庭利益的考虑下作为权宜之计被接受下来。

筱崎香子(Shinozaki 2005)提供了另一个例子:接受其访问的男性佣人声称,在面对女性雇主时,通过对不当要求的回绝,表明他们的"男子气概",这使得他们得以被当作"家庭成员"对待。而这就使他能够更自如地协调,一方面,在第三世界母国的教育水平与社会地位,而另一方面,目前为白人职业女性服务的工作,这两者之间的矛盾。在这个案例中,针锋相对和抵抗最后通向了一种妥协:在他自认为是一份子的家庭屋檐下,权力等级仍原封不动保留下来。

文献指出,被作为家庭一份子对待,常常是一种家庭性的陷阱。在这种情况下,"出于关爱"的工作与有偿工作之间的界限被模糊掉,从而导致剥削性的关系以及 24 小时随时待命的状态。然而,被认为是家庭成员,不是"真的在工作"而只是"照顾"或者"帮把手"等,这一点不仅仅有话语优势,能够使人更容易接受现状,例如是一个高技能专业人员受雇为家政工人的情况,而且也被受雇者认为是更可欲的。这样就使他们能够对控制和责任的空间进行讨价还价,主动采取自己的行动方式("我在家里怎么做,我就能怎么做"),因为家庭原因请假等。用家人式的叫法(奶奶、阿姨或直呼其名)来称呼雇主的家庭成员,就是在高度不平等的关系中尝试引入一些平等的符号的方式。

(4)性别流动作为一种资源:轮替系统

在 1989 年苏东剧变之后,在东欧,人们开始能够自由来去,因此产生了一波新的移民潮。转型经济体中大量供给的下岗工人,纷纷响应持续不断的劳动力需求——在德国等国,这些需求仅仅是在短期项目的官方招聘活动中得到部分满足。这种需求主要针对男性(Rudolph 1996)。而女性则不得不依赖于非正式的另类网络,以及循环性的流动模式,而这两点均受到地理接近与(德奥两国)公共政策的积极影响。她们主要在个人服务领域就业,通过一系列的临时居住,实现一种轮替性的行动模式。她们"定居在流动中"(Morokvasic 2004)。

来自东欧的家务工人和保姆通常设立一种轮替系统,利用同乡女性的网络,以便增加在家乡和德国两头的有薪及无薪的生育劳动的机会,并减少其障碍(Morokvasic 1996,2004)这依赖于其女性成员之间的互助、互惠和信任。返回波兰、乌克兰和罗马尼亚等国家照顾家人的需要,决定了移民在两国之间通勤的规律。轮替系统使得女性能够把异国和家乡的生活结合起来,实现一种跨国的双重在场,随机应变出一种新的跨国家庭安排,一种"分居共活"。

在"移动自由成为了我们的时代——晚期现代与后现代的主要分层性因素"(Bauman 1998,第2页)的背景下,流动性和流动的能力在这些移民的生活策略中扮演了重要的角色。移民不再是移入一个国家永久定居,移民定居在流动中,尽可能保持流动,以改善并维持国内的生活质量。这样,迁移成为了一种生活方式,一种职业。矛盾的是,离家外出成为了为留在家乡而采取的一种策略,是永远离国出走之外的另一种选择。这样的短期跨国流动可以是一种资源,社会资本中的一个重要维度。对国内的社会向上流动或维持地位,这一本来目标来说,对自己的流动性保持掌控是不可或缺的必要条件;对自身的流动掌控越多,就越能够将流动作为资源利用;反正,掌控越少,就更难以从自身的流动策略中获取回报。

对不用处理签证一类的障碍,也不需要担心临时居留许可的人来说,流动变得更加便利。因此,合法化自身的处境,获得居留许可是相当重要的。稳定的身份不仅使流动更加便利,也能使人更好地掌控这种流动(Riccio 2003;Morokvasic 1999)。对女性来说,她们比男性更容易利用家庭团聚或者婚姻的渠道来获得稳定的身份(Giabiconi 2005)。

如同前面所说的,轮替系统对于家中分工的重新协商和性别秩序的其他方面带来了矛盾的后果。然而,还存在其他能带来能动性(agency)的机会:通过为好几个工作,女性避免了陷入对某一个雇主的依赖(住家女佣则是如此)。再者,持续的流动使她们能够避免非法身份——只要不超过合法期限。最后,在这一向上流动不可能的部门中,轮替系统可以作为创业的垫脚石,通过获得的社会资本,建立自己的"轮替群组",从而成为网络内工作机会的看门人。

(5) 流动的企业家

流动中的人们的另一种职业是贸易。在东欧人中,贸易涉及的是男女混合的团体,旅途中的性别和代际角色分派给这一团体提供了一个家庭式的形象——因为看起来更私人而非职业,所以毫不惹眼。而且,贸易依赖于不被质疑的性别关系和性别等级,而这二者给女性和男性分配了不同的期望与位置。团体的领导人与保护者是男性,而与海关人员协商的角色则分配给女性:"女人不会被扔到火车外面去。女人负责运输较为敏感的货品,有时也被期待运用她们的魅力来吸引顾客。偶一为之的性交易也是贸易旅途中可能的副产品(Irek 1998;Karamustafa 2001)。

那些能保持独立,对自己的流动性保持掌控的女性,使用积累的资本在本国创业,以改善自己的境况。其他人由于别无选择,或者由于阻碍流动的制度性障碍,被迫靠一个保护者或者蛇头才能跨越边境(Lazariou、Ulrich 2003;Morokvasic 2006)。这可能导致这样一种情况:女性不再能掌控自己的流动性,陷入"强制性性游牧"的线路之中,被皮条客从一个欧洲城市带到另一个。在这个系统中,性别权力等级雪上加霜。

在欧洲—地中海地区的人口流动涉及东欧人之外的人群,其中大多数来自北非。在北非,传统上女性是在私人领域中从事贸易,直到晚近才转移到市场(soukh)上。如今,女性商贩构成了商贩中的大多数,她们不但已经侵占了一个本来是男性专属的领域,也开始在公共空间中从事贸易活动。她们的流动是为了家庭社会地位的提升,以及为自己赢得独立性而服务(Peraldi、Bettaïeb、Manry 2001)。

跨国贸易线路的女性化不仅反映了移民和贸易模式的改变,也反映了在一个传统上妇女流动性被限制的社会里,新获使用的流动性给妇女赋予了权力。女性身份如今变成一个优势:对女性,特别是成熟女性来说,跨越边界,克服障碍(签证、海关关员)更为容易。女性的特质和衣饰被用作跨越边界,私带物品的手段,对东欧女性即是如此。北非女性则将面纱等物工具化。就像塞尔托说明的那样,面纱成为了"弱者的武器"(Certeau 2002),给予女性一种安全感,足以跨越家庭空间的界线(Schmoll 2005)。

借用塔里于斯(Tarrius 1992)的说法,她们发展出了一种"流动的本事"(know-how to circulate),这与波兰的家务工人和商贩的轮替不同。波兰的家务工人以团体为基础,但旅行则是单独行动,并按周或按月互相替换。北非人则是按团体行动,对新来者起到一种社会化的功能,而且,团体作为一种社会控制的方式,让原有的性别规范在地域流动中不致受到太多逾越。突尼斯的女性商贩团体不仅成功地在那不勒斯等城市中投资了公共空间,也对其带来了改变(Schmoll 2005)。男性世界中的女性通常拥有一个男性的"保护者":在东欧女性中,保护者管理各种服务,其中也包含了女性用以作为谈判筹码的性服务(Irek 1998);而突尼斯女性的保护者则保证道德准则得以维持,她们没有受到性侵犯。

在一个根据其主流性别规范,男性被视为经济来源、而女性在外工作则被视为逾越规范的社会中,女性在处理此一重大转变时必须小心翼翼。即使女性的收入可能最终成为家庭收入的主要来源,但仍然被认为仅仅是补充性的。女性必须确保这一过程不会让丈夫丢面子,并为他们没有参加跨越边界的贸易提供一个借口:男性常常在形式上参与妻子的跨国贸易工作,他们也会帮忙,如果不这样做,外在力量往往被用以作为借口:"他们签证不好拿。"(Schmoll 2005)

因此,尽管这给家庭生活和女性的决策过程带来了大的断裂,但重要的是在延续性别关系的面具下,以避免冲突的方式,来对角色转变进行协商。就如其他研究的结果显示的那样,性别关系正在逐渐改变,这是基于互惠及不断的调整修正,而不是激进的变革。

4.代替结论的话:作出安排

迁移模式、过程、移民经验以及迁移在社会、政治、经济和文化方面的影响,都是性别化的。性别可以促进或者限制流动和定居。移民前的性别关系会影响到移民工作、迁移过程、迁移模式以及之后的持续关系。

跨国迁徙持续地取决于工作的性别化:女人仍然被要求跨越国境,以"替补人"的身份执行刻板印象上的女性工作。今天,世界各地迁移现象的女性化,就是在家务工作者、保姆、老人照护者等服务业的人数持续增加的反应。这些职业建立在生育劳动为女性的天赋的性别假设上,因此无助于撼动家庭中的性别分工,反而更加稳固了性别等级。

本文所呈现的经验证据仅仅是探索性的,而非结论性的:性别秩序的再生产过程在各种各样的情况中都显而易见,但同时也包含着改变以及从内部颠覆的元素。本文检视了矛盾性结果被协商的各种方式。过去三十年来的研究,包含我们自己的调查认为:在克服遵守传统性别规范的矛盾的过程中,妥协与对互惠及团结的依赖是优先的选择,而同时这种妥协的执行方式又在对这些性别规范提出疑问。

一如康奈尔(Connell 2005)根据古德(Goode 1982)的观点所强调的,传统性别秩序所赋予的男性特权由许多不同的方式被抵消。男性特权被男性和女性共同的利益所横切。具体到男性和女性移民来说,他们的共同利益来自于他们共同的“部分公民”地位:歧视、不安全感以及移民身份与合法性方面的不平等;抑或是来自于他们阶级下降,而努力社会上升的过程中,必须合力联手的处境。女性主义学者在很久以前就强调,要理解性别进程,不能抛开与其交叉的阶级、种族和移民身份等问题(Anthias、Yuval-Davis 1983)。证据显示,在性别过程中,移民女性进行谈判,并学会如何利用本来对她们不利的特征。面对传统的性别劳动分工与价值分工,她们多以妥协代替对抗和排斥。为没有扮演传统性别秩序所期待的角色的男性提供借口,给男性创造就业机会,给嫁妆制度作贡献,对一个指责女性干扰的社会秩序,重新树立自己在其中的顶梁柱形象,利用流动性这一资源,执行性别角色中对女性的期待,如此种种,借用戈夫曼(Goffman 1977)的话来说,都是不同的“安排”——主要是在“两性之间”,但也是在社会大环境和社会期望之间。

(钟加珩　庄雅涵　龚勋　译)

参考文献

Anderson, Bridget. 2000. *Doing the Dirty Work? The Global Politics of Domestic Labour*. London: Zed Books.

Anthias, Floya, and Nira Yuval-Davis. 1983. "Contextualizing Feminism-Gender, Ethnic and Class Divisions". *Feminist Review*, no. 15:62-75.

Asis, Marla. 1995. "Family Ties in a World without Borders". *Philippine Sociological Review*, no. 42:16-26.

Bauman, Zygmunt. 1998.*Globalization*: *The Human Consequences*. New York: Columbia University Press.

Castles, Stephen, and Marc J. Miller. 2003. *The Age of Migration*. Basingstoke: Palgrave-Macmillan.

Catarino, Christine, and Mirjana Morokvasic. 2005. "Femmes, Genre, Migration et Mobilités". *Revue européenne des Migrations Internationales* 21 (1): 7-27.

Certeau, Michel de. 2002.*L'Invention du quotidien*, *1*: *Arts de faire*. Paris.

Connell, Raewyn W. 2005.*Masculinities*. Second Edition. Cambridge: Polity.

Ehrenreich, Barbara, and Arlie Russell Hochschild, eds. 2003. *Global Woman*: *Nannies*, *Maids and Sex Workers in the New Economy*. New York: Metropolitan books.

Enloe, Cynthia. 2000.*Maneuvers*: *The International Politics of Militarizing Women's Lives*. Berkeley: UCP.

Falquet, Jules. 2006. "Hommes en armes et 'femmes de service': tendances néolibérales dans l'évolution de la division sexuelle et internationale du travail". *Cahiers du Genre*, no. 40:15-37.

Fibbi, Rosita, Claudio Bolzmann and Marie Vial. 1999. "Italiennes et Espagnoles en Suisse à l'approche de l'âge de la retraite". *Revue européenne des migrations internationales* 15 (2): 69-94.

Finotelli, Claudia, and Giuseppe Sciortino.2006. "Looking for the European Soft Underbelly: Visa Policies and Amnesties for Irregular Migrants in Germany and in Italy". In *Herausforderung Migration-Perspektiven der vergleichenden Politikwissenschaft*, edited by Sigrid Baringhorst, James F. Hollifield and Uwe Hunger, 249-279. Münster: LIT.

Friese, Marianne. 1995. "Die Osteuropäische Akademikerin, die im Westeuropäischen Haushalt dient: Neue soziale Ungleichheiten und Arbeitsteilungen zwischen Frauen". In *Konkurrenz und Kooperation. Frauen im Zwiespalt?*, edited by Ulrike Modelmog Ilse; Gräßel, 171-193. Münster: LIT.

Giabiconi, Dominique. 2005. "Les Mariages mixtes franco-polonais: Contours et Enjeux".*Revue européenne des migrations internationales* 21（1）: 259–73.

Goffman, Erving. 1977. "The Arrangement between Sexes". *Theory and Society* 4（3）: 301–331.

Goode, William. 1982. "Why Men Resist". In*Rethinking the Family: some feminist questions*, edited by Marilyn Thorne Barrie; Yalom, 131–150. New York.

Grassmuck, Sherrie, and Patricia R. Pessar. 1991.*Between Two Islands: Dominican International Migration*. Berkeley: UC Press.

Hess, Sabine. 2005.*Globalisierte Hausarbeit: Au-Pair als transnationale Migrationsstrategie von Frauen aus Osteuropa*. Wiesbaden: VS Verlag.

Hochschild, Arlie Russel. 2000. "Global Care Chains and Emotional Surplus Value". In*On the Edge: Living with Global Capitalism*, edited by Will Hutton and Anthony Giddens, 130–46. London: Jonathan Cape.

Irek, Margolzata. 1998.*Der Schmugglerzug. Warschau-Berlin-Warschau. Materialien einer Feldforschung*. Berlin: Das Arabische Buch.

Karamustafa, Gulsün. 2001. "Objects of Desire-A Suitcase Trade（100 Dollars Limit）". In*Geschlecht und Globalisierung: Ein kulturwissenschaftlicher Streifzug durch transnationale Räume*, edited by Ramona Hess Sabine; Lenz, 166–180. Königstein im Taunus: Ulrike Helmer.

Katunarić, Vjeran. 1978.*Vanjske migracije i promjene u porodici* [International migration and changes in family]. Zagreb: Centar za istraživanje migracija.

Keough, Leyla J. 2006. "Globalizing 'Postsocialism': Mobile Mothers and Neoliberalism on the Margins of Europe".*Anthropological Quarterly* 79（3）: 431–461.

Kuzma, Elzbieta. 2003.*Les Immigrés polonais à Bruxelles*. Rapport de recherche. Université de Bruxelles.

Lazariou, Sebastian, and Louis Ulrich. 2003. "Le Trafic des femmes: Une perspective sociologique". In *Visibles mais peu nombreux: les Circulations migratoires roumaines*, edited by Dana Diminescu, 265–300. Paris: MSH.

Le Espiritu, Yen. 2005. "Gender, Migration and Work: Filipina Health Care Professionals to the United States". *Revue européenne des Migrations Internationales*

21 (1): 55-75.

Leung, Maggie Wai-Han. 2004.*Chinese Migration in Germany: Making Home in Transnational Space*. Frankfurt: IKO-Verlag.

Lutz, Helma. 2002. "At Your Service Madam! The Globalization of Domestic Service". *Feminist Review*, no. 70:89-104.

Lyon, Dawn. 2006. "The Organization of Care Work in Italy: Gender and Migrant Labor in the New Economy". *Indiana Journal of Global Legal Studies* 13 (1): 207-224.

Man, Guida. 1995. "The Experience of Women in Chinese Immigrant Families: An Inquiry into Institutional and Organizational Processes".*Asian and Pacfic Migration Journal* 4 (2-3): 303-326.

Marx Ferree, Myra. 1979. "Employment without Liberation: Cuban Women in the United States".*Social Science Quarterly* 60 (1): 35-50.

Menjivar, Cecilia. 1999. "The Intersection of Work and Gender: Central American Women and Employment in California".*American Behavioral Scientist* 42 (2): 601-627.

Morokvasic, Mirjana. 1987a.*Emigration und danach: Jugoslawische Frauen in Westeuropa*. Frankfurt: Stroemfeld/Roter Stern.

————. 1987b. "Immigrants in the Parisian Garment Industry". *Work, Employment and Society* 1 (4): 441-462.

————. 1987c. "Recours aux immigrés dans la confection parisienne: Eléments de comparaison avec la ville de Berlin-Ouest". In *La lutte contre les trafics de la main-d'œuvre en 1985-1986*, edited by Ministère des affaires sociales et de l'emploi, 199-242. Paris: La Documentation Française.

————. 1993. "'In and out' of the Labour Market: Immigrant and Minority Women in Europe".*New Community* 19 (3): 459-483.

————. 1996. "Entre L'Est et l'Ouest, des migrations pendulaires". In *Migrants: Les nouvelles mobilités en Europe*, edited by Hedwig Morokvasic Mirjana and Rudolph, 119-157. Paris: L'Harmattan.

————. 1999. "La Mobilité transnationale comme ressource: le Cas des migrants de l'Europe de l'Est". (Mirjana Morokvasic-Muller) , *Cultures et Conflits*, nos. 33-34:105-122.

————, dir. 2001.*Being your own boss*. Video.

————. 2004. " 'Settled in Mobility' : Engendering Post-wall Migration in Europe".*Feminist Review* 77 (1) : 7-25.

————. 2006. " Une circulation bien particulière : la Traite des femmes dans les Balkans". *Migrations Société* 18 (107) : 119-143.

Morokvasic, Mirjana, A. Senganata Münst and Sigrid Metz-Göckel. 2008. "Gendered Mobilities in an Enlarged Europe". In *Migration and Mobility in an Enlarged Europe : A Gender Perspective*, edited by Sigrid Metz-Göckel, Mirjana Morokvasic and A.Senganata Münst. Barbara Budrich Publishers.

Mozère, Liane. 2005. " Des domestiques philippines à Paris : Un marché mondial de la domesticité défini en termes de genre?". *Migrations Société* 17 (99-100) : 217-228.

Ogaya, Chiho. 2004. "Social Discourses on Filipino Women Migrants".*Feminist Review*, no. 77:180-182.

Oso, Laura. 2003. "The New Migratory Space in Southern Europe : The Case of Sex Workers in Spain". In*Crossing Borders and Shifting Boundaries : Gender on the Move*, edited by Mirjana Morokvasic, Umut Erel and Kyoko Shinozaki, 207-227. Opladen : Leske + Budrich.

Parreñas, Rhacel Salazar. 2001.*Servants of Globalization : Women, Migration and Domestic Work*. Palo Alto : Stanford University Press.

Peraldi, Michel, Hajer Bettaïeb and Véronique Manry.2001. "L'Esprit de bazar : Mobilités transnationales maghrebines et sociétés métropolitaines. Les Routes d'Istanboul". In *Cabas et containers : Activités marchandes informelles et réseaux migrants transfrontaliers*, edited by Michel Peraldi, 329-361. Paris : Maisonneuve & Larose.

Potot, Swanie. 2005. "La Place des femmes dans les réseaux migrants roumains".*Revue européenne des migrations internationales* 21 (1) : 243-258.

Ramírez, Ángeles. 1999. "La Valeur du travail : l'Insertion dans le marché du travail des immigrées marocaines en Espagne".*Revue européenne des migrations internationales* 15 (2): 9-36.

Riccio, Bruno. 2003."From 'Ethnic Group' to 'Transnational Community'? Senegalese Migrants' Ambivalent Experiences and Multiple Trajectories". *Journal of Ethnic and Migration Studies* 27 (4): 583-599.

Rotkirch, Anna. 2005. "'Sauver ses fils': Migrations trans-européennes comme stratégies maternelles".*Migrations Société* 17 (99-100): 161-172.

Rudolph, Hedwig. 1996. "The New Gastarbeiter System in Germany".*New Community* 22 (2): 287-300.

Schmoll, Camille. 2005. "Pratiques spatiales transnationales et stratégies de mobilité des commerçantes tunisiennes".*Revue européenne des migrations internationales* 21 (1): 131-154.

Scrinzi, Francesca. 2005. "Hommes de ménage, ou Comment aborder la féminisation des migrations en interviewant des hommes".*Migrations Société* 17 (99-100): 229-240.

Shinozaki, Kyoko. 2005. "Making Sense of Contradictions: Examining Negotiation Strategies of 'Contradictory Class Mobility' in Filipina/Filipino Domestic Workers in Germany".In *Arbeitsmigration: WanderarbeiterInnen auf dem Weltmarkt der Arbeitskraft*, edited by Thomas Geisen, 259-279. Frankfurt: IKO-Verlag.

Sidén, Ann-Sofi. 2002. *Warte mal! Prostitution after the Velvet Revolution.* London: Hayward Gallery.

Tarrius, Alain. 1992.*Les Fourmis d'Europe: Migrants riches, migrants pauvres et nouvelles villes internationales.* Paris: L'Harmattan.

Vartti, Riitta. 2003. "Equal Partners Online? German Matchmaking Web Sites and Trafficking in Women". In *Crossing Borders and Shifting Boundaries: Gender on the Move*, edited by Mirjana Morokvasic, Umut Erel and Kyoko Shinozaki, 177-206. Opladen: Leske + Budrich.

Women on the move: Relying on gender order and challenging it from within?[*]

MIRJANA MOROKVASIC

The increasingly feminized international migration in particular in Europe (over 52%) reflects the continuous presence of women in precarious, low paid jobs increasingly in service jobs-domestic work, nursing, care for the elderly, entertainment and prostitution. These occupations are built on gendered assumptions of women's innate affinities for work in the reproductive sphere. It could be expected that performing in these spheres would not be conducive to destabilizing gender norms about the division of labour in the household and to disrupting gender hierarchies. Indeed ample research evidence suggests that the gender order is not necessarily challenged by migration of women, but, on the contrary, is considerably resistant to change. Beyond the usual question whether or not the gender relations are reconfigured in the context of migration I ask how are the outcomes negotiated and what space for agency and empowerment there is. My argument here is that migrant women tend to use the traditional gender order and rely on it for their own purposes, if they don't openly challenge or question it. The empirical evidence including my own various surveys in the past thirty years suggest that processes of reproduction of gender order are manifest in variety of situations but in the same time con-

---

* This is a shorter revised version of: Morokvasic, Mirjana. 2007. "Migration, Gender, Empowerment". In *Gender Orders Unbound: Globalisation, Restructuring and Reciprocity*, edited by Ilse Lenz, Charlotte Ullrich and Barbara Fersch, 69–97. Opladen; Farmington Hills: Barbara Budrich.

tain elements of change, of subversion from within. The deeply rooted gender identities are not openly challenged but rather redefined within the pressures and requirements of the intersecting power hierarchies in the context of migration.

> *Now I am someone and something. Back in my village in Yugoslavia I was just a rejected widow.* (Danka, Sweden, Morokvasic 1987)

> *First I worked three years in order to be able to finish building our house. Now, I have been working for three further years to maintain that house, because the heating and the rest are enormously costly and my husband is unemployed. One could never pay that without my Belgian salary. That is my life: six years of cleaning jobs in exchange for a beautiful house in which I live only for one or two months a year.* (Polish migrant in Brussels; quoted in Kuzma 2003, 122; own translation)

1.Migration and gender order: Contradictory outcomes

WOMEN HAVE always taken part in migrations, but their presence varied depending on their origins, on the labour market situation both in the areas of origin and in the target areas, as well as the migration policies in the immigration areas. Their presence was not always visible and did not attract as much scholarly and political attention as today. Whereas for a long time a paradigmatic figure of a migrant was a man working in industry and construction, today women are more and more visible in migration streams. In some economic sectors which cannot survive without employing foreigners, women are even more likely to get a job: household and other services, health, some occupations in agriculture. Feminization is today considered as one of the major trends of globalized migrations (Castle and Miller 2003). It means an increase of women relative to men: indeed women represent about 70% of the total number of emigrants from the Philippines, where in its beginnings men were in majority. Women represent over 52% of immigrants in Europe. This particular increase is mainly due to new temporary or permanent migrations from Eastern Europe (Morokvasic, Münst and Metz-Göckel 2008). But women are increasingly present also among the flows from the south: in the strawberry season the farmers in Andalusia seek to hire primarily women, especially mothers. Their families that remain in Morocco while they work in Spain are a guarantee that their temporary stay conditioned by seasonal work will not turn into permanent one.

Mobility and migration have a specific significance for women: Historically they have been associated with immobility and passivity. For a long time they were either invisible or regarded as dependents rather than migrants in their own right, their migration tied to migration of men. In many societies, in spite of overall feminization of migratory movements, the obstacles and restrictions to women's mobility still persist. Furthermore, women on the move often also face moral stigmatization even in the situations where they massively participate in migration flows or even represent the majority of migrants and main family providers(Potot 2005; Peraldi, Betlaïb and Manry 2001; Keough 2006; Le Espiritu 2005). Therefore, a potential social impact of mobility as a newly gained or not yet achieved freedom will be different for women than for men.

Migrants are situated within power hierarchies-which shape the ways people think and act-that they have not themselves constructed (class, race, ethnicity, nationality, gender, immigrant status etc). But, they also develop different types of agency vis-à-vis these hierarchies from their different social locations within structural conditions that are both constraining and enabling. Women can be initiators of moves or even if they do not move themselves they can influence the moves of others, or be affected by the mobility of others in different ways. Gender can facilitate or jeopardize migration and settlement; gender relations prior to migration affect the migration work, the process, the migration patterns and ongoing relations (Catarino and Morokvasic 2005). Feminist and other scholars focused on the link between migration processes and distribution of power in the family, on the impact of waged labour and economic independence of women on household decision making towards more egalitarian relationships.

The research evidence suggests that crossing borders for work purpose can be empowering, open up opportunities for challenging the established gender norms, but it can also lead to new dependencies and reinforce existing gender boundaries and hierarchies. Increasingly feminized international migration is an area where globalisation, development and gender ideologies intersect. This reflects their presence in precarious, low paid jobs in manufacturing, and a rapidly increasing number of them in service jobs(Parrenas 2001; Anderson2000; Ehrenreich and Hochschild 2003), mostly domestic work, nursing, care for the elderly, entertainment and prostitution, the latter often related to increased mobility of men (as military, as militarized peace keepers, as tourists) (Enloe 2000; Falquet 2006). Most of these occupations are often not visible or not recognized as "work" especially if they are performed outside the legal framework. They are also labelled as help rather than work: *Haushaltshilfe*, *assistante maternelle*, *aide-ménagère*, *assistenza or collaborazione familiare* are official denominations of similar occupations in France, Germany and Italy regarding personal services and care; as for the "au pairs", they can be invested with full time child care, nanny and household responsibilities, but come within "cultural exchange programme" as in Germany (Hess 2005).

These occupations are built on gendered assumptions of women's innate affinities for work in the reproductive sphere. It could be expected that precisely performing in these spheres would not be or would hardly conducive to destabilizing gender norms about the division of labour in the household and to disrupting gender hierarchies. The research evidence indeed suggests that the very presence of immigrants (and in particular women) reproduces them or intensifies them(Friese 1995; Lyon 2006; Shinozaki 2005; Oso 2003).

The preservation of hierarchies of class and gender means that-whatever the gains that may be achieved by immigrants-they are offset by the loss of status, overwork, declassing, and exploitation. Depending on the context and the sector of work, there is also a high real risk of being confronted with experiences of extreme humiliation and violence, as the evidence from work in the sex industry especially, but also in domestic services suggests.

The gender order is not necessarily challenged by migration of women, in contrast, ample evidence exists that it is considerably resistant to change in migration even in the situations of reversal of traditional roles. But in the present text I would like to go beyond the usual implicit or explicit question of whether or not the gender relations are reconfigured in the context of migration and ask how are the outcomes negotiated and what space for agency and empowerment① there is. This seems to me indispensable from the perspective of migrants as actors of change rather than objects or targets of change. My argument here is that international migrants albeit women and men in different ways, tend to *use* the traditional gender order and *rely* on it for their own purposes, if they don't challenge or question it.

They are well aware of the institutional, political, cultural-social and economic contexts which shape their employment opportunities across borders. They know, but will express it differently in their own words, that the openings for them exist also because the traditional gender order is embedded in them with expectations that their employment (mostly migrant women's but also sometimes migrant men's) will sustain the continuity of the order, with its class-gender hierarchies, informal employment structures and family ideals.

When migrant women's only chance to leave their home country is to join " alternative circuits" of smugglers or to feature as mail order brides via agencies or internet, when their only employment opportunity is in domestic service or the sex industry, it is very likely that they will go along rather than try to challenge the order that opens borders for them and procures them work. Some will go even further and excel in demonstrating how they are "better" than those they are hired to re-

---

① Empowerment can be understood as a process of reinforcing people's agency, it means strengthening individual and collective strategies of resistance (but also negotiation, subversion etc.) to get rid of social, economic, political pressures or/and try to find valuable alternatives.

place.

The focus in the text will be in particular (but not only) on women's reliance and use of the gender order in which men are privileged. It is not as self-evident as men's use of it. It will be shown that whereas sometimes the order is relied upon and as such preserved, it can paradoxically be relied upon in order to, effectively, subvert it from within.

2. Challenging the gender order in the globalized world: The gains for women?

The conventional wisdom in some studies, in particular in classic "settler societies" historically as today, is that change in gender relations is closely related to the participation of women in the labour force and that women's bargaining power increases compared to their countries of origin. Besides, the new context favours men's participation in activities traditionally considered as women's duties in their countries of origin like child care and household chores (Menjivar 1999). Women on the contrary even when they are not successful in the labour market gain access to institutional and other resources which are supposedly unavailable in their home countries. Thus it seems that women's gains are conceptualized as being more related to gender, while men's losses are in occupational status.

One of the universal findings in studies on return migration indicates that women are generally more reluctant to return (Morokvasic 1987a; Fibbi, Bolzmann and Vial 1999; Grassmuck and Pessar 1991). This on the other hand feeds into the assumption that women are "better off where they are now", more favourable to settlement as opposed to men, more adaptable, whereas men tend to reinforce their own values and norms as a response to an environment that is strange and hostile to them and excludes them.

Comparing the impact of access to paid employment of Moroccan women on "gender contract" in the context of Morocco and in Spain, Ángeles Ramírez suggests that whereas their access to the labour market in Morocco is still seen as a transgression of their traditional role, working in Spain enables women greater access to and control over resources and provides them with more autonomy in managing their lives "in spite of the inferiority of their position in Spain both as foreigners and women" (1999, 35). The fact that Spain's immigration policy gives priority to female immigrants contributes to modifying the gender order in Morocco: men are no longer seen as exclusive economic providers for the family as women enter the sphere as indispensable economic agents. Similar observation concerning the feminisation of the trading circuits from Tunisia to Italy is provided by Camille Schmoll (2005).

Taking the perspective of women domestic workers from the Philippines in France, Liane Mozère (2005) underscores the empowerment of these women who become *entrepreneurs d'elles-mêmes*. The gender order and practices are disrupted by the fact that women acquire the status of the breadwinner for the whole family, whereas men assume tasks which in the home country are associated with female roles[1]. Women also have access to liberties unknown to them in the Philippines. In spite of these changes Mozère warns that this happens in a world where they are-as migrants-condemned to "partial citizenship" only (Parreñas 2001). Swanie Potot (2005) shows that although women attain more autonomy, back in Romania the gender order reasserts itself and women, confronted with the stigma of bad reputation, have fewer opportunities to make use of their success,.

3. Maintaining or strengthening the gender order

Whereas the evidence about "improvements" often stresses contradictory outcomes and social costs, many accounts point the opposite side: reproduction of gender inequalities, intensified traditional roles, dependency, increased work load for women.

---

① Women often refer to their husbands staying behind as "housebands" Mozere 2005, 227.

(1) Loss of support and increased work loads

Middle class women who used to rely on both paid and unpaid support in their countries of origin, adapt to escalating demands in new circumstances in the context of migration without challenging the gender order.

Myra Marx Ferree surveyed Cuban middle class women in the US in the context where female employment is needed to maintain standards of respectability for the family. In the Cuban community the traditional view of women has been stretched to include employment as a regular part of female role (1979, 48). Then, the author argues, the employment as a family obligation is not so much a cultural change as it is a behaviour produced by applying traditional values to changed circumstances. As such, it does not imply changes in other values such as moral respectability in terms of sexual behaviour or authority deference patterns in male-female relationships.

The Hong Kong Chinese highly qualified women migrants to Canada are confronted with deterioration of their status because of loss of support network and decrease in earning power(Man 1995). Regardless of whether the woman had paid work outside of the home, her paid work was always subordinated to her care for her husband and children.

(2) When women's work is not "work"

Observing the conditions in the 1980s in garment production in Paris, Morokvasic(1987b) noticed how over the years different patterns of employment emerged for men, at least for some of them, and for women. The petty entrepreneur status is quasi limited to men whether they possess the sewing skills or not. They can, or have to rely on skills of their kin and other women. They can even expect women in their own family to work without pay at all, sewing simply being considered as an extension of women's domestic duty. Although generating income, women therefore do not get out of their dependent status. "*He brings in the work to be done. I just work and work. He takes the work away, gets the money, I do not know how much, from whom, I know nothing, I have nothing.*" (Morokvasic, field notes, garment sector, Paris 1984) Women for years remained home workers or outworkers without the opportunity of promotion or upgrading or legalisation-the conditions for regularisation were such that women did not qualify: uninterrupted continuity at work and long term engagement. Their work on the contrary was marked by discontinuity and by short term, sporadic arrangements. The French legalisation procedure of 1982 which benefited some 135000 clandestine immigrant workers bypassed women. Only 17% were legalised and only slightly more in sectors where women were typically a majority (22% in garments for instance, Morokvasic 1987c, 1993). The state regulatory tools and gender specific discrimination at work thus combine to give precarious conditions a permanent nature.

The male bias in business ownership and gendered perception of work are also confirmed in a study of Chinese businesses in Germany, although women commonly "contribute" labour (Leung 2004). Their work is however often written off as "merely" additional help. "*No, I deal with the shop business here. My husband really works; he works in the factory. Here it is only for me.*" (105) The spatial connection between her shop and home implicitly defines her work as "work at home" and thus not as "real work". Though she is sewing late into the evening, this itself may be seen just as an extension of a "natural" woman's role at home and therefore not valued as "work". Thus the fundamental gender division of labour (not only in immigrant communities) resting on the expectation that "women are responsible for home and men for paid work" is not challenged but reinforced. Kim herself fits her business and her perception of it within this unchallenged order.

(3) Substitute women at the intersection of gender, class, migrancy

The globalisation of reproductive tasks and South-North migratory movements contribute to the reproduction of gender inequalities. Female immigration to Spain enables some Spanish men to find a woman who fits their expectations of the "feminine housewife" either due to her more traditional socialisation or to her position of vulnerability as an immigrant combined with the fact that native women are increasingly rejecting such a role: "*I think that a Colombian woman looks after a man better than a Spanish woman.*" (Oso 2003, 224). The study of German internet matchmaking agencies carried out by Riitta Vartti (2003) confirms similar desirable feature of partnerships for their customers (99% are men): They expect "old fashioned traditional femininity" from the immigrant would-be-bride, i. e. non-emancipated, docile, home loving and not career-oriented women, pretty and faithful home-keepers, better alternatives to local women, who are too liberated and career-oriented.

Spanish quota policy, a kind of annual regularisation process, reflects an increasing demand for domestic work and encourages the immigration of women into domestic service which has been in Spain, together with the agricultural sector, one of the major sectors offering employment. For Spanish working middle class women reliance on foreign women to take over the domestic tasks reflects their reproductive strategy to solve the problem of double burden by employing substitute women. For upper class non-working housewives the presence of a domestic is a way of maintaining social status. Thus the outsourcing of domestic tasks (rather than sharing them within the family) "has an emancipating effect on working middle class women while preserving the status quo, whereas it perpetuates tradition among those who have chosen to stay at home to raise family" (Oso 2003, 213).

As in Spain, in Italy, Greece, France, Germany, Turkey among other countries where increasing female employment rates and aging population have created a demand in a "domestic niche" (Lutz 2002), foreign women increasingly replace both paid and unpaid labour of women as housekeepers and carers. Their employment is framed by inadequacy of welfare regimes and, in terms of migration policies, by the absence of legal immigration channels, compensated by toleration of informal inflows and a circulatory pattern (Finotelli and Sciortino 2006). The shift to a "migrant-minder" model creates a new racial-and class-based divisions between Italian or other European women and women who take over as carers. The gendered and racialized characterisations continue to be the rationale behind migrant women's employment: They are considered naturally gifted and generally charitable in disposition, undemanding and subservient, i.e. perfectly suited for service and care work (Lyon 2006, 222 - 223). Their labour is marginalized as unproductive and excluded from the category of work not only on the basis of gendered relations but in addition through the dimensions of migrancy and legality. But as such it remains even more strongly embedded in and sustaining of the ideal of family care for the elderly.

The presence of migrant women in personal services enables the gender hierarchies to be preserved in their employer's households. Increasing equal opportunities between German men and women in the labour market is parallel to increasing inequalities among women asFriese (1995) notes. Most of Eastern live-out cleaners, baby sitters and caretakers to whom German middle class career-oriented women transfer the reproductive work are declassed and de-skilled: They are themselves middle class, often academics and professionals in their own countries and are trying to hold on to their high status-low pay jobs at home. Their upward mobility or status preservation at home is thus contingent to declassing in their country of work.

Whereas for their employers they contribute to maintain as a norm the caring arrangements functioning on a daily basis, closely bound spatially and temporarily, for their own families they improvise the "living-apart-together arrangements" managing separations across time and space. Although this can be empowering for them-as economic and bargaining power within households may have improved for many of these women (Irek 1998)-as we shall see, the system nevertheless reinforces their traditional identities as mothers and carers. The traditional gender roles have not necessarily been challenged.

When I go home to Poland, I do not rest, there is so much to do. Imagine a man alone with two kids!⋯ If I go to stay one month for instance, the first two weeks I do nothing but cleaning, housework.

(Kuzma 2003, 124)

Thus typical traditional gender order remains unquestioned, even though (or precisely because) the father or the partner had taken over in the wife's absence. When the new post-socialist mother worker superwoman is back things have to "re-

turn to normal" and of course it is she who does everything even though it may take half of her vacation.

As we have seen so far, the evidence from studies is mixed pointing to the contradictory outcomes of migration on gender order: Both husbands and wives have become more interdependent as they are forced to rely on each other and on the traditional family for economic security and emotional support. On the other hand, to the extent that the traditional division of labour and male privilege are un-challenged, paid work increases the women's overall workload. The majority of women, instead of expecting their husband's help with housework, often choose to solve their double day syndrome by hoping to displace it on less privileged women relying on what Arlie Hochschild (2000) called the *global care chain.*

The empirical examples in this section demonstrate that the gender order is not only resistant to change, but under certain circumstances, intersecting with class, migrancy and legality, can be intensified. Are there nevertheless potentials for a-gency behind the unchallenged, preserved gender order?

4. Reliance on gender order: turning it to one's own advantage

We will see below how migrant women (and sometimes men) negotiate the contradictions between economic gains and downward social mobility, how they turn their "handicaps" into advantages in response to stigmatisation and blame, how they disconnect norms and behaviour or use traditional patterns to follow their own objectives etc.

(1) Coalition: traditional family and marriage as support

The capital earned by Tunisian women on their trading trips (Schmoll 2005) is invested in their daughters' dowries but also in their education. Thus mothers are dealing with the contradiction between keeping some gender norms intact and trying to promote emancipation of their daughters. The contradiction was also observed among Yugoslav mothers in the upbringing of their daughters: they projected onto their daughters what they did not have themselves-fostering girls and boys education alike, insisting that both participate in household tasks, but still adhering to sexual double standards (Morokvasic 1987a).

Resorting to marriage with a local is particularly common among women from Eastern Europe (in France over 80% of these binational marriages are between French men and Eastern European women). This is not necessarily a strategy from the beginning, but is nevertheless framed by the logic of social promotion using of the traditional institution of marriage especially among students and au pair girls. For elder women whose migration is mainly motivated by family obligations at home (Rotkirch 2005), starting a new marital relationship is the most efficient way to assume these family obligations as well as to escape poverty in the home country (Giabiconi 2005). The same is true of Filipinas who come to Japan as entertainers with regular short term contracts. Marrying a Japanese is the alternative to returning to the Philippines or to overstaying illegally in Japan. Stable residence permits thus obtained open up opportunities of self-employment and business creation in Japan that short term permit holders or illegal residents do not have. It further opens doors for reuniting family members and their employment in the created businesses. This enabled Annie to support her parents in the Philippines and bring her elder son o-ver to Tokyo *"I wanted to come back to Japan...for me he* (Annie's husband) *was my stepping stone."* [1]

(2) Good mothers, self-sacrificed and irreplaceable heroes

Migrant women are often the ones who are blamed for the social costs of migration, for "disrupting" the social and gender order. Women's migration has generally been identified as being more problematic for families than that of men (Asis 1995). The outcry about "incomplete families" and other social costs thirty years ago when women *Guestworkers* from socialist Yugoslavia left their children behind

---

[1] See Morokvasic 2001, a video about Filipinas in Tokyo.

(Katunarić 1978)-no study mentions specifically men leaving their children back home-is today matched by the blame about social costs of migration. From the Philippines to India, from Moldova to Poland, the blame targets primarily migrant women family bread-winners. As Chiho Ogaya (2004) observes, the most sensational social cost of migration, "disruption of the family" is always referred to through the absence of the mother and the destruction of gender norms.

Thirty years ago, as well as today, women themselves seldom contest the order, but rather preserve it and re-positionning themselves in it even more firmly. It is the good mother and the good carer of children that went abroad, sacrificing herself for the benefit of the children and the entire family. *"He did not mind having so many children (we had seven) without being able to ensure they would have proper education. I could not stand that."* So Stana left for Germany *"firstly to enable my daughters to have better education, to be able to earn their own livingl··· and second, I wanted to get some pension for my old age, even if very little"* (Morokvasic 1987a, and field notes).

Today migration from post-socialist countries for work abroad has become a way of life. Women often outnumber men in migration flows from the Central and Eastern European countries. In Moldova, the poorest nation in Europe, one fourth to one third of the population works abroad. The majority are men workingin Russia, but as Leyla Keough (2006) says it is women's transnational labour and their absence from families and villages that has provoked anxiety over transformations in the social order. Blame for social disorder in Moldova is placed upon migrant women, especially those who work in Turkey: They are depicted as irresponsible mothers, immoral wives and selfish consumers. Migrant women themselves argue back that in going abroad to work they are selflessly making sacrifices for their children and thus are being more resourceful and better mothers as transnational ones than are those who stay at home. In doing so, they push the limits of local norms of "motherhood as the key to social order" not only to justify their absence but to reassert themselves as "better mothers" (Keough 2006,433).

Thus they resist by turning around the very same argument employed to blame them. The same gendered logic is guiding those who see a problem with migration of mothers and blame them for being involved in it and migrant women themselves who rely on it to legitimate their own performance and participation in migration. Leyla Keough argues that whereas the migrants' gendered justifications to position themselves enables them to assert new ideas of what makes a good mother and what makes a better social and economic order, this "new moral economy" aligns with global and Moldovan state neo-liberal rationales.

The argument of how to be a good mother women also use for justifying their revenues from an occupation seen as transgressing moral codes, as for example single and divorced mothers who lost their jobs and engage in prostitution along the Czech-German border: " … I had to feed my kids" (Sidén 2002, 36). Among Polish traders in the beginning of the 1990s there were grand-mothers who were hitting the road daily or weekly in order to save to help their grandchildren's education or to acquire a flat (Morokvasic, field notes). They acted in line with the ideal of a socialist good worker-mother superwoman.

Reasserting themselves as "good mothers" may be the only viable solution as response to blame and stigma related to their migration. This in a way legitimizes their absence and enables them to come to terms with the contradiction of the "good mother provider" and the "bad absent mother".

(3) Men: Facing contradictions of gender, class and migrant status

It was also observed that men migrating alone perform domestic tasks out of necessity, however they revert to the established order as soon as their wife or another woman is around or when they are back under the watchful eyes of the community (be it back in their country or among the co-ethnics abroad).

This is the case also when men get employed in the domestic service sector and care, i.e. in what is seen as "naturally" women's work. Francesca Scrinzi (2005) trying to understand the feminisation of migration by interviewing men sheds light on the way the gender order changes or does not change in the context of migration. At the first glance for these men the gender order is reversed: They are the ones who do domestic work or care for the elderly. Highly gendered qualities of work and capabilities become a requirement and therefore a norm to observe and put forward as an exceptional trait to qualify for the job. Thus, being capable of "working like a woman", or being "as good as a woman", becomes for men a resource in negotiating employment opportunities, a "normative ideal". Returning home for vacation is for them an opportunity to reconstitute their masculine identity, the way they conceive it: They would not participate in the housework of their sisters or mothers. Those who do not do domestic work for pay but stay at home, whether reunited with their wives family bread-winners or back in the country of origin, say they *"have to get used to the situation… in order to help their wife and child. … I know I have to accept, so I assume"* (Scrinzi 2005, 235). Here we see the reversal of the gender order accepted as an expedient out of solidarity and out of family interest.

In another case reported by Kyoko Shinozaki (2005), the male domestic servant claims having been treated as "family" thanks to reasserting his "maleness" through his attitude of resistance to unacceptable treatment by his lady boss. This in turn made it easier for him to negotiate the contradiction between his educational and professional status in his home third world country and his current occupation in service of a female white professional. Thus the direct confrontation and resistance in this case leads to a compromise where the power hierarchies remain intact under the shell of family of which he considers himself to be a part.

Being treated as part of the family is often in the literature pointed to as a trap of domesticity, a situation where the line between work "out of love" and paid work is blurred and which leads to exploitative relationships and around the clock availabilities. However, being considered as a family member who does not "really work" but only "cares for" or "helps out" etc. has not only discursive advantages allowing for easier coming to terms with the situation when for instance a highly skilled professional is hired as a domestic worker, but is also considered by the latter as a desirable one. It enables them to negotiate spaces of control and responsibility, to take the initiatives to impose her/his own way of functioning ("I can do as I would do at home"), to get leave of absence for family reasons etc. Addressing the employer's family members by family names (granny, auntie or by personal names) is an attempt to introduce some signs of equality into a highly unequal relationship.

(4) Gendered mobilities as a resource: the rotation system

After the *Wende* (1989) one of the most important features in the new migrations from and within Eastern Europe was that people became free to leave and to come back. An abundant supply of redundant workers from transition economies became readily available to respond to persistent demand which was only partially covered by official recruitment into short term programmes as in Germany, and which mainly concerned men (Rudolph 1996). Women have had to rely on alternative informal networks and on circular patterns, favoured by geographic proximity and public policies (for Germany and Austria). They mainly find work in personal services and function on a rotation basis through a series of temporary stays; they "settle in mobility" (Morokvasic 2004).

Domestic workers and caretakers from Eastern Europe usually set up a rotation system with a network of women of the same origin to optimize the opportunities and minimize the obstacles relative to their reproductive paid and unpaid work both at home and in Germany (Morokvasic 1996, 2004). It relies on solidarity, reciprocity and trust of its participating female members. The regularity of commuting is determined by the care for the family remaining in Poland, Ukraine, and Romania etc. The rotation system enables women a transnational double presence combining life here and there, improvising new transnational family arrangement, a kind of "living apart together".

In the context where "the freedom to move" became "the main stratifying factor of our late modern and post-modern times" (Bauman 1998, 2) mobility and the ability to be mobile play an important part in the strategies of these migrants. Rather than trying to immigrate and settle in the target country, migrants settle within mobility, staying mobile as long as they can in order to improve and maintain the quality of life at home. Migration thus becomes a lifestyle, an occupation and leaving home and going away, paradoxically a strategy of staying at home, an alternative to emigration. Such transnational short term mobility can be a resource and an important dimension of their social capital. Therefore remaining in control over their own mobility is a *conditio sine qua non* for achieving the original target of social promotion or status preservation at home: the more they have control over their mobility, the more they are able to use it as a resource whereas vice versa, the less control they have, the less they are likely to benefit from the returns of their mobile strategies.

Circulation is facilitated for those who do not have to cope with obstacles such as visas and to worry about temporary permits. Therefore it is important to regularize one's situation and obtain resident permits. Stable status is instrumental not only for easier mobility but also enables more control over that mobility(Riccio 2003; Morokvasic 1999). Women are more likely to rely on family reunification channel or marriage to obtain the stable status (Giabiconi 2005).

Rotation system yields mixed outcomes as already mentioned concerning renegotiation of the division of labour in the household and other aspects of gender relationships. There are however other opportunities for agency: sharing several employers, women avoid being trapped in dependency *vis-à-vis* one employer (as live-in maids do). Second, their constant mobility enables them to avoid an illegal status-as long as they do not overstay. Third, in a sector where upward mobility is impossible the rotation system can be a stepping stone to setting up one's own business using the acquired social capital for building their own "rotation group" and thus acting as a gatekeeper to available jobs within the network.

(5)Mobile entrepreneurs

Trading is another occupation of the people on the move. It involves mixed groups among Eastern Europeans: Gender and intergenerational role attribution during trips provide a family-like profile to the group-inconspicuous because looking more private than professional. Trading further relies on unquestioned gender relationships and hierarchies which assign to women and men different expectations and positions. Men act as group leaders and protectors, while women are assigned the task of negotiators with customs officers: "*One does not throw a woman out of the train.*" Women are in charge of transport of more sensitive goods and may be expected to make use of their charms to attract customers. Occasional prostitution can be a by-product of a trading trip (Irek 1998; Karamustafa 2001).

Those women who manage to remain independent and in control of their mobility, use the accumulated capital to improve their condition by setting up businesses at home. Others because of lack of other alternatives or because of institutional obstacles to mobility are obliged to rely on a protector or a smuggler in order to cross borders(Lazaroiu and Ulrich 2003; Morokvasic 2006). This may lead to a situation where women are no longer in control of their mobility and get trapped in the circuit of forced sexual nomadism, being rotated by their pimps from one European city to another within a system in which gender power hierarchies are exacerbated.

The circulation in the Euro-Mediterranean region involves beside the Eastern Europeans other groups of people, mostly from North Africa. There, trading was done by women traditionally in the private sphere and shifted to *soukhs* (markets) only recently. Now in majority, the female traders have not only invaded an originally completely male sphere, but they also exit into the public space to do the trading. Their circulation is in service of social promotion for the family and gaining autonomy for themselves (Peraldi, Bettaïeb and Manry 2001).

Beside the changing patterns of migration and trading, the feminisation of cross-border trading circuits reflects also the power that the newly performed mobility confers to women in a society which traditionally limited the mobility of women. Being a woman becomes an advantage: crossing borders, confronting obstacles (visas, customs officers) is easier for women, in particular mature women. Feminine attributes and dress are (like with women from the Eastern Europe) used as a tactic to cross the borders, to smuggle some articles. North African women instrumentalise the veil for instance which, as Michel de Certeau argues becomes the instrument of the weak (2002) and confers a feeling of security enabling women to cross the boundaries of the domestic space (Schmoll 2005).

They develop a specific "know-how to circulate"-as Alain Tarrius (1992) would say-which differs from the rotation of Polish domestic workers and traders. The Polish domestic workers function as a group but travel individually and substitute each other at weekly or monthly intervals. The North Africans travel in groups: this has a socializing function for the newcomers, but also the group, as a social control minimizes the dimension of transgression of the gender code implied in geographic mobility. The groups of women traders from Tunisia manage not only to invest public spaces in the cities like Naples but also transform them (Schmoll 2005). Women in the world of men often have a male "protector": whereas among the Eastern Europeans the protector regulates and manages the services including sexual services that some women of the group would provide as a part of trade negotiations (Irek 1998), the protector of Tunisian women observes that the moral code is preserved and that they are not sexually assaulted.

In a society where according to the prevailing gender norm the man is the provider and bread-winner whereas women working outside are transgressing that code, women handle this major transformation carefully. Although it eventually may become a prime source of income for the family, it continues to be considered as complementary only. They make sure that men "do not lose face" in the process and provide them with "an alibi" for not participating in cross border trading: men are often either formally associated with women's business, they assist, and when they don't, outside forces are mentioned as an alibi for men's non-participation: "*they have obstacles in getting visas.*" (Schmoll 2005)

Thus although this brings major disruption in family life and in the decision-making of women, it is important to negotiate the transformations without conflict, under the mask of continuity in gender relations. As the evidence from other studies shows, the changes in gender relations are taking place gradually, based on reciprocity and constant adjustments rather than radical transformations.

5.In lieu of conclusion: Making arrangements

Migration patterns and processes, the experiences of migrants, as well as the social, political, economic and cultural impact of their migration are gendered. Gender can facilitate or constrain mobility and settlement; gender relations prior to migration affect the migration work, the process, the migration patterns and ongoing relations.

Transnational migration continues to be predicated on the gendering of work: Women continue to be in demand across borders to perform stereotypically women's work as "substitutes". Today, worldwide feminisation of migration reflects an increasing number of women in service jobs as domestic workers, child-minders, carers for the elderly. These occupations are built on gendered assumptions of women's innate affinities to work in the reproductive sphere and hence not conducive to destabilizing the gender norms about the division of labour in the household, but rather reinforcing gender hierarchies.

The empirical evidence presented here has an exploratory rather than conclusive character: processes of reproduction of gender order are manifest in variety of situations but contain in the same time elements of change, of subversion from within. This text looked at the ways the contradictory outcomes are negotiated. Much of the research including our own various surveys in the past thirty years suggest that compromising and reliance on reciprocity and solidarity is given priority in overcoming contradictions of observing traditional gender norms, while at the same time performing in a way that puts these gender norms in question.

The privileges that the traditional gender order conveys to men are offset in a number of ways, as Raewyn Connell (2005) emphasizes in reference to William Goode (1982). They are cross-cut by the interests men and women have in common. For immigrant men and women more specifically these common interests stem from their status as "partial citizen", discrimination, insecurity and inequality relative to migrancy and legality; or from the fact that, as they are de-classed and trying to achieve upward mobility, they have to join forces. Feminist researchers stressed already long ago that gender processes cannot be understood independently of class, race, immigrant status etc. with which they intersect (Anthias and Yuval-Davis, 1983). The evidence suggests that in the process migrant women negotiate and learn to take advantage of attributions that initially handicap them. Most look for compromises rather than confrontation and rejection of the traditional gender division of labour and values. Providing men with an "alibi" for not performing what the traditional order expects them to do, creating jobs for them, contributing to the dowry system or reasserting themselves as the key to the social order that blames women of disruption, relying on mobility as a resource and performing according to sex role expectations etc., are, to borrow from Erving Goffman (1977), different "arrangements" mainly "between sexes" but also with broader social surroundings and social expectations.

References

Anderson, Bridget. 2000. *Doing the Dirty Work? The Global Politics of Domestic Labour*. London: Zed Books.

Anthias, Floya, and Nira Yuval-Davis. 1983. "Contextualizing Feminism-Gender, Ethnic and Class Divisions". *Feminist Review*, no. 15:62-75.

Asis, Marla. 1995. "Family Ties in a World without Borders". *Philippine Sociological Review*, no. 42:16-26.

Bauman, Zygmunt. 1998. *Globalization: The Human Consequences*. New York: Columbia University Press.

Castles, Stephen, and Marc J. Miller. 2003. *The Age of Migration*. Basingstoke: Palgrave-Macmillan.

Catarino, Christine, and Mirjana Morokvasic. 2005. "Femmes, Genre, Migration et Mobilités". *Revue européenne des Migrations Internationales* 21 (1): 7-27.

Certeau, Michel de. 2002. *L'Invention du quotidien, 1: Arts de faire*. Paris.

Connell, Raewyn W. 2005. *Masculinities*. Second Edition. Cambridge: Polity.

Ehrenreich, Barbara, and Arlie Russell Hochschild, eds. 2003. *Global*

Woman: Nannies, Maids and Sex Workers in the New Economy. New York: Metropolitan books.

Enloe, Cynthia. 2000. *Maneuvers: The International Politics of Militarizing Women's Lives*. Berkeley: UCP.

Falquet, Jules. 2006. "Hommes en armes et 'femmes de service': tendances néolibérales dans l'évolution de la division sexuelle et internationale du travail". *Cahiers du Genre*, no. 40:15–37.

Fibbi, Rosita, Claudio Bolzmann and Marie Vial. 1999. "Italiennes et Espagnoles en Suisse à l'approche de l'âge de la retraite". *Revue européenne des migrations internationales* 15 (2): 69–94.

Finotelli, Claudia, and Giuseppe Sciortino.2006. "Looking for the European Soft Underbelly: Visa Policies and Amnesties for Irregular Migrants in Germany and in Italy". In *Herausforderung Migration -Perspektiven der vergleichenden Politikwissenschaft*, edited by Sigrid Baringhorst, James F. Hollifield and Uwe Hunger, 249–279. Münster: LIT.

Friese, Marianne. 1995. " Die Osteuropäische Akademikerin, die im Westeuropäischen Haushalt dient: Neue soziale Ungleichheiten und Arbeitsteilungen zwischen Frauen". In *Konkurrenz und Kooperation. Frauen im Zwiespalt?*, edited by Ulrike Modelmog Ilse; Gräßel, 171–193. Münster: LIT.

Giabiconi, Dominique. 2005. "Les Mariages mixtes franco-polonais: Contours et Enjeux".*Revue européenne des migrations internationales* 21 (1): 259–273.

Goffman, Erving. 1977. "The Arrangement between Sexes". *Theory and Society* 4 (3): 301–331.

Goode, William. 1982. "Why Men Resist". In*Rethinking the Family: some feminist questions*, edited by Marilyn Thorne Barrie; Yalom, 131–150. New York.

Grassmuck, Sherrie, and Patricia R. Pessar. 1991. *Between Two Islands: Dominican International Migration*. Berkeley: UC Press.

Hess, Sabine. 2005.*Globalisierte Hausarbeit: Au-Pair als transnationale Migrationsstrategie von Frauen aus Osteuropa*. Wiesbaden: VS Verlag.

Hochschild, Arlie Russel. 2000. "Global Care Chains and Emotional Surplus

Value". In *On the Edge: Living with Global Capitalism*, edited by Will Hutton and Anthony Giddens, 130–146. London: Jonathan Cape.

Irek, Margolzata. 1998.*Der Schmugglerzug. Warschau-Berlin-Warschau. Materialien einer Feldforschung*. Berlin: Das Arabische Buch.

Karamustafa, Gulsün. 2001. "Objects of Desire-A Suitcase Trade (100 Dollars Limit)". In *Geschlecht und Globalisierung: Ein kulturwissenschaftlicher Streifzug durch transnationale Räume*, edited by Ramona Hess Sabine; Lenz, 166–180. Königstein im Taunus: Ulrike Helmer.

Katunarić, Vjeran. 1978.*Vanjske migracije i promjene u porodici* [International migration and changes in family]. Zagreb: Centar za istraživanje migracija.

Keough, Leyla J. 2006. "Globalizing 'Postsocialism': Mobile Mothers and Neoliberalism on the Margins of Europe". *Anthropological Quarterly* 79 (3): 431–461.

Kuzma, Elzbieta. 2003.*Les Immigrés polonais à Bruxelles*. Rapport de recherche. Université de Bruxelles.

Lazariou, Sebastian, and Louis Ulrich. 2003. "Le Trafic des femmes: Une perspective sociologique". In *Visibles mais peu nombreux: les Circulations migratoires roumaines*, edited by Dana Diminescu, 265–300. Paris: MSH.

Le Espiritu, Yen. 2005. "Gender, Migration and Work: Filipina Health Care Professionals to the United States". *Revue européenne des Migrations Internationales* 21 (1): 55–75.

Leung, Maggie Wai-Han. 2004.*Chinese Migration in Germany: Making Home in Transnational Space*. Frankfurt: IKO-Verlag.

Lutz, Helma. 2002. "At Your Service Madam! The Globalization of Domestic Service".*Feminist Review*, no. 70:89–104.

Lyon, Dawn. 2006. "The Organization of Care Work in Italy: Gender and Migrant Labor in the New Economy". *Indiana Journal of Global Legal Studies* 13 (1): 207–224.

Man, Guida. 1995. "The Experience of Women in Chinese Immigrant Families: An Inquiry into Institutional and Organizational Processes".*Asian and Pacfic*

Migration Journal 4 (2-3): 303-326.

Marx Ferree, Myra. 1979. "Employment without Liberation: Cuban Women in the United States".*Social Science Quarterly* 60 (1): 35-50.

Menjivar, Cecilia. 1999. "The Intersection of Work and Gender: Central A-merican Women and Employment in California".*American Behavioral Scientist* 42 (2): 601-627.

Morokvasic, Mirjana. 1987a.*Emigration und danach: Jugoslawische Frauen in Westeuropa*. Frankfurt: Stroemfeld/Roter Stern.

————. 1987b. "Immigrants in the Parisian Garment Industry".*Work, Employment and Society* 1 (4): 441-462.

————. 1987c. "Recours aux immigrés dans la confection parisienne: Eléments de comparaison avec la ville de Berlin-Ouest". In *La lutte contre les trafics de la main-d'œuvre en* 1985-1986, edited by Ministère des affaires sociales et de l'emploi, 199-242. Paris: La Documentation Française.

————. 1993. "'In and out' of the Labour Market: Immigrant and Minority Women in Europe".*New Community* 19 (3): 459-483.

————. 1996. "Entre L'Est et l'Ouest, des migrations pendulaires". In*Mi-grants: Les nouvelles mobilités en Europe*, edited by Hedwig Morokvasic Mirjana and Rudolph, 119-157. Paris: L'Harmattan.

————. 1999. "La Mobilité transnationale comme ressource: le Cas des migrants de l'Europe de l'Est". (Mirjana Morokvasic-Muller),*Cultures et Conflits*, nos. 33-34:105-122.

————, dir. 2001.*Being your own boss*. Video.

————. 2004. "'Settled in Mobility': Engendering Post-wall Migration in Europe".*Feminist Review* 77 (1): 7-25.

————. 2006. "Une circulation bien particulière: la Traite des femmes dans les Balkans".*Migrations Société* 18 (107): 119-143.

Morokvasic, Mirjana, A. Senganata Münst and Sigrid Metz-Göckel. 2008. "Gendered Mobilities in an Enlarged Europe". In *Migration and Mobility in an Enlarged Europe: A Gender Perspective*, edited by Sigrid Metz-Göckel, Mirjana

Morokvasic and A.Senganata Münst. Barbara Budrich Publishers.

Mozère, Liane. 2005. "Des domestiques philippines à Paris: Un marché mondial de la domesticité défini en termes de genre?". *Migrations Société* 17 (99-100): 217-228.

Ogaya, Chiho. 2004. "Social Discourses on Filipino Women Migrants".*Feminist Review*, no. 77:180-182.

Oso, Laura. 2003. "The New Migratory Space in Southern Europe: The Case of Sex Workers in Spain". In*Crossing Borders and Shifting Boundaries: Gender on the Move*, edited by Mirjana Morokvasic, Umut Erel and Kyoko Shinozaki, 207-227. Opladen: Leske + Budrich.

Parreñas, Rhacel Salazar. 2001.*Servants of Globalization: Women, Migration and Domestic Work*. Palo Alto: Stanford University Press.

Peraldi, Michel, Hajer Bettaïeb and Véronique Manry.2001. "L'Esprit de bazar: Mobilités transnationales maghrebines et sociétés métropolitaines. Les Routes d'Istanboul". In *Cabas et containers: Activités marchandes informelles et réseaux migrants transfrontaliers*, edited by Michel Peraldi, 329-361. Paris: Maisonneuve & Larose.

Potot, Swanie. 2005. "La Place des femmes dans les réseaux migrants roumains".*Revue européenne des migrations internationales* 21 (1): 243-258.

Ramírez, Ángeles. 1999. "La Valeur du travail: l'Insertion dans le marché du travail des immigrées marocaines en Espagne".*Revue européenne des migrations internationales* 15 (2): 9-36.

Riccio, Bruno. 2003. "From 'Ethnic Group' to 'Transnational Community'? Senegalese Migrants' Ambivalent Experiences and Multiple Trajectories".*Journal of Ethnic and Migration Studies* 27 (4): 583-599.

Rotkirch, Anna. 2005. "'Sauver ses fils': Migrations trans-européennes comme stratégies maternelles".*Migrations Société* 17 (99-100): 161-172.

Rudolph, Hedwig. 1996. "The New Gastarbeiter System in Germany".*New Community* 22 (2): 287-300.

Schmoll, Camille. 2005. "Pratiques spatiales transnationales et stratégies de mobilité des commerçantes tunisiennes". *Revue européenne des migrations internationales* 21 (1): 131-154.

Scrinzi, Francesca. 2005. "Hommes de ménage, ou Comment aborder la féminisation des migrations en interviewant des hommes". *Migrations Société* 17 (99-100): 229-240.

Shinozaki, Kyoko. 2005. "Making Sense of Contradictions: Examining Negotiation Strategies of 'Contradictory Class Mobility' in Filipina/Filipino Domestic Workers in Germany". In *Arbeitsmigration: WanderarbeiterInnen auf dem Weltmarkt der Arbeitskraft*, edited by Thomas Geisen, 259-279. Frankfurt: IKO-Verlag.

Sidén, Ann-Sofi. 2002. *Warte mal! Prostitution after the Velvet Revolution.* London: Hayward Gallery.

Tarrius, Alain. 1992. *Les Fourmis d'Europe: Migrants riches, migrants pauvres et nouvelles villes internationales.* Paris: L'Harmattan.

Vartti, Riitta. 2003. "Equal Partners Online? German Matchmaking Web Sites and Trafficking in Women". In *Crossing Borders and Shifting Boundaries: Gender on the Move*, edited by Mirjana Morokvasic, Umut Erel and Kyoko Shinozaki, 177-206. Opladen: Leske + Budrich.

成为移民接收国

——南欧和国际移民

毛里齐奥·安布洛西尼

在长期作为大规模移民流动的来源国之后,南欧国家(希腊、意大利、葡萄牙、西班牙)从20世纪70年代起开始吸引来自国外的大量移民。最近几十年来,这些国家成为国际移民最重要的目的地之一。

这篇文章联系劳动力市场和南欧国家的社会变化分析这个转型过程的基本特征及其原因;它的表现形式,集中讨论对非法移民身份合法化的反复性政策;正在出现的问题,涉及移民工人的改善问题,这些移民工通常做最费力最没有吸引力的工作;妇女的状况;跨国家庭的形成;接受移民问题的政治冲突。

全球国际移民的最大变化之一是南欧国家,意大利、西班牙、希腊和葡萄牙地位的变化。从19世纪末以来,这些国家一直是向美洲和中北欧的发达国家,以及在一定程度上,地中海南部地区,输出移民的来源国。自20世纪70年代以来,这些国家却开始吸引大量的外国移民,近几十年来,则成为国际移民最重要的目的地之一。

通过这篇文章,我将分析以下几个方面:这个转型过程的基本特点及其原因;它如何发生及正在出现的问题。

1.新移民接收国——出乎意料的转型

三十年前,几乎没有人会预见到南欧将发生的深刻的人口变化。到20世纪70年代为止,总体来说,相对于19世纪末经历了大规模的工业化过程的北欧和中欧而言,南欧的就业和收入水平都显著较低。在全球范围内,相较于旧大陆更为发达的地区,南欧看上去更为落后,而且常被定义为"落后"地区。南欧地区长期受失业问题的困扰,为欧洲北部的发展提供了人力资源。这同样也有赖于招募工人方面特定的国际公约,后者对接收国的工业、矿业、建筑业和农业大有必要。

一旦脱离了威权政体——这种政体在西班牙和葡萄牙存在了很长的时间,但在希腊时间则更短——这些国家在20世纪70—80年代加入了欧盟,开始了一个积极的发展周期,收入水平逐渐接近中北欧国家。西班牙的经济直到2008年经济危机之前表现尤为突出。而在意大利这个本地区最大的国家,情况则有所不同:从一开始,意大利就是欧洲共同体的成员,从60年代以来就经历了相当大的工业发展,尽管只集中在意大利北部和中部。虽然仍存在着内部差异,意大利在80年代还是进入了西半球工业化水平最高各国的小群体,被称为G6,后来变成G8。2008年意大利的人均收入为26300欧元,西班牙为23900欧元,希腊为21300欧元,葡萄牙为15700欧元,相比欧盟27国的平均收入为25100元(Eurostat 2010)。

南欧的国家也经历了它们各自劳动力市场运作的失衡,需要劳动力的地区和大规模失业地区形成鲜明的对比。直到那时,内部劳动力需要是由各自国家发展水平较低的地区来满足的:广泛的内部移民现象所起的作用,与中北欧国外输入移民促进经济发展的情况类似。

尽管20世纪70年代已经开始有从国外来的移民(如从事家庭服务的妇女,农业工人),这个现象在80年代得到发展,并在90年代日益明显起来,成为一个政治敏感问题和公共辩论的焦点。就一些个案,比如葡萄牙而言(Baganha、Peixoto 1997),在一段时期内,向其他欧洲国家移民(特别是为了季节性工作)与外国移民的到来共存。这个重要的转折点可以用几个因素来解释。

首先是高度分割的劳动力市场的作用,例如南欧市场,劳动力供应获得了更大程度的自主性并享有更多的选择。在这些国家中,人均收入有了实质性增长,女性在外就业也增加,尽管其水平还在中欧和北欧之下:2008年葡萄牙妇女就业率为62.5%,西班牙为54.9%,希腊为48.7%,意大利为47.2%(Eurostat 2010)。

　　家庭的教育投资显著增加,年轻一代的教育水平也相应提高,出生率却降低了:希腊目前的出生率是一对夫妇 1.52 个孩子,意大利是 1.42 个,西班牙是 1.40 个,葡萄牙是 1.32 个,而欧盟的平均水平是 1.60 个(Eurostat 2011)。在南欧,家庭仍是社会组织的枢纽,跟中北欧比起来更是如此。一系列的服务仍由家庭提供:照顾儿童、老人、病残人员(Ferrera 1995;Esping-Andersen 1999)。这些家庭两个成年成员都在外工作的现象日益增多,出生率急剧下降,夫妇更多在孩子教育上投资,帮助他们进入高技能行业:在南欧,大部分孩子仍和父母生活到 30 岁或以上,时间比中欧和北欧都要长。2008 年,年龄在 18 到 34 岁之间的欧洲人中 46% 的仍至少和父母的一方生活在一起;然而在南欧数量大大超过 50%,在意大利和葡萄牙的数量接近 60%,然而在斯堪地那维亚国家就在 20% 以下,在法国和荷兰是 30%,在英国和德国大约是 40%。同时,内部移民率大大减少,并局限于高技能职位或季节性工作。换句话说,劳动力供应变得更加挑剔,更经得起需求的压力,更不愿意移动或接受任何工作,即使花时间也要寻找技能性工作的机会,因为他们有家庭的保护。

　　另一方面,劳动力市场继续需要大量的体力和低技能劳动:地中海农业典型的水果和蔬菜收获,正在发展的旅游业,建筑业和城市服务业(清洁、维修、餐饮等)。在意大利,西班牙也在一定程度上如此,对劳动力的一些需要也影响了制造业,尤其是小型和中型系统和相应的服务(运输、物资处理)。重要的是这些国家的中产阶级家庭创造了对家庭服务的巨大需求,后来逐渐扩展到对缺乏自理能力的老人的照顾方面。这个问题后文会再谈到。

　　概言之,对体力劳动和低下劳动的需求不再由教育水平越来越高的年轻人所承担,也不再能通过内部劳动力流动得到满足,就逐渐由外国移民承担。然而,这个过程以一种自发性、非计划的方式发生,没有配套的接受和整合新居民的政策。

　　第二个因素是政治方面的。中北欧国家是移民流动的传统目的地,但从 20 世纪 70 年代起,它们几乎向经济移民的流动关上了国门。移民不能前往最称心的,往往已有亲属同胞居住的目的地,就开始把南欧当作第二选择,往往希望以后可以搬去其他欧洲国家。另外一个促进因素是,有一段时期,至少是直到申根条约签订之前①,南欧的边境控制和签证系统都不像欧洲北部国家那么严格和挑剔。而且,与传统殖民地的联系和文化语言的联结,例如西班牙和葡萄牙,或地理上的接近,像希腊和意大利,都增加了更多移民的到来。即使加入申根条约后,这些国家仍继续吸引外国移民,规模比中北欧更大,主要移民形式是,先是为期三个月的旅游签证,然后非法居住,做未登记的工作。

控制移民入境和劳动力市场需要的困难意味着所有南欧的国家,葡萄牙部分除外,都发动过广泛的定期的非法移民身份合法化运动。同样的过程也在所有欧洲国家发生,但是没有意大利、西班牙和希腊集中和高频率(Baldwin-Edwards、Kraler 2009)。这一点下文中也会再谈到。

在这之后,劳动力市场的可渗透性,更容易拿到居留许可的可能性及中北欧对移民入境的阻止导致了大部分移民在南欧安家落户。表1展示了四个国家的近期移民趋势。希腊的增长率大约是562%,意大利是285%,葡萄牙是232%,西班牙是705%。

表1:南欧国家移民(外国公民)人口的增长

	2001	占人口百分比	2004	占人口百分比	2009	占人口百分比
希腊	165 444	1.1	891 197	8.1	929 530	8.2
意大利	1 362 630	2.0	1 990 159	3.4	3 891 295	6.5
葡萄牙	190 896	1.3	238 746	2.3	443 102	4.2
西班牙	801 329	4.5	2 771 962	6.5	5 650 968	12.3

来源:*Fondazione Ismu* 2002, 2011

另外一个伴随因素是东欧1989年共产主义政权的突然解体。欧洲大陆的一部分,在经历了几十年的冰冻之后(苏联大约存在70年,东欧国家成为苏联势力范围的时间约40年),重新恢复了与外界交流的机会和移动的权利。大部分国家的转型是和平的,但在前南斯拉夫有血腥后果,造成了20世纪90年代的难民潮。这开启了新的移民流动的源头,尽管从整体上来说,没有像最初让人害怕的那样,发生急剧的人口迁徙。

---

① 协约取消了欧盟国家的内部边界,加强外部边境的控制,几乎所有OECD之外的国家的公民都需要签证。最近加了一些例外,把从巴西和巴尔干国家——因为这些国家是欧盟成员国候选人——的不到三个月的旅游签证。

今天,几个东欧国家已经是欧盟的成员或者是正在加入欧盟。在第一种情况下,公民几乎完全享有在其他欧盟国家自由移动和就业的权利,现存的限制将在未来几年内被取消。就算对尚未加入欧盟,或处于欧盟之外的国家(如乌克兰、摩尔多瓦)来说,流动限制也降低了,其公民日渐向欧盟移民。南欧是最重要的引力中心之一。

另外一个因素,南欧漫长的海岸线和濒临地中海的地理位置,其实重要性较低。这个因素在大众观点、公共话语和一些文献中常被提及(Fasani 2009)。海岸移民尽管可见性高,但只是移民中的一小部分(根据德·哈斯(De Haas 2007)的研究,比例占 10% ~ 12%)。随着时间的推移,来自非洲的移民的重要性降低,而来自拉美和欧洲,特别是东欧国家的移民则有增加。

向南欧的移民流的一个重要方面涉及他们的国籍和族别的分项数字。总的说来,移民人口来源驳杂,没有哪种成分占统治地位。只有希腊例外,阿尔巴尼亚人占移民的 2/3(Triandafyllidou、Kokkali 2010)。在其他国家,人口构成更加碎片化。在西班牙,最大的移民来源国籍是罗马尼亚人,占整个移民人数的 16.7%,仅略高于第二大移民群体(摩洛哥人,16.0%)。就连意大利,最大的移民群体也是罗马尼亚人,占 21%(Caritas/Migrantes 2010)。在葡萄牙,乌克兰人与巴西人数量几乎齐平,各占 15%(Teixeira、Albuquerque 2007)。其次,我们能看到一个演化的趋势:开始的时候,大部分移民是从与接收国有历史和文化渊源的国家来的,比如说葡萄牙的巴西人、安哥拉人和佛得角人,西班牙的西班牙语拉美人,或者是来自周边国家(西班牙和意大利的摩洛哥人,希腊和意大利的阿尔巴尼亚人);之后在 20 世纪 90 年代下半期直到 21 世纪初,来自拉美(特别是流向西班牙与意大利的厄瓜多尔人和秘鲁人)的移民增多,最近最大的移民流来自东欧,包括欧盟国家(主要是罗马尼亚人,意大利最大的移民群体)和非欧盟国家(乌克兰和摩尔多瓦)。

另外一个被研究强调的因素是性别差异。在早期阶段,移民到南欧的主要是只身一人处于工作年龄的成年人。但他们不仅仅是男性,这与战后欧洲内部移民的主流情况不同。在许多情况下,我们可以区分开男性移民占统治地位的国别移民群体(摩洛哥人、塞内加尔人、突尼斯人……)和女性占统治地位的国别移民群体(菲律宾人、厄瓜多尔人、乌克兰人、摩尔多瓦人)。其中原因和整合地区及网络的运作机制有关(Ambrosini 2011):在建筑业等部门,就业机会是由男性统治的同胞网络非正式地控制,在家庭服务方面,需求和供应的搭配是通过女性网络进行的。随着时间的推移,家庭团聚逐渐减少了那些移民时间最长的民族内的性别差异,使之逐渐平衡。塞内加尔人等国别群体是一个例外,多年之后他们仍然保持着男性统治的状态。

2.南欧移民模式?

所谓的地中海式或南欧移民模式的文献强调一些共同的特征,与中北欧的移民模式相对(见 aganha 1997;Baldwin-Edwards 2001;Baldwin-Edwards、Arango 1999;King、Black 1997;King、Ribas-Mateos 2002;Ribas-Mateos 2005)。

第一个特征是地位的迅速变化,即从向外输出移民国变为吸收来自外国的移民流的国家。但在变化来临时,这些国家还没有准备好承担他们作为接收移民社会的新角色。结果造成了混乱和任意性。移民在经济系统内静悄悄的整合基本上未受到关注,只剩一些明显的方面,注定引起指责和公共警觉:移民中的最弱势团体集中在一些城区,比如火车站附近或被遗弃的建筑中;乞讨或街头叫卖廉价商品;在繁华地区街头卖淫;卷入走私毒品的非法活动。简单地说,实际上的融合的不可见性与移民中最边缘化但最可见的那部分因素形成鲜明的对比。他们要么被看作是需要帮助的穷人,要么被看作具有威胁性的入侵者,移民要被当地人接受经常有很大的困难。特别是在意大利,希腊和西班牙也在一定程度上如此,移民成为政治日程上一个热门话题。在意大利,北方联盟,一个民粹主义的恐外的政党,获得了重要的选举成功,并在北方的地方政府和在 1994 — 2011 年间统治意大利的中右联盟中获得了重要的地位。

文献中强调的第二个特征是这些国家中地下经济的扩张(在 GDP 中占15%和25%之间)及其作为移民流动的催化剂。有些学者特别强调经济的非正规化,即不受法律和雇佣合同管制的经济活动的扩大。高比率的独立经营(self-employment)①,小型企业的密集程度,以及小商人、手工业、建筑和小农

---

① 2010 年独立经营者占全部工作人员的比例是:希腊 29.6%;意大利 22.7%;葡萄牙17.5%;西班牙 15.7%,而欧盟 15 国(东扩前的老欧盟国家)的平均比例是 14.1%。

场仍旧重要的角色,都对形成一个有丰富地下就业机会的经济系统起到了重要作用。总之,地下经济是南欧市场的普遍现象,早在国际移民到来之前就存在。一大批愿意接受无合同,工资和条件都比当地人差的工作的国际移民的到来激活并加强了这个趋势。如果移民没有居留许可证,不受惩罚地剥削他们几乎是没有限制的。对一些人来说,这是一个有意识的选择:对合法生活和工作权利的限制使雇主得到一批无权利,高度灵活并且廉价的劳动力(Baldwin-Edwards 2001)。卡拉维塔(Calavita 2005)提出了"他者经济"的概念:强调他者性,移民的文化差异可以让雇主使这些移民感到卑下,即不同地对待移民和本国人。我则引入了屈服性融合的概念:只要移民接受最重的工作,不提要求,不与本国人竞争好工作,他们就可以在就业市场中受到较好的接受(Ambrosini 2005)。

文献中提到的第三个特征(例如 Andall 2000;Ribas-Mateos 2005)涉及移民、福利系统和家庭组织的关系。这儿提到的国家的特征是,其公共福利服务和中北欧比起来相对低下。其福利系统被定义成"家庭型":家庭,更确切地说是妇女,仍然担负着帮助和照顾家人的任务。在公共开支中,养老金的高比重加强了家庭内部资源的再分配和代际间的团结。在文化层面上天主教(在希腊,东正教)促进了家庭作为日常社会组织枢纽的中心地位。在社会实践中,对住房状况,衣着整洁,家中烹饪,全家共餐的食物的重视使得南欧妇女比北欧妇女在家务上付出更多的时间,这部分是因为角色和义务的再分配进步得很缓慢。所以在很多方面,家庭像过去一样处于中心地位。但同时家庭已经发生了变化,不仅仅因为婚姻的脆弱性,家庭很难面对期待于它的各种社会功能。越来越多的妇女,如上文提到的那样,越来越多地在家庭以外工作。然而她们仍然继续承担大部分家庭义务和服务。每个家庭的孩子数量减少了,但出生的孩子比过去需要更好更长的照顾。而且,需要帮助的老人大大增加了,老人生命中需要各种照顾的最后时期也大大增长了。

最后一个特征涉及搭配劳动力需求和供应的自发、微观社会式的方式。除了家庭外,雇主经常是小型或微型企业。和发生在另外一个时期的中北欧劳动力移民不同的是,在南欧,主要角色不再是大公司,更不是政府。这些小雇主和移民主要通过私人关系发生联系,不经过公共服务或其他制度性机构来搭配劳动力供应和需求。第一批移民在成功接受整合后开始资助他们的亲属和同胞的就业,这样一来在很短的时间内产生了来自同一国家的移民集中。于是形成了移民网络,作为劳动力需求和供应的中介,从而产生了所谓的"民族专业化"形式:一定民族的移民集中于一定的行业。所以我们在家庭服务中看到菲律宾人,在建筑业中看到罗马尼亚人,在照顾老人中看到乌克兰和厄瓜多尔妇女。有时会出现真正的中介人,专门为公司提供它们需要的工人,尽管这是以一种非正规化的方式进行的,他们也不被看做正式的中介人。经常中介服务需要移民付给帮他们找到工作的人一定的服务费。在对意大利做保姆的乌克兰妇女的调查中发现了一个价格表,价格依据工作的轻重而不同(Vianello 2009)。

南欧的家庭于是陷入了这样一个困境:一方面,作为传统的社会组织,它需要完成许多日常任务和新的社会义务,比如说因寿命延长所产生的义务①,另一方面,工作和生活方式减少了它们可以倚赖的社会资源:妇女对无报酬工作的义务。许多家庭,大部分是中产阶级家庭,克服这个家庭功能超载的问题的方法是,转向外国妇女市场,通过招聘,其实经常是没有经过注册的,来转移一部分传统妇女的家庭义务。首先,这些妇女通常是传统家庭服务工人,和她们的雇主住在一起或做小时工。在最近几年来,入住性家庭服务正在向持续照顾缺乏自理能力的老年人的方向演变。这是一个发自基层的非正式照料系统,在公共领域没有可见性,也不受任何控制,很灵活,完全由雇佣家庭控制。这个系统使家庭节省经济资源,因为这比将老人送到老人院要便宜,而且后者的服务也不一定让人满意。这个系统也允许老人继续待在家里,离家人不远。另一方面,除了不能控制服务质量外,它对外国工人的约束很大,这些工人大部分是女人,她们不但要工作还要和老人或受照顾的人朝夕相处。

工作的沉重,私人生活和正常社会关系的缺失意味着这是典型的新到移民所做的工作,通常她们刚到外国,还没有工作许可证。这种安排解决了很多问题:她们有了工作、住所,可以有机会攒钱并把工资寄给家人。而且,她们基本上不受警察监督,因为法律对私人住处的搜查有约束,而且,警察对女性移

---

① 在过去的五十年间,欧盟国家男女居民的寿命增加了大约 10 岁。寿命的继续增长依赖于减少老年人的死亡率(Eurostat 2011)。现在的人均寿命是:希腊,男性 77.8 岁,女性 82.7 岁;意大利,男性 79.1 岁,女性 84.5 岁;葡萄牙,男性 76.5 岁,女性 82.6 岁;西班牙,男性 78.7 岁,女性 84.9 岁。

民从事家庭服务和老人照管方面比较宽容(Ambrosini 2011)。随着时间推移,许多工人开始换工作,特别是当她们拿到居留许可后。一般来说,她们需要一份能给她们更多自由、家、和家人团聚的机会或享受私人生活的机会的工作。许多人换成了家庭服务的小时工,钱赚得少但自由一些。这给其他刚来的移民进入家庭服务业提供了机会,这个行业的发展主要由人口和保健因素推进,相对独立于经济周期。事实上,近年来,经济萧条影响到了移民工作的几个领域,特别是建筑业,但家庭福利业受到的影响不大。

南欧国家地位的改变,地下经济作为吸引因素的重要性,对新来者的整合渠道,社会微观自发搭配劳动力供给和需求的方式,移民和依赖于家庭的相对较弱的福利系统的联结:所有这些方面都在统计数字和研究结果中表现出来。然而,概括与强调的问题需要认真对待。移民经常被与南欧落后的社会经济结构联系在一起。而且,人们对这些国家有一个相对同质的未分化的形象。地下经济受到强调,好像移民找不到正式工作。但是反复的身份合法化不仅仅表现出南欧劳动力市场充满了各种形式的地下工作,也表明可以从地下经济向正式经济和依法申报的工作过渡。

对移民的详细研究,从国家下降到地方为单位,则可以发现,移民主要存在于这些国家最发达的地区和城镇地区:意大利北部和中部,西班牙的加泰隆尼亚与马德里地区,希腊和葡萄牙的主要城市。移民是与繁荣和现代性,而不是与贫穷落后联系在一起的。我们可以说南欧的经济社会运作是传统和创新的结合:这个平衡现在被经济萧条和全球化所威胁,但移民可以帮助维持这个平衡。

同时,南欧移民模式应当分成更细的次模式:地中海农村农业收获的季节性工作和大城市的经济整合是相当不同的,而后者又不同于工业区和专业化的小型或中型的公司的工作(Ambrosini 2005)。这样一来移民做单调的工作使本国工人能做层次较高的工作,于是就减少了成本(Miguélez、Recio 2008)。女性移民在家庭中的雇佣也提供了一个解决问题的办法,它使本国妇女能够离家工作,工作时间可以很长或不确定,这样就可以追求高要求的事业。换句话说,女性移民的工作本身就是社会现代化的重要过程。在高强度农业领域,对劳动力的需要来自生产近乎工业化的性质,这种生产受到了来自因采用了农业科技、生物和组织方面的创新而产生的影响。它的发展依赖于发达国家对新鲜水果和蔬菜的需求。劳动力的供应成为日益全球化的市场中的一个竞争性因素（Redondo-Toronjo 2010）。

3.产生的过程

南欧大约接收了一千万左右新居民的方式,需要我们着重研究一下对这些人的入境和居留的控制措施。如我们所看到的,南欧的移民大部分是"居留时间过长者":合法入境,留在境内,即使找到了工作,也处在一种非法状态。另一方面,有一小部分是非法入境:他们使用伪造的文件,藏在卡车或汽车里,或通过海运,这些危险的旅行每年造成几千人的死亡（De Haas 2007）。

这两个群体是所有接收国家日益严格的控制措施的集中对象。20世纪70年代以来,非法移民,尽管这个概念不容易被准确地定义,已成为移民政策的中心问题和拘留驱赶措施的对象（见 Düvell 2006）。南欧国家也不例外,特别是90年代中期申根条约的签定和2004年实行整合性边境控制的欧洲机构Frontex的建立之后,海上和陆地的边境巡逻加强了。这些国家建立了非法移民拘留中心,发布了遣返政策,并组织将非法移民遣送回原国的行动。他们确定每年外国工人入境的配额,包括季节性和永久性的劳动（特别是在意大利和西班牙）,但他们反复申明不会容忍非法移民。有时他们通过一些耸人听闻富有争议的行动来表现他们控制边境的决心。西班牙在非洲的飞地休达与梅利利亚建立了围墙来防止没有许可证的外国人入境;在2009年意大利和利比亚的卡扎菲签订了协定,将一船一船的移民和难民遣送回利比亚海岸;希腊对待移民和避难寻求人的方式一直受到抗议;它在2009年最初的几个月采取大规模行动来搜查和遣送非法移民并态度更加强硬,这个行动的一个原因是它所面对的经济危机和对极右政党的支持的增加（Triandafyllidou、Maroukis 2010）。

然而,这些国家在许多场合都面临一个棘手的问题:居住在那里的移民的数量大大超过那些拥有居留许可证的移民人数。这些国家的劳动力市场吸引了高于其配额的移民数量。其他利益,从旅游业到商业,不允许完全封闭边境。管理这些控制系统的民主制度内部的"自由约束"（Boswell 2007）,减缓了对抗非法移民的严厉措施的采用。非政府组织、工会和教会经常呼吁对非法移民的人权的尊重并在许多方面帮助他们存活、定居,可能的话争取正式身份。移民网络帮助新移民,亲属和同胞进入领土,找到安身之地和工作(Ambrosini 2008)。

政府知道要更有效地打击非法移民,拘留、确认和遣送非法移民,他们需要系统和人员方面的大量的资源,这会牺牲这些资源在其他方面的使用。因此他们采取一种停留在话语层面的封闭政策,伴随一些可见度高并有争议性的冲突,由此来满足公众的期望,形成一种威慑机制,但他们不能(可能也不想)对这个现象采取决定性行动。

这些问题存在于所有接收国家,因为非法移民已成为政治日程上的一个敏感和重要性突出的话题。没有一个民主国家可以以他们在对抗非法移民方面的成功为荣。南欧国家更是如此,因为他们的劳动力市场一直吸引廉价的高度灵活的劳动力,至少直到 2008 年的经济萧条(见 Miguélez、Recio 2008),这之后在一定程度上也是如此,比如说在家庭服务业方面。

这样就只有一种解决方式:给没有合法居留证的移民实行定期的身份合法化措施。这个问题不仅仅是南欧的问题:在 1996 年和 2008 年之间,27 个欧盟国家中有 22 个通过了某种形式的立法,使至少一部分没有正规身份的居民获得合法身份(Baldwin-Edwards、Kraler 2009)。根据一项保守统计,500 到 600 万移民受益于此。在这个过程中,南欧的政府是最广泛选择大规模身份合法化的国家。数据表明,意大利有 120 万移民获得合法身份,西班牙有 100 万,希腊有 45 万,葡萄牙有 25 万。这是欧洲排名最高的四个国家。不应该忘记西班牙存在其他就人而论的身份合法化规定,希腊的数据还不完整,意大利在 2009 年刚通过另外一项身份合法化法律,处理将近 300000 项申请,它也通过其配额系统实行其他未公布的身份合法化政策。所以,更新的实际数量会高得多,对南欧的影响也更大。

所以合法移民和非法移民的区别在这些国家中是很成问题的,实际上这两者的区别从未完全清晰精确过。非法通常是移民过程的最初阶段,他们尽力在外国留下来,找到工作,实现收支相抵,可能的话,攒钱寄回家。这些移民的力量来自于韧性。靠着韧性,可以等待合适的机会拿到居留证,能够自由活动,在一种被承认和被保护的情况下工作。另一方面,正规移民在许多情况下都曾经处于某种非法状态。它代表着移民过程的后一阶段。在西班牙,来自欧盟外的正规移民中90%都曾经处于非法状态（González Enríquez 2007,第323页）。格里托斯（Glytsos 2005）也捕捉到了这一机制,通过希腊的例子,他提出了移民地位上升轨迹的理论,最初是"非法状态",随后是"暂时豁免状态",然后是处于"未决状态的合法化",最后,十年之后,是"绝对合法性"。

还有两点需要注意。第一,这个上升轨道不是不可逆转的。对这些国家打击很大的经济萧条也影响到了移民。对他们来说,失去工作是个特别严重的问题,原因有二:尽管他们可以享有一定形式的公共福利,在许多情况下,他们也可以依赖住在同一地区的亲戚的资助,但他们的保障网络比本国人要脆弱。而且,除了工作,他们还可能丢掉他们的住所。第二,如果他们不能在一定时间内找到工作,他们很可能丢失他们的居留许可证,然后陷入非法和社会边缘化状态。

第二点涉及欧盟的东扩。今天的移民有些是欧盟公民,他们比非欧盟公民(第三国人)具有更多、更有保障的权利。拥有在其他欧盟国家自由活动和职业整合的权利具有中心意义。所以对这些移民来说,许可证的问题是以一种缓和的方式出现的,这样我们可以看到移民群体内部存在一个因拥有居留许可证和各种权利而产生的"公民分层"（Morris 2002）。

4.一些问题

现在我们来看一下国际移民在南欧造成的社会转型中存在的一些问题。

第一个问题是劳动力市场的不同参与形式及其对社会整合的意义。如同雷内里和富林（Reyneri、Fullin 2010）所注意到的那样,南欧国家的移民工作努力,失业率低(至少直到2008年经济危机时如此),但他们做的工作是最费力的,缺少保护的,地位一般。国际文献经常把这些工作称为3D工作:脏(dirty),危险(dangerous),费力(demanding)（Abella、Park、Böhning 1995）。其他文献则注意到,南欧劳动力市场日益分割,移民受到歧视（Cachón 1999; Corkill 2001）。

一旦承认南欧劳动力市场产生了对非技术型体力劳动的结构上实质性的需求,移民地位和非技术性工作的联系就加强了过去由佐尔伯格（Zolberg 1987）提出的一种矛盾:移民是"被需要但不被欢迎"的,他们被经济系统(包括家庭)所需要,但被社会所拒绝或处在社会边缘地位。他们不被看做邻居,孩子的同学,同一城市空间的使用者,或同一聚会场所的正常来客。他们的经济价值没有轻易带来社会整合。这个现象并不奇怪,因为一旦移民脱离边缘地位,就会形成和本国人的竞争,从而威胁到他们刚刚争取到的脆弱的融合地位,这个地位建立在移民接受本国人拒绝做的工作之上。经济萧条无疑让情况更复杂,它不但减少了地位提高的机会,还削弱了移民争取到的成就,本国工人中的弱势群体把他们看成是竞争对象。

女性移民的状况特别悲惨,又同时不同寻常:她们通常是社会上最被接受的移民,如果她们在家庭里工作,她们是受到喜欢的。雇主与她们形成复杂的关系,对她们既保护又剥削(Korac 2001)。在劳动力市场中,她们的职业选择范围很窄,主要是服务业,几乎没有提升的机会(Solé、Flaquer 2005)。她们所拥有的技能和职业经验不像男性移民那样被认为有价值。

移民,大部分是男性移民,提高社会地位的主要方式是独立经商①。经商可以在这些国家中分割的由独立经营者构成的经济结构中兴旺发达。但即使是在独立经营的市场中,仍有大量的本国人,移民仍倾向于从事最吃力、风险最大的活动,这些活动赢利低,社会价值也低。小型商业和建筑业是主要就业出口。一方面,经济系统倾向于将许多生产活动分成各种专业化部分,能够按需取用:建筑业就是一个例子,工作任务可以被分成几个操作规程,通过向外承包合同的方式由几个不同的公司来做;另一方面,本国人的经营者倾向于从赢利较少的领域退出,典型的例子是小居住区和街头生意。这为较低社会阶层的新经营者创造了市场机会。通过传统的空缺链条机制,移民就出现在这些领域中(Aldrich et al. 1985)。

另外一个问题来自迁入外国妇女来解决国内家庭负担过重的问题,特别是照顾老人的问题。公共服务在这方面的缺乏不可能在未来的几年内改变:这个问题存在于许多发达国家,但在南欧更加突出。女性移民通常是幼小孩子的母亲,孩子通常被留在国内以保证他们有更舒适的生活。这样就形成了跨国家庭,家庭成员生活在不同的国家,但保持强烈的感情联系,特别是母亲

---

①　来自中国的移民尤其具有活力。中国移民的创业性和他们建立独立经济活动的倾向成为一种既成形象,有时被接收社会视为具有威胁性。

和孩子之间（Baldassar 2008；Boccagni 2008）。母亲通过各种方式来表达对远方孩子的亲近和关注，例如电话、电子邮件、网上聊天、送礼物和汇款。如果距离、花费和她们的法律身份允许的话，她们就回国探望孩子。其他家庭成员主动承担起照顾孩子的责任，特别是这些妇女自己的母亲。但是这种情形造成痛苦、负罪感、情感缺失和教育不稳定；这被称为跨国母职的痛苦（Parreñas 2001）。而且，有些国家里对把孩子留在国内自己出国的母亲的社会不满日益增加。

南欧家庭所发明的解决它们各种社会义务的方法是有代价的，它代表着前现代社会结构的恢复，这种社会结构建立在类似旧时仆人的劳动关系基础上，却被用来对付后现代社会的挑战。情感和社会的代价都是由移民母亲和她们的孩子所付出。

这种不公正又被接收国政府所设立的障碍所加深，这些措施反对家庭团聚。他们不愿鼓励移民长久居留，不愿承担依赖性家庭成员的社会负担，包括教育、医疗保险和住所。而家庭团聚也不一定是痛苦、勇气、牢固依恋这些经历的幸福结局，只是一个新的开始，伴随着随之而来的各种困难（Bonizzoni 2009）。

接收社会对移民的爱恨交加的态度倾向于进入政治舞台。最轰动的例子来自意大利。在该国，在对移民在经济上的接受和在社会政治上的拒斥达到了最激烈的水平。移民和犯罪的联系，对对抗非法移民严厉政策的要求，对民族文化身份的捍卫是上次（2008年）大选的主题，对贝卢斯科尼议员领导的中右联盟的胜利起到了关键作用。继2002年的移民限制措施之后，2008—2009年新的立法条约对意大利选民大多数的安全要求作出了回应——选民认为移民，特别是处在非法状态的外国人，应是一系列压制措施的对象——非法居留被定为犯罪行为，可以受到入狱的惩罚；没有居留许可证会加重其他非法行为的严重性；在非法移民确认和遣返中心的拘留时间延长到了6个月，后来是18个月；禁止民事行为，例如结婚；为了保证城市安全，私人的监督行为得到允许。通过与利比亚签定的和约，大约有800—900人被遣送回非洲海岸，引起了许多欧洲和国际组织，包括联合国难民署的抗议。

这些政策有些后来被意大利或欧洲宪法法庭所取消，但它们的政治信息很明确：将本国人的焦虑、恐怖和困难投向外国移民，将他们当作社会问题的替罪羊,满足先前激起的公民对安全的要求。同时,同一个政府又实行了对那些被家庭雇佣的非法移民的赦免政策,有30多万例受到赦免(2009年9月):这个政府发布了一系列法令(2011年1月),允许另外几万非法移民身份合法化;取消了针对巴西、巴尔干地区等国的旅游签证的要求;它发给了从突尼斯海岸到来的1.5万移民人道主义保护的临时签证(2011年4月)。封闭边界的话语和实际实行的政策相互矛盾,因为市场需要工人,旅游业和国际商业需要开放,而实行遣返政策的资源又完全不足。

在这个地区的其它国家,对移民问题的操作开始出现在立法和竞选中(例如,西班牙在2000年通过的两项法律;中右政府在2002年到2004年间着重实行的对非法移民的打击(González Enríquez 2007),但对恐外和民族主义的独裁政权的记忆犹新减弱了政治话语的语调,防止了公开仇恨移民的政治势力的出现(Freitas 2010)。最后一个严重问题涉及国籍的规范问题。由于这些的移民史,这些国家一直是采取血缘法:要成为公民,你必须是公民的后代或通过婚姻成为这个国家的一部分。在过去的十年间,葡萄牙(2006年)和希腊(2010年)开始采取出生地主义的因素,特别是对待移民子女的问题上。西班牙采取混合血缘法与出生地法的立法,有一些因素对与西班牙有历史渊源的国家,如部分拉美国家和菲律宾,尤其有利:来自这些国家的人只需要两年的合法居住就可以申请西班牙国籍,与来自其它国家的移民的年数形成鲜明的对比。意大利仍然对公民身份的问题拒绝妥协,它仍反对成为多民族社会,不论从政治上还是文化上。

5.结　论

我们看到南欧近几十年来已成为国际移民的重要目的地。我们讨论了造成这种流动的因素及它们出现的形式:主要是经过一段时间的非法居住然后利用一次身份合法化政策获得合法身份。最后我们强调了与移民有关的社会问题,这些问题在我们所讨论的国家中尤其尖锐:移民都集中在非技术性劳动上而且很难改变,家庭的分离和家庭团聚问题,对移民问题的政治操作。

在结论中,我想把我们的分析和一些大范围的思考联系起来。开始我曾提到南欧的移民模式经常被和中北欧更规范化和制度化的移民相比较。然而我们必须强调一个方面,在拥有最悠久移民历史的国家中,移民的到来主要是在工业化最活跃的时期,现在的欧洲人恋恋不舍地称之为"辉煌的三十年"的时代。移民迅速地在庞大的生产体系中找到工作,在这里,集体协约可以保护他们。工会尽管在最初反对招收外国工人,但很快就提倡平等政策并获得成功,这样就使移民受到保护(Pajares 2008)。如果移民没有居留许可证,一旦得到工作,他们便可以受到正式接受。这些国家的经济正在发展中,失业率很低,公司关闭、减员或迁移到别处的可能性都不高。

然而今天,就欧洲来说,移民所处的经济环境更加动荡,充满不确定性。工作不如从前稳定有保障,特别是对新移民来说。雇主、产业和职业方面和五十年前只有部分的相似性。欧洲北部和南部的差别首先在于,后者在新的经济环境中需要从国外招聘工人,因为本国人不愿接受新的工作条件。如果我们比较一下这二十年间南北欧新移民所做的工作,并没有很大的不同。

第二点思考是关于政府的角色。20世纪80年代以来,在新自由主义势力的推动下,政府主要是放开对市场、物资和服务供应的管制。当然欧洲大陆要比美国缓和一些。但无论如何,全球化趋势促进了自由化过程,减小了对雇工的保护。相反政府则尽量终止劳动力移民,首先在中欧和北欧,然后在南欧。尤其在南欧这个地区,政策制定者要求的限制和经济发展需要的市场开放发生冲突(Finotelli、Sciortino 2009);按照雷亚(Rea 2010)的说法,政府的两只右手针锋相对。所以有了第三只手参与进来,即身份合法化政策,它的任务是协调经济,政治和社会之间的关系。但为此付出的代价是政治失信和公民信任危机。

最后一点是移民及他们在接收国的形象。主流意见和公共话语中很重要的一部分将他们看成是侵入者,是对安全和福利的威胁。焦虑和恐惧在非法移民身上被放大,大众的看法是他们越过国界在他们不属于其中的领土安家。第二种看法,主要是知识界和社会福利系统的多数,将移民看作是受害者(Anderson 2008),他们被生拉硬拽,背井离乡,好被资本主义在需要的地方剥削。另外一种看法强调移民在边境控制的空隙中的流动能力,避开对流动的限制,创造性地将他们的来源地和目的地相连接:这样他们被欢呼成另一种全球化的英雄(Rea 2010)。从国际移民时间还不长,过程更不稳定的南欧的角度看,更应当把移民看成是具有自主性和计划能力的社会行动者:他们寻求提高自己的生活条件,面临一系列经济政治限制,他们受亲属同胞的网络,有时是公民社会组织的支持,忙于寻找机会整合进一向以自由和尊重人权为荣的接收社会,寻求获得公民身份。

这些社会的未来在极大程度上依赖于其在新老居民之间建立新的社会融合形式的能力。

(武丽丽　译)

参考文献

Abella, Manolo I., Young-bum Park and W.R. Böhning. 1995.*Adjustments to Labour Shortages and Foreign Workers in the Republic of Korea*. International Migration Papers 1. Geneva: ILO.

Aldrich, Howard, John Cater, Trevor Jones, David Mc Evoy and Paul Velleman.1985. "Ethnic Residential Concentration and the Protected Market Hypothesis".*Social Forces* 63 (4): 996-1009.

Ambrosini, Maurizio. 2005.*Sociologia delle migrazioni*. Bologna: Il Mulino.

———. 2008. "Irregular Immigration: Economic Convenience and Other Factors".*Transfer* 14 (4): 557-572.

———. 2011. "Undocumented Migrants and Invisible Welfare: Survival Practices in the Domestic Environment".*Migration letters* 8 (1): 34-42.

Andall, Jacqueline. 2000. *Gender, Migration and Domestic Service: The Politics of Black Women in Italy*. Aldershot: Ashgate.

Anderson, Bridget. 2008. "*Illegal immigrant*": *Victim or Villain?*, WP-08-64.

Working Paper. COMPAS, University of Oxford.

Baganha, Maria Ioannis, ed. 1997.*Immigration in Southern Europe*. Oeiras: Celta.

Baganha, Maria Ioannis, and João Peixoto. 1997. "Trends in the 90s: the Portuguese Migratory Experience". In Baganha 1997, 15-40.

Baldassar, Loretta. 2008. "Debating Culture across Distance: Transnational

Families and the Obligation to Care". In *The Family in Question*: *Immigrant and Ethnic Minorities in Multicultural Europe*, edited by Grillo Ralph, 269–291. Amsterdam: Amsterdam University Press.

Baldwin-Edwards, Martin. 2001.*Southern European Labour Markets and Immigration*: *A Structural and Functional Analysis*. 5. Working Paper. Mediterranian Migration Observatory. http://www.mmo.gr/pdf/publications/mmo_working_papers/MMO_WP5.pdf.

Baldwin-Edwards, Martin, and Joaquin Arango, eds. 1999.*Immigrants and the Informal Economy in Southern Europe*. Routledge.

Baldwin-Edwards, Martin, and Albert Kraler. 2009.*REGINE Regularisations in Europe*: *Study on practices in the area of regularisation of illegally staying third-country nationals in the Member States of the EU*. Final report. International Centre for Migration Policy Development.

Boccagni, Paolo. 2008. "Practicing Motherhood at Distance: What is Retained, what is Lost. An Ethnography on Ecuadorian Transnational Families.". Paper presented to the conference *Transnational Parenthood and Children Left-Behind*, Oslo, Norway, November 2008.

Bonizzoni, Paola. 2009. "Living Together Again: Families Surviving Italian Immigration Policies".*International Review of Sociology* 19 (1): 83–101.

Boswell, Christina. 2007. "Theorizing Migration Policy: Is There a Third Way?". *International Migration Review* 41 (1): 75–100.

Cachón, Lorenzo. 1999. "Immigration in Spain: From Institutional Discrimination to Labour Market Segmentation". In *Migrants, ethnic minorities and the labour market*, edited by John Wrench, Andrea Rea and Nouria Ouali, 174–194. London: MacMillan.

Calavita, Kitty. 2005.*Immigrants at the Margins*: *Law, Race and Exclusion in Southern Europe*. Cambridge: Cambridge University Press.

Caritas/Migrantes. 2010.*Immigrazione*: *Dossier statistico* 2010. Roma: Idos.

Corkill, David. 2001. "Economic Migrants and the Labour Market in Spain and Portugal". *Ethnic and racial studies* 24 (5): 828–844.

De Haas, Hein. 2007.*The Myth of Invasion: Irregular Migration from West Africa to the Maghreb and the European Union*. Research report. Oxford, International Migration Institute.

Düvell, Franck. 2006. " Irregular Migration: a Global Historical and Economic Perspective". In *Illegal Immigration in Europe: Beyond Control?*, edited by Franck Düvell, 14–39. Houndmills: Palgrave Macmillan.

Esping-Andersen, Gosta. 1999.*Social Foundations of Postindustrial Economies*.

Eurostat. 2010.*Europe in Figures: Eurostat Yearbook* 2010. Luxembourg: European Union.

Eurostat. 2011.*Demography Report* 2010: Older, *More Numerous and Diverse Europeans*. Luxembourg: European Union.

Fasani, Francesco. 2009. *Undocumented migration in Italy*. Country report. Research project CLANDESTINO *Undocumented Migration: Counting the Uncountable. Data and Trends Across Europe* 6th FP EC.

Ferrera, Maurizio. 1995. "Los estados del bienestar del Sur en la Europa Social". In*El Estado del bienestar en la Europa del Sur*, edited by Sebastià Sarasa and Luís Moreno, 85–111. Madrid: Consejo superior de investigaciones cientificas.

Finotelli, Claudia, and Giuseppe Sciortino. 2009. "The Importance of Being Southern: The Making of Policies of Immigration Control in Italy". *European Journal of Migration and Law* 11 (2): 119–138.

Freitas, Any C. 2010. "Redefining Nations: Nationhood and Immigration in Italy and Spain". PhD diss., European University Institute, Department of Political and Social Sciences.

Glytsos, Nicholas. 2005. "Stepping from Illegality to Legality and Advancing towards Integration: The case of Immigrants in Greece". *International Migration Review* 39 (4): 819–840.

González Enríquez, Carmen. 2007. "Ceuta and Melilla: Clouds over the African Spanish Towns. Muslim minorities, Spaniard's fears and Morocco-Spain mutual dependence".

King, Russell, and Richard Black. 1997.*Southern Europe and the New Immigrations*. Brighton: Sussex Academic Press.

King, Russell, and Natalia Ribas-Mateos. 2002. "Towards a Diversity of Migratory Types and Contexts in Southern Europe". *Studi emigrazione-Migrations Studies*, no. 145:5–25.

Korac, Maja. 2001. "Cross-ethnic Networks, Self-reception System, and Functional Integration of Refugees from the Former Yugoslavia in Rome".*Journal of International Migration and Intergration* 2 (1).

Miguélez, Fausto, and Albert Recio. 2008. "Spain: Large-scale Regularisation and its Impacts on Labour Market and Social Policy".*Transfer* 14 (4): 589–606.

Morris, Lydia. 2002.*Managing Migration: Civic Stratification and Migrants Rights*. London: Routledge.

Pajares, Miguel. 2008. "Foreign Workers and Trade Unions: The Challenges Posed".*Transfer* 14 (4): 607–624.

Parreñas, Rhacel Salazar. 2001.*Servants of Globalization: Women, Migration and Domestic Work*. Palo Alto: Stanford University Press.

Rea, Andrea. 2010. "Conclusion: les Transformations des régimes de migration de travail en Europe". In *De l'ouvrier immigré au travailleur sans papiers: les Étrangers dans la modernisation du salariat*, edited by Alain Morice and Swanie Potot, 307–315. Paris: Karthala.

Redondo-Toronjo, Dolores. 2010. "Recruter des étrangères pour l'agriculture espagnole. De la Pologne au Sénégal en passant par Huelva". In *De l'ouvrier immigré au travailleur sans papiers: les Étrangers dans la modernisation du salariat*, edited by Alain Morice and Swanie Potot, 225–245. Paris: Karthala.

Reyneri, Emilio, and Giovanna Fullin. 2010. "Labour Market Penalties of New Immigrants in New and Old Receiving West European Countries". *International Migration* 49 (1): 31–57.

Ribas-Mateos, Natalia. 2005.*The Mediterranean in the Age of Globalization*.

New Brunswick: Transaction.

Solé, Carlota, and Lluís Flaquer, eds. 2005. *El uso de las politicas sociales por las mujeres inmigrantes*. Madrid: Instituto de la Mujer.

Teixeira, Ana, and Rosana Albuquerque.2007. "Portugal". In *European Immigration: A Sourcebook*, edited by Anna Triandafyllidou and Ruby Gropas, 277–289. Aldershot: Ashgate.

Triandafyllidou, Anna, and Ifigeneia Kokkali. 2010. *Tolerance and Cultural Diversity Discourses in Greece*. Country report. ACCEPT PLURALISM 7th Framework Programme Project, Robert Schuman Centre for Advanced Studies, European University Institute.

Triandafyllidou, Anna, and Thanos Maroukis, eds. 2010. *Η μεταν άστευση στην Ελλάδα του 21ου αιώνα* [Migration in 21st Century Greece].

Vianello, Francesca A. 2009. *Migrando sole: Legami transnazionali tra Ucraina e Italia. Milano*: FrancoAngeli.

Zolberg, Aristide R. 1987. "Wanted But Not Welcome: Alien Labor in Western Development". In *Population in an Interacting World*, edited by William Alonso, 261–297. Cambridge: Harvard University Press.

Becoming receiving countries:
Southern Europe and international migrations

MAURIZIO AMBROSINI

After having long been places of origin for large migration flows, the southern European countries (Greece, Italy, Portugal, Spain), beginning from the 1970s, started to attract large flows of immigrants from abroad. In recent decades they have become one of the most important areas of destination for international migration. This article sets out the essential features of this transformation and the reasons for it, with reference to the labor market and changes in South-European societies; the ways in which it occurs, focusing on the repeated measures to regularize unauthorized immigrants; the problems that are emerging, relating to the difficulties of promoting migrant workers, who are usually relegated to the hardest and least desirable jobs; the condition of females; the formation of transnational families; political conflicts about the acceptance of immigration.

ONE OF THE BIGGEST CHANGES in the global scenario of international migrations has involved the change of status of the southern European countries: Italy, Spain, Greece and Portugal. These countries were for many decades, from the end of 1800, areas of origin of large flows of emigration to the Americas, to the developed countries of central and northern Europe and to a certain extent also to the southern areas of the Mediterranean. Starting from the 1970s, they began to attract large flows of immigrants from abroad, and in recent decades they have become one of the most important target areas of recent international migration.

In this article, I propose to illustrate the following aspects: the essential features of this transformation and the reasons which caused it; how it is happening; the problems that are emerging.

1.New host countries: an unexpected transformation

Thirty years ago, few commentators would have been able to foresee the profound demographic change in southern Europe. Until the 1970s, on the whole southern Europe had levels of employment and income significantly lower than those of central and northern Europe, which from 1800 had experienced a great process of industrialization. Globally, it appeared and was often defined as "backward" compared to more developed areas of the Old Continent. Plagued by chronic underemployment, it provided arms to the development of northern Europe, thanks also to specific international agreements for the recruitment of workers, necessary for industries, mines, building sites and the agriculture of receiving countries.

Once freed of authoritarian regimes, which were very long in the case of Spain and Portugal, but shorter in the case of Greece, between the 70s and 80s these countries joined the European Union and started a positive cycle of development, approaching the levels of income of their partners in Central and Northern Europe. The economic performance of Spain was particularly outstanding, until the crisis of 2008. The case of Italy, the largest country of the region, however, was quite different: it was a member of the European Community right from the beginning and experienced considerable industrial development since the 60s, although this was concentrated in northern and central parts of the country. Despite internal differences which still exist, in the 80s Italy joined the small group of the most industrialized countries in the Western hemisphere, together known as the G6, which then became the G8. In 2008, the average pro capita income was 26300 Euros for Italy, 23900 for Spain, 21300 for Greece and 15700 for Portugal, compared to an EU 27 average of 25100 Euros (Eurostat 2010).

The countries of southern Europe also experienced imbalances in the functioning of their respective labor markets, in which areas in need of workforce were in contrast to areas of mass unemployment. Until then, however, internal labour needs were met by drawing from the less developed areas of the respective countries: the widespread phenomena of internal migration had served a function similar to that of immigration from abroad which had contributed to economic growth in Central and Northern Europe.

Although in the 70s the arrival of immigrants from abroad was already occurring (e.g., women employed as domestic workers, labourers for agriculture), the phenomenon grew in the 80s and manifested itself clearly in the 90s, becoming a politically sensitive issue and a focal point of public debate. In some cases, e.g. Portugal (Baganha and Peixoto 1997) for a certain period emigration to other European countries (in that case, especially for seasonal work), coexisted with the arrival of immigrants from abroad. Several factors might be cited to explain this crucial turning point.

The first refers to how highly segmented labor markets operate, e.g. South-European markets, when the labour supply acquires a greater degree of autonomy and is offered more choice. In all these countries, average incomes have substantially increased, as has female employment outside the home, although it still remains below the levels of central and northern Europe: the rate of female employment (2008) is 62.5% in Portugal, 54.9% in Spain, 48.7% in Greece and 47.2% in Italy (Eurostat 2010).

Families' educational investments have increased significantly, with a consequent rise in the levels of education of the younger generations, while the birthrates have fallen: they are now at the level of 1.52 children per couple for Greece, 1.42 for Italy, 1.40 for Spain and 1.32 for Portugal, compared to an EU average of 1.60 (Eurostat 2011). Families in southern Europe remain the pivot of social organization, more than they do in central and northern Europe, and continue to provide a range of services for people: children, elderly, the sick, the disabled (Ferrera 1995; Esping-Andersen 1999). These families, in which increasingly often both adults work outside the home, have seen a dramatic reduction in the birthrate, and invest more in educating their children and supporting their individual entry into skilled occupations: in Southern Europe the majority of children still live with their parents until the age of thirty or more, much longer than in central and northern Europe. In 2008, 46% of young Europeans aged between 18 and 34 years were still living with at least one parent; however, in Southern Europe the values greatly exceed 50%, approaching 60% in the case of Italy and Portugal, while they fall below 20% in Scandinavian countries, were at around 30% in France and the Netherlands, and approximately 40% in the United Kingdom and Germany. At the same time internal migration has fallen greatly, and mainly concerns qualified positions or seasonal work. In other words, the labour supply has become more selective, is able to withstand the pressures of demand, is less willing to move or to accept any type of work, looks for qualified job opportunities even if this means prolonging the job search, due to the protection offered by the family of origin.

On the other hand, labor markets have continued to demand a lot of manual and unskilled work: in harvesting fruit and vegetables that are typical of Mediterranean agriculture, in the thriving tourist industry, but also in construction and urban services (cleaning, maintenance, catering, etc.). In Italy and to some extent in Spain, some of the needs of the workforce have also affected the manufacturing industry, especially the small and medium-sized systems and related services (transport, goods handling). It is very important, that in these countries, middle-class families have created a huge demand for domestic services, which has expanded over time to the home care of older people with problems of self-sufficiency. I will return to this point later.

In summary: the demand for manpower in manual and menial jobs, no longer covered by increasingly well-educated young people, and no longer met by internal migration, has been increasingly covered by foreign immigrants. This process, however, took place in a spontaneous, unplanned way, and was not accompanied by an appropriate policy of acceptance and integration of new residents.

The second factor is a political one. The countries of central and northern Europe, traditional destinations of migratory flows, from the early 1970s onwards, have almost completely closed their borders to economic migration. Prevented from heading towards the most desirable destinations, where relatives and countrymen often already lived, the migrants began to turn towards southern Europe as a second option, often hoping to be able to move away later to other European countries. A factor that further contributed to this trend is that, for a certain period, at least until to the arrival of the Schengen agreements[1], controls at the borders and the visa systems of visa in southern Europe appeared less rigid and selective than those adopted in the northern part of the continent. Also relations with the traditional colonies and cultural and linguistic ties, in the case of Spain and Portugal, and geographical proximity, especially in the case of Greece and Italy, have contributed to an increase in arrivals. Even after adhering to the Schengen agreement, these countries have continued to attract foreign immigration to a greater extent than that of their central and northern partners, mainly in the form of tourism visas with a duration of three months, followed by an illegal stay in the territory and unregistered employment.

TABLE 1:Progress of immigration (foreign citizens) in northern European countries *Sources: Fondazione Ismu 2002,2011*

	2001	% of the population	2004	% of the population	2009	% of the population
Greece	165 444	1. 1	891 197	8. 1	929 530	8. 2
Italy	1 362 630	2. 0	1 990 159	3. 4	3 891 295	6. 5
Portugal	190 896	1. 3	238 746	2. 3	443 102	4. 2
Spain	801 329	4. 5	2 771 962	6. 5	5 650 968	12. 3

[1] The agreement abolished internal borders between EU countries that joined, and included a strengthening of external border controls, with visas being required for almost all countries outside the OECD area. Some exceptions have recently been made (autumn 2010), for tourist visas with a validity of less than three months from Brazil and the Balkan countries, as these are EU member candidates.

The difficulty of regulating the entries and the needs of labor markets have meant that all the countries in southern Europe, with the partial exception of Portugal, have promoted extensive and periodic campaigns for the regularization of unauthorized immigrants. Similar processes have taken place in almost all European countries, but not with the intensity and frequency recorded in Italy, Spain and Greece(Baldwin-Edwards and Kraler 2009). I will also return to this point later.

In the aftermath of all this, the porosity of labor markets, the possibility to acquire a residence permit more easily and the continuing barriers to entry in the central and northern European countries led most of the immigrants to settle permanently in southern Europe. Table 1 shows the trend of migration for the four countries in recent times. The increases were in the vicinity of 562% in the case of Greece, 285% in the case of Italy, 232% for Portugal and 705% in the case of Spain.

Another concomitant factor was represented by the sudden collapse of communist regimes in Eastern Europe in 1989. A part of the continent, which had remained frozen for several decades (about 70 years in the case of the former Soviet Union, more than 40 years for countries in Eastern Europe under Soviet influence) has returned to being able to communicate with the outside world and to enjoy the right to mobility. The transformation has been peaceful in most cases, but has had bloody repercussions in the former Yugoslavia, generating waves of refugees in the 90s. A new source of flows of migrants opened, even though, on the whole, there were no dramatic shifts in population, as it was initially feared.

Today, several Eastern European countries are members of the European Union or are on the point of joining it. In the first case, the citizens enjoy almost complete rights to free circulation and employment in other EU countries; the remaining restrictions should be lifted in the coming years. Even for countries that are not yet members or that are outside the EU (such as Ukraine and Moldova), mobility constraints have been reduced, and their citizens contribute increasingly to immigration to the European Union. Southern Europe has been the most important pole of attraction for them.

Another factor which has had actually less importance, however, and which is often mentioned in general opinions, in public discourse and in some of the litera- ture (Fasani 2009), is the extensiveness of the coasts in southern Europe and their exposure to the Mediterranean Sea. Despite having high visibility, coastal landings represent only a small fraction of arrivals (10%-12%, according to the study by De Haas 2007). With the passing of time, then immigration from Africa has be- come less important, while that from Latin American, European and especially Eastern European countries has increased.

An important aspect of migration flows towards Southern Europe concerns their breakdown by nationality and origin. In general, they are heterogeneous popula- tions, without any prevalent elements, with the exception of Greece, where the Al- banian group represents 2/3 of immigrant residents (Triandafyllidou and Kokkali 2010). In other countries, the composition is much more fragmented. In Spain, the top nationality (Romanian) accounts for 16.7% of the total immigrant popula- tion, just ahead of the second nationality (Moroccan, 16.0%). Even in Italy the first group is currently the Romanian one, and it stands at 21% (Caritas/Migrantes 2010). In Portugal, Ukrainians and Brazilians, almost equal, account for 15% (Teixeira and Albuquerque 2007). Secondly, we can observe an evolution: at the beginning the majority were migrants from countries that had historical and cultural links with the receiving countries, such as Brazilians, Angolans and Cape Verdeans in Portugal, Castilian-speaking Latin Americans in Spain, or from neigh- bouring countries (Moroccans in Spain and Italy, Albanians in Greece and Italy); subsequently, in the second half of the 90s until the early 2000s, flows from Latin America (especially Ecuadorians and Peruvians headed towards Spain and Italy) intensified; more recently, the largest streams came from Eastern Europe, both from EU countries (mainly Romania, the most numerous nationality today in Ita- ly), and from non EU countries (Ukraine and Moldova).

Another element highlighted by the studies concerns the gender demarcations. In the early stages, it was mainly unaccompanied adults of working age who emi- grated to southern Europe. But they were not only men, as was the case to a large extent in the intra-European migration of the postwar period. In many cases, we can distinguish between predominantly male national components (Moroccans, Senegalese, Tunisians...), and others, characterized by females (such as Philippine, Ecuadorian, Ukrainian, Moldovan nationalities). The reasons have to do with the areas of integration and the functioning of the network (Ambrosini 2011): in sectors such as construction, access to employment is informally governed by networks of male-dominated fellow-countrymen; in the home-care sector, matching labour demand and supply is handled through women's networks. With time, family reunions have closed the gap in the gender composition of national groups with the longest migratory seniority, producing a progressive rebalancing. One exception is nationalities such as Senegalese, who, years after the first arrivals, continue to maintain a distinct male predominance.

2. A South-European model of immigration?

The literature on what is known as the Mediterranean or South-European model of immigration highlights a number of common features, which is often in marked contrast to the migratory model of Central and Northern Europe (see Baganha 1997; Baldwin-Edwards 2001; Baldwin-Edwards and Arango 1999; King and Black 1997; King and Ribas-Mateos 2002; Ribas-Mateos 2005).

The first is the rapid change of status, from that of countries that send immigrants abroad to that of countries that receive migration flows. This change has come up against the unpreparedness of the receiving countries to assume their new role as host societies. The result was disorderly and haphazard. While silent integration in the economic system passed largely unnoticed, there remained very visible aspects of the phenomenon that were destined to cause blame and public alarm: the concentration of the weakest segments of the immigrant population in some urban areas, such as the areas near railway stations or abandoned buildings; the practice of begging or peddling cheap goods; street prostitution in busy places; involvement in illegal activities, such as drug pushing. In short, the invisibility of actual integration contrasted with a distorted picture of the most marginalized yet most visible components of the migratory archipelago. Considered alternately poor people in need of aid and threatening intruders, immigrants have frequently encountered considerable difficulty in being accepted by the native population. Especially in Italy and to some extent in Greece and Spain, the immigration issue has become a hot topic on the political agenda. In the Italian case, a populist and xenophobic political party, the Northern League, has achieved significant electoral successes and reached important positions both in local governments in the northern regions and in the center-right coalitions that have governed at national level for most of the 1994–2011 period.

A second feature highlighted by studies on the subject refers to the expansion of the black economy in all the countries considered (between 15% and 25% of the GDP) and its function as a catalyst for migration flows. Some have insisted on the informalization of the economy, i.e. the expansion of activities not regulated by laws and employment contracts. The high rates of self-employment[1], the density of small and micro enterprises, the still significant role of the small trader, crafts, construction and small farms all contribute to the formation of an economic system in which undeclared work and unregistered employment find ample opportunities for dissemination. In short: the black economy is an endemic aspect of the Southern European markets, and existed long before the arrival of international migrants. The arrival of a large supply of labor willing to work without a contract, with wages and conditions that are lower than those accepted by national workers, has revitalized and strengthened it. If immigrants do not have residence permits, the opportunity to exploit them with impunity becomes almost unlimited. For some, it is a conscious choice: restrictions on living and working legally allow employers to get a work force without any rights, who are highly flexible, and not very expensive (Baldwin-Edwards 2001). Calavita (2005) spoke about an economy of the

---

[1] The self-employed percentage of the total of employees in 2010 were: 29.6% for Greece; 22.7% for Italy; 17.5% for Portugal; 15.7% for Spain (Eurostat), against an average for the EU−15 (the old EU countries, before the opening to Eastern Europe) of 14.1%.

Otherness: to emphasize the otherness, the cultural differences of immigrants, allow employers to make them feel inferior, i.e. to treat them differently from national workers. For my part, I introduced the concept of subordinate integration: immigrants are relatively well accepted in the labor market, as long as they take on the heaviest tasks, do not make any claims and do not compete with national workers for good jobs (Ambrosini 2005).

A third aspect mentioned in the literature (e.g. Andall 2000; Ribas-Mateos 2005) concerns the relationship between immigration, the working of the welfare system and family organization. The countries considered here are characterized by a lower provision of public welfare services, in comparison with their partners in Central and Northern Europe. Their welfare model has been defined as "familistic": families, and more specifically women, are still being assigned many tasks regarding the assistance and care of people. In the composition of public spending, the importance of pensions reinforces the redistribution of resources within families and cements solidarity between the generations. On a cultural level, the Catholic Christian religion (Orthodox Christian in Greece) helps to reassert the centrality of the family as the pivot of daily social organization. In social practices, the importance assigned to the state of the house, the care of clothing, food prepared at home and eaten together ensure that women dedicate more time to domestic tasks than their northern European counterparts, partly because the redistribution of roles and duties between spouses is progressing only very slowly. So in many ways the family remains central, as it did in the past. But at the same time families have changed, not only because of the greater fragility of marriage, and they have difficulty in facing up to the challenge of the various social functions required of them. Women, as I have already mentioned, increasingly work outside the home. Nevertheless they continue to take on the bulk of household duties and care tasks. The number of children per family has decreased, but those who are born need to be looked after more carefully and for longer than in the past. In addition, the number of elderly in need of assistance has greatly increased and the duration of the terminal phase of life, when the elderly need to be attended to in various ways, has lengthened.

Finally, an important aspect concerns the spontaneous, micro-social methods of matching demand and supply for labor. The employers are mostly small and micro enterprises, in addition to families. Unlike immigration for work in central-northern Europe, which took place in a different period, the protagonists are not the big companies, let alone governments. These small employers come into contact with immigrants mainly through personal relationships, unmediated by public services or other institutional operators that try to match demand with supply for labor. The first immigrants who manage to become integrated and be accepted sponsor the employment of relatives and countrymen, producing in quite a short time concentrations of workers from the same country of origin. Thus migration networks build up, and act as intermediaries between the demand and supply for labor, and thus the so-called "ethnic specializations" form: immigrants of a certain nationality polarize in certain occupations. Therefore we find the Filipinos in domestic work, Romanians in construction, Ukrainian and Ecuadorian women in the care of the elderly. Sometimes actual brokers emerge, specialized in providing workers to companies that need them and vice versa, although they operate on an informal basis, without being officially recognized as intermediaries. Not infrequently, the brokerage service entails a cost for the immigrant, who has to pay those who get him the job: research among Ukrainian women employed in Italy as housemaid and carers of the elderly found an actual price list, with prices varying according to the heaviness of work (Vianello 2009).

Families in Southern Europe are thus caught between social organization rooted in the past, which requires them to carry out many daily tasks, new social burdens, such as those due to the lengthening of the average life span[1], and work

---

[1]   Over the past 50 years, life expectancy at birth has increased by about 10 years for both men and women in the EU-27. Further gains will be achieved mostly from a reduction in mortality in the elderly (Eurostat 2011). Life expectancy is now: 77. 8 years (men) and 82. 7 (women) in Greece; 79.1 years (men) and 84. 5 (women) in Italy; 76. 5 years (men) and 82. 6 (women) in Portugal; 78. 7 years (men) and 84. 9 (women) in Spain.

and lifestyles that have reduced the main resource from which they draw upon: the commitment of women to unpaid work. The way many families-mostly middle class-try to overcome this functional overload consists in turning to the market of foreign women, in the form of recruitment, which is often unregistered, in order to offload part of the traditional female household tasks. At first, these women were usually traditional domestic workers, cohabiting with the family of employers or employed on an hourly basis. In more recent years, live-in domestic work has evolved in the direction of continuing assistance work, at home, for elderly people who are no longer fully self-sufficient. It is a system of informal care built from the bottom, almost invisible in the public arena, not subject to any controls, very flexible and fully controlled by the family-employer. It is a system that allows the family to make significant economic savings, compared to the admission of elderly people in sheltered accommodation, which are on average more expensive and not always satisfactory in terms of quality. It also allows the elderly to stay in their own homes, not far from the rest of the family. On the other hand, however, in addition to the lack of control of the quality of services provided, it imposes heavy constraints on foreign workers, the vast majority of whom are women, who are required not only to work, but also to live together day and night with the elderly person or family member in need of assistance.

The heaviness of work, the lack of a private life and normal social relationships mean that it is typically a job undertaken by new immigrants, usually without a work permit, as soon as they arrive. With this type of arrangement, they solve various problems: they find a job, a place to live, have the chance to save money and send home most of their salary. In addition, they are basically free from police control, both because there are legal limits to inspections in private homes, and because there is a tacit tolerance towards immigrant women who work in families or with elderly people(Ambrosini 2011). Over time, however, many workers try to change job, especially when they obtain a residence permit. Generally they want a job that gives them more freedom, a home, the opportunity to reunite the family or enjoy their private life. Many of them move for example to hourly domestic work, which is less profitable but also less binding. This opens up new opportunities for the integration of other newly arrived immigrants in home care, a sector whose progress is driven mainly by demographic and health factors that are quite independent from the economic cycle. In recent years, in fact, the recession has affected several areas in which immigrants had found work, the building sector in particular, but the domestic-welfare sector has suffered much less.

The change of status in the Southern European countries, the importance of the black economy as an attraction factor, and the integration channel for newcomers, micro-social and spontaneous devices to match labor demand and supply, links between migration phenomena and a comparatively weak welfare system that is focused on the role of the family: all these aspects are reflected in statistics and research findings. However, there is a problem of generalization and emphasis that must be addressed. Not infrequently, the integration of immigrants has been associated with the backwardness of economic and social structures in Southern Europe. Moreover, a relatively homogeneous and undifferentiated image of the countries in question became accepted. The role of the black economy was emphasized, as though immigrants could not find regular jobs. The recurring regularizations do not merely show that the Southern European labor markets are endemically infiltrated by various forms of undeclared work, but also that it is possible to go from a black economy to an official economy and to legally registered jobs.

A more detailed analysis which goes below the national level, may show that immigrants are placed mainly in the most developed regions and urban areas of the countries studied: in northern and central Italian regions, Catalonia and the region of Madrid in Spain, major cities in Greece and Portugal. Immigration is associated with prosperity and modernity, rather than poverty and backwardness. What can be stated is that a unique combination of traditional aspects and innovative aspects characterize the functioning of the economy and society in Southern Europe: a balance now threatened by recession and by the processes of globalization, but which can indeed be helped by the resources found in immigration.

At the same time, the concept of the South-European model of immigration should be divided into more articulated sub-models: the seasonal employment of immigrants in the harvesting of agricultural products in the Mediterranean country-side is quite different from their integration in the economies of big cities, and this in turn is different from the use of their work in the so-called industrial districts, the areas of specialized small and medium-sized companies (Ambrosini 2005). Here, for example, the employment of immigrants in routine tasks allows more qualified tasks to be assigned to local workers, thereby saving on costs (Miguélez and Recio 2008). As for the use of immigrant women within families, it is a solution that enables native women to have better access to work outside the home, to face long or not very predictable working hours, and so pursue demanding professional careers. In other words, the work of immigrant women alone is the basis of considerable processes of social modernization. In the sector of intensive agriculture, it was found that the demand for labour comes from the almost industrialised nature of production, which is affected by the adoption of agro-technological, biological and organizational innovations. Their development depends on a growing demand for fresh fruit and vegetables by consumers of developed countries. The availability of labour becomes a competitive factor in increasingly globalized markets (Redondo-Toronjo 2010).

3. The processes of emergence

From the point of view of the way approximately ten million new residents in southern European countries have been received, we must now focus on the arrangements for regulating their entry and residence. As we have seen, at the beginning the majority of immigrants in Southern Europe are *overstayers*: they go there legitimately, then they remain in the territory, and therefore, even if they find some kind of employment, they find themselves in a state of illegality. A minority, on the other hand, enters illegally, using false documents, hidden in trucks or cars, or by sea, undertaking dangerous journeys that cost thousands of lives every year (De Haas 2007).

Both groups are of the focus of increasing restrictions in all receiving countries. Since the 70s, illegal immigration, although not easy to define with precision, has become a crucial issue of migration policies and the object of many measures of containment and removal (see Düvell 2006). Southern European countries are not an exception, especially after signing the Schengen agreements in the mid 90s and the launch of the European agency Frontex for integrated border control in 2004. They have tightened up the surveillance of maritime and land borders, established centers for the internment of unauthorized immigrants, ordered deportation procedures and organized deportations to countries of origin. They have provided annual quota systems for the entry of foreign workers, both seasonal and permanent (especially Italy and Spain), but have repeatedly declared that they will not tolerate illegal immigration. Sometimes they have taken sensational and controversial actions to demonstrate their commitment to the surveillance of borders: Spain has fortified its African enclave of Ceuta and Melilla with a wall to prevent the entry of foreigners without permission; in 2009 Italy signed agreements with Gheddafi in Libya, sending boats of migrants and refugees back towards the Libyan coasts; Greece has regularly been the recipient of objections for the treatment of migrants and asylum seekers; it undertook vast operations to single out and deport illegal immigrants in the early months of 2009, and overall has hardened its attitude, also because of the deep financial crisis that it is facing and the growth of the support for extreme right parties (Triandafyllidou and Maroukis 2010).

However, these countries have faced a thorny issue on numerous occasions: migrants living in the territory consistently exceeded the number of those who had a regular residence permit. Their labor markets have attracted many more immigrants than those allowed by the annual quotas. Other interests, from tourism to trade, prevented the borders from being closed completely. The "liberal constraint" (Boswell 2007), embedded in democratic institutions that govern the activity of their control systems, has slowed down the adoption of drastic measures to combat illegal immigration. Non-governmental organizations, trade unions and churches constantly demand respect for the human rights of migrants in an irregular situation and in various ways have helped them to survive, to settle, to achieve a regular status when possible. The networks of immigrants have helped the new arrivals, helping relatives and fellow countrymen to enter the territory, to find an accommodation, to get some kind of work (Ambrosini 2008).

Very often governments know that to more effectively fight against illegal immigration, to detain, identify and deport unauthorized immigrants, they need huge resources, in the form of structures and personnel, which have to be deployed at the expense of other uses. For this reason they adopt an essentially rhetoric approach of closure, accompanied by some very visible and often controversial degrees of conflict in order to meet the expectations of public opinion and to form a deterrent, but they can not (and perhaps do not want) to act decisively with this phenomenon.

These problems exist in all receiving countries, since illegal immigration has become a sensitive topic and of high priority on the political agenda. No democratic country can boast about great successes in combating unauthorized immigration. Southern European countries, however, are more exposed, especially because their labor markets have continued to attract cheap and highly flexible labor (see Miguélez and Recio 2008) at least until the 2008 recession and to some extent also later, e.g. in the home-care sector.

Thus only one solution remains: to apply periodical regularization measurements to immigrant residents with no valid permit. Again, the problem is not confined to Southern Europe: between 1996 and 2008, 22 out of 27 European Union countries passed some form of legislation intervention in order to put at least a portion of their irregular residents into a state of legality (Baldwin-Edwards and Kraler 2009). According to one conservative estimate, from five to six million people have benefitted from this. In this scenario, governments in Southern Europe are the ones that have most widely opted for mass regularization. The data shows that 1.2 million have been regularised in Italy, 1m in Spain, 450 000 in Greece, 250 000 in Portugal. These are the top four in the European ranking. It should be remembered that Spain has rules that allow other regularizations on an individual basis, that the Greek data are incomplete, that Italy passed another regularization measure in 2009, collecting nearly 300 000 applications, and it also carries out other forms of unreported regularization through the quota system. Ultimately, the actual updated numbers are significantly higher and thus also the impact on the phenomenon in southern Europe.

Consequently, the distinction between legal immigrants and illegal immigrants, which is never entirely clear and precise, is particularly problematic in the countries under analysis here: the illegal migrant is usually the person who is at the first stage of a process, busy struggling to remain in the territory, to find work, to meet his own needs, and if possible to save and send money back home to his family. His strength lies in the tenacity with which he awaits the right time to obtain a permit, move freely, work in recognized and protected ways. The regular migrant, on the other hand, has in many cases been in an irregular situation for some time. He represents the next stage of the process. In Spain it is estimated that 90% of immigrants who are now regular and who come from countries outside the EU, have at some stage been in a condition of irregularity (González Enríquez 2007, 323). Glytsos (2005) captures this dynamic dimension well, with reference to the Greek case, by identifying a sort of ascending trajectory of migrant status, beginning from a 'state of illegality', moving on to a 'temporary amnesty', then to 'legalization under suspension' and finally culminating, after ten years, in 'unconditional legality'.

Two additional considerations are necessary. The first concerns the fact that this upward trajectory is not irreversible. The recession, that hit these countries very severely, also involves migrants. For them, lost labor is particularly serious, for two reasons: although they have access to certain types of aid through the public welfare, and in many cases they can count on some support from relatives living in the same areas, their networks of protection are more fragile than those of national citizens. So, in addition to the job, they can even lose their house. Secondly, if they do not find another job within a certain period, they are likely to lose their residence permit, and so once again fall into a condition of irregularity and social marginalization.

The second point concerns the expansion of the European Union in the East. Today some immigrants are EU citizens, with greater and more secure rights than those of non-EU citizens (third country nationals). The right to free movement and professional integration in other EU countries is central. For them, therefore, the problems of permits arise in a mitigated way. This fact helps to differentiate increasingly among the immigrant population, so that we can identify a "civic stratification" (Morris 2002) of migrants, with residence permits and diversified rights packages.

4.Some problematic aspects

We will now try to focus on some problematic aspects of the important social transformation that international migration is producing in Southern Europe.

The first issue concerns the forms of participation in the labor market and their significance for social integration. As Reyneri and Fullin (2010) noted, in Southern-European countries immigrants work hard, have relatively low rates of unemployment (at least until the crisis of 2008), but are concentrated in the most demanding jobs, less protected, connected to a modest social status, which in the international literature are often defined as 3D jobs: dirty, dangerous, demanding (Abella Park and Böhning 1995). Others have noted the increased segmentation of labor markets in South Europe and the discriminations suffered by immigrants (Cachón1999; Corkill 2001).

Once it is confirmed that these labor markets lead to structurally substantial needs for unskilled manual labour, the link between the immigrant status and unskilled work strengthens the contradiction brought to light in the past byZolberg (1987): immigrants are "wanted but not welcome", required by the economic system (including families), but rejected or kept on the margins by society. They are not welcome as neighbors, their children's classmates, users of the same urban spaces or regular visitors to the same meeting places. Their economic usefulness does not translate easily into social integration. This is not surprising as being freed from the marginal positions they occupy would increase competition with the native population, and compromise the precarious integration achieved, which is based on accepting the work that the local workforce refuses to do. The recession has undoubtedly complicated the picture, not only by reducing opportunities for improvement, but also by undermining the results achieved and raising the perception of competition on the part of the weaker groups of national workers.

The condition of immigrant women is both particularly miserable and at the same time unusual: they are usually the most socially accepted group of the immigrant population, and if they work in families they are generally well-liked. Employers form complex relationships with them, in a combination of protection and exploitation (Korac 2001). In the labor market, however, they tend to be confined to a narrow range of occupations, mainly related to services for people, with little chance of promotion (Solé and Flaquer 2005). The qualifications and professional experience which many of them possess are considered less valuable than they are for their male counterparts.

The main way in which migrants, mostly males in this case, try to improve their social status is by starting up their own business[1]. Business can often flourish within the economic structure of the countries considered, which are very fragmented and densely populated by independent traders. By contrast, even in the self-employment market, the presence of national citizens is still very significant and tends to relegate immigrants to the hardest and riskiest activities, which are less profitable and enjoy lower social value. Small-scale trade and construction are the main outlets. On the one hand, the economic system tends to fragment many production activities into specialized segments that can be used as needed: building is a case in point, where the task can be broken down into several operations, handled by different companies using the system of contracting out. On the other hand,

---

[1]   Immigration of Chinese origin has proved to be particularly dynamic, in all the countries considered. The enterpreneurship of Chinese migrants and their propensity to start independent activities have become a sort of stereotype, sometimes perceived as threatening in the receiving societies.

national operators tend to withdraw from less profitable segments, typically in small neighborhood or street trading. This process opens up market opportunities that are occupied by new operators, from lower social groups. Immigrants emerge among these today, according to the traditional mechanisms of the vacancy chain (Aldrich et al. 1985).

Another type of problem originates from the importation of foreign women to cope with the functional overload of indigenous families, and especially with the issue of the assistance for the elderly. The shortage of public services in this area is very unlikely to improve over the next few years: this is a phenomenon that is occurring in many developed countries, but which has become much more significant in southern Europe than in the rest of the Old Continent. Female immigrant workers are often mothers of small children, who they leave behind to ensure a better life for them. They thus form transnational families, whose members live in different countries, while continuing to cultivate strong emotional ties, especially in the case of relationships between mothers and their children (Baldassar 2008; Boccagni 2008). The mothers strive in various ways to convey closeness and attentiveness for the distant children, by using phone calls, emails, chatting over the Internet, sending gifts and remittances, returning to visit them when the distances, the cost and their legal status allow them to do so. Other family members step forward to take their place in the care of children, especially the women's mothers. However, this situation creates suffering, guilt, emotional deprivation, educational precariousness: what has been called the suffering of transnational motherhood (Parreñas 2001). Furthermore, in some societies of origin there is growing social blame against mothers that emigrate, leaving their children at home.

The solution devised by families in Southern Europe to resolve their various social commitments comes, therefore, at a price: it represents a revival of pre-modern social structures, based on labor relations similar to servants' conditions in the past, in order to meet the challenges of post-modern society. The costs, both emotional and social, are paid by migrant mothers and their children.

The injustice is compounded by the obstacles created by the governments of the receiving societies opposed to family reunification. They are reluctant to encourage permanent settlement of immigrants and to take on the social burden of dependent family members: schools, health care, accommodation. After all, the reunion is not necessarily a happy ending to a story of suffering, courage, tenacious reciprocal attachment: they are in fact a new beginning, with all the difficulties that entails (Bonizzoni 2009).

The ambivalence of attitudes towards immigrants in receiving societies tends to move into the political arena. Here the most sensational case concerns Italy. In this country, the gap between silent economic acceptance of immigrants and the political and social refusal of their presence has reached the bitterest level. The immigration-crime link, the demand for drastic measures to fight illegal immigration, the defense of the cultural identity of the nation, were the priority themes of the last election (2008), and played a key role in the victory of the center-right coalition, led by the Honourable Berlusconi, MP. After the restrictions already introduced in 2002, new legislative bills in 2008-2009 responded to the demand for security made by the majority of Italian voters, who identified immigrants, and especially foreigners in an irregular situation, as the target for a series of repressive measures: unauthorized stay in the territory has been classified as a crime, punishable with imprisonment; the lack of residence permits has become an aggravating circumstance in the case of other offences; the maximum time of detention in the centers of identification and deportation for irregular immigrants was first extended to six, then to eighteen months; it has been forbidden to carry out administrative acts, such as marriage; surveillance carried out by private citizens was authorized to guarantee security in the city. Thanks to the agreements with Libya mentioned above, about 800-900 migrants have been sent back to the African coast, raising protests from many European and international organizations, including the UNH-CR, the UN agency that deals with refugees.

Several of these measures were subsequently annulled by the Italian or European Constitutional Court, but the political message was clear: to direct the anxieties, fears and hardships of the local population towards immigrants, making them the scapegoat for social problems, to satisfy the demand of security that was previously stirred up. At the same time, the same government adopted an amnesty for migrants in an irregular situation employed in households, which received nearly 300 000 applications (September 2009): it issued a decree flow (January 2011) that will allow the regularization of other tens of thousands of unauthorized immigrants; it abolished the visa requirement for tourist entry from various countries, from Brazil to the Balkan area; it granted temporary visas of humanitarian protection for about 15 000 people who arrived by sea from the Tunisian coast (April 2011). The rhetoric of closing the borders contradicts many aspects of the policies that are actually practiced. Markets require workers, while tourism and international trade require openings, yet the resources needed to implement the deportations remain totally inadequate.

In other countries in the area, the political exploitation of the immigration issue has made its appearance in legislative production and election campaigns (for example, in Spain, with the two laws passed in 2000 and the fight against irregular migration implemented with great emphasis by the center-right government in 2002–2004: González Enríquez 2007), but the recent memory of dictatorships, with their xenophobic and nationalist ideological paraphernalia, has until now softened the tones of political discourse and prevented the emergence of political forces that are openly hostile to immigrants (Freitas 2010). The final serious problem concerns the codes of citizenship. The countries considered, by virtue of their history of migration, have long been based on the criterion of *ius sanguinis*: In order to be a citizen you must be a descendant of citizens, or become part of the country by marriage. Over the past decade, Portugal (in 2006) and Greece (in 2010) began to adopt elements of *jus soli*, especially in the treatment of children of immigrants. Spain has a legislation that mixes *jus sanguinis* and *jus soli*, with elements of particular benefit for immigrants from countries that are historically linked to Spain, such as some Latin America countries and the Philippines: these immigrants require only two years of legal residence to apply for Spanish citizenship, as opposed to the years required by others. Italy is still holding out in terms of citizenship, and even at this level it tends to be opposed to becoming a multiethnic society, both politically and culturally.

5.Concluding remarks

We have seen that Southern Europe in recent decades has become an important destination for international migration. We have considered the factors that have fueled these flows and brought attention to the ways in which they occur: primarily, passing through a period of illegal residence, and then taking advantage of one of the repeated measures of regularization. Finally, we have placed emphasis on some important social issues related to migration, which are particularly acute in the region analyzed: the concentration of employment in unskilled labor and the difficulty of getting out of it; separation from families and the problems of reunification; the political exploitation of the issue.

Let me conclude by linking the analysis to some more general reflections. I remarked at the beginning that the migration pattern in Southern Europe has often been compared to that of the more regulated and institutionally protected north-central Europe one. We must, however, highlight one aspect: in the countries with the longest histories of immigration, immigrants have arrived and have settled mainly during the most dynamic period of industrial development, in what Europeans now nostalgically call "the thirty glorious years". They quickly found work in large productive complexes, where collective agreements were in force that could protect them. The trade unions, though initially opposed to the entry of workers from abroad, promoted egalitarian policies fairly quickly, succeeded in getting them and protected the immigrants (Pajares 2008). If immigrants did not have a permit to stay, once found a job they could be officially accepted. These were generally expanding economies, where unemployment was very low, and the chances of firms shutting, cutting down on the workforce or moving elsewhere were quite remote.

Today, however, as regards Europe, immigrants are part of a much more turbulent economic environment that is full of uncertainties. The jobs are less stable and less guaranteed than in the past, especially for newcomers. Employers, sectors and occupations only partially resemble the situation fifty years ago. The difference between northern and southern European countries lies primarily in the fact that the latter have expressed the need to employ workers from abroad in this new economic environment, also because the national citizens are reluctant to accept the new working conditions. If we were to compare the jobs found by the newly arrived immigrants in the North and South of Europe over the last twenty years, the differences would be slighter.

A second reflection regards the role of governments. Since the 1980s, with the prevalence of neo-liberal forces, they have worked towards the deregulation of labor markets, goods and service provision. This is the case less in continental Europe and than in the United States, but in any case the trends towards globalization have prompted several processes of liberalization and reduced protection for employees. By contrast, governments have tried to stop labor migration: first in central and northern Europe, then in the south. Especially in this area, however, the restrictions demanded by the policy makers has clashed with the opening up of labor markets required by the economy (Finotelli and Sciortino 2009): here the two right hands of governments, mentioned by Rea (2010), have operated in stark opposition to each other. So many times a third hand has intervened, that of the policies of regularization, which has been assigned the task of bringing some order back in the relationship between economics, politics and society. This has been at the cost of a loss of credibility in politics and a crisis of confidence in citizens.

The final point concerns the immigrants and their image in the receiving societies. The prevailing opinion and a substantial part of public discourse see them as invaders, a threat for the safety and welfare of the society they wish to join. Anxieties and fears magnify in the case of unauthorized migrants, who trespass across the borders and, according to the conventional wisdom, settle in a territory to which they do not belong. A second vision, cultivated by the majority of the intellectual world and the social welfare system, sees them primarily as victims (Anderson

2008), dragged out of their country to be exploited where the needs of capitalism require them. An alternative school of thought tends to emphasize their ability to move around within the gaps of border control, avoiding the restrictions of mobility, and creatively connecting their places of origin and places of destination: they are then celebrated as heroes of a sort of alternative globalization (Rea 2010). Looking at these processes from the point of view of Southern Europe, where the settlement of international migrants has been more recent and more turbulent, it seems more relevant to see them as social actors with autonomy and the ability to plan: individuals seeking to improve their living conditions, facing a series of economic constraints and political restrictions, supported by networks of relationships made up of relatives and countrymen, and sometimes by civil society organizations; busy finding opportunities for integration and citizenship in societies that boast a tradition of freedom and respect for human rights.

The future of these societies will depend heavily on their ability to build forms of social cohesion that integrate both old and new residents.

References

Abella, Manolo I., Young-bum Park and W.R. Böhning. 1995.*Adjustments to Labour Shortages and Foreign Workers in the Republic of Korea*. International Migration Papers 1. Geneva: ILO.

Aldrich, Howard, John Cater, Trevor Jones, David Mc Evoy and Paul Velleman. 1985. ' Ethnic Residential Concentration and the Protected Market Hypothesis'.*Social Forces* 63 (4): 996-1009.

Ambrosini, Maurizio. 2005. *Sociologia delle migrazioni*. Bologna: Il Mulino.

———. 2008. ' Irregular Immigration: Economic Convenience and Other Factors'.*Transfer* 14 (4): 557-572.

———. 2011. ' Undocumented Migrants and Invisible Welfare: Survival Practices in the Domestic Environment'.*Migration letters* 8 (1): 34-42.

Andall, Jacqueline. 2000. *Gender, Migration and Domestic Service: The Politics of Black Women in Italy*. Aldershot: Ashgate.

Anderson, Bridget. 2008. '*Illegal immigrant*': *Victim or Villain?*, WP-08-64.Working Paper. COMPAS, University of Oxford.

Baganha, Maria Ioannis, ed. 1997.*Immigration in Southern Europe*. Oeiras: Celta.

Baganha, Maria Ioannis, and João Peixoto. 1997. 'Trends in the 90s: the Portuguese Migratory Experience'. In Baganha 1997, 15-40.

Baldassar, Loretta. 2008. 'Debating Culture across Distance: Transnational Families and the Obligation to Care'. In *The Family in Question: Immigrant and Ethnic Minorities in Multicultural Europe*, edited by Grillo Ralph, 269-291. Amsterdam: Amsterdam University Press.

Baldwin-Edwards, Martin. 2001.*Southern European Labour Markets and Immigration: A Structural and Functional Analysis*. 5. Working Paper. Mediterranian Migration Observatory.

http://www. mmo. gr/pdf/publications/mmo _ working _ papers/MMO _ WP5.pdf.

Baldwin-Edwards, Martin, and Joaquin Arango, eds. 1999.*Immigrants and the Informal Economy in Southern Europe*. Routledge.

Baldwin-Edwards, Martin, and Albert Kraler. 2009.*REGINE Regularisations in Europe: Study on practices in the area of regularisation of illegally staying third-country nationals in the Member States of the EU*. Final report. International Centre for Migration Policy Development.

Boccagni, Paolo. 2008. 'Practicing Motherhood at Distance: What is Retained, what is Lost. An Ethnography on Ecuadorian Transnational Families.' Paper presented to the conference *Transnational Parenthood and Children Left-Behind*, Oslo, Norway, November 2008.

Bonizzoni, Paola. 2009. 'Living Together Again: Families Surviving Italian Immigration Policies'.*International Review of Sociology* 19 (1): 83-101.

Boswell, Christina. 2007. 'Theorizing Migration Policy: Is There a Third Way?' *International Migration Review* 41 (1): 75-100.

Cachón, Lorenzo. 1999. 'Immigration in Spain: From Institutional Discrimination to Labour Market Segmentation'. In *Migrants, ethnic minorities and the* labour market, edited by John Wrench, Andrea Rea and Nouria Ouali, 174-194. London: MacMillan.

Calavita, Kitty. 2005.*Immigrants at the Margins: Law, Race and Exclusion in Southern Europe*. Cambridge: Cambridge University Press.

Caritas/Migrantes. 2010.*Immigrazione: Dossier statistico 2010*. Roma: Idos.

Corkill, David. 2001. 'Economic Migrants and the Labour Market in Spain and Portugal'. *Ethnic and racial studies* 24 (5): 828-844.

De Haas, Hein. 2007.*The Myth of Invasion: Irregular Migration from West Africa to the Maghreb and the European Union*. Research report. Oxford, International Migration Institute.

Düvell, Franck. 2006. 'Irregular Migration: a Global Historical and Economic Perspective'. In *Illegal Immigration in Europe: Beyond Control?*, edited by Franck Düvell, 14-39. Houndmills: Palgrave Macmillan.

Esping-Andersen, Gosta. 1999. *Social Foundations of Postindustrial Economies*.

Eurostat. 2010.*Europe in Figures: Eurostat Yearbook 2010*. Luxembourg: European Union.

——. 2011.*Demography Report 2010: Older, More Numerous and Diverse Europeans*. Luxembourg: European Union.

Fasani, Francesco. 2009. *Undocumented migration in Italy*. Country report. Research project CLANDESTINO *Undocumented Migration: Counting the Uncountable. Data and Trends Across Europe* 6th FP EC.

Ferrera, Maurizio. 1995. 'Losestados del bienestar del Sur en la Europa Social'. In *El Estado del bienestar en la Europa del Sur*, edited by Sebastià Sarasa and Luís Moreno, 85-111. Madrid: Consejo superior de investigaciones cientificas.

Finotelli, Claudia, and Giuseppe Sciortino. 2009. 'The Importance of Being Southern: The Making of Policies of Immigration Control in Italy'. *European Journal of Migration and Law* 11 (2): 119-138.

Freitas, Any C. 2010. 'Redefining Nations: Nationhood and Immigration in

Italy and Spain'. PhD diss., European University Institute, Department of Political and Social Sciences.

Glytsos, Nicholas. 2005. 'Stepping from Illegality to Legality and Advancing towards Integration: The Case of Immigrants in Greece'. *International Migration Review* 39 (4): 819-840.

González Enríquez, Carmen. 2007. 'Ceuta and Melilla: Clouds over the African Spanish Towns. Muslim minorities, Spaniard's fears and Morocco-Spain mutual dependence'.

King, Russell, and Richard Black. 1997. *Southern Europe and the New Immigrations*. Brighton: Sussex Academic Press.

King, Russell, and Natalia Ribas-Mateos. 2002. 'Towards a Diversity of Migratory Types and Contexts in Southern Europe'. *Studi emigrazione-Migrations Studies*, no. 145:5-25.

Korac, Maja. 2001. 'Cross-ethnic Networks, Self-reception System, and Functional Integration of Refugees from the Former Yugoslavia in Rome'. *Journal of International Migration and Intergration* 2 (1).

Miguélez, Fausto, and Albert Recio. 2008. 'Spain: Large-scale Regularisation and its Impacts on Labour Market and Social Policy'. *Transfer* 14 (4): 589-606.

Morris, Lydia. 2002. *Managing Migration: Civic Stratification and Migrants Rights*. London: Routledge.

Pajares, Miguel. 2008. 'Foreign Workers and Trade Unions: The Challenges Posed'. *Transfer* 14 (4): 607-624.

Parreñas, Rhacel Salazar. 2001. *Servants of Globalization: Women, Migration and Domestic Work*. Palo Alto: Stanford University Press.

Rea, Andrea. 2010. 'Conclusion: les Transformations des régimes de migration de travail en Europe'. In *De l'ouvrier immigré au travailleur sans papiers: les Étrangers dans la modernisation du salariat*, edited by Alain Morice and Swanie Potot, 307-315. Paris: Karthala.

Redondo-Toronjo, Dolores. 2010. 'Recruter des étrangères pour l'agriculture espagnole. De la Pologne au Sénégal en passant par Huelva'. In *De l'ouvrier immigré au travailleur sans papiers: les Étrangers dans la modernisation du salariat*, edited by Alain Morice and Swanie Potot, 225–245. Paris: Karthala.

Reyneri, Emilio, and Giovanna Fullin. 2010. 'Labour Market Penalties of New Immigrants in New and Old Receiving West European Countries'.*International Migration* 49 (1): 31–57.

Ribas-Mateos, Natalia. 2005.*The Mediterranean in the Age of Globalization.* New Brunswick: Transaction.

Solé, Carlota, and Lluís Flaquer, eds. 2005. *El uso de las politicas sociales por las mujeres inmigrantes.* Madrid: Instituto de la Mujer.

Teixeira, Ana, and Rosana Albuquerque. 2007. 'Portugal'. In *European Immigration: A Sourcebook*, edited by Anna Triandafyllidou and Ruby Gropas, 277–289. Aldershot: Ashgate.

Triandafyllidou, Anna, and Ifigeneia Kokkali. 2010. *Tolerance and Cultural Diversity Discourses in Greece.* Country report. ACCEPT PLURALISM 7th Framework Programme Project, Robert Schuman Centre for Advanced Studies, European University Institute.

Triandafyllidou, Anna, and Thanos Maroukis, eds. 2010. *Η μετανάστευση στην Ελλάδα του 21ον αιώνα* [Migration in 21st Century Greece].

Vianello, Francesca A. 2009. *Migrando sole: Legami transnazionali tra Ucraina e Italia. Milano:* FrancoAngeli.

Zolberg, Aristide R. 1987. 'Wanted But Not Welcome: Alien Labor in Western Development'. In *Population in an Interacting World*, edited by William Alonso, 261–297. Cambridge: Harvard University Press.

通往南欧的移民

——意大利和西班牙，新接纳形式的实验场

塞尔日·韦伯

西班牙和意大利是晚近朝向欧洲移民潮的示范案例。移民潮同时表现两个面向之上：移民的数量（两国皆是流向欧洲之移民潮的主要目的地）和接纳的政策。移民劳动力在破碎且弹性化就业部门中的参与（农业、建筑、家政服务、观光业），伴随着以务实和效用为前提的移民政策。然而，移民同时对经济与人口的增长，和独特的区域经济发展轨迹，都做出了贡献。

自20世纪90年代起，前往欧洲的移民大批涌向南欧：意大利、西班牙、希腊、葡萄牙。由于受到更为严重的贫困，以及与欧盟其他国家相比相对迟缓的工业发展的影响，这些国家传统上一直是移民输出国。导致移民潮涌向这些国家的理由是多方面的：一方面，从70年代中期起，传统上的西欧福特式移民接收国关闭了其边境；另一方面，这些国家对外国劳动力产生了新的需求。实际上，这些国家的经济部分以高度竞争性的生产部门为基础，与之相配套的是，以非常弹性的方式来雇佣不稳定的、薪酬较低的劳动力（农业、家政服务、建筑业和旅游业）。此外，90年代末之前，这些国家并没有一套关于入境管制或融入措施的移民政策。

这波移民潮不仅总量达到了纪录新高（2010年西班牙外国人数量达530万，占总人口12.2%；意大利500万，占总人口8.3%），在欧洲，还把这些国家推上欧洲的移民舞台，而且，这些移民的到来恰好与一段无法否认的经济活跃期不谋而合。这两个国家还同样承担为申根区域的地中海边界把关的挑战，而这使落实一套一致性的融入政策变得复杂。事实上，受到人道主义紧急状

况和边境控制这两点合理化的限制性政策,并无法妨碍自下而上的融合形式。

1.接纳空间与经济增长的动力

(1)意大利:得益于新劳动力的到来的姗姗来迟的经济腾飞

尽管身为欧盟创建的先锋国,意大利长久以来仍保有南欧的若干特征:关于工业化、资格(qualification)、生产力不足的第三部门,以及非正式经济所占比重的指标,甚至是旅游业的收入在国际收支平衡中的比重,都表明了,直到20世纪80年代,意大利仍然在欧盟中保持着一个沿海边陲的形象。此外,意大利劳工迁往法国、德国或英国的现象一直持续到20世纪70年代,并且迁出的文化仍牢固地扎根在国民的意识中。

然而,基于以下三个理由,上述特征不应遮蔽一个更加微妙的现实:战后的经济奇迹,"第三意大利"地区在其他欧洲工业强国衰退期间的工业成就,以及建筑业市场的兴起。自20世纪90年代起,意大利的劳动力市场就表现出了对移民劳动力的强烈需求,并且国家经济也从这一充沛的劳动力供给中获益。

意大利的另一个特色,就是在其内部有一个相当特殊的"南方":南意(Mezzogiorno)。全国最低的人均GDP,高失业率(如今在15%~20%之间摇摆,而北部部分省份则在5%以下),更加松散的工业结构以及对其他大区财政转移的强烈依赖,具有这些特征的南意地区直到晚近移民净值仍为负值。来自南意的移民有些是跨国移民,但大部分迁往北部各大区或者拉庭姆大区(Latium)。正是通过南部的移民,意大利北部才有了关于移民的经验,而这自然就带来了对这些"南方人"的歧视,以及经济和地理上的边缘化,特别是在都灵,菲亚特之都,1962年至1969年间,那里的南方工人通过一场场重要的社会斗争,抗议恶劣的工作条件和居住条件。

今天,南意已不同以往:前往意大利其他省份的国内移民,虽然没有断流,但已大幅减少。在一些大区,如坎帕尼亚、卡拉布里亚、普利亚或西西里,愈来愈多外国移民劳工的抵达,这股逆转的趋势令观察者们惊奇不已。

①来源多元的新移民

直到1997年,外国人口总数才超过百万大关。此后,移民大幅增长,2003

年已高达 230 万人,占意大利总人口的 3.7%。这一转折性的日期之后,外国人口总数稳定在 280 万上下。其中,加入意大利国籍的数目极少,2003 年仅占总人口的 0.5%。然而,移民对意大利的人口结构仍带来重大影响:10.6%的移民净值大大弥补了人口自然增长越来越低的情况,后者 2003 年低至－0.7%。

移民的来源地也大幅地改变。整个 20 世纪 80 年代,移民主要来自摩洛哥、菲律宾、突尼斯和某些非洲国家,如埃塞俄比亚、索马里、佛得角和塞内加尔,此一结构一方面标志着经由意大利进入欧洲的移民潮的重组,同时也显示了与菲律宾等较遥远的特定国家之间新移民系统的诞生。此后几年,随着柏林墙倒塌和附近的巴尔干地区政治情势的恶化,前南斯拉夫与阿尔巴尼亚率先出现在移民大潮中,紧接着中国移民的流散社区也在意大利半岛牢牢地落地生根。波兰,然后是罗马尼亚也效仿这些经济市场化的国家,但出于地缘亲近性,总体而言,移民仍以阿尔巴尼亚和摩洛哥为主。

真正的转折点发生在 21 世纪初期:政府决定大规模地合法化无证移民,而此政策的结果在接下来的数年中逐渐呈现。其中,罗马尼亚移民和乌克兰移民都占了重要的比例,这来自于对非法居留的合法化以及新迁入的移民这两方面。2002 与 2003 年间,来自乌克兰的移民人数增长了 700%,摩尔多瓦是 400%,罗马尼亚是 150%,保加利亚与波兰则是 100%。2004 年,意大利约有总数达 80 万的东欧移民,也就是移民总数的近 1/3,——而据某些观察者估计,仅就在意大利的罗马尼亚人而言,考虑到季节性劳工、往返性劳工以及未申报的劳工,就已可能突破了百万大关。同时,一些国家如中国、秘鲁、厄瓜多尔、斯里兰卡或加纳在迁往意大利的移民大潮中也非常活跃。移民所从事的家政服务是意大利经济中一个重要的成分:对个人的服务,特别是对老年人,这对一个老龄化的国家而言是一个有相当大需求的领域。这是一个非常女性化的产业,包括 badanti(病人陪护)和 colf(家庭清洁工),主要由菲律宾人、秘鲁人、乌克兰人、波兰人或摩尔多瓦人担任。提供给移民劳工的劳动合同的这种区分,很难不使人假设存在一种性别的差异:家政劳动的市场总的来说是与女性的移民网络有关的。

②遍布全国的现象

外国移民在意大利的分布呈现了区域之间的重组。首先,移民在罗马周围拉庭姆大区的集中,平衡了作为移民主要接纳地的伦巴底大区。

在意大利的背景下,拉庭姆地方呈现了一个独特的面貌。2002 年前,罗马省乃是全国外国人数量最多的地区。其他省份中,仅有米兰的移民数量,以及普拉托和托斯卡纳地区移民占总人口的比例,可以与之相比。然而,相较于几乎由北部独占鳌头的移民居留证分布数目,罗马所发出的居留证数目似乎在全国各地区中处于边缘位置。事实上,曾经有三个地区的移民现象也很重要:由米兰与其周边地带构成的伦巴底地区;向北延伸至特伦廷(Trentin)的波河平原,以及穿越意大利中部的亚平宁山脉的山麓沿线。

因此,拉庭姆大区在意大利南北之间中占据了中间位置,发展出一个新兴的经济动力。仅罗马一省所收到的家务工作合法化申请,就占了意大利全境的 19.6%,而其他带薪工作类别仅占 11.2%。米兰占家务工作合法化的 10.53%,其他工种合法化则为 14.19%。这两个大都会省之间的差别显示了罗马的矛盾地位:一方面,它似乎倾向接纳与老龄化(针对老年人口的家政服务需求的增加)相关的服务业移民;另一方面,在其他薪资工作方面它也并不落后:罗马同样雇用大量的工业部门劳工,特别是在随着都市扩张而发展的建筑部门。

对一些移民网络来说,近期意大利移民空间的重组从今往后要偏向南意:21 世纪初,南意接收了新流入乌克兰移民的 40%。南意因此成为移民劳动——经常是未申报的——的重要锚定地区之一。整个南提雷尼亚海地区,北起拉蒂纳,经过卡塞塔、那不勒斯、阿韦利诺、贝内文托、萨莱诺、波坦察、科森察和克洛托内南至雷焦卡拉布里亚省,都是非正式工作的活跃地区。这些省份中又是以家政服务部门中的雇员为数最多。这些数据只是相对性的,并非说明南意已成为主要的移民接收地区,而只说明了一直不为人知的地区性移民现象渐渐浮上了水面。其中有些移民网络直接通往南意。来自摩洛哥、塞内加尔、加纳、中国、乌克兰或俄罗斯的移民,凭借萨莱诺、那不勒斯、科森察或卡塞塔等地的雇主所出具的邀请函,通过专门的中介机构,直接出国从事家政服务、病人看护或农业工人等职业的情况现已变得平常。

最后,对乌克兰移民在意大利的移民空间来说,被称为"第三意大利"(La troisième Italie)的意大利东北部,特别是艾米利亚罗马涅和威尼托,平衡了传统上的移民聚居区伦巴底,成为了又一个移民中心地带。因而,意大利的移民空间组织呼应着意大利,在伦巴底地区,以及特别是"第三意大利"的工业空间组织;而在西北部则不与工业水平成比例——那里的大型福特制工厂长期以来已陷入危机。对照北部所发出的移民工作许可数量,以及其众多密集的中小企业、较高的薪资和与南部相比较低的失业率,两者间的巧合毫不令人惊讶。然而,皮埃蒙特地区虽然不再有大规模移民涌入,却仍具吸引力。当中值得注意的是来自罗马尼亚的移民,往往迁入皮埃蒙特和拉庭姆地区因前几代乡村人口外移而空洞化的村庄。以村落为组织原则的移民网络,特别是罗马尼亚人已经把这些村庄视为迁入的目的地,正在逐渐恢复这些市镇的人口平衡。

③隙缝经济的活力

在南欧这块成为首要目的地的土地上,一如其他国家,前往意大利的移民通过底层劳动市场(建筑、家政服务、地方传统工业、餐饮)来进入,此后才得以通过独立移民工人的"经济隙缝"(niche)的独特方式,成为自营企业主。在移出国,这一现象带来的变化是剧烈的,同时关于代际方面(离开的是青壮年人;在整个父母无证工作的筛选期,孩子长期留在国内;老年化加剧)和地区方面:在移民网络是地方性或区域性的范围内,跨国存款转移对住房、建筑及家居消费品,总之在现代化方面,都有可见度很高的影响。

自20世纪80年代末起,外国劳力成为了不可或缺的力量。建立在富有竞争力的家族企业和极度弹性化的劳动市场之上的生产结构,承继了"奇迹"年代之后,逐渐面临瓶颈。的确,这些部门过去受惠于南意地区的内部移民而繁荣的部门,因这股移民潮的中断而遭挑战(Rivière、Weber 2006)。这些部门需要劳工接受短期合约和不稳定的工作条件,从而面临了严重的劳工短缺。同时,在生育部门——家务工作、老年照护、托婴工作——出现了对移民劳动力的新需求,以回应社会转移及公共结构对于老年照护的无能。最后,以下两个高度竞争的部门除了招募移民劳力之外别无他法:受到住宅市场的紧张和房地产业投机影响而愈趋弹性化的建筑业;以及必须弥补劳力短缺而引进移民工人的农业部门。总而言之,与西班牙一样,意大利经济增长的关键来自于移民劳动力,其中包含高比例的非正式工作(Fouteau 2008)。

前往意大利的移民潮也促进了与移出国之间的陆路交通。这并不只是移民自身的贡献,也受到了意大利籍雇主的影响投资。后者的理由同时包括职业的方便(类似加工出口区型态的在移民原籍地的投资)也有私人的理由(2000 年起增加的跨国通婚)。

(2)西班牙:移民是"经济奇迹"的支柱

根据 2008 年的人口登记,在西班牙的 4600 万居民中,外国人占 11.3%,这一比例在欧盟国家中位居前列①。由于极低的出生率和人口加速老龄化,西班牙 80% 的人口增长来自移民的贡献。2001—2008 年期间,移民人口增长了 400 万人以上,相当于每年约 60 万,使西班牙成为欧盟最受欢迎的移民接收国家。至 2008 年 1 月 1 日为止,全国共有 520 万外国人,当中 40% 来自欧盟国家(罗马尼亚最多),29.5% 来自拉丁美洲(主要包括厄瓜多尔、玻利维亚、哥伦比亚),此外摩洛哥移民亦占不可忽视的比例。人口老化和预期寿命延长衍生的对家务工作的需求则造成了移民的女性化。仅有 32% 的移民拥有永久居留证。

除了人口贡献之外,还需要强调移民的经济贡献:劳动部长卡尔德拉(Jesús Caldera)在 2006 年 9 月宣布移民为社会保障带来了"巨大"贡献,共计创造了 77 亿欧元的盈余。外国人相关指标总的来说是正面的:"每三十个贡献者只有一个退休者",而在本国工作人口中该指数仅 2.6∶1。此外他们也参与 30% 至 50% 的 GDP,自 2001 年起创造了 50% 的新工作,以及 230 亿欧元的政府财源,占国家总预算的 6.6%。

①不平均的区域分布

西班牙各省份之间的移民现象差距甚巨:自马拉加到巴塞罗那的各沿海省份,包括各群岛,为主要的移民聚集区;内陆地区值得一提的只有马德里都市圈。三个中心点据点的移民最多:加泰隆尼亚、马德里,以及阿尔梅里亚、穆尔西亚、巴伦西亚和阿里坎特等省份的农业平原。

根据人口登记,按占人口比例论,受到移民影响最大的省份分别为巴利阿

① 西班牙的主要外国人口普查资料来源是国家移民调查(ENI)和人口登记。后者来自于每个市镇的户籍登记簿(padron),移民登记后就可以申请社会医疗保险和学校等公共服务。2005 年 4 月,乡镇主管机关受令删除两年未报到的欧盟外移民纪录,以更确实地掌握离开的人数。

里群岛(占人口 20.8%,相当于 222 000 人)、巴伦西亚(16.7%)、马德里(15.9%)和穆尔西亚(15.7%)。

在城市内部,移民居住轨迹的变迁和其他南欧国家颇为相似,但移民取得社会住宅不如意大利困难。根据学者米莱特和色拉·德尔·波索针对巴塞罗那郊区的研究,发现在 Barris del Besòs,这个处在巴塞罗那都会区几个移民群聚市镇(Santa Coloma de Gramanet、Badalona、Sant Adria del Besòs)附近的社会住房区中,2007 年外国人占居民人口比例的 18.6%。此现象可被视为在缓和这些传统上由国内乡间移民所居住的城镇所经常碰到的社会边缘化的机会。(Miret、Serra del Pozo 2008)。至于出现一种"居民替代"的现象,导致了新的经济和人口趋势,这体现在了边缘中新的中心性。此外,地理学者森伯雷·索瓦诺翁针对阿里坎特 Parque Ansaldo 社区的研究亦证实了"边缘的再中心化"现象,说明在西班牙都会区崛起的大都会主义和经济分殊造成的多中心现象之间的交互作用:移民人口受到政府的新住宅政策影响,而进入了被 20 世纪80 年代抵达的中产阶级逐渐离弃的社会住宅,因此在高度扩张的都会住宅区形成了"替补"现象(Sempere Souavanovong 2008)。

②农业劳动:紧张经济的象征

移民劳力是西班牙农业的战斗力来源。蔬果园经济强烈依赖报酬过低,体力劳动强度高,物理、物质与法律三方面工作条件都接近底线边缘的外国劳力。工时,指派的工作,住宅条件,以及在温度可能超过 50°C 的温室中,充满杀虫剂、化肥、农药的闷热的空气中长时间逗留带来的恶劣的卫生条件,等等都可以归罪到这个紧张的经济部门。

2000 年 2 月在阿尔梅里亚省的埃莱希多市(El Ejido)爆发了长达 3 天的暴乱,这次事件无疑是欧洲自 1945 以来最暴力的集体种族主义爆发之一。该省份在 50 年前还是西班牙最贫穷的地区之一,如今埃莱希多市却已是全国第三富的城市。广达 35 000 公亩的温室造就了世界最大的温室商品蔬菜种植业,每年输出约 300 万吨的蔬果供应全欧洲(Bell 2005,第 172 页)。此一成就如果没有无劳动合同、雇用期短、薪资低得可笑(日薪约 15—30 欧元)的季节性无证劳工,就不可能实现。阿尔梅里亚省目前在摩洛哥移民迁往欧洲的路径上拥有特殊地位:移民流量特别高。在埃莱希多,让移民工人只能居住在城市以外极不卫生的简陋农舍中,以及 chabola(临时棚屋)的搭建等隔离行为,可以认为是与市政当局所采取的多项歧视性与恫吓性的措施（包括拒绝让移民工进入城市里的商店和酒吧）相对应的。

西班牙的蔬果种植业在劳动权以及化学污染方面的丑恶现象，是控制欧洲 80% 市场的大型连锁超市的采购政策的直接后果。连锁超市实行极端竞争性的价格政策，迫使农场主接受很短的（一天两天的）期限。这个系统不能没有一个精力充沛，随时待命的产业预备军（第 173 页）。而且，农场主唯一能有所掌握的成本就是占总成本 2/3 的劳动成本。除了阿尔梅里亚省以外，韦尔瓦是另外一个蔬果种植业劳动条件恶劣的地区。于是，在使用欧盟 2005 年起禁用的农药甲基溴栽培早熟草莓的韦尔瓦省，迫于异常激烈的竞争，以及随之而来的买方单方面定价，该省的小农场主一直受到长期财政脆弱的困扰。而每公斤草莓的总成本为 80 分欧元，其中劳动薪资占 56 分。劳动市场已经转变为"战场"。

2002—2005 年间，随着西班牙与罗马尼亚、保加利亚、波兰、摩洛哥等国以双边协定农业季节工"原籍国合同"的执行，赋予雇主在员工罢工期间聘用欧洲劳工的权利，让原即严苛的劳动条件更加恶劣。单是韦尔瓦省在 2005 年便签订了七万份合同。这些合同是在移民原居国签订，期间两年九个月，合同期满强制回国。事实上，许多雇主滥用合同权利（扣押护照与住宅钥匙或是以日常手段分化劳工、塑造敌意）。雇主也系统性地选择聘用年轻的母亲，以确保员工在季节期满会回到原居地。

因此，2000 年的种族主义暴动是经由上述各种因素互相作用而造成的结果，又受到了 20 世纪 90 年代末期开始罗马尼亚、保加利亚劳工逐渐取代摩洛哥和塞内加尔劳工的"族群替换"的激化影响。船民（Pateras）的持续抵达塑造了社群之间日渐强大的敌意，造成了频繁的肢体冲突（特别是 2005 年 2 月 13 日埃莱希多市五名青少年持刀杀死一个摩洛哥人的例子）。这个危险，加之以化学杀虫剂的滥用，使得工作条件更加难以忍受。工人的自我组织也相当困难，因为驱逐和解雇的恐惧抑制了工会情绪。现在只有一个工会，安达卢西亚的季节性劳工组织的乡村工人工会（SOC）尝试要求落实在省级签订的，却从未得到落实的集体协议。

2.务实的移民接纳政策

(1)意大利:从紧急经验到配额制

在毫无准备的情况下,意大利紧急应对了一股移民潮。因此需要在1986年、1990年和1996年进行不断的立法调整,通过零打碎敲的合法化,在短期内对意料之外的移民做出反应(Schmoll、Weber 2004)。外国人法自墨索里尼时代便未修改过,也缺乏针对移民的社会性住房的国家层面的措施。在此背景下,大区级别的法律就显得格外地重要。从1990年的法律通过以后,与外国人融入有关的立法主动权就被转移给了大区(住房、就学、公共服务以及地方行动等方面),这就造成了不同地区间的强烈差别以及一种难以确定的政策延续性。

同时,第三部门(Terzo settore),在移民安顿的各阶段扮演重要的扶助角色:初抵达时的接待,倾听咨询,寻找工作,紧急安置,寻找住所,发生劳资纠纷时寻找合适的律师,医疗帮助,发放食物,等等,也包括跨文化的对话,或是移民社群内的志愿行动。根据国籍为原则建立的移民组织远非主要形态。世俗的组织与宗教性组织共存,而后者受到Caritas和Sant'Egidio两个强大的组织的领导。

①1998年的经验:融合管理的昙花一现的尝试

1998年通过的"拿坡里塔诺条款"(得名于时任内务与社会事务部的部长Turco-Napolitano),是意大利政府的首部法律总则,试图协调国家各部门在移民问题上的差异及矛盾。该法规定三个主要的行动领域:根据意大利各大区的人口和经济需求有计划地调节移民,对入境及所有与此有关的考察团实行边境管控,以及一个"融合"政策,旨在动员社会各部门的资源以使移民能够很好地融入当地社会。该法案在几个面向上很有创新色彩,通过配额制①调控入境,并预备了一套移民融合的措施。这部法律由此与两套官方话语相抵触。第一套话语是为了安抚一种忧心忡忡的舆论,即移民的进入将会提高失

---

① 配额的公布,每年通过委员会主席直接发布的"移民流法令"(decreto flussi)来完成。移民流法令考虑到各大区劳动力市场的状况,按照行业和原籍地的不同,向每个大区分配一定量的外籍劳工。

业率,而提出的"零移民"(immigration zero),另一套话语则仅仅是"有用的移民"(utile),移民被视作暂时用来填补在一个弹性的经济体中出现的劳动力缺口。相反,拿坡里塔诺条款则推行了许多关于融入的宏伟计划:文化媒介、跨文化项目、地方层面上的政治参与、语言和教育行动等。此外,该计划还纳入了保荐模式,准许远距离聘用有担保的外国劳工;这一模式在配额制下,尝试着将个人间的联结纽带和移民网络的功能考虑进来,以协调外国劳动力的供给和需求①。这个做法倾向一种效仿北美模式的"选择性移民",保障移民的基本人权:尊重持有居留证的个体移民享有家庭团聚的权利,以及一系列社会权利(社会保障、教育、住房、医疗服务)被积极肯定。只要在意大利境内合法居住满五年,移民及其近亲同样可以获得无限期的居留证。

在其他方面,这部法案继承了之前法律的意图,并弥补其未臻完善之处。此外,它没能解决所有申根国家所面临的两难,一方面需要协调劳动力市场的需求,另一方面则是打击"非法移民"。

然而,配额制和保荐制度很快就受到了批评,因为这些制度假设了一个庞大的官僚组织,能够预测各省劳动力市场中不同部门对各移出国劳动力的需求。政府的相关职位只有几十个,甚至几个,而境内的未申报移民则以数十万计。如果要遵守该程序,非法劳工就必须先回到自己国内,等待他们前雇主的申请获得意大利使馆的行政批准,然后再盼着他们的希望能够恰合官僚系统的随机专断。也就是说,没有人愿意冒这个风险,何况这一系统事实上造成了保荐者的非法交易。因此,选择性移民只是一纸光鲜的建议,实施起来并不可行,必然会是无效的。

②劝阻性的措施与大赦:矛盾的时代

在贝卢斯科尼第二任政府任期内投票通过的所谓"Bossi-Fini 移民法"(2002 年 7 月 30 日第 189 号法律),来自两位出身于并不欣赏多元文化社会的两个政党的首相(分别是北方联盟,民族联盟),该法律废止了原法律总则,但并没有加以取消,由此加剧了自身的内部矛盾,并扭曲了原立法精神。新法以保荐制度助长非法人口贩运网络之理由取消该制度,但保留了配额制。新

———————

① 保荐制度(sponsorizzazione),或者更确切地说是提供担保,使得雇主可以通过金融担保和住房担保,经由驻外使馆申请输入并雇佣外籍工人。

移民法重视边境管控的加强，和非法居留的刑事化，而手段方面则是增加临时拘留中心和遣返程序。此外，它显著减少了旨在协助移民良好融入社会的措施：限制家庭团聚，限制入住社会性住房（而这原本就是杯水车薪）——特别是对正在找工作的劳工而言，且对黑房东的惩治并不到位。

　　不断重组的政治和制度以对福利国家的质疑，及日益严厉的欧洲移民政策为特征，意大利的移民现象就是在这一背景下呈现出来。外国人发现他们事实上被排除在一系列权利以外，在某些方面构成了二等公民的问题，他们被某些学者称为真正的"非人"（Dal Lago 1999）。

　　显然，移民政策在抑制性方面的施行力度比其关于移民融合措施的方面来得更加迅速（正如1998年来持续走高的驱逐曲线所显示的那样）：有些融合政策从未真正落实，然而法律实施方面的法令与通函却提供了极为严格的解释。比如，2001年5月内政部的一封通函宣布，只有在同一职位上工作超过五年的移民才能授予其居留证。外国人很难进入劳动市场的处境也揭示了当下的种种歧视：外国人完全没有进入公务机关工作的可能，除了极少数的例外以外，外国学历也并不获承认。在公民权利方面，外国人能否享有地方选举的投票权利这一问题，仍暂时被搁置，尽管有部分地方政府作出尝试却无疾而终。另外一个困难是，法律为地方团体所预备的融合用经费，经常未被使用。

　　Bossi-Fini移民法还引入了新的歧视成分。该法律延长了获得居留证的时限，更甚者，通过引入臭名昭著的，必须在雇主和雇员之间订立的"居留合同"，它认可了只能凭借工作合同才能获得居留的原则。此外，非欧盟成员国的外国人如果要申请居留许可，还必须接受指纹提取。对外国人而言，法律的朝令夕改和所加诸的种种限制成为了不稳定因素。

　　然而，也是在贝卢斯科尼总理任内，2002年实行了最大规模的合法化：65万人获得合法身份，外国人数达到原来的1.5倍，这次行动的目的旨在打击非法移民和做黑工的无证者，特别是在家政服务部门。这次合法化能得以投票通过，主要是受到资方的压力，他们迫切要求为雇佣外籍劳工提供方便，以支撑意大利的工农业；这项措施也被证实是应对老龄化和老人照料问题所不可或缺的。最后，通过鼓励雇主替移民劳工申报，合法化实现了卓有成效的财务整顿。因此，该行动使得复杂的配额制显得很过时。它自动使得非法移民的数量减少,巩固了政府所期望的各项目标,然而还是无法避免行政上的荒谬:居留许可的更新是在非常不利于外国人权利的混乱中进行的。随后上台的普罗迪(Prodi)政府,通过大量增加每年的配额,并发放大约50万份的居留许可,才顺利整顿了关于居留许可的混乱局面。

③个体的行动:"自下而上"的欧洲式融入

一边,在移民政策方面,出现了一次又一次的互相矛盾的动作,而在同时,迁移的行动者们并没有落后。

首先,移民们发展出了自己的流动的本事。居留证的获取第一大用处就是流动,这一点怎么说都不为过。事实上,在2002年的合法化之后,众多多年来不曾流动的移民迈上了返乡之路。移民只要还在非法状态,就一直待在移入国。一旦取得合法身份,人们往往选择回乡,并且"定居在流动中"(Wihtol de Wenden 2009)。陆路交通的发达,以及成千上万的小公共汽车或大巴确保了这些人口流动。在米兰、那布勒斯和罗马等移民城市,机场纷纷设置国际航站楼,以确保与原籍国和流动界面之间的连接。各种多少非正式性质的公路站出现在连结着罗马–罗马尼亚、罗马–波兰特别是在罗马–乌克兰的公交车线路中。这种方式使得旅客往返自如,邮件可以随意流通,包裹可以寄给亲人,最重要的是,移民攒下的工资能方便地汇回原籍国,而这对移出国的经济而言是一笔可观的收入。这对移出社会的现代化和发展的影响是无法估量的:移民们是经济发展的直接行动者。

其次,移民们还在长程经济整合中发挥接力作用。事实上,许多意大利的企业主依赖他们与移民劳工培养的信任关系,以在移民原籍国投资。早在2001年,意大利便成为罗马尼亚境内企业为数最多的非本地投资者(大约设置了15 000个企业,相当于500 000的罗马尼亚员工受雇于意大利老板)。蒂米什瓦拉城仿佛成为欧洲的墨西哥。自1993年起,意大利在波兰的直接投资达37亿美元,还有400家合资企业,以及数目众多的小企业。受益于造成了"第三意大利"奇迹的中小型企业的经济活力,2002年,意大利成为罗马尼亚第五大投资者。从此以后,罗马尼亚的诸多地区都从这一现象中获益:特兰西瓦尼亚南部靠近布拉索夫的地方,以及摩尔多瓦平原的一大部分,特别是在皮亚特拉—尼亚姆莉(Piatra Neamt)和福克沙尼(Focsani)这些主要移民流出地。这种投资策略当然也依赖于企业家组织和银行组织的有力支持,比方说各大区的商贸局、工业联盟(Confindustria)、对外贸易委员会(l'Istituto del Commercio estero)、商会联合会,或是意大利-罗马尼亚银行,以及意大利-罗马尼亚系统基金会(Fundatia Sistema Italia-Romania)的支持(Rivière、Weber 2006,第63页)。但若没有通晓双语且熟悉两国法律及经济实务的移民们的支持,这一成功不可能实现得如此迅速。因此,近期意大利企业主在乌克兰(布柯维纳和加利西亚)的开发,由于复杂的行政、语言和财务问题而遇到困难,仍依赖于意籍企业主和作为中介的移民之间的信任关系。此外,移民们还在长程经济融合中发挥了接力作用。

(2)西班牙:效用主义政策的冠军
①大赦:选择性的机会主义

2005年的西班牙大赦,一如意大利在2002—2003年之间的行动同样地壮观。56万名外籍劳工获得了居留证,全国合法居留的外国人顿时较前一年增加30%,总人数达到了360万人。这次的大赦行动是由社会党的劳工部长卡尔德拉提出,标志着左派萨帕特罗政府(Zapatero)与前任保守党政府的不同。这也是该国的第六次大赦行动,前两次较大型的行动发生于1991和2000年。

与前几次大赦行动相反,2005年的决策纯粹出于经济考量,可归类于对移民的功利主义选择政策①。该政策的首要目标为缩小占GDP1/4的非正式经济的规模,特别集中于农业与建筑业。第二个目标也是财政的:2000年,共有5.9亿欧元逃过了政府征收,大部分是营业税。第三个动机是财务缺口和急于征收社会保险缴纳金:由ABC日报所做的一项调查指出,27万劳工的合法化将为国家带来160亿欧元的税收(Thomas 2004)。

社会如何看待这种形式的大赦呢?许多人并未提出申请(仅有690 679人提出申请),而西班牙全国的无证劳工估计有80万人。另外一方面,雇主才是这项合法化措施的目标:只要附上至少六个月(若为农业部门则只需三个月)的劳动合同,并且证明其在2004年8月7日以前住在西班牙,就可申请

---

① 西班牙的国家移民秘书鲁米(Consuelo Rumi)表示"大赦的目标为通过减少黑工以调整劳动市场,加强社会安全,增加财政收入",引自Gallois 2005。

合法身份。部分关心移民权益的非政府组织认为这项法令限制太多,至少阻止了 70 万的劳工递出申请,其中可能包含 40 万前来西班牙与其双亲团聚的孩子(Gallois 2005)。这些组织因此批评这个法律措施只着眼于工作。相反地,家庭团聚在这段期间内更加地艰困。

已经递出的申请则证实了在乡镇层级资料的观察。自 2004 年以来共有 646 000 个新登记者,增加了 50%。其中,1/5 为厄瓜多尔移民,而在 2000 年至 2004 年之间,乡镇层级已经有 35 万个厄瓜多尔人登记,增长速度极快。2005 年的合法化申请人数中还包含 17.2% 的罗马尼亚人,此现象也合乎 2000 年以来的观察:2000 年至 2004 年之间共有 200 000 人在乡镇市层级登记,相当于 2004 年申请人数的 40%。其他几个重要的来源国包括摩洛哥(12.5%)、哥伦比亚(8.2%)、玻利维亚、保加利亚、阿根廷、乌克兰、巴基斯坦和中国。而非正式工作情形最严重的部门则包括家务工作(占申请 31.7%)、建筑业(20.8%)、农业(15%)、餐旅业(10.5%)和零售业(4.8%):许多指标也显示合法化能推动经济回应国际竞争,矫正碎裂化且极度弹性的劳动市场。

②在国家利益与欧洲共同体原则间摆荡的移民法律

在佛朗哥独裁政权下,来自西语系前殖民地的外国人很难自由移动:当时的西班牙是个重要的移出国。民主转型后,一如其他的南欧国家,西班牙在欧洲共同体的压力下紧急地修法因应移民。由于被怀疑缺乏国境控管措施,以及对于拉丁美洲或非洲的西语系移民政策太过宽松,西班牙在 1985 年 6 月 14 日的申根公约签定过程中一度被拒绝纳入。直到六年之后的 1991 年 6 月 25 日,西班牙才得以加入申根公约国。

为了加速融入申根共同体的速度,西班牙迅速加入其他北部欧洲国家的行列控制外国人入境(*Plein Droit* 2003)。通过 1985 年 7 月 1 日通过的法律,若干西班牙语系和撒哈拉非洲的公民被要求需凭签证入境,然而这些西语系国家传统上并不需要签证——这一趋势从此持续演进:2002 年,哥伦比亚和古巴也被加诸签证限制;1990 年 1 月 1 日的法律对北非公民强制要求签证,申请时尚须附上足须支付在西班牙生活的财力证明以及返国机票;1992 年起,海军巡防队开始执行海岸监控的任务,特别是休达和梅利利亚接壤处的海岸;1993 年,一项新的庇护法案取代 1984 的立法,以打击"伪装庇护者"的借口使申请庇护者的处境更为脆弱(被纳入此一范畴者仅占庇护申请总数的

8%,但如同其他申根公约国中所见,已足以降低1951年日内瓦公约后衍生的一系列庇护法律的拘束性);摩洛哥与西班牙之间的接壤处在20世纪90年代被纳入直接衔接申根国系统资料库的电子网络中。

主要的法律规范为8/2000,该法针对外国人,规定了一系列的反歧视措施,打击非法移民;该法最主要的特征是针对季节工和定期工设计了一系列的"依原籍国招募"的程序。

此后,管控非法移民的措施方面得到持续巩固。当中最重要的是2004年12月的王室法令,将打击非法移民作为合法移民融入的先决条件,对于不能保证其旅客证件的合法性的运输者处以刑罚,并管控各市镇户籍登记的及时更新。2005年,国会又通过一项新的外国人法。与之前的移民法律总则相仿,此项立法在两个方面推进:对非法移民镇压系统的强化(国境控管措施,拘留、遣返、驱逐),以及"融合"措施,强调"接纳与融合",其手段主要是移民融合基金(FIDI)运作。该基金与欧洲其他国家的情况类似,将居留证的发放限制在提供融入证据的前提下。在这方面,该法与一年之前在意大利出现的Bossi-Fini法案可相比拟。

最后,最具限制性的是庇护政策(申请庇护者身份只发给极少数人,依年份不同只占申请人数的3%—5%,由此劝阻入境)。检查程序、行政拘留和非法入境也时不时受到观察者批评。西班牙共建立了九个新的外国人收容中心(CIE):Zapadores(巴伦西亚)、Zona Franca(巴塞罗那)、Sangonera la Verde(穆尔西亚)、Capuchinos(马拉加)、Carabanchel(马德里)、La Piñera(阿尔赫希拉斯)、Hoya Fria(特内里费群岛)、Barranco Seco(大加那利岛)及El Matorral(富埃特文图拉岛)。此外还有兰萨罗特岛(Lanzarote)的机场仓库作为收容中心,以及休达和梅利利亚的两个临时居留中心,以及数个非正式的拘留中心(Migreurop 2009)。

③打击非法移民:西班牙的先锋地位

西班牙打击"非法移民"的政策是欧洲国家中严苛程度数一数二的。2009年2月国家警察与国民警卫队总署向各派出所发布通函"加强对非法移民的缉捕,特别是遣返成本最低的摩洛哥人"(Mokhliss 2009),经媒体披露后,引起了广泛的反弹情绪。可资为印证的,是全联邦警察工会(UFP)秘书长揭露,从2008年10月起警察系统的强制令要求每周定额逮捕无证移民。

　　自从 20 世纪 90 年代末期以来,在加那利海岸和安达卢西亚设置了外部警戒综合系统(SIVE):这是一套远程监视与侦测系统,技术极为尖端(红外热感摄像机),以便定位登陆舢板或小船。这套系统同时辅以能够远程侦测心跳的传感器,以及在兰萨罗特岛和富埃特文图拉岛设立的雷达站。在西班牙地中海沿岸其余地点安装设备的计划共获得 2.32 亿欧元的投资:移民的真正成本就在于对其的防范(Charles 2007)。在 2003 年欧盟边防署(Frontex)的成立过程中,西班牙也同样扮演了重要角色。欧盟边防署是一个负责对申根空间的外部边界进行监测的军事化机构,获得了 7 千万欧元的拨款,在塞内加尔、毛里塔尼亚和摩洛哥三国海岸线与西班牙海岸线之间的地带尤其活跃。

　　加强边境控制所带来的一个后果就是移民的旅程代价更加昂贵:生命代价增加(根据估计,在西班牙的海岸边,大约有 12 000 到 13 000 名移民葬身鱼腹),而经济成本也从而加重,这间接鼓励了愿意冒更大风险的蛇头。其中最鲜明的例子无疑是 2005 年休达与梅利利亚的西摩两国边境上发生的惨剧:尝试攀爬西班牙围墙的非洲人,在与西班牙和摩洛哥部队的冲突中丧生。据估计,在 2005 年 8—10 月之间,在这条边界线上有 14—21 人死亡。当中许多人仍无法辨识身份(Migreurop、Blanchard、Wender 2007;另参 Blanchard、Clochard、Rodier 2008)。

　　2006 年是通过海上抵达的移民最多的一年(约 3 万人,与 2002 年的 1 万人相比是最高的数字),这一年也是媒体对海上移民现象的"规模"维度大肆炒作的一年(然而,相对于合法化的外国人口而言,海上移民的数量远远不及)。正是在这一年,边防的手段开始复杂化:在欧盟与第三国合作的框架下,西班牙国际政策越来越集中在移民问题上。2006 年 3 月实行的"非洲计划",旨在推广重新接纳协议并寻求在离境管控方面的合作,并以之作为向西非国家以发展名义提供经济援助的条件。从此,西班牙在马里、佛德角、苏丹、冈比亚、几内亚比绍以及几内亚(科纳克里)都设置大使馆,向塞内加尔首都达喀尔派驻"移民事务特别大使"(Charles 2007)。这就完完全全是西班牙,乃至申根空间的外部边界的外部化:在移民的中转或出发国即展开预防被视为"非法"的出国移民的工作,这显然与人权宣言的精神有所矛盾(Weber

2007,第48-49页)。手续被简化,而且没有任何官方代表检查庇护权利是否得到遵守。2007年2月"海军一号"(Marine I)乘客在努瓦迪布(Nouadhibou)所受到的卑鄙对待,就是基本人权所受到的扭曲的最有说服力的事例之一。一般来说,重新接纳的协议被捆绑上了由西班牙所强加的移民配额:该配额不仅数目极少,而且形同虚设。

　　2008年,大赦国际的一份报告控诉了根据2003年的重新接纳协议,而被遣往毛里塔尼亚的移民所遭受的悲惨处境:拘留期限延长,虐待,未成年人单人遭返,在庇护申请中程序公正的缺乏。

　　移民与外国人的维权团体运动起步较晚,如果说其角色日趋重要,这个抗衡力量与欧洲其他地方一样,在对自发移民污名化的政治机制的霸权面前,仍难以组织起来。有不少组织在关注移民状况,略举几例,如:西班牙摩洛哥移民劳工协会(ATIME)、非法移民受害者亲友协会(AFVIC)、安达卢西亚人权协会(APDHA)、"阿尔赫希拉斯接纳者"(Algeciras acoge)协会等。基本人权受到的攻击往往只有通过这些团体才得以使人得知,特别是在遣送前拘留中心发生的情况。这些中心在全国数量日增,常有警察暴力和羁押环境的问题被曝光。

3. 结论:在受到最近经济危机影响的部门中,不稳定的外国人将有怎样的未来?

　　上述两个国家的共通点在于政坛上排外论述的重现。对移民来说,经济危机的影响在两国立法中的体现是有微妙差异的。

　　2008年6月,西班牙政府宣布将为非欧盟国家移民提供回国的经济激励,并且以外籍老人增加福利国家负担为由,提高家庭团聚的门槛,拒绝接纳长辈亲属(*Latin Reporters* 2008)。这一措施激烈程度不输其他欧盟国家帮助移民返乡的尝试,针对失去工作,并同意返回原籍国的非欧盟外国人,通过向其发放一次性失业补偿金(一旦回国就支付60%),并为他们在原籍国创业提供可能的帮助(微贷款和咨询)的方式,以鼓励他们回国。移民部长科瓦卓(Celestino Corbacho)表示,大约有100万人会受此政策影响,几乎相当于有合法居留证的非欧盟外国人口的一半。这个轻率提出的数字吸引了相当多的媒体注意①,但是失业的有合法身份的外国人只有 10 万人。自从 2008 年经济危机以来,外国人的失业率高涨,2011 年通过的新移民法就包含了这个计划。2011 年西班牙外籍劳工失业率为 28%(而全国总人口中失业者则占 20.4%)。法律限制亦愈趋严格,2011 年 3 月通过的对家庭团聚的限制便是一例。无独有偶,欧盟也在 2011 年 8 月准许西班牙限制罗马尼亚劳工进入劳动力市场,此举完全违反欧盟内部劳动市场自由进出的原则。这些措施只能使排外潮流更加高涨,2 月在加泰隆尼亚赫罗纳(Gerona)附近撒尔特市(Salt)发生的针对穆斯林的暴力行为就是一个例证。

而在意大利,经过了几次合法化,特别是 2006 年向未申报劳工发放了 52 万份工作许可之后,2008 年起由于经济危机,入境受到严厉的限制。然而,这一态度自 2009 年起又随着一项新法律的颁布而软化。此法通过大规模合法化来平衡限制性的部分,自 2010 年 12 月起又针对部分劳动力紧张的部门计划许可 10 万人入境。其实,意大利的移民政策应该考虑劳动年龄人口相对于退休人口的愈加不足。而且,由于劳动市场的碎片化,失业率的增长,特别是在年轻群体中以及南意地区,与对外国劳动力的需求并非是不相容的现象。这股的确减缓但仍旧持续的移民动力,并不能阻止 2011 年年初所谓的"兰普杜萨岛"危机所带来的媒体和政治转向排外话语的过程。

(庄雅涵　杜娟　龚勋　译)

参考文献

Bell, Nicholas. 2005. "Travailleurs migrants dans l'agriculture intensive, quel soutien?". In *Politiques migratoires*: *grandes et petites manceuvres*. Carobella.

Blanchard, Emmanuel, Olivier Clochard and Claire Rodier. 2008. "Compter les morts". In "Les chiffres choisis de l'immigration". *Plein Droit*, no. 77.

Charles, Claudia. 2007. "Le double jeu de l'Espagne". *Plein Droit*, 7 月, no. 73.

---

① 2008 年 6 月 15 日《国家报》(El País)的头条新闻题为"政府希望通过帮助他们,遣返 100 万移民"。

Dal Lago, Alessandro. 1999. *Non-persone*: *L'esclusione dei migranti in una società globale*. Milan: Feltrinelli.

Fouteau, Carine. 2008. "Combien ça coûte, Combien ça rapporte". In *Immigration*: *fantasmes et réalités. Pour une alternative à la fermeture des frontières*, edited by C. Rodier and E. Terray, 35-41. Paris: La Découverte.

Gallois, Christian. 2005. "Espagne: régularisation record de près de 700 000 étrangers sans papiers". http://www.latinreporters.com/espagnesoc08052005.html.

Latin Reporters. 2008. "L'Espagne de Zapatero 'veut rapatrier un million d'immigrés'(El Pais), trois ans après la légalisation de 600 000 sans-papier". 6 月 15 日. http://www.latinreporters.com/espagnesoc15062008.html.

Migreurop. 2009. *Centres de rétention en Espagne*. http://www.migreurop.org/article1354.html.

Migreurop, Emmanuel Blanchard and Anne-Sophie Wender, eds. 2007. *Guerre aux migrants*: *le Livre noir de Ceuta et Melilla*. Paris: Syllepse.

Miret, Naïk, and Pau Serra del Pozo. 2008. "Potentiels de transformation des quartiers populaires de la banlieue de Barcelone à travers les pratiques socio-résidentielles et économiques de l'immigration récente". Communication au colloque «Périphéries», www.ades.cnrs.fr/peripheries/spip.php, 25 avril 2008.

Mokhliss, Brahim. 2009. "L'Espagne s'acharne contre les Marocains: Les policiers ibériques sont invités à cibler les immigrés clandestins". *Le Matin*, 2 月 16 日.

Plein Droit. 2003. "Espagne: un grand désir d'intégration européenne. In "Les chiffres choisis de l'immigration".2 月, no. 20.

Rivière, D., and Serge Weber. 2006. "Le Modèle du district italien en question: Bilan et Perspectives à l'heure de l'Europe élargie". *Méditerranée*, no. 106: 57-64.

Schmoll, Camille, and Serge Weber. 2004. "Un laboratoire d'immigration post-fordiste". In *Autres vues d'Italie*: *Lectures géographiques d'un territoire*, edited by Colette Vallat, 125-167. Paris: L'Harmattan.

Sempere Souavanovong, Juan David. 2008. "Parque Ansaldo: évolution et in-volution d'un quartier marginal dans la périphérie d'Alicante". Communication au colloque «Périphéries», www.ades.cnrs.fr/peripheries/spip.php, 25 avril 2008.

Thomas, Colette. 2004. "Régularisation massive de travailleurs clandestins". *Radio France International*, 10 月 27 日. www.rfi.fr/actufr.articles/058/article _ 31355.asp.

Weber, Serge. 2007. *Nouvelle Europe, Nouvelles migrations: Mondialisation, frontières, intégration*. Paris: Le Félin.

Wihtol de Wenden, Catherine. 2009. *La Globalisation humaine*. Paris: PUF.

Les Migrations vers l'Europe du Sud : L'Italie et l'Espagne, laboratoires de nouvelles formes d'accueil

SERGE WEBER

L'Espagne et l'Italie sont deux cas exemplaires des dynamiques récentes des migrations vers l'Europe. A la fois en termes d'effectifs (les deux pays sont devenus les principales destinations des flux vers l'Europe) mais aussi dans les dynamiques d'accueil. Les dynamiques d'insertion sur un marché du travail segmenté et flexibilisé (agriculture, construction, services domestiques et tourisme) s'accompagnent de politiques d'immigration avant tout pragmatiques et utilitaristes. Cependant, l'immigration contribue à la fois au dynamisme économique et démographique et à des trajectoires spécifiques de développement régional.

LES MIGRATIONS VERS L'EUROPE ont privilégié depuis les années 1990 l'Europe du Sud. Italie, Espagne, Grèce et Portugal, traditionnellement pays d'émigration, affectés par une plus grande pauvreté et un certain retard industriel par rapport aux autres pays de l'Europe communautaire. Si les flux se sont orientés vers ces pays, c'est pour plusieurs raisons : d'une part la fermeture des frontières des pays traditionnels d'immigration fordiste en Europe occidentale dès le milieu des années 1970, d'autre part une demande nouvelle dans ces pays en main d'œuvre étrangère. En effet, l'économie de ces pays est fondée en partie sur des secteurs productifs hautement concurrentiels s'accommodant de formes flexibilisées de recrutement d'une main-d'œuvre précaire et faiblement rémunérée (agriculture,

Les Migrations vers l'Europe du Sud : L'Italie et l'Espagne, laboratoires de nouvelles
formes d'accueil
173

services domestiques, construction, professions du tourisme). De plus, ces pays n'ont pas disposé avant la fin des années 1990 de politiques cohérentes d'immigration, qu'il s'agisse du contrôle des entrées ou des mesures d'intégration.

Non seulement les arrivées ont été massives en un temps record, propulsant ces pays sur le devant de la scène migratoire européenne (5.7 millions d'étrangers en Espagne en 2010, soit 12.2% de la population, 5 millions en Italie, soit 8.3% de la population), mais en plus elles ont coïncidé avec une période de dynamisme économique indéniable. Les deux pays ont également à faire face aux défis du rôle de garde-frontière de l'espace Schengen à l'interface méditerranéenne, ce qui complexifie la mise en œuvre de politiques cohérentes d'intégration. En effet, l'urgence humanitaire et le contrôle des frontières justifient des politiques restrictives qui n'empêchent pas des formes d'intégration par le bas.

1. Espaces d'accueil et dynamiques de croissance économique

A. En Italie, un essor économique tardif qui bénéficie de l'arrivée de nouveaux travailleurs

Bien que pionnière dans la construction européenne, l'Italie a longtemps gardé certains traits caractéristiques d'un Sud de l'Europe : les indicateurs relatifs à l'industrialisation, à la qualification, à un secteur tertiaire peu productif, à l'importance de l'économie informelle, voire à la part des recettes du tourisme dans la balance des paiements ont justifié que se maintienne jusqu'aux années 1980 une image méridionale et périphérique de ce pilier européen, au même titre que les autres pays de la rive nord méditerranéenne. De plus, l'émigration de travailleurs italiens vers la France, l'Allemagne ou la Grande Bretagne s'est prolongée jusqu'aux années 1970, et la culture de l'émigration est restée tardivement ancrée dans la conscience nationale.

Et pourtant, ces caractéristiques ne doivent pas masquer une réalité plus nuancée pour trois raisons : le miracle économique de l'après-guerre, les performances industrielles des districts de la Troisième Italie au moment où les grandes puissances industrielles européennes connaissent un déclin, l'essor du marché de la construction. Le marché du travail italien a dès le début des années 1990 exprimé une forte demande de main-d'œuvre immigrée et l'économie du pays a bénéficié de cette abondante offre de travail.

L'autre particularité de l'Italie, c'est qu'elle comprend elle-même un Sud bien particulier, le Mezzogiorno. Caractérisé par un PNB par habitant plus faible, un fort taux de chômage (oscillant aujourd'hui entre 15% et 20% alors que certaines provinces du nord sont en dessous des 5%), un tissu industriel plus lâche et une très forte dépendance vis-à-vis des transferts financiers des autres régions, le Mezzogiorno a été caractérisé jusqu'à il y a peu par un solde migratoire très négatif. L'émigration du Sud s'orientait vers l'étranger mais surtout vers les régions du Nord et vers le Latium. C'est par ces migrants méridionaux que l'Italie du Nord faisait l'expérience de l'immigration, sans éviter les discriminations envers ces *méridionaux* ni les processus de relégation économique et géographique, notamment à Turin, la ville de FIAT, où les travailleurs méridionaux ont affronté des conditions de travail et de logement difficiles, justifiant les luttes sociales importantes de 1962 et 1969.

Aujourd'hui, le Mezzogiorno change: l'émigration vers le reste du pays, sans s'être interrompue, a très fortement diminué. Des régions comme la Campanie, la Calabre, les Pouilles ou la Sicile voient arriver de plus en plus de travailleurs étrangers, une inversion de tendance qui n'a pas manqué de surprendre les observateurs.

UNE IMMIGRATIONS RÉCENTE AUX PRIGINES VERIÉES

L'effectif d'étrangers n'a franchi le million qu'en 1997. Depuis, le phénomène s'est considérablement intensifié, pour arriver en 2003 à 2.3 millions d'étrangers, soit 3.7% de la population totale. Depuis cette date charnière, la population étrangère se serait stabilisée autour de 2.8 millions. Les naturalisations sont très rares, elles ne représentent que 0,5% de cette population en 2003. En revanche, l'impact sur la démographie italienne est important: le solde migratoire de 10,6% compense largement un accroissement naturel de plus en plus déficitaire, qui atteint −0. 7% en 2003.

Les origines des immigrés ont aussi considérablement changé. Au cours des
années 1980, c'est le Maroc, les Philippines, la Tunisie, quelques pays africains
comme l'Ethiopie, la Somalie, le Cap Vert ou le Sénégal qui dominent le paysage
migratoire italien, signe à la fois d'une reconfiguration des flux migratoires à desti-
nation de l'Europe vers l'Italie, mais aussi de l'émergence de nouveaux systèmes
migratoires lointains et spécifiques, dont les Philippines sont le meilleur exemple.
Dans les années qui suivent, après la chute du mur de Berlin et des situations poli-
tiques qui se dégradent dans les Balkans voisins, c'est l'ex-Yougoslavie et l'Albanie
qui émergent, suivies rapidement par la Chine qui voit sa diaspora s'implanter sol-
idement dans la péninsule. La Pologne puis la Roumanie emboîtent le pas à ces
pays qui s'ouvrent à l'économie de marché, mais l'immigration reste fortement
dominée par l'Albanie et le Maroc, pour des raisons de proximité géographique
principalement.

Le véritable tournant a lieu dès le début des années 2000, qui est le moment
d'une régularisation massive d'étrangers sans papiers, et ses résultats se font voir
dès l'année suivante. La Roumanie et l'Ukraine confirment une présence
importante, faite à la fois de régularisation de séjours irréguliers et de nouvelles
entrées. Entre 2002 et 2003, les effectifs ukrainiens augmentent de 700%, les
Moldaves de 400%, les Roumains de 150%, les Bulgares et les Polonais de
100%. Au total, il y a presque 800000 immigrés d'Europe de l'Est en 2004, soit
près d'un tiers du total des étrangers-alors même que certains observateurs estiment
qu'à eux seuls, les Roumains ont peut être dépassé le million en Italie, compte
tenu des travailleurs saisonniers, des circulants et des travailleurs non déclarés.
Parallèlement, des pays comme la Chine, le Pérou, l'Equateur, le Sri-Lanka ou le
Ghana confirment la vivacité de leurs dynamiques migratoires vers l'Italie. Le
travail domestique immigré est un élément essentiel de l'économie italienne : les
services à la personne, notamment les personnes âgées, font l'objet d'une demande
considérable dans un pays vieillissant. C'est un secteur très féminisé, où on compte
aussi bien des *badanti*, gardes-malades, que des *colf*, domestiques à demeure. Il

est représenté principalement par les Philippines, le Pérou, l'Ukraine, la Pologne ou la Moldavie. Cette distinction sur le type de contrat de travail présenté laisse supposer une différence de genre, le marché du travail domestique concernant en général les filières féminines de migration.

UN PHÉNOMÈ QUI SE DIFFUSE SUR L'ENSEMBLE DU TERRITOIRE

La distribution des étrangers dans l'espace italien révèle une reconfiguration régionale. D'abord, c'est la concentration sur le Latium (région de Rome) qui semble contrebalancer la Lombardie comme principale région d'accueil.

Le Latium présente un visage particulier dans le contexte péninsulaire. La province de Rome était avant 2002 celle qui comptait la plus grande quantité d'étrangers. Il n'y a que Milan qui s'en approchait pour les effectifs, et Prato en Toscane pour l'impact sur la population totale. Et pourtant, Rome semble être dans une position périphérique par rapport à une géographie des permis de séjour qui était presque exclusivement septentrionale. En effet, il y avait trois aires où le fait migratoire était significatif : la Lombardie avec la nébuleuse qui gravite autour de Milan, la plaine du Pô qui se prolonge au nord vers le Trentin, et un axe qui longe le piedmont des Apennins étrusques et pénètre vers l'Italie centrale.

On voit donc que le Latium occupe une position intermédiaire entre le Nord et une Italie du sud où on prend conscience d'un nouveau dynamisme économique. La seule province de Rome regroupe 19. 6% du total des demandes en travail domestique faites sur l'ensemble du territoire italien, contre 11. 2% seulement pour les autres emplois salariés. Milan représente 10. 53% des régularisations pour travail domestique et 14. 19% des régularisations d'autres employés. Cette différence entre les deux principales provinces métropolitaines montre la position ambivalente de Rome : d'une part elle semble assez orientée vers une immigration tertiaire liée au vieillissement (hausse des demandes en services à domicile pour personnes âgées), d'autre part, elle n'est pas réellement à la traîne pour ce qui est des emplois salariés : Rome est aussi un employeur industriel, notamment dans la construction qui accompagne le processus de métropolisation.

La reconfiguration récente de l'espace migratoire italien compte désormais avec le Mezzogiorno pour certaines filières : le Mezzogiorno représente 40% des nouveaux migrants ukrainiens au début des années 2000. Le Sud était donc une aire où le travail immigré, souvent non déclaré, est fortement ancré. C'est tout le sud tyrrhénien qui révèle la vigueur du travail au noir, depuis Latina à Reggio di Calabria, en passant par Caserte, Naples, Avellino, Bénévent, Salerno, Potenza, Cosenza et Crotone. Dans ces provinces, les employés à domicile sont les plus nombreux. Ces données sont relatives, elles n'indiquent pas que le Mezzogiorno devient la principale zone d'immigration mais simplement que des phénomènes migratoires locaux qui passaient jusqu'alors inaperçus ont été mis en évidence. Certaines filières migratoires se sont organisées directement vers le sud de l'Italie. Il est devenu habituel pour les migrants de partir directement du Maroc, du Sénégal, du Ghana, de Chine, d'Ukraine ou de Russie avec une invitation rédigée à Salerne, à Naples, Caserte ou Cosenza par un employeur qui cherche une assistance à domicile, une garde-malade ou un travailleur agricole, par l'intermédiaire d'agences qui se spécialisent dans ce secteur.

Enfin, une troisième aire contribue à structurer un espace péninsulaire de la migration ukrainienne, il s'agit du nord-est de l'Italie, ou «Troisième Italie», notamment l'Emilie-Romagne et la Vénétie, qui s'affirme comme pôle d'immigration contrebalançant la domination traditionnelle de la Lombardie. L'organisation de l'espace migratoire italien semble donc correspondre à l'Italie industrielle, celle de la Lombardie mais surtout celle de la Troisième Italie, avec une nette sous-représentation du nord-ouest, où la grande industrie fordiste est depuis longtemps en crise. On ne s'étonnera guère de cette coïncidence entre de nombreux permis de séjour et la présence de nombreuses entreprises petites et moyennes, de fortes densités, des revenus globalement élevés et un chômage plus faible qu'au sud. Cependant, le Piémont redevient attractif, alors qu'il ne faisait plus l'objet de migrations massives. Il faut noter que les migrants roumains ont réinvesti des villages entiers dans les vallées piémontaises et du Latium, qui avaient été abandonnés à cause de l'exode rural des générations précédentes. Les filières villageoises, notamment roumaines ont ciblé ces villages et sont en train de rétablir l'équilibre démographique dans ces communes.

LA VIGUEUR DES NICHES ÉCONOMIQUES

Les émigrés s'insèrent en Italie, comme dans les autres pays d'une Europe du Sud devenue la principale aire de destination, sur le marché du travail salarié subalterne (bâtiment, services domestiques, industrie traditionnelle des districts, restauration) et n'accèdent que dans un deuxième temps à l'auto-entreprise selon les modalités propres aux « niches » économiques du travail migrant indépendant (Waldinger 1994). Le changement social qui en découle dans les pays de départ est brutal, à la fois générationnel (les absents sont d'âge actif, les enfants restent au pays pendant toute la période de sas où les migrants travaillent sans papiers, le vieillissement est accentué) et régional : dans la mesure où les filières sont locales et régionales, les transferts d'épargne ont un effet très visible dans l'évolution du parc immobilier, la construction, l'équipement des ménages en biens de consommation et plus généralement dans la modernisation.

En Italie, le recours à la main-d'œuvre étrangère s'est avéré indispensable dès la fin des années 1980. Le tissu productif hérité des années du «miracle», fondé sur la compétitivité des petites entreprises familiales dans les districts industriels et la flexibilité extrême du marché du travail est alors arrivé à un point de blocage. En effet, traditionnellement alimenté par des migrations internes originaires du Mezzogiorno, il dut affronter l'interruption de cette mobilité (Rivière et Weber 2006). Ainsi, de graves pénuries locales de main-d'œuvre se font jour, qui ne peuvent intéresser que des travailleurs acceptant des contrats de courte durée et des conditions de travail précaires. Parallèlement, une nouvelle demande en travail migrant s'est développée dans le domaine de la reproduction sociale : travail domestique, soin aux personnes âgées, gardes d'enfants, compensant la faiblesse des transferts sociaux et des structures publiques de prise en charge des personnes dépendantes. Enfin, deux secteurs extrêmement concurrentiels n'ont eu d'autre possibilité que de recruter des travailleurs migrants : d'une part la tension affectant le marché du logement et la spéculation immobilière a relancé la construction et la demande en travail flexible dans le bâtiment; d'autre part, l'agriculture a dû compenser la pénurie d'ouvriers agricoles. En somme, l'essentiel de la croissance, de la même manière qu'en Espagne, s'est faite sur le travail migrant, avec un fort degré d'informalité (Fouteau 2008).

La migration vers l'Italie a donc impulsé la généralisation de pratiques de circulation routinière avec les pays d'émigration, qui ne sont pas le fait des seuls migrants, mais aussi des employeurs italiens, que ce soit pour des raisons professionnelles (investissement dans les régions de départ aujourd'hui comparables à des *maquiladoras*) ou personnelles (multiplication des mariages mixtes entre Italiens et migrantes au cours des années 2000).

B. En Espagne, les immigrés sont un pilier du «miracle»

Selon le registre de population, l'Espagne comptait en 2008, sur 46 millions d 'habitants, 11. 3% d'étrangers, plaçant ainsi le pays en tête dans l'UE pour la proportion d'étrangers[1]. La croissance de la population est aujourd'hui réalisée à 80% par l'immigration, qui s'avère essentielle pour compenser la très faible fécondité et le vieillissement accéléré de la population. Entre 2001 et 2008, la population immigrante a augmenté de plus de 4 millions, soit environ 600 000 par an, ce qui en fait la première destination en Europe. Au 1er janvier 2008, il y avait 5. 2 millions d'étrangers, dont 40% sont originaires d'un pays de l'UE (Roumanie au premier chef) et 29. 5% d'Amérique latine (Équateur, Bolivie, Colombie principalement), sans oublier l'importance de l'immigration marocaine. La féminisation des migrations s'explique par l'importance de l'emploi domestique accompagnant l'allongement de l'espérance de vie aux grands âges dans la population espagnole.

---

[1] Les principales sources recensant la présence étrangère en Espagne sont l'enquête nationale des immigrants (ENI) et le registre de population. Ce dernier, issu des registres communaux (le *padron*) où les étrangers peuvent s'inscrire pour bénéficier des principaux services sociaux, à commencer par la sécurité sociale et la scolarisation. Les communes ont reçu l'obligation en avril 2005 de radier les étrangers non communautaires qui n'auraient pas renouvelé leur inscription pendant deux années consécutives, afin de mieux connaître les sorties.

Seuls 32% des étrangers sont titulaires d'un titre de séjour permanent.

À l'apport démographique, il faut souligner l'apport économique: le ministre du travail Jesus Caldera a déclaré en septembre 2006 que l'apport des immigrés au système de sécurité sociale est «énorme» et représente la quasi-totalité du surplus de 7. 7milliards d'euros, les indicateurs de la population étrangère étant largement positifs: «trente cotisants pour un retraité» contre 2. 6 pour 1dans la population nationale, participation de «30% à 50% à la croissance du PIB», «de 50% à la création de nouveaux emplois» depuis 2001, une recette de «23milliards d'euros aux finances publiques», soit 6. 6% du budget de l'État①.

UNE DISTRIBUTION RÉGIONALE INÉGALE

Le phénomène migratoire est spatialement très contrasté en Espagne: les provinces littorales, de Malaga à Barcelone et comptant les archipels, canalisent l'essentiel des migrations, et la seule destination continentale significative est l'agglomération madrilène. Trois pôles dominent la géographie de l'immigration: la Catalogne, Madrid et les plaines agricoles des quatre provinces d'Almeria, Murcie, Valence et Alicante.

Selon le registre de population, les principales régions concernées en proportion de la population totale sont les Baléares (20. 8% de la population, pour 222 000 étrangers), Valence (16. 7%), Madrid (15. 9%) et Murcie (15. 7%).

Les trajectoires résidentielles des immigrants connaissent dans les villes espagnoles une évolution comparable à celle des villes d'autres pays d'Europe du sud; l'accès au logement social y est cependant moins malaisé qu'en Italie. Dans leur étude sur la périphérie de Barcelone, Naïk Miret et Pau Serra del Pozo montrent que l'arrivée de nouveaux résidents étrangers dans un quartier populaire d'habitat social, Barris del Besòs, proche des principales communes d'immigration de l'agglomération (Santa Coloma de Gramanet, Badalona et SantAdria del Besòs) où ils représentent 18. 6% de la population résidente en 2007, a représenté une

① Rapport «Immigration and the Spanish Economy, 1996 – 2006», Oficina economica del présidente, novembre 2006, cité par Fouteau 2008, 38.

opportunité pour stopper la dynamique de relégation sociale qui touchait ce type de quartier d'ancienne immigration rurale (Miret et Serra del Pozo 2008). Il y a une « substitution résidentielle », à l'origine d'un dynamisme démographique et économique nouveau, qui se traduit par l'émergence de nouvelles centralités en périphéries. L'étude de Juan David Sempere Souavanovong sur le quartier de Parque Ansaldo à Alicante confirme ce « recentrage de la périphérie » qui corrèle le cosmopolitisme émergent des agglomérations espagnoles à une polycentralité et une diversification économique originales : arrivées dans un quartier d'habitat social marginalisé par le départ de ses classes moyennes au cours des années 1980, les populations migrantes ont fait l'objet d'une politique de relogement au début des années 2000, qui a accompagné la « substitution » de résidents dans une zone en forte expansion (Sempere Souavanovong 2008).

LE TRAVAIL AGRICOLE, SYMBOLE D'UNE ÉCONOMIE SOUS TENTION

L'immigration se présente comme le nerf de la guerre pour l'agriculture espagnole. L'économie des huertas est strictement dépendante de la main-d'œuvre étrangère, sous-payée et soumise à des conditions de travail physiques, matérielles et juridiques frôlant l'inacceptable. Les horaires, les tâches assignées, les conditions de logement et les conditions sanitaires liées au temps passé dans la touffeur chargée d'insecticides, d'engrais chimiques et de pesticides sous les serres, où la température peut atteindre 50°C sont les principaux éléments à charge de cette économie sous tension.

Les émeutes de février 2000 à El Ejido dans la province d'Almeria qui ont duré trois jours sont sans doute une des poussées de racisme collectif les plus violentes en Europe depuis 1945. Alors que la région était une des plus pauvres il y a un demi siècle, la ville est aujourd'hui la troisième plus riche d'Espagne et, avec 35 000 hectares de serres, c'est la première région de production maraîchère sous serre du monde, et les exploitations d'El Ejido exportent près de trois millions de tonnes de fruits et légumes vers l'Europe (Bell 2005, 172) : ce bond n'aurait pas eu lieu sans la main-d'œuvre saisonnière sans papiers, embauchée sans contrat et pour de courtes durées, avec des salaires dérisoires (15 à 30 euros par jour). La province d'Almeria occupe en effet une position particulière d'étape dans les itinéraires migratoires marocains vers le reste du pays ou de l'Europe: le *turn over* y est particulièrement fort. La ségrégation organisée à El Ejido, par le biais de logements cantonnés dans des bâtiments agricoles insalubres en dehors de la ville et la cabanisation dans les *chabolas* (abris de fortune) peut être vue comme le pendant des mesures de discrimination et d'intimidation (accès refusé dans les magasins et bars de la ville), auxquelles prenait part la police municipale.

Les abus spectaculaires du système de huerta, aussi bien en termes de droit du travail que de pollution chimique sont la conséquence directe des politiques d'achat menées par les chaînes de grande distribution, qui contrôlent 80% du marché européen, mènent une politique de prix extrêmement concurrentielle et soumettent les exploitants à des délais très brefs, d'un jour à l'autre. Ceux-ci ne peuvent donc se passer d'une armée industrielle de réserve en bonne et due forme, disponible à tout moment (173). De plus, le seul coût de production que maîtrise un tant soit peu l'exploitant est celui du travail, qui en constitue environ les deux tiers. Avec Almeria, la province de Huelva est la deuxième région de huerta où les conditions de travail sont les plus calamiteuses. Ainsi la fraise précoce de Huelva, soumise à une concurrence très tendue et dont le prix est unilatéralement fixé par l'acheteur, cultivée par dérogation avec un engrais interdit par l'UE en 2005, le bromure de méthyle, place les petits exploitants dans une fragilité financière continue (Brodal 2005). Or, sur les 80 cents du coût de production total d'un kilo de fraise, la main-d'œuvre représente 56 cents: le marché du travail se transforme vite en «champ de bataille».

La mise en concurrence sauvage des travailleurs a été aggravée entre 2002 et 2005 avec les «contrats d'origine» saisonniers signés dans le cadre d'accords bilatéraux avec sept pays d'origine, dont des pays d'Europe centrale et orientale tels que la Roumanie, la Bulgarie et la Pologne, en plus du Maroc, les employeurs faisant explicitement appel aux migrants européens pour briser la grève (Potot 2003, 16). Pour la seule province de Huelva, il y avait 70 000 contrats de ce type en 2005. Ces contrats sont signés dans le pays d'origine, ont une durée de deux à neuf mois et imposent le retour à l'expiration du contrat. Dans les faits, le comportement de beaucoup d'employeurs est abusif (rétention des passeports et des clés du logement, tri quotidien entre travailleurs, ce qui renforce l'hostilité mutuelle entre eux). Les employeurs sélectionnent préférentiellement de jeunes femmes mères d'enfants en bas âge pour s'assurer de leur retour à la fin de la saison.

Les émeutes racistes de 2000 s'expliquent donc par la conjonction de ces facteurs, renforcée par le «remplacement ethnique» des travailleurs marocains et sénégalais par les premiers travailleurs roumains et bulgares dès la fin des années 1990. L'arrivée continue des *pateras* rend plus aiguë les hostilités intercommunautaires, et les agressions physiques récurrentes (notamment l'assassinat à l'arme blanche d'un marocain par cinq jeunes à El Ejido le 13 février 2005) ajoutées aux maladies causées par les pesticides, rendent encore plus insupportables les conditions de travail. L'organisation des travailleurs est malaisée, car la peur de l'expulsion et du licenciement inhibe toute velléité syndicale. Il n'y a qu'un syndicat, le Sindicato de Obreros del Campo (SOC), fondé dans les années soixante-dix par les saisonniers andalous, qui tente de faire respecter les conventions collectives, signées à l'échelle de la province, et jamais respectées (Bell 2005, 175-177).

2.Des politiques d'accueil pragmatiques

A. En Italie, des mesures d'urgence à l'expérience des quotas

L'Italie a affronté dans l'urgence une immigration pour laquelle elle n'était pas préparée. Il a fallu des ajustements législatifs successifs en 1986, 1990 et 1996, qui réagissent à court terme à une immigration non programmée, par le biais de régularisations au coup par coup (Schmoll et Weber 2004). Le code des étrangers n'avait pas été modifié depuis les lois mussoliniennes. Il n'y a pas eu de mesure nationale concernant le logement social des migrants. Dans ce contexte, les lois régionales prennent une importance considérable. Depuis la loi de 1990, les initiatives législatives liées à l'intégration des étrangers sont dévolues aux régions (logement, scolarisation, accès aux services, initiatives locales), ce qui entraîne de fortes disparités territoriales et une durabilité incertaine.

Parallèlement, le secteur associatif, ou *Terzo settore*, prend en charge une grande partie des services d'aide, à toutes les étapes du parcours du migrant : premier accueil, centres d'écoute, recherche d'emploi, hébergement d'urgence, recherche de logement, mise à disposition d'avocats pour les conflits avec l'employeur, dispensaires, soupes populaires, mais aussi initiatives interculturelles, ou actions communautaires. Les associations d'immigrés, par origines nationales, sont loin d'être la majorité. Les associations laïques cohabitent avec les associations religieuses, qui sont elles-mêmes dominées par deux puissants organismes : la Caritas et Sant'Egidio.

L'EXPÉRIENCE DE 1998 : UNE EPHÉMÈRE TENTATIVE DE GESTION INTRÉGRÉE

La loi de 1998, dite Turco-Napolitano du nom des ministres des Affaires sociales et de l'Intérieur, est la première loi-cadre qui coordonne les différents domaines d'intervention de l'État en matière d'immigration. Elle prévoit trois champs principaux d'action : la programmation des flux en fonction des besoins économiques et démographiques des régions italiennes, le contrôle des entrées et toutes les missions annexes et une politique dite d'intégration, visant à mobiliser les différents secteurs d'intervention sociale pour permettre aux migrants une bonne insertion dans la société. Cette loi est innovante par certains aspects car, en programmant les entrées au moyen d'un système de quotas[1] et en prévoyant des mesures d'intégration, elle vient à l'encontre de deux discours officiels. Celui de «l'immigration zéro» tend à rassurer l'opinion inquiétée par l'évolution du chômage

[1]　Les quotas sont annoncés chaque année par un "décret de flux" (*decreto flussi*) qui émane directement de la Présidence du Conseil et attribuent à chaque région, en tenant compte de l'état de leur marché du travail, un certain nombre de travailleurs étranger ventilés par secteur d'activité et par pays d'origine.

et celui de la migration seulement «utile», qui voit dans l'immigration un moyen de combler de façon temporaire les lacunes de l'offre de travail dans une économie flexible. La loi Turco-Napolitano met en œuvre au contraire de vastes projets pour l'intégration : médiation culturelle, programmes interculturels, projets de participation politique au niveau local, actions linguistiques et scolaires. Elle introduit par ailleurs le système de la sponsorisation, qui assure le recrutement à distance avec garanties, qui devrait permettre de concilier offre et demande de main d'œuvre étrangère, en essayant de tenir compte, au sein d'une politique de quotas, des liens interpersonnels et du fonctionnement en réseau des processus migratoires[1]. En cela, elle s'oriente vers une «immigration choisie» calquée sur le modèle nord-américain. Elle accorde également des droits fondamentaux : le droit au regroupement familial pour les individus munis d'un titre de séjour ainsi qu'un éventail de droits sociaux (sécurité sociale, éducation, logement, accès aux soins) y sont affirmés avec vigueur. Après cinq ans de séjour régulier sur le territoire italien, les étrangers, ainsi que les membres de leur famille proche, peuvent également obtenir une carte de séjour à durée illimitée.

Pour le reste, cette loi reprend à son compte les intentions des lois précédentes, en en complétant lacunes et incohérences. Plus encore, elle ne résout pas l'équivoque que tous les pays de l'espace Schengen ont à affronter, qui consiste en la conciliation des besoins du marché du travail et de la lutte contre la «clandestinité».

Cependant, les quotas et la sponsorisation sont vite critiqués, car ils supposent une bureaucratie lourde, prévoyant les besoins des différents segments du marché du travail dans chacune des provinces, rapportés à chacun des pays d'origine. Les postes se comptent donc par dizaines, voire par unités, alors que les migrants non déclarés déjà présents sur le sol italien se comptent par centaines de milliers. Pour respecter cette procédure, les travailleurs au noir devaient rentrer

---

[1] La *sponsorizzazione*, ou plus exactement la prestation de garantie devait permettre à des employeurs, sur garanties financières et de logement, de faire venir et d'employer des candidats à l'émigration signalés sur des listes consulaires

dans leur pays, attendre que la demande de leur ancien employeur parvienne au consulat italien, et espérer que leurs aspirations coïncident avec les hasards bureaucratiques. Autant dire que personne ne s'y est risqué, et que ce système a entraîné un véritable trafic de sponsors. L'immigration choisie est donc une proposition séduisante sur le papier, car très cohérente, mais impossible à mettre en pratique et condamnée à l'inefficacité.

MESURE DISSUASIVES ET RÉGULARISATION MASSEIVE : L'ÈRE DES CONTRADICTIONS

La loi suivante, dite Bossi-Fini, votée sous le second gouvernement Berlusconi (loi 189 du 30 juillet 2002), qui émane de deux ministres appartenant à des partis peu favorables à une société multiculturelle (Ligue du Nord pour le premier, Alleanza Nazionale pour le second) abroge la loi-cadre sans la supprimer, exacerbe ses contradictions internes et en déforme l'esprit. Elle supprime la sponsorisation, invoquant le prétexte qu'elle favorise les filières clandestines mais maintient les quotas. Elle met l'accent sur le durcissement des contrôles aux frontières et la pénalisation du séjour irrégulier, par le biais de la multiplication des centres de rétention provisoires et des procédures d'expulsions. Par ailleurs, elle réduit notablement les mesures visant à la bonne insertion sociale des migrants : limitation du regroupement familial, limitation de l'accès au logement social public (par ailleurs dramatiquement insuffisant dans le pays), notamment pour les demandeurs d'emploi, sanctions insuffisantes à l'encontre des marchands de sommeil.

L'immigration en Italie s'est donc manifestée dans un contexte politique et institutionnel en recomposition, marqué par la remise en cause de l'État social et la rigidité croissante des politiques migratoires européennes. Les étrangers se trouvent de fait exclus de toute une série de droits, posant le problème, sous certains aspects, de l'apparition de citoyens de seconde zone, désignés par certains comme de véritables «non-personnes» (DalLago 1999).

Force est de constater que l'application du volet répressif de la politique migratoire a été bien plus rapide (comme en témoigne la hausse continue depuis 1998 de la courbe des expulsions) que celle des mesures concernant l'intégration des migrants : certaines n'ont jamais été mises en place, tandis que le décret d'application de la loi et les circulaires qui y sont associées en ont fourni une interprétation très rigide. Ainsi une circulaire du ministère de l'Intérieur de mai 2001 indique que la carte de séjour ne peut être octroyée qu'à celui ou celle qui a occupé le même emploi pendant plus de 5 ans. Le problème de l'insertion des étrangers sur le marché du travail révèle aussi les aspects discriminatoires de la situation actuelle : l'accès aux métiers de la fonction publique leur est totalement fermé, la reconnaissance des diplômes obtenus à l'étranger est, à quelques rares exceptions près, absente. Dans le domaine des droits civiques, la question du droit de vote aux élections locales reste encore en suspens malgré quelques tentatives municipales qui n'ont pas pu aboutir. Une autre difficulté est le passage aux collectivités locales des fonds prévus par la loi pour l'intégration, qui souvent ne sont pas dépensés.

La loi Bossi-Fini introduit un degré supplémentaire de discrimination. Elle révise le délai pour l'obtention d'une carte de séjour à la hausse et surtout, sanctionne le principe du séjour conditionné étroitement par la possession d'un contrat de travail, en introduisant le fameux «contrat de séjour» qui doit être stipulé entre employeur et employé. L'étranger hors U.E. demandeur d'un permis de séjour est par ailleurs soumis à des relevés d'empreintes digitales. Les soubresauts de la loi et la restriction de ses applications sont des facteurs d'instabilité pour les étrangers.

Et pourtant, c'est sous ce même gouvernement Berlusconi qu'est adoptée la maxi-régularisation de 2002 : 650 000 régularisations ont qui multiplié l'effectif d'étrangers par 1.5, dans le but de lutter contre l'immigration clandestine et le travail au noir des sans papiers, notamment dans le secteur domestique. Votée sous la pression du patronat qui évoquait l'urgence de favoriser l'emploi de main-d'œuvre étrangère pour soutenir l'industrie et l'agriculture italiennes, cette régularisation s'avérait également indispensable pour affronter la question du vieillissement et de la prise en charge des personnes âgées. Enfin, elle permettait un assainissement fiscal considérable en incitant les employeurs à déclarer les travailleurs migrants. Elle rendait donc caduc le système complexe des quotas. Elle a utomatiquement permis de faire diminuer l'immigration irrégulière, confortant les objectifs déclarés du gouvernement, sans pour autant éviter des absurdités administratives: le renouvellement des permis de séjour s'est fait dans une confusion très préjudiciable aux droits des étrangers. Par la suite, le gouvernement Prodi qui a succédé a contribué à assainir l'imbroglio des permis de séjour en augmentant sensiblement les quotas annuels et accordant au total près de 500 000 permis de séjour.

LES INITIATIVES INDIVIDUELLES: UNE INTÉGRATION EUROPÉENNE «PAR LE BAS»

Parallèlement à ces initiatives contradictoires quant à la politique d'immigration, les acteurs de la migration ne sont pas en reste.

Tout d'abord, les migrants ont développé leurs capacités à circuler. On ne dira jamais assez combien l'obtention d'un permis de séjour sert avant tout à circuler. De fait, après la régularisation de 2002, de très nombreux migrants ont pris la route pour leur pays d'origine après des années passées dans l'immobilité. Tant qu'on est en situation irrégulière, on reste dans le pays d'immigration. Dès qu'on a des papiers, on rentre chez soi et on «s'installe dans la mobilité» (Wihtol de Wenden 2009). Cette circulation est assurée par des transporteurs et des milliers de microbus ou d'autocars. Des terminaux transnationaux apparaissent dans toutes les villes d'immigration, comme à Milan, Naples, ou Rome, qui assurent une fonction de connexion avec le pays d'origine et d'interface de circulation. On a vu ainsi apparaître des gares routières plus ou moins informelles pour les bus reliant Rome à la Roumanie, à la Pologne et surtout à l'Ukraine. De cette manière, les passagers peuvent faire l'aller-retour, le courrier circule aisément, les colis sont envoyés à la famille et surtout, l'argent des transferts d'épargne assure un revenu significatif pour l'économie des pays de départ. Les retombées sur la modernisation des sociétés de départ et le développement sont inappréciables: les migrants sont des acteurs directs du développement.

Ensuite, les migrants jouent un rôle de relais dans une intégration des économies à distance. En effet, beaucoup d'entrepreneurs italiens s'appuient sur les liens de confiance qu'ils ont tissés avec leurs employés migrants en Italie pour assurer un investissement dans le pays de départ. Déjà en 2001, l'Italie était le premier pays présent en Roumanie en nombre d'entreprises implantées (environ 15 000 entreprises, soit 500 000 travailleurs employés en Roumanie par des Italiens). Timisoara apparaissait comme un Mexique de l'Europe. Dès 1993, l'Italie réalisait 3. 7 milliards de dollars d'investissements directs en Pologne avec 400 sociétés mixtes et de nombreuses petites entreprises (Rivière et Weber 2006). En 2002, elle est le cinquième investisseur en Roumanie, grâce au dynamisme de la PME familiale qui a assuré le miracle de la Troisième Italie. Depuis, de nombreuses régions de Roumanie ont été gagnées par le phénomène: le sud de la Transylvanie autour de Brasov et une grande partie de la plaine moldave, entre Piatra Neamt et Focsani, qui sont les principaux bassins d'émigration. Cette stratégie d'investissement s'appuie certes sur un soutien actif des organisations d'entrepreneurs et des institutions bancaires, comme les Chambres de commerces régionales, la Confindustria, l'Istituto del Commercio estero, Unioncamere, ou encore la Banque Italo-roumaine, la Fundatia Sistema Italia-Romania (63). Mais elle n'arriverait pas à un succès si rapide sans l'appui de migrants bilingues et rompus aux pratiques juridiques et économiques des deux pays. De ce fait, l'implantation récente d'entreprises italiennes en Ukraine (en Bucovine et en Galicie), rendue difficile par les complications administratives, linguistiques et fiscales du pays, repose sur les liens de confiance entre employeurs italiens et intermédiaires migrants.

B. L'Espagne, championne de la politique utilitariste

LA RÉGULARISATION MASSIVE: UN OPPORTUNISME SÉLECTIF

La régularisation de travailleurs sans papiers, réalisée en 2005 a été aussi spectaculaire que celle qui a eu lieu en Italie en 2002−2003. 560 000 travailleurs étrangers ont ainsi obtenu un titre de séjour, faisant augmenter la population étrangère déclarée de 30% par rapport à 2004, pour arriver à un effectif de 3. 6

millions de personnes. Cette régularisation massive, portée par le ministre du travail socialisteJesus Caldera marquait la rupture du gouvernement Zapatero par rapport au précédent gouvernement conservateur. Il s'agit de la sixième opération de régularisation, les deux principales ayant eu lieu en 1991 et 2000.

Contrairement aux précédentes, cette régularisation est purement économique et peut être assimilée à une politique de sélection utilitariste des migrants[1]. L'objectif est avant tout de réduire le poids de l'économie informelle, qui représentait peut-être un quart du PIB, principalement dans les deux secteurs clés de l'agriculture et du bâtiment. Le deuxième objectif est aussi fiscal: en 2000, 59 milliards d'euros auraient échappé au trésor public, au premier chef les impôts dus par les entreprises. Le manque à gagner sur les charges sociales est la troisième motivation: une enquête menée par le quotidien *ABC* a estimé que la régularisation de 270 000 employées de maison rapporteraient160 milliards d'euros à l'État (Thomas 2004).

Quel regard porter sur les régularisations massives de ce type? Beaucoup de demandes n'ont pas abouti (690 679 demandes avaient été déposées) et le nombre de travailleurs sans papiers était estimé alors à 800 000 par le ministère du travail. D'autre part, c'est avant tout les employeurs qui sont la cible de cette régularisation, ou plus exactement de cette amnistie: les chômeurs en sont exclus, les conditions requises étant d'occuper un emploi avec un contrat d'au moins six mois (trois dans l'agriculture) et de prouver sa résidence dans le pays depuis au moins le 7 août 2004. Selon certaines ONG et SOS Racisme, cette procédure était trop restrictive, estimant à 700 000 l'effectif d'étrangers qui n'auraient pas pu déposer de demande, en particulier 400 000 les enfants, conjoints et parents (Gallois 2005) de travailleurs sans papiers, dénonçant la réduction des procédures au seul motif du travail. Les dispositifs du regroupement familial ont au contraire été durcis à cette période.

---

[1] Selon la secrétaire d'État espagnole à l'immigration, Consuelo Rumi, « les conditions entourant la régularisation visent à l'adapter aux capacités du marché du travail, à consolider la sécurité sociale et à grossir les recettes fiscales par la réduction du travail au noir», cité dans Gallois 2005.

Les demandes déposées ont confirmé la tendance observée dans les inscriptions aux registres communaux, qui ont augmenté de 50% au cours de la seule année 2004, avec 646 000 nouveaux inscrits. Les migrants équatoriens ont déposé une demande sur cinq, sachant entre 2000 et 2004, on avait pu compter 350 000 enregistrements sur les registres communaux, évolution spectaculaire. Les Roumains représentaient 17. 2% des demandes en 2005, comme le laissaient supposer l'augmentation rapide des inscriptions communales depuis 2000 : 200 000 environ entre 2000 et 2004, dont 40% pour la seule année 2004. Les principaux autres pays d'origine des sans papiers demandant à être régularisés sont le Maroc avec 12. 5%, la Colombie (8. 2%) , la Bolivie, la Bulgarie, l'Argentine, l'Ukraine, le Pakistan et la Chine.

Les secteurs les plus concernés par l'emploi non déclaré sont le travail domestique (31. 7% des demandes) , la construction (20. 8%) , l'agriculture (15%) , l'hôtellerie et la restauration (10. 5%) et le commerce de détail (4. 8%) : autant d'indices montrant que la régularisation sert à adapter l'économie à la concurrence internationalisée, à avaliser un marché du travail segmenté et extrêmement flexible.

LES LOIS POUR L'IMMIGRATION, ENTRE INTÉRÊTS NATIONAUX ET PRINCIPES COMMUNAUTAIRES

Sous la dictature franquiste, les étrangers hispanophones des anciennes colonies ont eu beaucoup de difficultés à continuer à circuler : l'Espagne est alors devenue un important pays de départ. Avec l'avènement de la démocratie, comme les autres pays d'Europe du sud, qui n'ont cessé que tardivement d'être des pays d'émigration, c'est dans l'urgence et sur la pression de la Communauté européenne que l'Espagne s'est équipée de dispositifs réglementaires pour les politiques d'immigration. Suspecte de ne pas être en mesure de contrôler ses frontières et trop libérale vis-à-vis des ressortissants hispanophones d'Amérique latine ou d'Afrique qui étaient dispensés de visa, l'Espagne s'est vu refuser la possibilité de signer l'accord de Schengen le 14 juin 1985. Pourtant il n'aura fallu que six ans pour qu'elle intègre l'espace Schengen, le 25 juin 1991.

Pour accélérer son intégration dans la communauté, elle s'est donc rapidement alignée sur ses partenaires d'Europe du Nord pour contrôler l'entrée et le séjour des étrangers (*Plein Droit* 2003). Le visa est imposé aux ressortissants d'un certain nombre de pays hispanophones et d'Afrique noire par la loi du 1er juillet 1985, alors que les pays hispanophones en étaient traditionnellement dispensés-cette évolution a continué depuis lors, le régime de visa a été imposé à la Colombie et à Cuba en 2002; la loi du 1er janvier 1990 impose un visa, la preuve de ressources suffisantes pour couvrir les frais du séjour et la présentation du billet de retour aux ressortissants des pays du Maghreb; dès 1992, la surveillance des côtes est assurée par la Garde civile maritime, notamment au large des enclaves de Ceuta et Melilla; en 1993, une nouvelle loi sur l'asile remplace celle de 1984, fragilisant le statut des demandeurs au prétexte de la lutte contre les «fausses demandes d'asile» (qui n'atteignaient alors que 8% des demandes, mais qui ont suffi, comme dans les autres pays Schengen, à remettre gravement en cause le principe du droit d'asile hérité de la Convention de Genève de 1951); la frontière des enclaves espagnoles au Maroc est assortie au cours de années 1990 d'une enceinte de barbelés et d'un fichier informatique connecté au Système d'information Schengen[1].

La principale loi cadre est la loi 8/2000, la Loi organique sur les étrangers (Ley orgánica de extranjería), qui élargit l'ensemble des droits garantis par la constitution aux étrangers, complète les mesures anti-discriminatoires, définit les différents statuts et procédures et prévoit un certain nombre de dispositifs pour l'intégration, le contrôle des frontières et la lutte contre l'immigration clandestine; elle met notamment en place le système des «recrutements en origine», à distance de saisonniers pour des contrats à durée limitée.

Enfin, le volet des dispositifs de contrôle de l'immigration irrégulière est consolidé par la suite. Le décret royal de décembre 2004 conditionne l'intégration des immigrants en règle à la lutte contre les entrées irrégulières, pénalisant les transporteurs qui ne se sont pas assuré de la légalité des documents de leurs pas-

---

[1]　Fichier numérique centralisé de signalement des objets et personnes recherchées, ainsi que des migrants irréguliers appréhendés ou demandeurs d'asile déboutés (pour plus de détails, voir Weber 2007,33-34).

sagers, contrôlant la mise à jour des registres communaux. En 2005, une nouvelle législation sur les étrangers a été adoptée par le Parlement. À l'image des autres lois cadre sur l'immigration, elle développe deux volets : le durcissement du système répressif de l'immigration irrégulière (contrôles des frontières, procédures de rétention, d'expulsion et d'éloignement) et des mesures dites «d'intégration», qui insistent sur «l'accueil et l'intégration», notamment par le biais du FIDI (Fonds d'intégration des immigrés) qui va, comme ailleurs en Europe, conditionner le titre de séjour à des preuves d'intégration. À ce titre, elle est très comparable à la loi Bossi-Fini qui a vu le jour un peu plus d'un an auparavant en Italie.

Au final, c'est la politique d'asile qui a été la plus restrictive (le statut de demandeur est accordé à un nombre dérisoire de personnes : entre 3% et 5% des demandes selon les années, décourageant les entrées). Les procédures d'examen, de rétention administrative et de reconduite sont régulièrement critiquées par les observateurs. Neuf centres d'internement des étrangers (CIE) ont été construits : Zapadores (Valence), Zona Franca (Barcelone), Sangonera la Verde (Murcie), Capuchinos (Malaga), Carabanchel (Madrid), La Piñera (Algeciras), Hoya Fria (Tenerife), Barranco Seco (Grande Canarie) et El Matorral (Fuerteventura). À ces centres, il faut ajouter le hangar de l'aéroport de Lanzarote, utilisé comme Centre d'Internement, les deux Centres de Séjour Temporaire pour les Immigrants (CETI) de Ceuta et Melilla, ainsi que plusieurs centres de rétention informels (Migreurop 2009).

LA LUTTE CONTRE LES CLANDESTIONS : L'ESPAGNE PIONNIÈRE

La politique de lutte contre l'immigration «clandestine» est une des plus sévères d'Europe. L'émotion suscitée par la révélation dans la presse en février 2009 d'une circulaire transmise par la Direction générale de la police nationale et de la garde civile aux commissariats «d'intensifier les arrestations des immigrés en situation irrégulière, tout en donnant la priorité aux Marocains, dont le rapatriement est moins cher» (Mokhliss 2009) est corroborée par la dénonciation, par le secrétaire général du syndicat policier Union Fédérale de la police (UFP), des injonctions préfectorales d'arrêter un quota hebdomadaire de sans-papiers depuis octobre 2008.

Depuis la fin des années 1990, le Système intégré de surveillance extérieure (SIVE) a été mis en place sur les côtes des Canaries et de l'Andalousie: il s'agit d'un système de surveillance à distance et de détection très sophistiqué (caméras thermiques et à infrarouge) pour repérer les*pateras* ou les *cayucos* tentant d'accoster. Cet équipement a été complété par des capteurs sensoriels détectant les battements de cœur à distance, des stations radars à Lanzarote et à Fuerteventura, et les projets d'équipement du reste de la Méditerranée espagnole bénéficient d'un investissement de 232 millions d'euros: le coût de l'immigration est donc bien celui de sa prévention (Charles 2007). L'Espagne a également joué un rôle essentiel dans la création de l'agence Frontex en 2003, organe militarisé de surveillance des frontières extérieures de l'espace Schengen, doté de plus de 70 millions d'euros et particulièrement actif entre les côtes sénégalaises, mauritaniennes et marocaines et les côtes espagnoles.

Le durcissement des contrôles aux frontières ont pour conséquence le renchérissement du voyage pour les migrants: le coût en vies humaines s'aggrave (les côtes espagnoles auront vu mourir une majorité des 12 à 13 000 personnes qui n'ont pas survécu à la traversée en mer selon les estimations) et le coût financier de la migration s'alourdit, favorisant indirectement les passeurs qui prennent plus de risques. L'épisode de 2005 à la frontière hispano-marocaine des enclaves de Ceuta et Melilla reste sans doute le plus marquant: des Africains qui tentèrent d'escalader l'enceinte espagnole ont succombé aux heurts avec les forces de l'ordre espagnoles et marocaines. Selon les estimations, entre 14 et 21 personnes seraient mortes à cette frontière entre août et octobre 2005, il n'a pas toujours été possible de les identifier (Migreurop, Blanchard et Wender 2007; voir aussi Blanchard, Clochard et Rodier 2008).

L'année 2006, qui a compté le plus d'arrivée de migrants par mer (30 000 environ, chiffre le plus élevé depuis les 10 000 personnes arrivées en 2002) et qui a été l'occasion d'une surenchère médiatique sur la dimension « massive » du phénomène (alors qu'il est très modéré par rapport aux effectifs de la régularisation), a vu se déclencher une complexification du blindage frontalier: la politique internationale de l'Espagne, dans le cadre de la coopération de l'UE avec les pays tiers, s'est de plus en plus centrée sur la question migratoire. Il s'agit du «plan Afrique» mis en place en mars 2006 et visant à la généralisation des accords de réadmission et de coopération pour le contrôle des départs, conditionnant l'aide financière aux pays ouest africains au titre du développement. Ouverture d'ambassades au Mali, au Cap-Vert, au Soudan, en Gambie, en Guinée Bissau et Guinée Conakry, envoi d'un «ambassadeur spécial chargé de l'immigration» à Dakar (Charles 2007). Il s'agit donc bel et bien de l'externalisation des frontières extérieures de l'Espagne et plus généralement de l'espace Schengen: la prévention de l'émigration rendue «illégale»-ce qui contrevient à la déclaration universelle des droits de l'homme-se fait à partir des pays de transit ou de départ (Weber 2007, 48-49). Les procédures sont rendues sommaires et se font sans qu'aucune autorité ne soit présente pour vérifier que le droit d'asile est respecté. Le traitement déplorable réservé à Nouadhibou aux passagers du Marine I en février 2007 est un des exemples les plus éloquents des entorses qui sont faites aux droits fondamentaux. De façon générale, les accords de réadmission sont accompagnés de quotas d'immigrants imposés par l'Espagne: non seulement ils portent sur des effectifs dérisoires, mais en plus ils restent lettre morte.

En 2008, un rapport d'Amnesty international dénonçait la situation dramatique des migrants expulsés vers la Mauritanie, en vertu del'accord de réadmission de 2003: les conditions de détention prolongée, les mauvais traitements, le renvoi de mineurs isolés, l'absence de procédures équitables de droit d'asile.

L'organisation de mouvements collectifs de défense des droits des migrants et des étrangers en Espagne s'est faite tardivement mais, si leur rôle s'accroît, le contre-pouvoir reste comme ailleurs en Europe, difficile à structurer face à l'hégémonie des mécanismes politiques de stigmatisation de l'immigration spontanée. De nombreuses associations maintiennent une veille sur la situation des migrants, comme, pour n'en citer que quelques-unes, l'Association des travailleurs immigrés marocains en Espagne

（ATIME）, l'Associations et amis et familles des victimes de l'immigration clandestine（AFVIC）, l'Association pour les droits de l'homme en Andalousie（APDHA）, l'associationAlgeciras acoge. Les atteintes aux droits fondamentaux sont souvent connues par le seul biais de ces associations, notamment dans les centres de rétention avant expulsion, qui se sont multipliés sur le territoire et où les violences policières et les conditions de détention sont régulièrement dénoncées.

3.Conclusion: quel avenir pour les étrangers précaires dans les secteurs touchés par la crise récente?

Le point commun entre les deux pays est le retour sur la scène politique de discours xénophobes. Mais les traductions législatives de l'impact de la crise sur les immigrants sont nuancées.

Le gouvernement espagnol a annoncé en juin 2008 son intention d'offrir des incitations financières au retour des immigrés originaires d'un pays hors-UE et de durcir les conditions du regroupement familial, excluant les ascendants, arguant du prétexte du coût qu'occasionnent les étrangers âgés à l'État providence (*Latin Reporters* 2008). Ce projet, aussi drastique que les tentatives d'aide au retour mises en œuvre dans les pays de l'UE, envisage d'inciter au retour les étrangers non communautaires perdant leur emploi et acceptant leur rapatriement, en leur versant la totalité des indemnités de chômage (dont 60% une fois le retour effectué) et en leur proposant des aides à la création d'entreprise dans leur pays d'origine (micro-crédit et conseil). Selon le ministre du travail et de l'immigration Celestino Corbacho, environ un million de personnes pouvaient être concernées par ces mesures, soit près de la moitié des étrangers originaires d'un pays non communautaire et titulaires d'un permis de séjour. Ce chiffre, inconsidérément avancé, a eu un fort retentissement médiatique[1] alors qu'à ce moment seulement 100 000

---

① La une du quotidien El Pais titrait le 15 juin 2008 «Le gouvernement veut rapatrier, en les aidant, un million d'immigrés».

étrangers en situation régulière au chômage. Depuis la crise de 2008, le chômage des étrangers s'est considérablement aggravé et la nouvelle loi sur l'immigration de 2011 a inclus ce programme. 28% des travailleurs étrangers sont au chômage en Espagne en 2011 (contre 20.4% de la population totale). Les lois sont de plus en plus restrictives, par exemple la restriction au regroupement familial adoptée en mars 2011. De même, l'Union européenne a donné son accord à une limitation de l'accès du marché du travail espagnol aux travailleurs roumains en août 2011, à l'encontre du principe de libre accès des marchés du travail communautaires aux ressortissants des autres pays membres. Ces mesures ne peuvent que renforcer les poussées xénophobes, comme en témoignent les violences antimusulmanes de février dans la ville de Salt, proche de Gérone en Catalogne, comptant 43% d'immigrés.

En Italie, après d'autres épisodes de régularisation, notamment en 2006 avec 520 000 permis de séjour accordés aux travailleurs non déclarés, les entrées ont été fortement limités à partir de 2008, du fait de la crise économique. Cependant cette attitude a été infléchie dès 2009 avec une nouvelle loi qui compense son volet restrictif par une nouvelle régularisation massive et en décembre 2010 avec la programmation de 1000 000 nouvelles entrées pour les secteurs en tension. De fait, la politique migratoire italienne doit compter avec une classe d'âge actif deplus en plus insuffisante par rapport aux effectifs de retraités. De plus, ce besoin de main d'œuvre étrangère n'est pas incompatible avec un chômage en hausse, surtout chez les jeunes et dans le Mezzogiorno, du fait de la segmentation du marché du travail. Ce maintien d'un dynamisme migratoire certes ralenti mais continu n'a pas empêché les dérives politiques et médiatiques des discours xénophobes qui ont accompagné la crise dite de «Lampedusa» dans les premiers mois de 2011.

References

Bell, Nicholas. 2005. «Travailleurs migrants dans l'agriculture intensive, quel soutien?» *In Politiques migratoires : grandes et petites manœuvres*. Carobella.

Blanchard, Emmanuel, Olivier Clochard et Claire Rodier. 2008. «Compter les morts» *In* «Les chiffres choisis de l'immigration». *Plein Droit*, n°. 77.

Brodal, Sissel. 2005. «La Galère de l'or rouge». *Archipel*, n° 127.

Charles, Claudia. 2007. «Le double jeu de l'Espagne». *Plein Droit*, juillet, n°. 73.

Dal Lago, Alessandro. 1999. *Non-persone: L'esclusione dei migranti in una società globale*. Milan: Feltrinelli.

Fouteau, Carine. 2008. «Combien ça coûte, Combien ça rapporte».*In Immigration: fantasmes et réalités. Pour une alternative à la fermeture des frontières*, sous la direction de C. Rodier et E. Terray, 35−41. Paris: La Découverte.

Gallois, Christian. 2005. «Espagne: régularisation record de près de 700 000 étrangers sans papiers».http://www.latinreporters.com/espagnesoc08052005.html.

Latin Reporters. 2008. «L'Espagne de Zapatero "veut rapatrier un million d'immigrés" (El Pais), trois ans après la légalisation de 600 000 sans-papiers». 15 juin. http://www.latinreporters.com/espagnesoc15062008.html.

Migreurop. 2009. *Centres de rétention en Espagne*. http://www.migreurop.org/article1354.html.

Migreurop, Emmanuel Blanchard et Anne-Sophie Wender, dir. 2007. *Guerre aux migrants: le Livre noir de Ceuta et Melilla*. Paris: Syllepse.

Miret, Naïk, et Pau Serra del Pozo. 2008. «Potentiels de transformation des quartiers populaires de la banlieue de Barcelone à travers les pratiques socio-résidentielles et économiques de l'immigration récente». Communication au colloque «Périphéries», www.ades.cnrs.fr/peripheries/spip.php, 25 avril 2008.

Mokhliss, Brahim. 2009. «L'Espagne s'acharne contre les Marocains: Les policiers ibériques sont invités à cibler les immigrés clandestins». *Le Matin*, 16 février.

Plein Droit. 2003. «Espagne: un grand désir d'intégration européenne». *In* «Les chiffres choisis de l'immigration». Février, n° 20.

Potot, Swanie. 2003. «Quand les migrants de l'Est rencontrent ceux du Sud». Actes du colloque de l'Association française d'études balkaniques, 7 avril 2003. www.afebalk.org/rencontres2002/textes/S.Potot.pdf.

Rivière, D., et Serge Weber. 2006. «Le Modèle du district italien en question : Bilan etPerspectives à l'heure de l'Europe élargie». *Méditerranée*, n° 106 : 57–64.

Schmoll, Camille, et Serge Weber. 2004. «Un laboratoire d'immigration postfordiste». *In Autres vues d'Italie : Lectures géographiques d'un territoire*, sous la direction de Colette Vallat, 125–167. Paris : L'Harmattan.

Sempere Souavanovong, Juan David. 2008. «Parque Ansaldo : évolution et involution d'un quartier marginal dans la périphérie d'Alicante». Communication au colloque «Périphéries», www.ades.cnrs.fr/peripheries/spip.php, 25 avril 2008.

Thomas, Colette. 2004. «Régularisation massive de travailleurs clandestins». *Radio France International*, 27 octobre. www.rfi.fr/actufr.articles/058/article _ 31355.asp.

Waldinger, Roger. 1994, «The Making of an Immigrant Niche». *International Migration Review* 28 (1) : 3–30.

Weber, Serge. 2007. *Nouvelle Europe, Nouvelles migrations : Mondialisation, frontières, intégration*. Paris : Le Félin.

Wihtol de Wenden, Catherine. 2009. *La Globalisation humaine*. Paris : PUF.

流动的巴尔干人

安娜·克勒斯泰娃

　　这篇文章对东南欧移民特殊的集中性和多样性以及它的样态和趋势提供一项综合性的研究:从强制性移民到回归,从移民的族群逻辑到经济法则,从大规模向外移民到临时性的循环移民,从向外移民到向内移民。根据不同国家的多样的移民经验,这篇文章提出四种移民类型:后冲突型,存在于前南斯拉夫国家,最具有代表性的是波黑;全包型,意指包括所有移民类型的国家,典型例子是阿尔巴尼亚;新向外移民"冠军",比如移民规模庞大而集中的罗马尼亚;移入型,指的是经历从向外移民到劳动移民移入转型的斯洛文尼亚。除了斯洛文尼亚,其他国家的向外移民仍然绝对高于移入。但是在不远的将来,移入作为移民模式的可能中心的意义将越来越大。

　　"今天的移民是为了工作"(ILO 2010)——这是国际劳动组织作出的清晰而精练的结论,它也被数据所证实:雇员和他们的家庭占移民总数的90%。国际移民组织的结论也是如此:"尽管有经济危机的影响,来源国和目的国继续需要劳动移民。"(IOM 2010b,第17页)
东南欧经过很长时间才成为这个全球性移民常态的一部分。这篇文章分析的是这个过程的主要里程碑。

1.巴尔干:劳动移民的再发现

从多样化到统一巴尔干移民模式。
巴尔干在20世纪90年代初期突然被称为"欧洲移民之冠"。这个时期的移民实际上在东西部有着相反的趋势。我将通过对移民形势发展分期和主要流动类型的分类来分析一下这种独特的移民机制及其多样化。

"世界上几乎没有任何其他地区的移民像巴尔干地区那样仍受到历史这么大的影响"(Bonifazi、Mamolo 2014,第519页)。这篇文章的形式不允许对历史趋势做详细的讨论,也不允许对现状进行脱离过去二十年所发生的巨大历史变化的研究。我把柏林墙倒下后的这段时间分成三段。

第一段时期是从1989到20世纪90年代中期,这也是前南斯拉夫战争结束的时间。这个时期有三种趋势。

　　——移民流动的突然而强大的增长。

　　——形式的多样化及劳动和非劳动移民强度的增加。

　　——东巴尔干人和西巴尔干人朝两个相反的移民方向"逃离"。

我将简略地讨论一下每一个趋势,从最后一个开始。东巴尔干人正在经历一场从"政治化到经济化"移民的转变;西巴尔干人,正相反,正在经历从经济化到政治化移民的转变。

随着罗马尼亚、保加利亚和阿尔巴尼亚的后共产主义变化,这些国家经历了从封闭社会到开放社会的迅速激进的转型。在共产主义时期,移民,不论是向外还是向内,都由国家严格控制。并被限制在最低水平,其讨论只涉及国家安全和利益问题。任何去国外发展事业的愿望都被视为对国家的政治背叛。

后共产主义转型过程中最让人向往的自由之一是移动自由,十个保加利亚人中就有一个人,四个阿尔巴尼亚人中就有一个人享受这个自由。

南斯拉夫模式是开放型的,向外移民和循环劳动移民是它的表现。冲突和战争的爆发导致了强力的人口移动。联邦时期的人口经济流动逻辑突然被政治和军事强制性流动所代替。

波德文-爱德华用来描述巴尔干半岛20世纪90年代上半期移民的四种类型中,有三种是非劳动移民型:"强制型"、"族群型"和"走私型"。8000万人口中有1000万加入了移民大潮(Baldwin-Edwards 2010)。

第二段时期是从1995年的代顿协议开始一直到新世纪的最初十年,在这十年中,斯洛文尼亚、罗马尼亚和保加利亚相继成立。这段时期呈现两种趋势:西巴尔干向后冲突型移民转型,东巴尔干移民逐渐地缓慢地欧洲化。首先是让那些被迫移民的人自愿返回家园。如果说前南斯拉夫的移民是疗治冲突造成的创伤,罗马尼亚和保加利亚的难民则日渐呈现出欧洲的表征:这里的移民不是来自周边而是遥远的国家,即全球难民流的古典来源:阿富汗、伊拉克、索马里等。移民逐渐受到政治和经济关注。这段时期是劳动移民的逐渐恢复时期。它不再是多种移民形式中的一种,而是在移民全景中占有中心地位。

我们现在处在第三个阶段,欧洲移民已经是既成事实,整个欧洲地区都即将如此。劳动移民逐渐成为人口向内外迁移的主要来源。

移民的经济化开始逐渐减轻 20 世纪 90 年代早期移民形式的不同;我们看到各种不同类型的移民流动和趋势的逐渐会合。还没有迹象表明危机将导致移民形势的激进变化,所以还不能认为存在一个新——"危机"——时期。

向外劳动移民仍然高于向内的劳动移民。2470 万西巴尔干人中的七万意愿向外移民。潜在的向外移民数量很大,但还不属于大规模移民(Gallup 2009,第 7 页)。

东南欧花了很长时间才恢复其经济驱动因素,使劳动移民具有了合法性和中心性。

2.趋势:从超常流动到一般流动

如果我必须要对巴尔干半岛在 21 世纪初复杂矛盾和多样的移民形式总结成一个词的话,那个词就是"正常化"。这个趋势有多种表现方式,我来描绘以下四种主要形式(Krasteva 2010):

——从强制性移民到回归。前南斯拉夫冲突和战争导致了大量的国内流散人群和难民。十五年后,回归仍然是一个"未完结的事务"(Bobic 2010)。许多流民和难民永远也不能回到他们的故土,因为这些地方已经改变,其种族间的结构也变了。但回归已经成为相对于迁移的另一种选择。

——从民族到经济逻辑。仅次于强制性移民,民族移民是 20 世纪 80 年代末和 90 年代初的一种重要的人口流动方式。十年后,这些人又回到同样的目的地,但逻辑已不是民族逻辑而是经济逻辑。一百万来自于土耳其的保加利亚人的 1/3 在政变前被共产主义政权强迫回到土耳其就是一个贴切的例子。如网络理论所预见的,几年之后,经济困难驱使许多保加利亚的主要少数民族的代表到土耳其或德国找工作。

——从大规模向外移民到临时或循环移民。在西班牙采草莓的妇女冬天返回家园,男人在国外做建筑工人,他们的家人留在国内;高技能人才从一个工作换到另一个工作,不分国家——暂时性和循环性移民有多种形式。今天,它影响到所有职业领域,从季节性工人到专家。回归成为劳动力流动的通常因素。60%计划移民的人只想在国外待几年(Gallup 2009)。

——从向外移民到迁入。斯洛文尼亚的波斯尼亚人、塞尔维亚人、马其顿人,克罗地亚的奥地利人、德国人和荷兰人、中国人几乎到处可见,保加利亚的俄罗斯人、乌克兰人和英国人,罗马尼亚的摩尔多瓦人。东南欧移民是一个事实。吸引性因素包括温和的气候,美丽的亚得里亚海岸,保加利亚相对较低的房地产价格以及作为新市场经济中的经济宝地的地位。向外的移民数量仍然大大高于向内的移民数量,但欧盟整合也许会逆转这种状况,就像斯洛文尼亚发生的那样。二三十年前将西班牙、意大利和希腊从向外移民国变成迁入国的地中海模式可以在几个巴尔干国家实现(Krasteva 2010)。

3.巴尔干移民的分类

这篇文章中,我将种类各异的巴尔干移民流动分成两大种类:1)"非劳动移民"(走私,退休,避难);2)"劳动移民"(向外移民,包括循环移民和人口自由流动;迁入,回归,包括历史性大迁移)。

非劳动移民形式极其多样。再一个极端是人口走私。最大的"出口国"是阿尔巴尼亚和罗马尼亚,其次是保加利亚。这个地区的所有国家都是中转国,科索沃、波斯尼亚、荷尔泽哥维纳也成为目的地。2009年是国际移民组织的五年计划结束的年份。这个计划遍及10多个东南欧国家,旨在提高对人口走私受害者的支持能力。如果说人口走私是奴隶制的当代表现,娱乐移民则是与之相对的另一端,这些移民追求自由行动和舒适生活。典型代表是克罗第亚的德国人和奥地利人及保加利亚的英国人(Krasteva 2008)。这些人中有一些是退休人员,他们被温和的气候和长期或短期提高他们生活质量的机会所吸引。就定义来讲,避难则是一种政治移民。

"非劳动"的定义是条件性的。我不愿把人口走私的受害者的强制性活动看做是一种劳动。第一个移民范畴的其他两种移民形式都和劳动有关,那些获得难民地位的移民像其他公民一样拥有进入劳动力市场的平等权利,有些退休移民搞独立经营。在这两种情况中,就业既不是移民的原因也不是主要特征。

这三种类型的移民数量远远少于劳动移民。这对于一个刚开始从冲突到和平形式移民转型的地区来说是一个好消息。

巴尔干有稳定的向外劳动移民的传统,这个传统被称为"gurbet"——这是一个周游国界的名词。它是欧洲劳动移民最稳定的来源之一:直到90年代,这个角色由南斯拉夫和土耳其扮演。民主变化后,所有的国家都加入了外向流动,阿尔巴尼亚成为最大的输出国。东南欧移民的[①]五个最大目的地是德国、意大利、希腊、瑞典和奥地利(Bonifazi、Mamolo 2014)。

欧盟东扩对移民流动有直接的影响,具有质与量两方面的作用。首先是巴尔干的居民加入了一个新的移民范畴——"人民的自由流动"。第二是向外移民数量的增加。这个现象代表如此多的神话,媒体炒作,现实和政治话语,要梳理它们需要另外一篇文章。现在我只提一下两个同样重要的事实。

首先是来自新成员国的人口流动的增加:罗马尼亚人从2001年的30万达到了2008年的170万,保加利亚人从10万人增加到30万人。2004年和2007年的东扩对移民流动有不同的影响:2001年欧盟中欧盟的公民数量是罗马尼亚和保加利亚人的两倍;2008年这种情形发生了绝对和相对意义的逆转。巴尔干公民更渴望享受自由活动的权利。

第二个事实是来自新成员国的人口流动不是一个例外而是对老成员国享受的高流动性权利的肯定:"欧盟75%的外国人住在德国、西班牙、英国、法国和意大利;同时,这些国家的公民也是住在另外一个成员国的欧盟外国人中人数最多的"(Vasileva 2009,第1页)。东南欧劳动移民的特征在两个极端之间展现:"欧洲下水道工"和"欧洲明星"。[②]

---

① 盖洛普的研究范围是西巴尔干地区。
② 这一广为流传的提法出自法威尔(Favell 2008)。

第一群体的工作经常被称为"3D"——费力（Difficult）、肮脏（Dirty）而危险（Dangerous）。东南欧的移民是双重劳动力市场理论的典型示范，根据这个理论，一些不被本国人喜欢的行业由外国人来做（Piore 1979，1980，2002）。这样的行业有建筑、旅游、服务行业、家庭服务以及照顾老人。

第二种类型的移民是所有国家中政治和学术话语谈论的中心，但它有一个不同的标签"人才流失"。大家公认，这对那些脆弱的经济来说是一种严重的诅咒，因为它削弱劳动力中最有技能最富于创新性的那部分（Breinbauer 2010）。因其规模之大及影响，它和这个具有否定意义的标签"人才流失"联系起来。这个概念表达了政府对失去高级人才的合理担忧。如果我使用"欧洲明星"这个名词，这是为了引入移民的视角。他们当中最活跃最具有进取精神才能最高的那些人想尽享他们的移动自由，以至这成为他们职业发展中的关键因素。

4.迁入——东南欧的新魅力

东南欧的劳动移民可以分成三组：

　　——小型，中型，有时是大型商业和企业或者是自行经营者；

　　——被其他移民，当地人或行政部门（很罕见）雇佣的移民；

　　——高级专家、顾问和投资人。

移民的背景因国而异，但总体上来说，第一组移民主要是来自叙利亚、黎巴嫩、巴勒斯坦地区等近中东阿拉伯国家和中国的商人，这些国家的代表也可以在第二组移民中看到，但后者还包括其他的民族：罗马尼亚的摩尔多瓦人、保加利亚的俄罗斯人、斯洛文尼亚的前南斯拉夫公民。在经济发展时期，移民劳动力能够满足某些行业的短缺：建筑业，比如罗马尼亚的乌克兰人，保加利亚的越南人；纺织业，罗马尼亚的中国人（Lazariou 2007）。

第三组来自欧盟，美国和其他发达国家：罗马尼亚四个移民中就有一个是来自欧盟，24%来自意大利，18%来自西班牙（Dobre、Ariton 2008），26%也是欧盟公民在克罗地亚的相对百分比。

商业和服务行业是许多移民集中的经济活动。

来自发达国家的高级人才作为国际组织的代表和地方机构的顾问和外国

投资者合作。

　　到目前为止,移民在数量上还比较有限①:在罗马尼亚人口中占 0.6%
(IOM 2010a, *Romania*),在保加利亚人口中占 1.4%(*Bulgaria*)。然而这个群
体的政治和象征意义很高。他们涉及新欧盟成员国迁入的特殊性及其公共政
策的相对调整。在像罗马尼亚和保加利亚这样的新移民国家中存在一个有趣
的悖论,它们的移民特征比起有几十年移民历史的国家来说更积极些:两组人
群的比例关系更倾向于前者,许多移民有他们自己的生意,能够给他们的家人
和其他工人创造就业机会。

　　迁入的象征性维度也很重要。对那些被去国外找工作和机会的移民所抛
弃的国家来说,有移民迁入,在此投入精力、劳动力和体现生存意义,成为这些
国家有无魅力和新机会的重要表现之一。

5.移民模式的国家类型

　　如果我们在欧洲和地区层面的分析上加上国家层面的分析,那就会让前
者显得更清晰和特殊。每个国家都有它独特的移民特征。我的任务就是提供
分析框架来展示它们的多样性,并建立一种形态种类表。根据不同国家的各
种移民经验,这篇文章总结出四种形态:

　　　　—后冲突型。存在于前南斯拉夫的大部分国家中;最主要存在于
　　波黑;

　　　　—全包型。指包括所有移民类型。阿尔巴尼亚是一个典型的类型;

　　　　—新向外移民"冠军"。因其移民庞大集中而引起欧洲公众关注的
　　国家是罗马尼亚。

　　　　—向外移民。开始经历从向外移民到迁入的国家是斯洛文尼亚。

　　下面的简短分析不是要对各个国家进行深入细致的分析,而是强调它们
移民特征中使之成为代表的特殊因素。

---

　　① 国际移民组织不区分劳动和非劳动移民。前南斯拉夫国家较高的水平:塞尔维亚 5.3%
(IOM 2010a, *Serbia*)、克罗地亚 15.9%(*Croatia*)是由于移民的规模所致。

(1)后冲突模式:波黑

波黑是移民政策过度制度化的国家,这不是出于偶然。十四届政府都有难民和回归部。波黑的负责机构被称为"人权和难民部"也不是出于偶然。波黑为前南斯拉夫的战争和冲突付出了最高昂的移民代价,这两国人民所遭受到的痛苦需要国家和国际制度的补偿。

另外一个符合逻辑意料之中的事实是,代顿协议签订之后的十年中,从流放中回归祖国成为移民政策的中心。50%的难民和临时疏散的人口(Marinkovic 2007,第43-75页)返回家园;在这之后,回归过程继续,但进程相对变缓。

回归过程并不总是顺利,一些难民从不再愿意收容他们的国家回来,然而他们的祖国又不能为他们提供住所和其他使回归可能的措施。60%从德国回来的难民只能待在和他们的故乡不同的乡村和城镇,他们的身份从难民变成流离失所者(第65页)。

目前我们可以总结出两种趋势,一种是回归的最终消失[1],另外一个是国际社会评价其影响的标准的提高。"可持续性回归"(Mesic、Bagic 2010)这个专有名词将回归直接和工作、住房和医疗保险权利明确地联系起来。

两种趋势体现了一种移民模式消失的开始和向正常移民模式的转型。波黑的公民是欧洲流动性最大的人群,他们是斯洛文尼亚的最大移民群体,奥地利的第三大移民团体,瑞典的第五大移民团体(Ministry of security B&H 2010)。根据国际移民组织网站,一个仅有380万人口的国家向外移民人数就达到了135万。

最后我来总结一个新的有趣的趋势。在过去几年里,传统上地位最高的移民目的地美国突然间魅力大失,而斯洛文尼亚的吸引力则在提升;向巴尔干周边国家移民的数量自2000以来增加了六倍(参第64页)。这个事实可以看做是与这个地区和解的象征性标志,也表明了它提供的职业发展机会也相对较好。

---

① 在塞族返回克罗地亚上,趋势类似,参 Mesic、Bagic 2010。

(2)"全包型":阿尔巴尼亚

"移动的国家"(Carletto et al.2006)。"移民是影响阿尔巴尼亚的社会和经济的最重要现象之一。自1990年以来,几乎1/4的阿尔巴尼亚人离开祖国,同时伴随着一场大规模的城市乡村人口流动"。研究人员和像国际移民组织这样的国际组织概括阿尔巴尼亚移民特征的两个特点:数量大。每四个阿尔巴尼亚人中就有一个移民;具有深刻的社会经济影响。阿尔巴尼亚的人口结构因此而变化。另一方面,阿尔巴尼亚人口增长率高,是欧洲人口增长率最高的国家。另一方面,向外移民是具有年龄和性别选择性的,这导致了两个消极结果:可雇佣年轻人数量的相对减少及阿尔巴尼亚人口老化的加速①。人口不平衡是一个严重的问题。同样严重的还有社会经济的不平衡:向国内汇款的水平比外国直接投资高出三倍,是来自国际资助的两倍。发展的中心从国内移向国外:"国外对国内的社会经济发展变得越来越重要。"(Vulnetari 2007,第76页)

阿尔巴尼亚模式的另外一个特征是移民形式的多样化。这是一个面积小但走私规模大的国家。"不正规流动,强制性回归"这两种形式表现得很明显:几十万阿尔巴尼亚人被从欧洲国家遣回。阿尔巴尼亚的典型经验是某些形式"奇特"的移民,比如说5000阿尔巴尼亚人在提阿拉的西方国家使馆寻求避难(1990年6—7月),超载着去往意大利的未来移民的轮船,金融金字塔危机后的移民潮(第76页)。

一些研究人员强调阿尔巴尼亚移民的特殊性和独特性:"研究移民和发展的实验室"(King 2005),"新移民秩序"(Van Hear 1998),"重要但独特的例子"(Vulnetari 2007)。

一些西方人认为巴尔干移民是"巴尔干化的":奇特,不规律,多重性——不论在形式上还是数量上。阿尔巴尼亚的移民经常被认为是这种移民的最好展示。

(3)新向外移民"冠军":罗马尼亚

"可见但数量不多",这是罗马尼亚裔的法国研究员达那·第米尼斯库七

---

① 15岁以下的人口的相对比重由33%下降至1989—2001年的29.3%,而65岁以上的从5.31%上升至7.5%(Vulnetari 2007)。

年前用来总结罗马尼亚在欧盟移民的特征（Diminescu 2004）。时间加强了第一个特征但第二个特征不再有效：罗马尼亚在欧盟的移民有 250 万到 270 万人。根据 OECD 的数据，危机之前，仅在意大利的人数 2008 年就达到了796 000，是其前一年的两倍。在西班牙的情形也是完全对称的：797 000。

在很大程度上，罗马尼亚的向外移民提供了从东南欧向外移民的特殊性的总结。这个现象可以用新经济古典理论来解释。这个理论包括两个概念中心：工资的不同和劳动力需求和供应的地理性不同（Borjas 1989）。罗马尼亚的特点是劳动力的供应过剩和低工资："经济调整的第一年也带来了实际收入的降低。如果把 1990 年作为参照（100%），2000 年收入还不到其 59%。尽管收入在 2006 年持续增长，它们仍只代表 1990 年价值的 97.4%"（Dobre、Ariton 2008）。两个外部的欧洲因素使移民流动更加流畅，数量更多：申根地区 2001 年的免签证旅游和 2007 年的欧盟成员国政策。

罗马尼亚的例子展示了向外移民对来源国的两个益处：对地方劳动力市场压力的减低和汇款。罗马尼亚从未达到周围东欧国家的失业水平；失业率从 1997 年的 10.04% 下降到 2007 年危机前的 4.1%（Dobre、Ariton 2008，第185 页）。罗马尼亚总统巴塞斯库用一种有趣的方式总结了呼吁移民不要回国所带来的优势：因为国家需要他们的汇款①，而且国内也没有工作给他们。

罗马尼亚展示了东南欧人向外移民的欲望，这种欲望是由欧洲整合和劳动力自由流动所激起的。移民的经济理论认为劳动力流动会继续吸引新的或未来成员国的许多公民，收入和生活质量的不同将继续存在。

（4）迁入模式：斯洛文尼亚

从向外移民到迁入模式的过渡提高了这些国家的自信，移民话语经常先于稳定的大规模移民的质性表达。现实与话语表达相符的国家是斯洛文尼亚，它的纯比例是 2.2%。外国人口的比例即将达到欧洲水平：8.1%。移民在劳动力市场中的比例更高：10%。来自其他欧盟国家的移民不多——占人口

---

① 罗马尼亚是欧盟中收到汇款量最大的国家。在国民生产总值上，它和保加利亚一样占首位。同时，罗马尼亚在 2009 年汇款数量 42% 的锐减大大超过了欧洲平均水平 18%；参 Comini、Faes-Cannito 2010。

的 0.2%(Vasileva 2009,第 3 页),但比在保加利亚和罗马尼亚的移民更多一些①。

我要强调两个方面:斯洛文尼亚的地区政策和移民明显的地区特征。五个移民数量最大的外国国籍中有四个来自前南斯拉夫,47.3%的移民来自波黑;20.1%来自塞尔维亚;10.9%来自马其顿;10.2%来自克罗地亚;45.95%的工作许可证是发给来自前南斯拉夫共和国的,大部分发给了波黑人。这个国家的地区移民政策有两个特点:双边性和多边性。斯洛文尼亚和塞尔维亚与波黑两国签署了雇佣来这些国家移民的和约,危机后,他们很可能还会继续建立相似的和约。更高的目标是引发一场关于,在欧盟吸收其余国家之前,在西巴尔干创立一个劳动力自由流动区的讨论。

斯洛文尼亚的例子具有两方面的特点:"地区化"和"欧洲化"。这个地区因其在西巴尔干的积极政策而导致地区移民集中②。斯洛文尼亚是实现地中海型从向外移民到迁入过渡的先行者。这就是影响巴尔干移民特殊性的趋势,并会使其逐渐获得欧洲移民特征。

当然没有纯粹的模式,也没有一个国家仅属于一个移民模式。向内劳动移民存在于所有的国家,伴随着高水平的向外劳动移民。克罗地亚在不同程度上具有波黑、斯洛文尼亚、马塞多维纳和塞尔维亚移民的混合特征。摩尔多瓦与阿尔巴尼亚相似,保加利亚与罗马尼亚的移民特征相似,但规模较小。时间会展示蒙台尼哥罗和科索沃的移民模式将如何定型。

结论

寻找工作而不是避难所:劳动移民,工作,更好的生活质量,这些因素成为人口流动的首要驱动因素,这是过去二十年出现的巨大成就——不但对来自像阿尔巴尼亚、保加利亚和罗马尼亚这样的封闭社会的移民来说如此,对前南斯拉夫冲突后和战后的移民来说也是如此。这是一个具有积极意义的结论。

第二个结论是将东西巴尔干作为一个单一的分析实体来讨论。这在十五

---

① 根据欧盟统计局的数据,欧盟公民在保加利亚和罗马尼亚的统计数据是不可见的——占人口 0.0%,参 Vasileva 2009,第 3 页。

② 国家政策当然考虑到经济的状况:由于危机,建筑业、接待业、旅游业中向外国人开放的季节性工作现在结束招工。

年前是不可能的;这个地区的两个部分朝相反的方向发展:保加利亚、罗马尼亚和阿尔巴尼亚从封闭到开放,从政治到经济移民的转型;前南斯拉夫是向相反的方向转型。最近十年里,这个地区的两个部分移民趋势逐渐会合。

劳动移民是东南欧移民的中心,不论是向外还是迁入。

除了斯洛文尼亚和克罗地亚这两个国家,向外移民数量仍然高于迁入数量,但迁入成为可能的移民模式中心的意义正在增加。

有一天,当吸引性因素和驱动性因素一样强大的时候,这个地区的公民将会庆贺巴尔干化的终结,他们将会迎来一个具有魅力和好客的新地区形象。这一天不是明天,但就在不远的未来。几百万的向外移民让这个地区失去了重要性:"旅途"比"根"更重要。其他现象既让问题复杂也使问题清晰:回归祖国的人,在国外赚钱在国内消费的循环移民;进行劳动力、资本、存在价值投资的迁入。

(武丽丽　译)

参考文献

Baldwin-Edwards, Martin. 2010. "Balkan Migrations and the European Union: Patterns and Trends". *Romanian Journal of European Studies*, no. 4: 31-44.

Bobic, Mirjana. 2010. "Serbian Unfinished Business: Refugees and IDPS". In Krasteva, Kasabova and Karabonova 2010, 211-224.

Bonifazi, Corrado, and Marija Mamolo. 2014. "Past and Current Trends of Balkan migrations". *Espaces, populations, societies*, no. 3-2014.

Borjas, George. 1989. "Economic Theory and International Migration". *International Migration Review*, no. 3:457-485.

Breinbauer, Andreas. 2010. "Brains on the Move". In Krasteva, Kasabova and Karabonova 2010.

Carletto, Calogero, Benjamin Davis, Marco Stampini and Alberto Zezza. 2006."A Country on the Move: International Migrations in Post-communist Albania". *International Migration Review* 40 (4): 767-785.

Comini, Daniela, and Franca Faes-Cannito. 2010. "Remittances From the EU Down for the First Time in 2009, Flows to Non-EU Countries more Resilient". *Eurostat*, no. 40.

Diminescu, Dana. 2004. *Visibles, mais peu nombreux. Les circulations migratoires roumaines*. Paris: MSH.

Dobre, S., and V. Ariton. 2008. "Romania. Migration and Development: Creating Regional Labor Markets and Labor Market Circulation as Response to Regional Market Demands". *Paper for Group* 484.

Favell, Adrian. 2008.*Eurostars and Eurocities, Free Movement and Mobility in an Integrated Europe*. Oxford: Blackwell.

Gallup, impact of migration. 2009. "Balkan Monitor, Insights and perceptions: voices of the Balkans". http://www.balkan-monitor.eu/files/Balkan-Monitor2010_Summary_of_Findings.pdf.

ILO (International Labour Organization). 2010. *International Labor Migration: a Rights-based Approach*.

IOM (International Organization for Migration). 2010a. http://www.iom.int.

——.2010b.*Report of the Director General on the Work of the Organization for the Year* 2009.

King, Russell. 2005. "Albania as a Laboratory for the Study of Migration and Development". *Journal of South Europe and the Balkans* 7 (2): 13–56.

Krasteva, Anna. 2008. "L'Immigration en Bulgarie: Culture d'entreprise et Questions d'intégration". *Hommes et migrations*, no. 1275:112–126.

——. 2010. "Introduction". In Krasteva, Kasabova and Karabonova 2010, 9–14.

Krasteva, Anna, Anelia Kasabova and Diana Karabonova, eds. 2010.*Migrations from and to Southeastern Europe*. Ravenna: Longo Editore.

Lazariou, Sebastian. 2007. "Romania". In *Migration flows in Southeast Europe, a compendium of national perspectives*. Belgrade: Group 484.

Marinkovic, Drasko. 2007. "Bosnia and Herzegovina". In *Migration flows in Southeast Europe, a compendium of national perspectives*, 43 – 75. Belgrade:

Group 484.

Mesic, Milan, and Dragan Bagic. 2010. "Serb Returnees in Croatia-The Question of Return Sustainability". *International migration* 48 (2): 133-160.

Ministry of security B&H. 2010.*Migration profile.* Sarajevo, 3 月.

Piore, Michael. 1979. *Birds of Passage: Migrant Labor and Industrial Societies.* New York: Cambridge University Press.

——. 1980. "United States Immigration Policy andUnsanctioned Migrants". *Industrial and Labor migration Review* 33 (3): 312-314..

——. 2002. "Economics and Sociology". *Revue economique* 53 (2): 291-300.

VanHear, Niclolas. 1998. *New Diasporas.* London: UCL Press.

Vasileva, Katia. 2009. "Population and Social Conditions". *Eurostat*, no. 94.

Vulnetari, Julie. 2007. *Albanian migration and development: state of the art review.*

Working Paper. IMISCO, 9 月.

Balkans on the move

ANNA KRASTEVA

The article offers a synthesis of the exceptional intensity and diversity of migrations in Southeastern Europe with their typology and tendencies: from forced migrations to returns; from ethnic to economic logic; from mass emigration to temporary and circular migration; from emigration to immigration. Among the diversity of the migration experiences in the different countries, the article outlines four types: post-conŝict. Elements of which we find in most countries of former Yugoslavia, but is most represented in Bosnia and Herzegovina; ' all inclusive' -this image is used to name the migration profile which includes all types of migration, a typical example being Albania; new emigration ' champion' illustrated by Romania because of its considerable and intensive migration; immigration -The country in the region that fîrst began experiencing the transition from emigration to labor immigration is Slovenia. Emigration still categorically prevails over immigration-with the exception of Slovenia, but the significance of immigration as the possible centre of migrational models in the not too distant future is increasing.

"MIGRATION TODAY is for work" (ILO 2010)-this is the clear and concise conclusion made by the International Labor Organization that is supported by figures as well: those employed and their families comprise 90% of all migrants. The statement of the International Organization for Migration is identical: "Labor migration continued to be in demand among countries of origin and destination, despite the economic crisis." (IOM 2010b, 17)

Southeastern Europe has gone a long way before becoming part of this global migration normality. The present article analyses the basic milestones along that way.

1.The Balkans: the long (re)discovery of labor migration

From diversifying to bringing together the Balkan models of migration

The migration champion of Europe-the Balkans suddenly gained this reputation in the beginning of the 90s. The above period is characterized by rather contradictory trends in the Eastern and Western sub-regions. I am gong to analyze this unique dynamic and the diversity by a periodization of the major stages in the development of the migration situation and a typology of the main flows.

"There is hardly another region of the world where the current situation of migrations is still considerably influenced by the past history as in the Balkans" (Bonifaziand Mamolo 2014,519). The format of this article does not allow for a detailed discussion of the historical trends, but also excludes the possibility for the present condition to be analyzed outside the context of the radical historical changes that took place in the past two decades. I would like to differentiate three periods after the fall of the Berlin wall.

The *first period* is from 1989 to the mid 90s which also mark the end of the wars in former Yugoslavia. The period is characterized by three tendencies:

—sudden and huge increase of the migration flows;

—multiplication of the forms and considerable increase of the intensity of both labor and non-labor migration;

—literal "flight" of the Western and Eastern Balkans towards two opposed migration poles.

I will discuss briefly each of these trends, starting with the last one. The Eastern Balkans are undergoing a transition from "politization to economization" of migration; the Western-just the opposite, from "economization to politization".

After the post communist changes in Romania and Bulgaria, as well as in Albania, a quick and radical transition form closed to open society took place. During communism, migrations-both outward, and inward-were strictly controlled by the state. They were kept to a minimum in both directions and were discusses solely in the light of state security and interest. Any desire for professional realization abroad was treated as political betrayal of the regime.

One of the first and most sought-after freedoms of the post-communist transition was the freedom of movement and every one in ten citizens in Bulgaria and every one in four in Albania took advantage of it.

The Yugoslavian model is open and emigration and circular labor migration are its expression. The outburst of conflicts and wars opened the floodgates of vigorous dislocations. The economic logic of mobility during the times of the Federation was drastically replaced by the political and military logic of the forced dislocations.

Out of the four types of migration which Martin Edwards-Baldwin uses to characterize the Balkan migrations in the first half of the 90s, three are non-labor: "forced", "ethnic", and "trafficking". Ten million of the 80-million population entered the migration flows (Baldwin-edwards 2010).

The *second period* started after the Dayton Agreement of 1995 and ended in the first decade of the new century with the accession of Slovenia (2004), Romania (2007), and Bulgaria (2007). It has two characteristic trends: transition to post-conflict migration flows on the Western Balkans and gradual and slow europeanization of the migration on the Eastern Balkans. The policy of voluntary return of the forcefully displaced was given absolute priority. If the migration panorama in former Yugoslavia has to nurse the wounds caused by the conflicts, the refugee profile of Romania and Bulgaria is acquiring a European appearance: it does not originate in neighboring countries but in far-away ones-the classic sources of global refugee flows-Afghanistan, Iraq, Somalia, etc. Immigration is gradually beginning to receive political and economic visibility. This is a period of gradual rehabilitation of labor migration. It is no longer one form of migration along many others, but occupies an ever central position in the migration panorama.

At the moment we are in the *third period*, when European integration is already a reality, forthcoming or pending for the whole region. Labor migration gradually occupies a central position as the main source of both emigration and immigration.

The economization of migration began to gradually diminish the differences of the early 90s; we witness an increasing convergence of the types of migration flows and trends. The signs of radical change in the migration situation as a result of the crisis are still missing, which is an argument for refraining from formulating a new-"crisis"-period.

Labor emigration still prevails over labor immigration. Seventy thousand of the 24. 7 million population of the Western Balkans have the desire to emigrate-the potential emigration is "considerable" but not "mass" (Gallup 2009, 7).

Southeastern Europe has travelled far to rehabilitate the economic push factors and make the theme of labor migration legitimate and central.

2.Trends: from extraordinary to ordinary flows

If I assume the impossible task of summarizing by a single word the complex, contradictory, and diverse Balkan migrations at the beginning of the 21st century, it would be *normalization*. This movement takes a variety of expressions; I'll delineate four main trends (Krasteva 2010):

—*From forced migrations to returns*. Conflicts and wars in former Yugoslavia produced huge numbers of IDPs and refugees. Fifteen years later, return still remains an "unfinished business" (Bobic 2010). Many IDPs and refugees will never return to their native places, because these places are not the same, and interethnic structures have changed. Return, has, however, become a viable alternative to displacement.

—*From ethnic to economic logic*. Second only to forced migrations, ethnic migrations have been an important type of human mobility in the end 1980s and the beginning of the 1990s. A decade later the same populations return to the same destinations, but the logic is no longer ethnic but economic. One third of a million Bulgarian citizens of Turkish origin, who, on the eve of change, were made by the communist authorities to leave for Turkey, are a case in point. A few years later on, the economic difficulties push many representatives of the biggest minority group in Bulgaria to find jobs either in Turkey, or in Germany, as network theory rightly anticipates.

　　—*From mass emigration to temporary or circular migration*. Women gathering strawberries in Spain returning home for the winter; men working in construction abroad with their families remaining at home; highly qualified professionals moving from one job to another, irrespective of the country-temporary and circular migration take a diversity of forms. Nowadays it affects all professions-from seasonal workers to experts. Return becomes a usual element of labor mobility plans. More than half (60%) of those who plan to migrate, intend to do so just for just a few years (Gallup 2009)

　　—*From emigration to immigration*. Bosnians, Serbs, and Macedonians in Slovenia; Austrians, Germans, and Dutch in Croatia; Chinese almost everywhere; Russians, Ukrainians, and British in Bulgaria; Moldovan in Romania-immigration in SEE is a fact. The pull factors vary from the soft climate and beauty of the Adriatic coast, to the relatively low cost of real estate in Bulgaria and Romania, to the economic niches in the relatively new market economies. Emigration still largely prevails over immigration, but EU integration may reverse the picture, as it has already done so in Slovenia. The Mediterranean model that transformed Spain, Italy and Greece from emigration to immigration countries only two-three decades ago could be realized in several Balkan countries (Krasteva 2010).

3.Typology of the Balkan migrations

For the purpose of this article I would divide the wide variety of the Balkan migration flows into two large groups: 1) "non-labor migration" (trafficking, retirement, asylum); 2) "labor migration" (emigration, including circular migration and the free movement of people and immigration, return, including that of representatives of the historical diaspora).

We see that the group of non-labor migration is extremely heterogeneous. At one end of the spectrum we have human trafficking. The biggest "exporters" are Albania and Romania, followed by Bulgaria. All countries from the region are transit ones, while Kosovo and Bosnia and Herzegovina have also become a destination. 2009 saw the end of IOM's five-year program spreading over 10 SEE countries aimed at capacity building to support the victims of human trafficking. If trafficking is the contemporary equivalent of slavery, leisure migration is positioned at the other end of the spectrum, where voluntary action and comfortable life are found. The typical groups are the Germans and Austrians in Croatia, and the British in Bulgaria parencite(Krasteva 2008). Some of the representatives of these groups are retired people, all attracted by the milder climate and the opportunity to increase their quality of life permanently or for a certain period of the calendar year. By definition, asylum seeking is political migration.

The definition "non-labor" is conditional. I am not willing to discuss the forced activities of the victims of human trafficking as a form of labor. The other two forms of migration in the first category are related to labor: those who have been granted refugee status have equal rights to the labor market as the rest of the citizens; some of the representatives of retirement migration start their own business. In both cases employment is neither the reason, nor the main characteristic of these types of migration.

The representatives of the three types of migration above are considerably less in numbers than the representatives of labor migration. This, of course, is good news for a region that has recently started the transition form conflict to peaceful forms of mobility.

Labor emigration has stable traditions on the Balkans, where it is referred to by the word "gurbet" -a term that travels across borders. It is among the most stable sources of labor migration in Europe: until the 90s this role was performed by Yugoslavia and Turkey. After the democratic changes, all countries joined the outward flows, and Albania became the largest exporter. The top five destinations for SEE migrants[①] are Germany, Italy, Greece, Switzerland, and Austria (Bonifazi and Mamolo 2014).

EU expansion has direct effect on the migration flows and has its qualitative and quantitative dimensions. The first is related to the access granted to the inhabitants of the Balkans to a new migration category -"the free movement of people". The second is related to the increase of emigration. This phenomenon represents such a tangle of myths, media speculations, realities, and political discourses, that to untangle we would need a separate article. Here I will mention two equally significant facts.

The first is the increase of flows from the new member countries: from 0.3 million in 2001, the number of Romanians reached 1.7 million in 2008, the respective figures for the Bulgarians are 0.1 and 0.3 million. The enlargements of 2004 and 2007 had a different impact on the migration flows: in 2001 there were twice as much citizens of EU-10 in the EU than Romanians and Bulgarians; in 2008 the situation reversed both in absolute and relative terms (Vasileva 2009). Balkan citizens are more eager to consume the right of free movement.

The second fact is that the mobility of the new member states is not an exception but a confirmation of the right to high mobility that the old ones enjoyed: "75% of the foreigners in the EU-27 live in Germany, Spain, UK, France and Italy; at the same time, citizens of these countries are among the most numerous EU foreigners living in another member state" (Vasileva 2009, 1). The profile of the (South) Eastern European labor migrant unfolds in the wide expanse between the two poles, which I would call "europlumbers" and "eurostars"[②].

The jobs of the first group often fall under the term "3D"-difficult, dirty and dangerous. Migrants from SEE are a typical illustration of the dual labor market

---

① Gallup's study is for the Western Balkans.
② The successful term belongs to Adrian Favell (2008).

theory according to which there are sectors which are not attractive for the locals and are being filled by foreign workforce (Piore1979, 1980, 2002). In this case the sectors are construction, tourism, hospitality, domestic help, and care for the elderly.

The second category of migrants is at the centre of political and academic discourse in all countries, but has been given a different label: "brain drain". Opinions are in agreement: this is a serious curse for the fragile economies because it disempowers the most highly qualified and innovative segment of the workforce (Breinbauer 2010). Because of the large scale and impact of the phenomenon, it is being associated with the negative term "brain drain". This conceptual apparatus expresses the state's perspective that is justifiably worried by the loss of highly qualified work resource. If I use the positive term "eurostars", it is for introducing the migrants' perspective. The most dynamic, entrepreneurial, and highly-qualified of them want to make full use of their right to mobility, all the more that for many it is a key element of their professional career.

4.Immigration or the new attractiveness of SEE

Three groups of labor migration may be distinguished in SEE:

—Small, middle, and sometimes bigger business people and entrepreneurs and self-employed immigrants;

—Immigrants employed by other immigrants, by local business people-or very rarely-by the administration;

—Highly-skilled experts, consultants, and investors.

Immigrants' origin varies in the different countries, but on the whole, we can say that the first group consists mainly of tradesmen and business people from the Near and Middle East Arab countries such as Syria, Lebanon, the Palestinian territories, from China, etc. Representatives of the same countries are found in the second group, but it comprises of more nationalities-Moldavians in Romania, Russians in Bulgaria, citizens of former Yugoslavia countries in Slovenia. In periods of economic development, immigrant workforce fills certain shortages: in construction-Ukrainians in Romania, Vietnamese in Bulgaria; in the textile industry-Chinese in Romania (Lazariou 2007).

The third group originates from the EU, the USA and other developed countries: every one in four immigrants in Romania is from the EU-24% from Italy and 18% from Spain (Dobre and Ariton 2008); the same (26%) is the relative percentage of EU citizens in Croatia.

Trade and hospitality are the main economic niches where many of the immigrants are concentrated.

The highly qualified professionals from the developed countries work with the foreign investors, at the representations of international organizations, and as consultants for local institutions.

The quantitative expression of immigration[1] is quite modest so far: 0.6% of the population in Romania (IOM 2010a, *Romania*), and 1.4% in Bulgaria (*Bulgaria*). This group's political and symbolic significance is much higher. The first is related to the specifics of immigration in the new EU member states and the need for adapted public policies. An interesting paradox seen in countries with new immigration, such as Romania and Bulgaria, is that its profile is more positive than that of countries who have had decades of migration history: the ratio between the first two groups is in favor of the first-many immigrants have their own business and create employment opportunities for their families and other workers.

The symbolic dimension of immigration is of great importance as well. For countries abandoned by a multitude of emigrants seeking work and opportunities abroad, immigrants, who invest similar energy, labor, and existential meaning are the bearers of a strong message of attractiveness and new opportunities.

---

[1]　IOM do not differentiate between labor and non-labor immigration. The higher values in the countries of former Yugoslavia −5.3% for Serbia (Iom2010a, *Serbia*), 15.9% for Croatia (*Croatia*) are due to the scale of the migrations.

5.Typology of the national migration models

The European and regional levels of analysis become more concrete and specific when we add the national one. Every country has its unique migration profile. My task is to spread the diversity along some analytical axes and offer a typology. Among the various migration experiences in the different countries, the article outlines four types:

—*Post-conflict*. Elements of which we find in most countries of former Yugoslavia, but is most represented in Bosnia and Herzegovina;

—'*All inclusive*' -this image I use to name the migration profile which includes all types of migration. A typical example is Albania;

—*New emigration" champion"*. The country that attracts the attention of the European public because of its considerable and intensive migration is by all means Romania.

—*Immigrational*. The country in the region that first began experiencing the transition from emigration to labor migration is Slovenia.

The brief analyses that follow do not aim to deal with the unrealistic task of presenting in depth and detail the respective countries, but single out the elements in their migration profile that make them representative of the given model.

The post-conflict model: Bosnia and Herzegovina

It is not by coincidence that Bosnia and Herzegovina is the country where the policy on migration is overinstitutionalized: all fourteen governments had ministries responsible for refugees and return. It is not by accident that the responsible institution in Bosnia and Herzegovina is called "Ministry of Human Rights and Refugees". The suffering of the people of Bosnia and Herzegovina, who paid the highest migration price in the conflicts and wars in former Yugoslavia, calls for institutional-both national and international-counterbalancing.

The other logical and expected fact is that in the decade after the Dayton Agreement, the return from exile comes into the centre of migration policy. Fifty percent of the refugees and temporarily displaced persons (Marinkovic 2007, 43–75) returned in that period; after that the return continued but at a much lower rate.

The return is not always a smooth process: some refugees are returned from countries that no longer offer their hospitality, while the home countries are not able to provide housing or other solutions which would make the return possible. Sixty percent of the returnees from Germany are made to settle in towns or villages different from their own that leads to changing their status of refugees to that of displaced people(65).

Nowadays we can outline two tendencies: the first one is the terminal fading of returns[1]. The other is the introduction of higher criteria by which the international community evaluates its impact. The term "sustainable return" (Mesic and Bagic 2010) that links it more explicitly to the right to jobs, homes, and healthcare is being used.

Both tendencies illustrate the coming of the end of a migration model, marked by forced migration, and the transition to a normal model of migration. Citizens of Bosnia and Herzegovina are among the most mobile in Europe; they form the largest immigration group in Slovenia, the third largest in Austria and the fifth largest in Sweden (Ministry of Security B&H 2010). Emigrants reach the impressive number of 1 350 000 (ibid) coming form a population of just 3. 8 million, according to IOM site.

I will conclude with a new and interesting tendency. Over the past few years there has been an abrupt fall in the attractiveness of the traditionally most prestigious destination-the USA; while the attractiveness of Slovenia has risen: the migration towards a neighboring Balkan country grew more than 6 times from 2000 onwards (cf. 64). This fact could be seen as the symbolic reconciliation with the region and also as a positive rating of the opportunities for professional realization

---

[1] Similar tendencies exist in relation to the return of Serbs to Croatia, cf. Mesic and Bagic 2010.

that it provides.

'All inclusive' : Albania

"Country on the move" (Carletto et al. 2006). "Migration is one of the most important social and economic phenomena affecting Albania. Since 1990, almost a quarter of the Albanian population has left the country along with a large urban-rural migration". The characterizations of researchers and international organizations such as IOM introduce the first two aspects of the Albanian model: huge numbers-every one in four Albanians is a migrant; as well as the deep socio-economic impact. The very structure of Albanian population is being changed. On the one hand, Albania has positive demographics-one of the highest in Europe. On the other, emigration is age and gender selective, which leads to two negative consequences: reduction of the relative quota of employable young people; and the accelerated ageing of the Albanian population[1]. Demographic imbalance is a serious issue. Equally serious is the socio-economic imbalance: the level of remittances is three times higher than the direct foreign investment and nearly twice as much as the help that comes from international sources. The centre of development is moving form the country to its Diaspora: "Diaspora becomes increasingly important for the growth and the socio-economic development of the country" (Vulnetari 2007,76).

Another dimension of the Albanian model is found in the variety of the forms of migration. This is a small country producing large traffic. The pair "irregular migration-forced return" is clearly manifested: several hundred thousand Albanians have been returned from the European countries. Typical of the Albanian experience are some "exotic" forms of migration such as the 5000 Albanians who sought asylum at the embassies of western countries in Tirana (June-July 1990), the ships overloaded with would-be emigrants traveling to Italy, the wave of mi-

---

[1]   The relative portion of the population under the age of 15 is reduced from 33% to 29. 3% for the period 1989–2001, while that over 65 has risen from 5. 31% to 7. 5% (Vulnetari 2007).

grants after the crisis with the financial pyramids (76).

A number of researchers stress the specific character and uniqueness of the case of Albania: "laboratory for the study of migration and development" (King 2005), "new migration order" (Van Hear 1998), "significant and unique case" (Vulnetari 2007).

Some Western perceptions describe the Balkan migrations as "Balkanized": exotic, tending to be irregular, multiple-both in terms of forms and numbers. Albanian migrations are often perceived as their closest illustration.

New emigration "hampion": Romania

"*Visible, but not numero*"-this is how the French researcher of Romanian origin Dana Diminescu summarized Romanian migration in the EU just seven years ago (Diminescu 2004). Time has accentated the first characteristic and made the second invalid: Romanian immigrants in the EU are around 2.5-2.7 million. According to OECD data, before the crisis, just in Italy the number is quarter of a million in 2008-796 000, twice as much than in the previous year. The situation in Spain is completely symmetrical: 797000.

To a great extent, Romanian emigration offers a synthesis of the specifics of the outward flows from SEE. It is best explained by the neoclassical economic theory which has two conceptual centers: the differences in salaries and the geographical differences in the supply and demand of the workforce (Borjas 1989). Romania is characterized by both oversupply of labor and low income: "the first year of economic restructuring brought also a diminishing of the real earning. Considering the value of 1990 as a reference point (100%) in 2000 the real earning barely reached 59% of this value. Although the real earnings increased constantly in 2006 they still represented only 97.4% of the 1990 value." (Dobre and Ariton 2008) Two external, European, factors made migration flows easier and more numerous: the opening of the Schengen Area for visa-free travel in 2001 and EU membership in 2007.

The case of Romania illustrates two of the advantages of emigration for the sending countries: reduction of the pressure on the local labor market and remittances. Romania never reached the unemployment levels of neighboring Eastern European countries; unemployment fell from 10. 04% in 1997 to 4.1% in 2007 before the crisis(185). Romanian President Traian Băsescu summarized in an attractive way the two advantages by appealing to emigrants not to return because the country needed their remittances[1], and also because it could not offer them any jobs.

Romania illustrates the appetite that the population of SEE has for emigration, stimulated by European integration and the free movement of labor. Economic theories of migration argue that labor mobility will continue to attract many citizens of the new or future member states until considerable differences in the earnings and quality of life continue to exist.

The immigration model: Slovenia

The transition form emigration to immigration increases the countries' self-confidence and the discourses on immigration often precede its stable and sizeable qualitative expression. The country where reality is quite close to the discourse, is Slovenia which net balance is 2. 2. The percentage of foreign population is about to reach European levels: 8.1%. The percentage of immigrant in the labor market is even higher: 10%. The citizens of other EU member states are not many -0. 2% of the population (Vasileva 2009, 3), but relatively more numerous than that in Bulgaria and Romania[2]

Two aspects are to be emphasized: the regional policy of Slovenia and the clearly regional profile of the immigrants. Four of the top five foreign nationalities are from former Yugoslavia: 47. 3% of all immigrants are from Bosnia and Herze-

---

[1] Romania is the biggest net recipient of remittances in the EU. In terms of GDP it occupies top position together with Bulgaria. At the same time the 42% reduction of Romanian remittances in 2009 considerably exceeds the average in Europe-18%; cf.Comini and Faes-Cannito 2010.

[2] According to Eurostat data, EU citizens in Bulgaria and Romania are invisible for the statistics-0. 0% of the population, cf. Vasileva 2009, 3.

govina, 20.1%-from Serbia, 10.9%-from Macedonia, and 10.2%-from Croatia (5). Ninety-five percent of the work permits are for nationals of the former Yugoslav republics, the majority are issued to people from Bosnia and Herzegovina. The regional migration policy of the country has two dimensions: bilateral and multilateral. Slovenia has entered into agreements with Serbia and Bosnia and Herzegovina for the employment of their nationals and after the crisis will most probably continue establishing similar agreements. The more ambitious goal is to provoke a debate about the creation of a zone for free movement of the workforce in the Western Balkans in the period before the EU accession of the rest of the countries.

The Slovenian example presents an interest on two levels: "regionalization" and "europeanization". The country is characterized by intensive regional migration, which is being supported① by the active policy of the country in the Western Balkans. Slovenia is a leader in the implementation of the Mediterranean model of transition from emigration to immigration. This is precisely the motorway that would shade the Balkan specifics and would gradually lead to the acquisition of a European migration profile.

There are, of course, no pure models, and there are no countries that belong to a single model. Labor immigration exists in all of the countries, together with high levels of labor emigration. Croatia can be characterized as a mixed type between Bosnia and Herzegovina and Slovenia, as well as-in different ratios-Macedonia and Serbia. Moldova is similar to Albania, Bulgaria comes close to the migration profile of Romania, but operates on a smaller scale. Time will show how the migration models of Montenegro and Kosovo will crystallize.

6. Conclusion

Looking for a job and not seeking asylum: labor migration, jobs and better

---

① State policy, of course, takes into account the economic conjuncture: because of the crisis, seasonal jobs for foreigners in construction, hospitality, and tourism are closed at present.

quality of life as top reasons for human mobility present a huge achievement that occurred over the past two decades-both for the ones who left the closed societies of countries like Albania, Bulgaria, and Romania, and for the post-conflict and post-war countries of former Yugoslavia. This is the first positive conclusion.

The second one is the possibility to discuss the Eastern and the Western Balkans as a single analytical entity. Fifteen years ago this was impossible; the two parts of the region were developing in opposite directions: transition from closed to open, and from political to economic migrations in Bulgaria, Romania, and Albania; and just the opposite transition in former Yugoslavia. The present decade brought together the migration development of the two parts of the region.

Labor migration today is central to all national migration models in SEE in relation to all flows-both inward and outward.

Labor emigration still prevails over immigration-with the exception of Slovenia and Croatia, but the significance of immigration as a possible centre of migration models in the midterm future is growing.

The day when pull factors will reach the strength of push factors the citizens of the region will celebrate the end of "balkanization" and will welcome a new image of an attractive and hospitable region. This day is not tomorrow, but it is in the foreseeable future. Millions of emigrants have divested the region of significance: the "roads" became more attractive than the "roots". Other phenomena complicate but also bring light to the picture: returnees; circular migrants who earn abroad and spend at home; immigrants who invest labor, capital, and existential value.

References

Baldwin-Edwards, Martin. 2010. ' Balkan Migrations and the European Union: Patterns and Trends'. *Romanian Journal of European Studies*, no. 4:31-44.

Bobic, Mirjana. 2010. 'Serbian Unfinished Business: Refugees and IDPS'. In Krasteva, Kasabova and Karabonova 2010, 211-224.

Bonifazi, Corrado, and Marija Mamolo. 2014. ' Past and Current Trends of

Balkan migrations'. *Espaces, populations, societies*, no. 3-2014.

Borjas, George. 1989. 'Economic Theory and International Migration'. *International Migration Review*, no. 3:457-485.

Breinbauer, Andreas. 2010. 'Brains on the Move'. In Krasteva, Kasabova and Karabonova 2010.

Carletto, Calogero, Benjamin Davis, Marco Stampini and Alberto Zezza. 2006. 'A Country on the Move: International Migrations in Post-communist Albania'. *International Migration Review* 40 (4): 767-785.

Comini, Daniela, and Franca Faes-Cannito. 2010. 'Remittances From the EU Down for the First Time in 2009, Flows to Non-EU Countries more Resilient'. *Eurostat*, no. 40.

Diminescu, Dana. 2004. *Visibles, mais peu nombreux. Les circulations migratoires roumaines*. Paris: MSH.

Dobre, S., and V. Ariton. 2008. 'Romania. Migration and Development: Creating Regional Labor Markets and Labor Market Circulation as Response to Regional Market Demands'. *Paper for Group* 484.

Favell, Adrian. 2008. *Eurostars and Eurocities, Free Movement and Mobility in an Integrated Europe*. Oxford: Blackwell.

Gallup, impact of migration. 2009. 'Balkan Monitor, Insights and perceptions: voices of the Balkans'. http://www.balkan-monitor.eu/files/BalkanMonitor2010_Summary_of_Findings.pdf.

ILO (International Labour Organization). 2010. *International Labor Migration: a Rights-based Approach*.

IOM (International Organization for Migration). 2010a. http://www.iom.int.

—— 2010b. *Report of the Director General on the Work of the Organization for the Year* 2009.

King, Russell. 2005. 'Albania as a Laboratory for the Study of Migration and Development'. *Journal of South Europe and the Balkans* 7 (2): 13-56.

Krasteva, Anna. 2008. 'L'Immigration en Bulgarie: Culture d'entreprise et Questions d'intégration'. *Hommes et migrations*, no. 1275:112-126.

———. 2010. 'Introduction'. In Krasteva, Kasabova and Karabonova 2010, 9–14.

Krasteva, Anna, Anelia Kasabova and Diana Karabonova, eds. 2010.*Migrations from and to Southeastern Europe*. Ravenna: Longo Editore.

Lazariou, Sebastian. 2007. 'Romania'. In *Migration flows in Southeast Europe, a compendium of national perspectives*. Belgrade: Group 484.

Marinkovic, Drasko. 2007. 'Bosnia and Herzegovina'. In *Migration flows in Southeast Europe, a compendium of national perspectives*, 43 – 75. Belgrade: Group 484.

Mesic, Milan, and Dragan Bagic. 2010. 'Serb Returnees in Croatia-The Question of Return Sustainability'. *International migration* 48 (2): 133–160.

Ministry of security B&H. 2010.*Migration profile*. Sarajevo, March.

Piore, Michael. 1979. *Birds of Passage: Migrant Labor and Industrial Societies*. New York: Cambridge University Press.

———. 1980. 'United States Immigration Policy and Unsanctioned Migrants'. *Industrial and Labor migration Review* 33 (3): 312–314.

———. 2002. "Economics and Sociology". *Revue economique* 53 (2): 291–300.

Van Hear, Niclolas. 1998.*New Diasporas*. London: UCL Press.

Vasileva, Katia. 2009. 'Population and Social Conditions'. *Eurostat*, no. 94.

Vulnetari, Julie. 2007. *Albanian migration and development: state of the art review*. Working Paper. IMISCO, september.

俄罗斯二十年来的移民流动
所造就的欧洲式移民模式

弗朗索瓦-奥利维耶·塞斯

二十年之间,俄罗斯发生了前所未见的移民巨变。起初几年是犹太族和德意志族的离开,但更是居住于邻近国家的俄罗斯族从90年代起以加速度重回祖国。2000年前后,其他的移民运动随着来自独联体成员国的合法与非法移民而加剧:亚美尼亚人、乌兹别克人、塔吉克人、吉尔吉斯人……移民政策随着户籍制度的松动而改变,相关立法逐渐落实,但对移民的流动影响有限。政策仅仅改变了合法与非法移民之间的界限。随着普京上台,俄罗斯的移民政策自2004年起转趋有效。其准许独联体的其他成员国公民较容易地移入俄罗斯,但对其他国家的公民则限制相对多。尽管如此,来自非独联体成员国的族群开始出现在俄罗斯境内。

随着苏联解体,俄罗斯一如其他的欧洲前共产国家,都进入了包含双重动力的政治经济转型:一方面回归欧洲;另一方面则融入了全球化的过程中(Bafoil 2006)。这两重动力内在又受到中亚与东亚各国国内因素的影响。在所有后共产国家,人口结构都出现激烈的变化。随着人们人生规划的改变,出生率和婚姻率都有所下降。预期寿命停滞甚至倒退。以往比例不高的国际和国内移民则急速增加(Monnier 2006)。这股新动力的变动幅度因国家而异。在中欧国家中此现象并不显著,在苏联国家却如此明显,以至于在俄罗斯人们以"人口危机"形容此趋势。在俄罗斯,人口结构完全地颠覆,下降至二十年前的水平。

从移民现象的角度看来,西欧国家的移民现象呈现了下列四项共通性,足以让我们定义一个"欧洲式移民模式"。首先,面对控制移民流入的必要,西欧国家们纷纷制订不同的移民政策。移民的动力已取代人口的自然增长,成为人口发展的主要动力。国内移民集中于原就人口密度高的都会郊区,造成了小城市和乡村的空洞化。国际移民则同时来自于具有历史连带的前殖民地和地理邻近国家。相对于美国或澳洲这两个由欧洲移民所构成的国家,接受来自全世界的移民,最后这项特征是欧洲的独特性。因此,每个欧洲国家都有一个人口占多数的外国移民社群:在法国是北非族裔和非洲,德国则是中欧与土耳其移民。

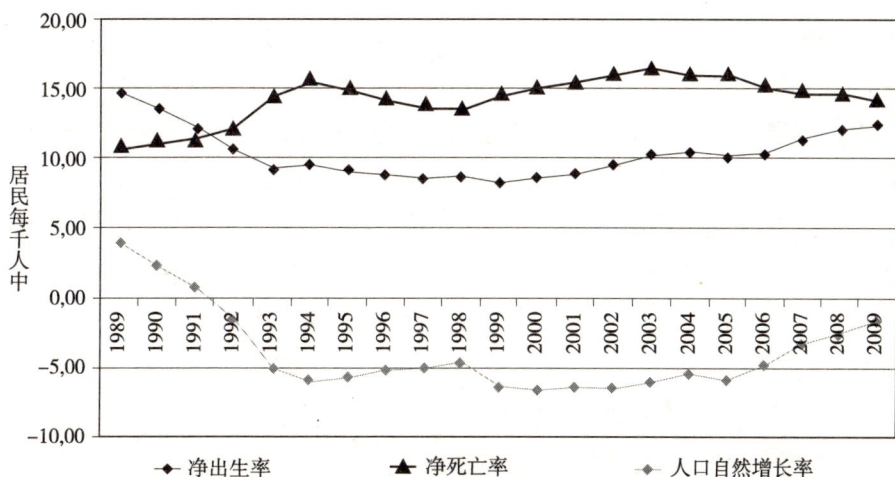

图 1:1989—2009 年间俄罗斯人口的自然增长率情况

本文试图从人口危机的脉络分析苏联解体以来移民模式的发生。人口的流入与流出是否可视为对于人口自然减少的回应? 同样的,我们也试图分析移民政策如何影响了这一人口流动。最后,在俄罗斯这个国家里,新人口分布是否呈现和欧洲移民模式相似的特征?

1.人口危机的特征

大部分的欧洲国家中,人口动力的特征自 20 世纪六七十年代来相继改变,人口自然增长率减缓甚至负增长。在此脉络下,移民流动取代人口自然增长,成为人口增长的主要动力。这股趋势已发生三十年,且似乎逐渐稳定化。在俄罗斯,这股历史趋势随着"人口危机"的发生,在苏联解体之际很快地浮现。

"人口危机"的概念非常简单。在 1991—2001 年之间的二十年,俄罗斯失去了 600 万人口,相当于总人口的 4%。"人口危机"的观念在 1995 年开始出现于科学研究中)(Shkolnikov、Meslé、Vallin 1995),指涉人口出生率和死亡率的负向曲线。在俄罗斯的案例中,1989 年便出现了 57 万人的正增长,相当于人口的 0.39%。1994 年,人口负增长为 89.3 万人,相当于人口的 0.6% 的(见图 1①)。一如我们可以联想的,这一变化持续了如此之久,而为俄罗斯带来了前此二十年未见的人口负增长。若不计算移民,俄罗斯在 1992 年—2010 年间由于死亡率超过出生率,约失去了 1300 万人口,近乎其总人口的 9%。这一人口结构逆增长的理由来自于欧洲后共产国家共同经历的社会变化(Seys 1998;Monnier 2006)。俄罗斯的独特性则在于死亡率的增加。

直到 20 世纪 60 年代中期之前,由于防治流行性感冒的成功,俄罗斯达到了和西欧与美国相当的死亡率(Vichnevski 2009)。通过疫苗接种的普及化和卫生系统的有效控制,俄罗斯建立了足以预防传染性疾病的公共卫生系统。此后,由于无法遏止非传染性的疾病,苏联的死亡率仍难以达到西欧的水准。因此,在 1965 年俄罗斯的预期寿命只比西欧低两年,但 1989 却已达到了十年的差距,尽管死亡率略有降低。理由是西欧的科技进步远胜于苏联。随着苏联解体后公卫系统的崩溃,情况更加恶化。在 1989 年—1994 年间,俄罗斯的男性预期寿命倒退了五年,女性则倒退了三年。1994 年,俄罗斯的死亡率则回到了 20 世纪 50 年代传染病预防革命前的水准。由于这些理由,肺结核等各种致死的疾病重新出现,还有一些具有俄国生活风格特色的原因,比如说与酗酒相关的死亡,也呈现增长趋势。

另一个公认的原因是,由于高加索等中亚穆斯林人口的贡献,苏联的妇女生育率比其他欧洲国家要高(Monnier 2006)。苏联的平均值是平均每位妇女生育 2.4 个小孩,而斯拉夫妇女则约 2 个。在 20 世纪 80 年代初期的增长之

---

① 本文中所有资料均来自各年度《俄罗斯人口年鉴》(Демографический Ежегодник России) 由俄罗斯联邦统计局 (Федеральная Служба Государственной Статистики, 通名 "Rosstat") 刊行。http://www.rosstat.ru。

后,1987年,苏联的出生率随同其他国家下降。在90年代初期,这趋势持续加速,增长率相关指标在1989年下降至2.01,十年之后则退至1.16的极低值。同一时间,如同其他的中欧和东欧国家(Seys 1998;Sardon 1998),俄罗斯的平均妇女生育年龄也自90年代初期的25岁推迟至2009年的28岁。有多重理由造成生育年龄的推迟,但同时也是失业、收入降低等一般社会问题的后果(Philipov、Dobritz 2004)。出生率部分则呈现了从千分之8.5向千分之12.4的净增加。因此,情况从世纪之初逐渐地增长,但仍无法达成人口净值正增长。尽管有所减少,2009年的人口净值仍有0.2%负值,相当于249000超过出生人次的死亡人次。

这场撼动俄罗斯人口结构与动力的危机却在世纪之交有所调整。事实上,自2000年起,人口增加率又有所增长,而每位妇女的生育数目在2009年达到1.47个婴儿,已追上欧洲的平均值。出生率则达到了千分之8.5至千分之12.4之间的水平。情形持续地进步,但仍无法带来人口正增长。尽管有所减低,人口出生率仍属于负增长。2009年的死亡数目约比出生数目多出249000人次,相当于0.2%。

然而,这一曲线仍然是正面的,因为拜259000人次的移民净值,2009年,俄罗斯的人口自1991年来首次出现10000人次的增加。

2.二十年来,俄罗斯已成为一个移民接收国

整体说来,移民的运动减缓了人口危机。俄罗斯的移入人口是所有苏联国家中最多的。自1990年到2009年之间,共接收了9800000位合法移民,成为世界上仅次于美国的第二大移民接收国。如果计算移民净值,则在4800000人,因为这段时间约有5000000的人口移出。

苏联解体后的失序令我们合理地怀疑这些数字的可信度,因此这些统计数字可能都是低估。国际移民可能低估,因为非法移民让这些统计数字失真。在表1中,我重新统计合法移民的数字,以此计算移民净值:移民净值等于在12月31日的人口总数减去1月1日的人口+该年出生人数—该年死亡人数。如此计算后,移民净值比官方数字更高。同时,有趣的是这两个数率在三个时期中呈现相仿的变化:1990年至1994年之间的移民人数暴增,1995年至2004

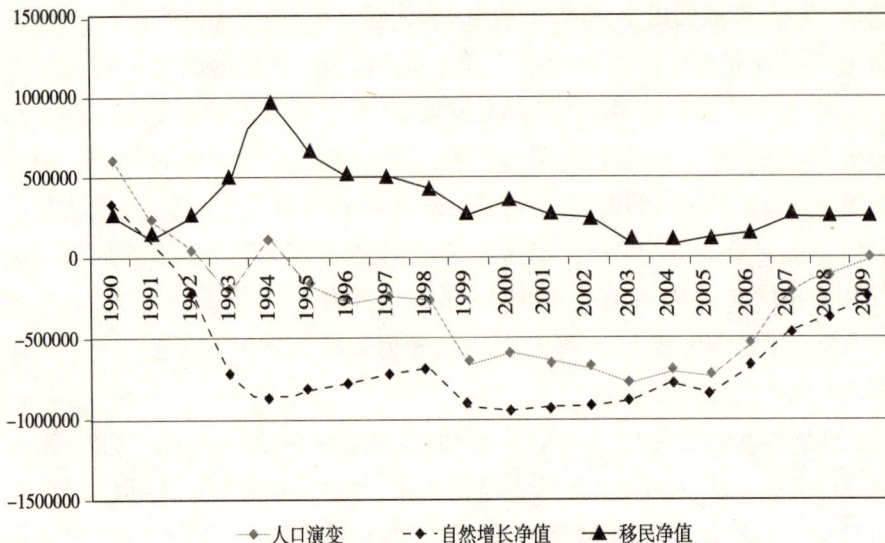

图 2：俄罗斯 1990—2009 年的人口演进

年降低，随后又重新增长。如果这个估计是正确的，那表示非法移民占移民总数的 40%，并且呈现同样的趋势。

国境的开放使国际移民又增长了一倍，因为二十年来有 1700 万的俄罗斯人改变了居住的"地区"①。这意味着，超过 2700 万的俄罗斯居民在以下三个时段中曾经跨区域或者跨国迁移：1990 年至 1994 年，1995 年至 2004 年，以及 2005 年至今。第一个时段是移民运动暴增的时段，迁移人口达总人口的 20%。苏联解体来的二十年中，超过半数的国际与国内移民都在此时期中发生。

3.1989—1994：大规模移民运动的迅速形成

直到苏联末期仍使用的户籍（прописка）制度强烈阻碍了迁徙自由。因

---

① 本文中，我们使用"地区"一词来指涉俄罗斯行政区划下的"联邦主体"。苏联时代的行政区划二十年来没有多少变动，俄罗斯联邦宪法中目前一共列出了 83 个联邦主体：州、边疆区、共和国、自治区、自治州及两个直辖市：莫斯科与圣彼得堡。这些"主体"是俄罗斯行政地理的基础，本文中的地图也根据这一基础而划定。

此,国际移民现象几乎不存在。同样的,国内移民也被强烈地控制。这个系统非常简单而有效。苏联公民在自己的"国内护照"上盖有一个居住地的内政部地方办公室的戳章。如果没有这个戳章,他们的护照就无效;他们无法在户籍所标地区以外的区域工作或就学。实践上,这个系统相当有效地限制了往大城市流动的移民,并鼓励了往国家计委期待发展的边陲地区的移民。而且,一直到苏联十五个共和国 1991 年独立为止,各共和国间的移民都根据户籍系统移动。1992 年起,共和国间的移民才成为法律上的国际移民。

苏联解体并未导致户籍系统在俄罗斯联邦境内取消。仅仅是制度的执行放宽,以至对俄罗斯公民的居住地域几不受其影响。就也意味着后苏联时代的起初几年中,几乎完全没有关于移民的立法规范。过去受到高度居住管制的苏联公民从此可以几乎自由地居住在想去的国家或地区。

唯一的立法安排是各苏联共和国之间的自由流动原则。在独联体的框架下,1992 年的比什凯克条约规划了不同共和国之间的免签证体制;此条约目前仍然有效,但有两个例外:土库曼斯坦从未将其实施,而俄罗斯和格鲁吉亚两国间则从 2001 年起不再实施。这样,俄罗斯就和其他九个独联体国家之间订有免签证协议。

九十年代初的特征是"回归祖国"现象。随着苏联国境内民族国家的纷纷兴起,这些国家相当一部分的公民选择了"回到"祖国,就算他们从来没有在这个祖国居住过。亚美尼亚人回到亚美尼亚,其他来自俄罗斯邻近国家的俄罗斯人也回到了俄罗斯联邦境内。

因此,前往俄罗斯的移民本质上来自苏联各共和国。俄罗斯 20 年以来所接纳的 980 万合法移民中,90% 来自于独联体其他成员国,而算上波罗的海三国后数字升高为 92%。在苏联瓦解初期,这类移民占最大多数。

这些抵达者大部分是从邻近国家"回归祖国"的俄罗斯人。在 1989 年苏联最后一次人口普查中,苏联在俄罗斯以外共计有 2500 万俄罗斯族(见表 2),其主要原因有二。首先,在 30 年代划定的现行俄罗斯国界,将部分历史上、文化上的俄罗斯土地排除在外。哈萨克斯坦北部、乌克兰东部、克里米亚等,都属于这种情况。其次,苏联政权也曾鼓励俄罗斯族人口往其他共和国移民定居。

表1:1990—2009 年之间的俄罗斯移民

年度	国际移民				跨区域移民来自其他区域的移民
	合法抵达者	合法移出者	官方移民净值	估计移民净值	
1990	912 233	729 467	183 756	275 000	1 281 575
1991	692 238	675 497	16 741	136 100	1 105 360
1992	926 260	673 497	252 877	266 200	1 030 351
1993	923 280	483 028	440 252	526 300	971 086
1994	1 191 355	345 623	845 732	978 000	1 076 330
1995	866 857	347 338	519 319	653 700	1 086 983
1996	647 026	291 642	355 383	513 500	975 150
1997	597 651	232 987	364 664	514 100	926 079
1998	513 551	213 377	300 174	428 800	864 194
1999	379 726	214 963	164 763	269 500	803 939
2000	359 330	145 720	213 610	362 000	750 140
2001	193 450	121 166	72 284	278 500	699 537
2002	184 612	106 685	77 927	230 800	661 233
2003	129 144	94 018	35 126	93 000	668 091
2004	119 157	79 795	39 362	96 000	635 006
2005	177 230	69 798	107 432	125 900	606 509
2006	186 380	54 061	132 319	154 500	627 606
2007	286 956	47 013	239 943	258 200	634 500
2008	281 614	39 508	242 106	257 200	645 150
2009	279907	32458	247449	259400	573427
合计	9 848 707	4 997 287	4 851 420	6 678 300	17 709 369

　　在苏联5个共和国中俄罗斯族为数特别众多,超过 2000 万:乌克兰、哈萨克斯坦、乌兹别克斯坦、塔吉克斯坦,以及拉脱维亚。俄罗斯族在新的国家里成为了外来民族,难于在其中找到自己的位置,于是很大一部分人就选择向俄罗斯移民。这个现象在哈萨克斯坦特别地明显。在这个人口多数母语为俄语的国家里,自 1992 年年初以来,就实行了许多提升哈萨克语的地位的政策,并在 1993 年正式将哈萨克语定为官方语言。最初的语言法案给这些新独立的国家中俄罗斯族的特权敲响了丧钟,"俄罗斯人很难接受这一情形,他们不愿

意在自己曾经殖民的土地上成为被殖民者。"（De Tinguy 2004）。关于强制迅速"哈萨克化"的谣言四起。在政治动荡与经济危机的背景下,哈萨克斯坦的俄罗斯族尽可能都选择了向俄罗斯移居。在独立初年哈萨克斯坦的 600 百万俄罗斯族中,2009 年仅剩 400 万还留在哈国。而且与俄罗斯的情况不同,哈国的俄罗斯族还呈现微幅正增长（Seys 2009）。除了典型家庭团聚的类型之外,这一类前往俄罗斯的移民还呈现某种独特性:来者多属于较近外国中的精英,因为他们在俄罗斯社会有就业与融入的机会。某种程度上,他们取代了在同一时段离开俄罗斯往外移民的人的位置。

表 2:1989 年人口普查中苏联各共和国中俄罗斯族人口的比例

共和国	俄罗斯族数量	俄罗斯族占共和国人口比例
爱沙尼亚	474 834	30.3%
拉脱维亚	905 515	33.8%
立陶宛	344 455	9.4%
白俄罗斯	1 342 099	13.2%
摩尔多瓦	562 069	13.0%
乌克兰	11 355 582	22.1%
亚美尼亚	51 555	1.6%
阿塞拜疆	392 304	5.6%
格鲁吉亚	341 172	6.3%
哈萨克斯坦	6 227 549	37.8%
吉尔吉斯斯坦	916 558	21.5%
乌兹别克斯坦	1 653 478	8.3%
塔吉克斯坦	388 481	7.6%
土库曼斯坦	333 892	9.5%
俄罗斯外总计	25 289 540	

俄罗斯往外移民的目的地基本由三个国家构成,在移民潮中共占 90%:德国、以色列和美国。对德国和以色列而言,移民运动的性质相同。两国国籍法皆为血统制。一切能够证明其祖先为犹太人或德国人者,都有权拥有以色

列或德国的国籍。苏联有大量犹太族与德意志族人。根据 1989 年的人口普查,俄罗斯境内有 570000 的犹太人和 842000 的德意志人。

这两个族群经历了形式与数量相近的移民过程。事实上,2010 年时,犹太族与德意志族的人数分别仅占 1989 年时的 40%和 20%,而前往以色列和德国的移民总数分别达 318000 人与 748000 人。这股移民潮使俄罗斯社会失去一批中流砥柱,大大动摇了社会结构(Tetart、Martins 2007)。这两个民族是俄罗斯教育程度最好的民族,在医生、大学教师等行业中,占了重要的部分。他们的大规模迅速离开形成人才外流。大量医生的离开造成了医疗系统的混乱。

第三个移入国家则是美国,该国在 20 年内涌入了 140000 俄罗斯人。这股移民潮的理由和前一种有所不同,但形式相似。首先,美国沿袭冷战期间的传统,通过提供实验室职位和大学教职的方式吸引俄罗斯的知识精英。这一政策如今的延续,则是对俄罗斯高水平大学生的接待计划。此外,也有几个高水准运动选手受到吸引而来——当然这个纯属"掌故"。但同时,美国也无法防范俄罗斯黑手党在国土上进驻扎根。

在国内移民方面,苏联瓦解不久后所形成的趋势与旧时恰恰相反。苏联曾经因为俄罗斯北部和东部边陲区域矿产石油资源的极端重要性,通过凭空建立单一工业城市,尝试给这些地区赋予更大的价值。为了吸引移民移入,国家放松户籍的发放,并且给予居民收入、住房、物资、子女就读高校方面的激励。而 20 世纪 90 年代初期,边陲地区居民优势的终结,加上户籍制度的松动,使得这些地区的居民远离了这些危机更重于他处的空间。而且,这个趋势的翻转又与流量的净增重合。80 年代调换区域的案例每年仅有 300000 人,却在 1990 年大幅增加为 1200000 人。重获居住自由的俄罗斯人尽可能地选择住在欧俄、乌拉尔地区或西伯利亚的西南部。

这些移民运动伴随着新的流动力模式而发生:"国际倒爷(chelnoki)"的现象。所谓的"国际倒爷"指的是发展非正式跨境贸易活动的人。20 世纪 90 年代,许多俄罗斯公民前往邻国贩卖香烟、伏特加酒、古董等在俄罗斯境内较便宜的货品。而他们在另一个方向上,则向俄罗斯境内输入消费品,如家电、二手汽车。这种非正式经济让许多的俄罗斯人得以在 90 年代的经济转型阶段幸存。从苏联内部出现国界开始,国际倒爷现象也开始出现在独联体各国之间,特别是免签规定简化了相关的手续。90 年代中期开始,随着进口货物物流网络的组织化及通货膨胀使俄罗斯货品竞争力降低,这一现象开始降温。为了保持利润,国际倒爷现象复杂化,从非正式的跨境货物贩运逐渐加入了短期非法工作的成分。来自独联体其他成员国的倒爷到俄罗斯购买食品和消费品,也趁机打几天到几周的黑工,此现象特别常见于两个部门:农业和建筑业。一如在欧盟境内常见的季节性移民工人现象,如西班牙农业的情况,这即是俄罗斯境内短期季节移民工的由来。

4.1995—2004 年:移民潮的减缓以及移民政策的趋严

自 1993 年起,俄罗斯政府分两阶段颁布其移民政策。1993 年,俄罗斯加入联合国在 1951 年至 1967 年之间签订的难民权利宪章。顺应此宪章的批准,俄罗斯在政府中设置了"联邦移民服务"(Федеральная миграционная служба,FMS)。这一组织肩负两任务:处理人数激增的车臣难民,以及组织国际移民。在 1993 年的紧急状况中,俄罗斯必须处理难民相关问题,并且渐进地以移民政策取代当时的普遍措施——区域间的警察。透过一个接着一个区域地执行,直至 1999 年时才完全取代旧的警察系统。其中某些邦联国,比如说塔达斯坦共和国,对于无法直接管理移民颇为犹豫。直到 1999 年叶利钦总统任期尾声,俄罗斯才不再有真正的移民政策,因为该国的双重立法系统让法令窒碍难行。1993 年 12 月通过的宪法规定实行 1992 年所制定的国籍法案,该法一反其他联邦国的公民权法案而承认双重国籍,以让居住在其他国家的俄罗斯公民可以同时拥有俄罗斯与其居住国的国籍。同时,该国也制定十年缓冲期,直到 2002 年俄罗斯的居留证仍有效①。这表示俄罗斯不可能制定限制性的法令。理论上,在 2002 年之前,"联邦移民服务"对于所有具有苏联共和国身份证者,并无法拒绝批准其移民申请。实践上,大部分的公民都能够在 20 世纪 90 年代结束前解决其国籍问题。在这法律架构里,俄罗斯政府于 1998 年直接限制外国人进入俄罗斯领土,同时却继续对居住在其他邦联国中

① 根据 1992 年法案的规定,苏联时代的身份证明文件到 2002 年止将是有效的。事实上,俄罗斯将其有效性一直保持到 2005 年,因为俄罗斯的身份证明文件 1997 年才开始投入使用,推广非常困难。

的俄罗斯裔居民发给俄罗斯国籍。根据这些职能,"联邦移民服务"很快地便视为对意欲"回归"俄罗斯者提供财务援助的机关。

在此一脉络下,移民趋势部分性地持续。20 世纪 90 年代初期的出国潮在 1995—1996 年之间大幅减少。事实上,自 1995 年起,前往德国的犹太人数量大幅减少,因犹太族群的人数逐渐耗尽了。

同时,前往俄罗斯境内的移民也受到经济脉络影响而呈现了类似的趋势。在 1995 年至 2004 年之间,入境俄罗斯的人次减少了七倍,从 867000 跌到了 119000,并且在 1998 年开始大幅减少。这是来自于回归祖国者的人数。居住在邻国境内的俄罗斯人相当于人口流入总数的 80%,其数目在此阶段已减少,而渴望移民回俄罗斯者则占其中的大多数。同时,自 1997 年起猖獗的亚洲金融危机强烈打击了俄罗斯的经济,1998 年起某些经济部门甚至发生劳工缺乏现象。俄罗斯对渴望移民者的吸引力因此减弱。

在这些邻近国家之外,亚美尼亚移民的数量则遽增。由于人口净增长、经济不振以及与俄罗斯的友好政治关系,亚美尼亚形成了俄罗斯的劳动预备军仓储。在 1995 年至 2004 年之间,亚美尼亚占了俄罗斯合法移民的 7%,相当每年 600000 人次入境俄罗斯。虽然这个数字仅是低估,但仍居于所有外国族群的第一位。

国内移民则在这段期间内呈现相似的下跌趋势。相对于 1995 年有一百万的俄罗斯人改变居住区域,这数字在 2004 年仅仅剩下 720000 人。许多的俄罗斯人离开东部和北部的边陲区域,前往欧俄、乌拉尔山脉和西伯利亚南部。微妙之处在于,最吸引人的地区不再是莫斯科市和圣彼得堡市,而是列宁格勒州①和莫斯科州,也就是说,这两个大城市的边缘地带。俄罗斯在这段期间因此经历了"半城市化"的过程。

2000 年普京的上台为俄罗斯的移民政策带来两阶段转捩点。首先,难民申请的庇护变得严格。庇护申请又最常来自如塔吉克共和国等独联体邦联国成员,或由部分阿富汗的居民提出。2002 年则建立了各区域的外籍劳力配额。移民数量因此在 2004 年大幅减至 120000 人次。这一变化也造成一间接

---

① 20 世纪 90 年代,俄罗斯去掉了多数以苏联时代要人命名的城市名,恢复了其旧名。列宁格勒市被重命名为圣彼得堡,斯维尔德洛夫斯克成了叶卡捷琳堡。相反,州(地区级别)未被重命名;两地区的官方名称一直是列宁格勒州与斯维尔德洛夫斯克州。

后果,令非法移民取代了国际导爷的现象。根据 Anatoly Vishnevski 的研究,俄罗斯的合法移民在 2000 年时仍有 90%～95% 为合法,但在 2007 年仅剩下 60%～65%。理由很简单:区域外籍劳工配额制的实施适逢俄罗斯自 2000 年起的经济复苏。很快地,该国的某些部门,特别是建筑业,便出现了劳工荒。21 世纪以来,非法移民是俄罗斯的各种建筑部门中唯一的劳工来源。这股新兴的非法移民形成了三大社群:乌兹别克、塔吉克和吉尔吉斯。自从苏联解体以来,这是头一次出现俄罗斯后裔和亚美尼亚人以外自邻国移入的社群。但尽管他们来自其他的地区,这群人口往往俄语水平颇高,这在低技术移民中是极少见的现象。

5.2005 年以来,移民被认为是必要的

俄罗斯自 2005 年起经济高度增长。在政治讨论中,随着 2000 年普京上台以来提出俄罗斯人口危机的警讯后便浮上台面。这是头一次,一位如此高层级的政治人物在避谈移民政策的同时强调人口的衰退。2001 年起,移民问题首次被当做解决人口负增长的处方之一,并促成了 2002 年移民配额制的实施,但此制度由于配额过低,反而减少了合法移民的数量。直到 2005 年,俄罗斯政府仍否认非法移民的存在,但自此一改否认立场,转向合法化。为了改变舆论对于合法化的犹豫,政府准备宣布虚拟的移民数字。2005 年在一场演讲中,普京估计在俄罗斯一共有 1000 万的非法移民。媒体根据他的说法再高估,认为俄罗斯共有 1500 百万的非法移民。这一数字明显地高估了,真实的情况应该在 100 万—300 万之间。2005 年年底,俄罗斯政府发布了通函鼓吹"外国劳工进入贸易零售业"。2006 年,国会通过法令普查境内的移民人数,同时对意欲回国的俄罗斯后裔提供高额财政补助。俄罗斯自此改变了移民政策,将移民视为缓和人口危机的解方,自 2006 年起,退休人口已经超越劳动人口。同样地,俄罗斯政府还选择了给予来自苏联成员国家的移民较好待遇,因为 2005 年出现了新现象:介于 200000—400000 之间的中国劳工开始进入俄国成为季节工。社会对此股移民潮的一般反应是将其视为"中国的入侵",尽管现实中这股移民很少是长期居留的。

表 3:2005—2009 年间俄罗斯的合法移民数目按照国籍分布

	2005	2007	2009
移民总数	177 230	286 956	279 907
俄罗斯公民	162 646	218 287	218 986
俄罗斯公民在移民中的百分比	91.8%	76.3%	78.2%
其中持他国国籍的俄罗斯公民	9 666	33 257	26 648
外国移民的总数	11 634	59 676	54 887
外国移民所占百分比	6.6%	20.8%	19.6%
来自独联体成员国的外国移民	10 235	56 290	51 471
独联体成员国公民占外国移民百分比	88.0%	94.3%	93.8%
主要来源国籍			
阿塞拜疆人	387	7 448	6 225
亚美尼亚人	788	8 991	8 801
哈萨克斯坦人	1 924	2 182	1 990
吉尔吉斯斯坦人	469	1 065	689
摩尔多瓦人	413	2 877	2 481
乌兹别克斯坦人	2 622	11 531	11 226
乌克兰人	2 580	14 962	9 554
来自独联体成员国以外的外国人	1 399	3 386	3 416
独联体成员国之外的公民在外	12%	5.7%	6.2%
国人中的百分比			
越南人	99	559	656
中国人	402	846	513
未注明国籍的移民	2 950	8 893	6 032
未注明国籍的移民占百分比	1.6%	2.9%	2.4%

　　此一政策改变立即反映在移民统计数字上:自 2005 年起国际移民的数字增加了,从 120000 增加至 2007 年的 280000。这类移民绝大部分来自于独联体成员国,占 95%。从国籍分布上看来,接近 80% 为受到国家政策吸引而重回俄罗斯的后裔。这一现象一个原因是俄罗斯政府的吸引移民政策奏效,但另一个原因则是在乌克兰和哈萨克两股移民潮的来源国中,这些俄罗斯后裔对该国社会的疏离感逐渐增强。

外国移民的剧增形成这股现象的另一个特点：在 2005 年和 2007 年之间几乎增加了六倍。这是以"让独联体成员移入"为主调的新移民政策落实的迹象。自 2007 年起，外国移民首次占移民总数的 20%。相反地，他们大部分来自独联体成员，2009 年统计中最重要的四个国家依重要性排列分别为：乌兹别克、乌克兰、亚美尼亚和阿塞拜疆。

图 3：1990—2009 年之间各区域的国内移民净值

同时，来自其他国家的移民也开始增加。虽然实际人数仍不多，其绝对值在 2005 年至 2007 年之间增长了三倍。但由于独联体成员的数字增加，他们的比例大幅地减少，分别来自中国和越南。这股移民仅仅是起源，但很可能随着时间拉长而浮现在俄罗斯的移民舞台上。

关于国内移民，数字持续地减少。2009 年一年中只有 600000 的移民，相当于苏联解体二十年来的一半。事实上，这股衰退是前一股趋势的延长。由于经济增长和失业减缓，俄罗斯人愈来愈少在国内移民，他们在区域里的工作情况让他们免于搬迁。

6.移民重新界定了俄罗斯的地理

二十年来，俄罗斯出现了前所未见的国内与国际移民运动。如同其他欧

洲国家,俄罗斯实施了一整套的移民政策,将国际移民视为对劳力需求的回
应。在所有的后共产国家中,经济转型都带来了空间性的后果。这现象被地
理学家称之为领土的转变。尽管在计划经济时代,苏联透过强调边陲区域企
图发展俄罗斯的全境领土,经济自由主义却让俄罗斯的不同领土陷入竞争,因
此造成了空间性的矛盾。

　　国内移民乃是对于逆转后的新经济趋势的回应。边陲地区因人口移往欧
俄地带、乌拉尔山脉和西伯利亚南部而空洞化。地图清楚地显示了,过去二十
年中,2/3 的俄罗斯领土移民净值为负,而剩下 1/3 的领土不仅人口正增长,
且数字差距极大。以平均值来看,二十年来楚尔科奇自治区的人口每年减少
0.52%,马加丹则减少 0.38%。这也表示这些区域经历了真正的人口外移,两
地自苏联解体来分别失去了 71% 和 59% 的人口。人口减少乃是肇因于俄罗
斯与乌克兰人的离开,仅有原住民留下。

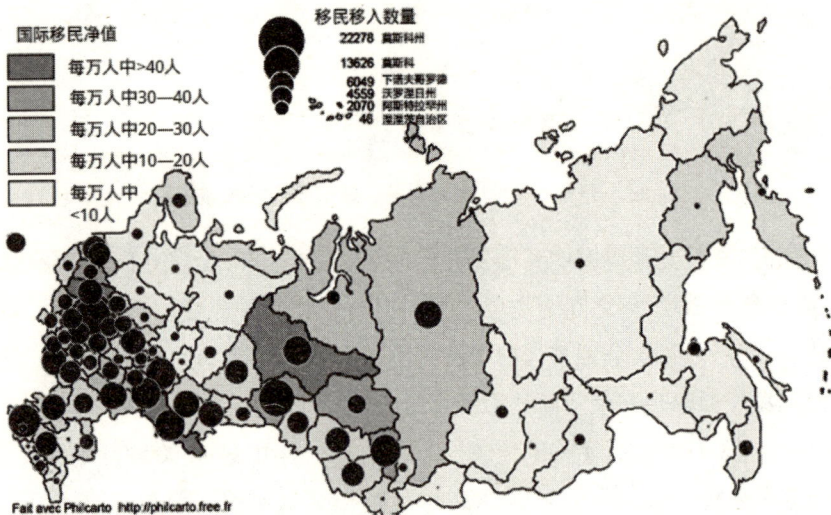

图 4:2009 年俄罗斯的国际移民净值与移民数量

　　相反的,俄罗斯的欧洲部分则接收了来自该国北部与东部的人口。详细
的数字分析可以发现仅有少数的几个地区接收了大量的人口。比方说,2009
年,83 个地区里仅有 17 个地区经历人口正增长;而其中只有 3 个地区不在欧
洲:斯维尔德洛夫斯克州、托木斯克州与新西伯利亚州。事实上,移民朝大城

市流动,这使俄罗斯成为一个大城市的国家。2002 年,俄罗斯一共有 13 个城市的居民超过一百万,33 个城市超过 50 万。这些城市分别有 2700 和 4200 万的居民,在 33 个超过 50 万居民的城市中,其中 29 个移民净值呈现正增长,主要接收了 90%的国内移民。

　　这是俄罗斯二十年来都会化现象的结果之一。同样的,莫斯科的两个区域(城市本身和外围区域)接受了超过 20%的人口。经济增长和就业机会皆集中在大城市里,和国家的西北部,特别是从圣彼得堡经叶卡捷琳堡到莫斯科之间的地带。在这一轴线之外,我们只能在其他两个区域——加里宁格勒以及柯拉斯勒格尔南部和俄姆斯克以及新西伯利亚发现类似的人口增长。

　　国际移民也强化了国内移民的动力,而每一个族群各有其空间组织的特性。由于往国外移民的强度大幅减弱,俄罗斯的大部分区域移民净值皆为正。移民集中在俄罗斯南部和欧洲部分,且 80%的移民偏好居住在大城市中,包括国内移民。单单是俄罗斯大都会区便接收了超过 15%的移民,然而这其中却有个明显的落差:超过 15%的国际移民发生于乌拉尔山脉和西伯利亚中部。这股移民潮满足了十年来对于矿工和天然气工人的需求,特别是在汉特曼西与克拉斯诺亚尔斯尔克两个地区。

　　社群分析显示移民随着来源国而有所不同。首要差异与来源国的地理距离有关。来自邻国的移民倾向安顿在离来源国相近的区域。因此,乌克兰和哈萨克西部的移民明显地偏好前往乌拉尔山脉和西伯利亚西部。至于其他没有与俄罗斯接壤的国家,迁移逻辑则略有不同。其中最具特殊性的是乌兹别克和吉尔吉斯两国,来自这两国的移民零散地分布在俄罗斯全境,其中又以莫斯科都市圈、鞑靼斯坦和巴什科尔托斯坦三个地区最明显。这也意味着,当他们有所选择时,乌兹别克和吉尔吉斯的移民倾向于前往俄罗斯中部自治区,因为那里有他们的穆斯林远亲:鞑靼人和巴什基尔人。

7.结　论

　　二十年来,俄罗斯出现了大量的移民运动。根据两阶段的发展,她成为了世界级的重要移民接收国。第一个时段包含犹太裔和德国裔公民的离开,但也是在这个阶段,居住在附近联邦成员国中的俄罗斯人也选择回归祖国。在世纪之交,其他运动随着独立国家独联体成员国国民的到来而转剧:首先是亚美尼亚人,接着乌兹别克、塔吉克和吉尔吉斯的国民也相继来到。移民相关政策与立法则有所更改。20世纪90年代初的户籍制度松动使得国内与国际移民流动得以发生。随后的立法则对移民潮流影响相对少;但对于合法和非法移民之间的区别则有所改变。随着普京上台,俄罗斯的移民政策在2004年开始转趋有效。她对独立国家独联体成员国大开方便之门,但对其他国家的公民则转趋严格。尽管如此,独立国家独联体成员国以外的国家仍开始涌入俄罗斯,但这些移民潮仅仅在萌芽阶段。这几股运动重新定义了俄罗斯的人口地理,并在都会化过程中造成了大都市空间的收缩。

这些特征显示俄罗斯已具有其他欧洲移民国家的特征,而可视为一个移民接收国家。这些特征包括:国际移民来自于前殖民地及邻近国家。国内移民随着大城市中的经济起飞而增长。此外,移民成为人口动力的主轴,而移民问题也成为重要的政治辩论焦点。关于这一点,俄罗斯的移民问题则呈现了人口危机脉络下的独特性。俄罗斯的领导阶层十几年来对于人口减少有所担忧,因为人口结构的未来令人悲观。移民于是成为拯救人口减少的处方之一。短期看来,这是个有效的方法,因为拜移民之赐,和2005年出生率的微幅增加,俄罗斯的人口在2009达到了正增长。然而,如果不能降低死亡率,移民将不足以带来人口增长。而这困难也来自于如何接待来自于独联体成员外的国家,但这个任务看来困难。一般舆论对于接受独联体以南的移民已经多有反对,看上去并未准备好接受亚洲或非洲的移民。俄罗斯的移民模式已经欧洲化了,但在短期内似乎并没有全球化的能力。

(庄雅涵　译)

参考文献

Bafoil, François. 2006. *Europe Centrale et Orientale: mondialisation, européanisation et changement social*. Paris: Presses de Sciences Po.

De Tinguy, Anne. 2004. *La Grande Migration: la Russie et les Russes depuis l'ouverture du rideau de fer*. Paris: Plon.

Monnier, Alain. 2006. *Démographie contemporaine de l'Europe: Évolutions, tendances*, *défis*. Paris: Armand Colin.

Philipov, Dimiter, and Jürgen Dobritz. 2004. *Les Conséquences démographiques de la transition économique dans les pays d'Europe centrale et orientale*. Strasbourg: Éditions du Conseil de l'Europe.

Sardon, Jean-Paul. 1998. "Fécondité, bouleversements politiques et transition vers l'économie de marché en Europe de l'est". *Espace*, *Populations*, *Sociétés*, no. 1998-3:339-360.

Seys, François-Olivier. 1998. "Typologie des changements démographiques en Europe centrale et orientale depuis la chute du communisme". *Espace*, *Populations*, *Sociétés*, no. 1998-3:441-461.

——. 2009. "Les Dynamiques démographiques au Kazakhstan, Un modèle spécifique depuis l'indépendance". *Espace*, *Populations*, *Sociétés*, no. 2009-2:243-261.

Shkolnikov, Vladimir, France Meslé and Jacques Vallin. 1995. "La Crise sanitaire en Russie". *Population*, no. 4-5-1995:417-441.

Tetart, Frank, and Alcidio Martins. 2007. "Juifs et Allemands d'Ex-U.R.S.S.: Des diasporas 'russes' en Israël et en Allemagne". *Le courrier des pays de l'est*, no. 8:234-251.

Vichnevski, Anatoli. 2009. "Les enjeux de la crise démographique en Russie". *Russie.Nei.Vision*, no. 41.

Les migrations en Russie depuis 20ans ont mis en place d'un système migratoire de type européen

FRANÇOIS-OLIVIER SEYS

Pendant les 20 dernières années, la Russie a connu des bouleverse-ments migratoires sans précédent. Les premières années ont été celles du départ des Juifs et des Allemands mais surtout celles du rapatriement des Russes de l'étranger proche dans le cadre d'un accroissement très rapide des flux dès 1990. Vers 2000, d'autres mouvements se sont amorcés avec l'arrivée légale ou illégale d'étrangers de la C. E. I. : Arméniens puis Ouzbeks, Tadjiks, Kirghizes ⋯ La politique migratoire a changé avec l'assouplissement du système depropiska et la législation, qui s'est progres-sivement mis en place, a eu peu d'influence sur les flux. Elle n'a fait que varier la limite entre immigration légale et illégale. Avec l'arrivée de Vlad-imir Poutine au pouvoir, la Russie s'est dotée d'une politique migratoire qui a commencé à être efficace vers 2004. Elle laisse immigrer assez facile-ment les citoyens des autres pays de la C.E.I. et pratique une politique re-strictive sur les autres. Malgré cela, des communautés extérieures à la C.E. I. commencent à apparaître.

AVEC LA FIN de l'Union soviétique, la Russie est entrée, comme l'ensemble des pays post-communistes d'Europe centrale et orientale, dans une transition poli-tique économique et sociale qui s'inscrit dans une double dynamique : le retour à l'Europe et l'intégration dans le processus de mondialisation (Bafoil 2006). Cette double dynamique a intrinsèquement des facteurs concernant l'ensemble de l'Europe centrale et orientale et des facteurs nationaux. L'ensemble des pays post-communistes a vu ses dynamiques démographiques se modifier très rapidement. Les indicateurs conjoncturels de fécondité et de nuptialité ont chuté quand leurs calendriers se sont modifiés. L'espérance de vie a été ébranlée et a commencé à stagner ou à régresser. Les migrations internes et internationales, qui étaient très faibles, se sont développées rapidement (Monnier 2006). Ces nouvelles dynamiques conservent cependant un caractère national : l'ampleur des changements. Alors qu'en Europe centrale ils sont plus faibles, dans les États issus de l'Union soviétique, ils ont été très importants à tel point, qu'en Russie, on emploie le terme de «crise démographique». Dans ce pays, les dynamiques démographiques se sont totalement retournées si bien que la population décroît fortement depuis 20 ans.

Du point de vue migratoire, les pays d'Europe de l'ouest présentent de nombreuses similitudes si bien que l'on peut parler d'un «système migratoire européen» avec 4 caractéristiques principales. La question migratoire et son contrôle sont devenus un thème important du débat politique si bien que les États ont mis en place des politiques migratoires. Les dynamiques migratoires sont devenues le moteur essentiel de la dynamique de la population en remplacement de la dynamique naturelle. Les migrations internes se concentrent vers les agglomérations urbaines les plus peuplées au détriment des petites villes et des campagnes. L'immigration internationale se fait dans une double logique de proximité géographique et de liens privilégiés avec les anciennes colonies. C'est ce dernier élément qui est original à l'Europe, les pays d'immigration extra-européens comme les États-Unis ou l'Australie recrutant leurs immigrés dans l'ensemble du monde. Ainsi chaque pays européen a des communautés étrangères dominantes : les maghrébins et les Africains en France, les Turcs et les centre-européens en Allemagne···

Dans cet article, nous allons donc analyser la mise en place du système migratoire russe depuis la fin de l'Union soviétique dans le contexte original de la crise démographique en nous posant une question essentielle : est-ce-que ces mouvements sont la réponse à la décroissance naturelle. De même, nous essayerons d'analyser comment la politique a influé sur les mouvements puis, dans ce pays continent qu'est la Russie si la nouvelle géographie de la population russe présente des caractéristiques semblable au système migratoire européen?

1. Le contexte de la crise démographique

Dans la plupart des pays européens, la nature de la dynamique démographique a changé dans le courant des années 60 et 70 dans la cadre de la seconde transition démographique et la mise en place d'un régime de faibles fécondité et mortalité si bien que l'accroissement naturel est devenu légèrement positif voire négatif. Dans ce contexte, ce sont les dynamiques migratoires qui sont devenues l'élément moteur de la croissance démographique en remplacement de l'accroissement naturel. Ce mouvement s'est mis en place en une trentaine d'années et semble s'être installé durablement. Dans le cas russe, ce retournement historique va se mettre en place très rapidement au moment de la chute de l'Union soviétique dans le cadre de ce qu'il convient de nommer la «crise démographique».

La «crise démographique» est un concept très simple. En 20 ans entre 1991 et 2001, la Russie a perdu près de 6 millions d'habitants soit 4% de sa population. Le terme de crise démographique est apparu dans la littérature scientifique dès 1995 (shkolnikov, Meslèet Vallin 1995); c'est une inversion rapide des courbes de mortalité et de natalité. Dans le cas russe, en 1989, on observait un excédent naturel de 570,000 personnes soit 0,39% de la population. En 1994, le déficit naturel était de 893,000 personnes soit 0,6% de la population. (Figure n°1①). Cechangement, que l'on pouvait penser conjoncturel à la base, a perduré si bien que la Russie connaît un déficit naturel sans précédent depuis 20 ans. Si on excluait les migrations du calcul, la Russie aurait perdu 13 millions d'habitants entre 1992 et 2010 par excédent des décès sur les naissances. Cela représente près de

---

① L'ensemble des données utilisées pour cet article sont issues d'éditions successives de l'Annuaire Démographique de la Russie (*Demografichesky Ezhegodnik Rossii*) publié par le Service Fédéral de la Statistique d'État (*Federal'naya Sluzhba Gosudarstvennoy Statistiki*) plus connu sous le nom de «Rosstat», http://www.rosstat.ru.

9% de sa population. Les raisons de cette inversion sont démographiques et sociales et communes à l'ensemble des Étatspost-communistes d'Europe (Seys 1998, Monnier 2006). La spécificité nationale russe est l'ampleur de l'augmentation de la mortalité.

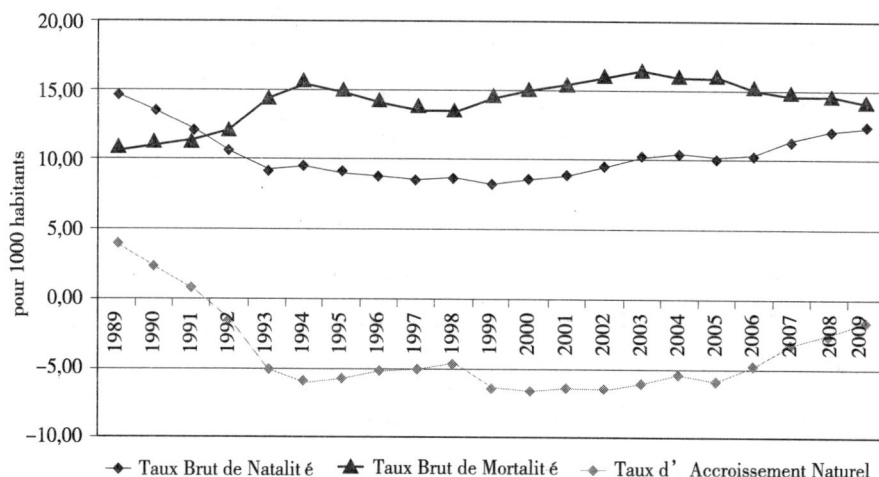

Figure 1: **Évolution de la dynamique naturelle de la Russie de 1989 à 2009**

Jusqu'au milieu des années 60, l'Union soviétique avait réussi à atteindre un niveau de mortalité presque comparable à celui des États-Unis ou de l'Europe de l'ouest car elle avait réussi le premier temps de la transition épidémiologique qui en compte deux (Vichnevski 2009). En effet, elle avait réussi à mettre en place un système de santé capable de combattre la plupart des maladies infectieuses par la mise en place d'un contrôle sanitaire efficace et de la généralisation de la vaccination. À partir de cette date, l'Union soviétique a accumulé du retard par rapport au reste de l'Europe car elle a eu beaucoup de mal à combattre les maladies non infectieuses. C'est le deuxième temps de la transition épidémiologique qui consiste à faire baisser la mortalité par maladies cardio-vasculaires et par cancers. Ainsi, la différence d'espérance de vie avec l'Europe de l'ouest qui était de 2 ans en 1965 est passée à 10 ans en 1989 bien que la mortalité ait légèrement régressé en Union soviétique. Simplement, les progrès ont été beaucoup plus rapides en Europe de l'ouest. Avec la fin de l'U.R.S.S., la situation va s'aggraver très rapidement car le système de santé s'est retrouvé totalement désorganisé. Ainsi entre 1989 et 1994, l'espérance de vie va régresser de près de 5 ans pour les hommes et plus de 3 ans pour les femmes. En 1994, la Russie était revenue au niveau de mortalité de l'Union soviétique de la fin des années 50 soit avant la fin du premier temps de la transition épidémiologique. C'est pourquoi, des causes de mortalité de cette époque sont réapparues comme la tuberculose et quelques causes spécifiquement russes, comme les décès liés à l'alcoolisme, ont vu leur emprise augmenter.

Il est généralement admis que l'Union soviétique avait une fécondité plus élevée que le reste de l'Europe grâce à ses populations musulmanes du Caucase et d'Asie centrale (Monnier 2006). La moyenne de l'Union était de 2,4 enfants par femme quand les Slaves avaient une fécondité autour de 2. Après une embellie au début des années 80, la fécondité a commencé a chuter en 1987 comme dans les autres pays d'Europe centrale. Au début des années 90, cette chute s'est accélérée, l'indicateur conjoncturel de fécondité tombant de 2,01 en 1989 à un minimum de 1,16 dix ans plus tard. En parallèle, conformément aux autres pays d'Europe centrale et orientale (Seys1998, Sardon1998), la Russie a vu son calendrier de fécondité se modifier avec une augmentation de l'âge moyen des femmes à la maternité qui s'est amorcée dès le début des années 90 passant de 25 ans à près de 28, en 2009. Les raisons de cette chute de fécondité assortie à une modification du calendrier sont multiples. Il apparaît toutefois qu'elles sont un des signes des conséquences sociales de la transition que sont la montée du chômage et de la pauvreté et la chute générale du revenu (Philipov et Dobritz 2004).

La crise démographique, qui a fortement ébranlé les dynamiques et la structure de la population russe, s'est cependant infléchie au tournant du siècle. En effet, la fécondité a commencé à remonter dès 2000 et l'I.C.F. a atteint 1,47 enfants par femme en 2009 ce qui signifie que la Russie a une fécondité dans la moyenne européenne. En termes de naissances, cela signifie une augmentation du taux brut de natalité de 8,5 à 12,4 pour mille. Ainsi la situation s'améliore progressivement depuis le début du siècle sans réussir à atteindre un solde naturel positif. Bien qu'il ait diminué, il est encore largement négatif avec un déficit naturel de 0,2% en 2009 soit 249000 décès de plus que les naissances.

Cet infléchissement a cependant un effet positif car pour la première fois depuis 1991, la population de la Russie a augmenté en 2009 avec un excédent de 10000 personnes grâce un solde migratoire positif de 259000 habitants.

2.En 20 ans, la Russie est devenue un grand pays d'immigration

Dans leur ensemble, les mouvements migratoires ont eu un effet atténuant sur la crise démographique, la Russie ayant un solde migratoire internationalpositif depuis la fin de l'Union soviétique. En cumulé la Russie a accueilli de 1990 à 2009 plus de 9 800000 immigrants légaux si bien qu'elle est devenue le deuxième pays au monde accueillant des immigrants après les États-Unis. Si on calcule dans le même temps le solde migratoire légal, il est positif de 4800000 personnes. Le nombre de départs est estimé à environ 5000000.

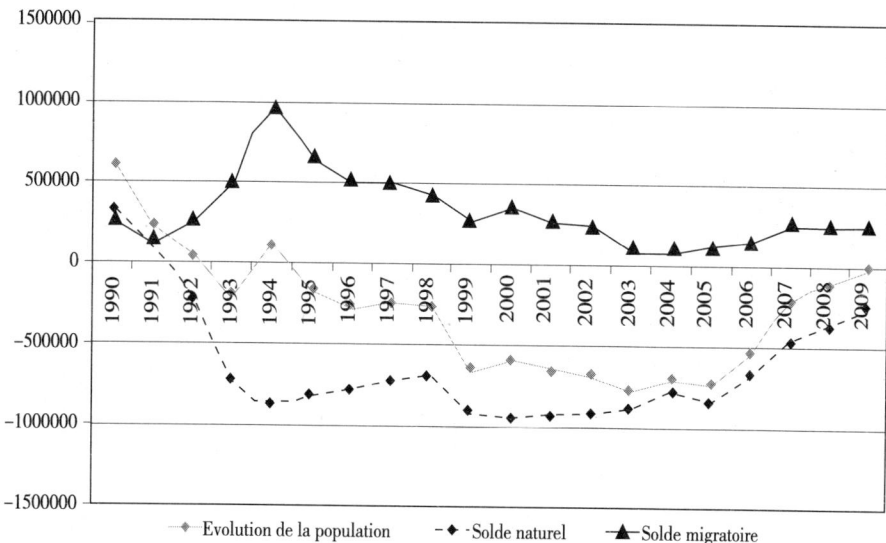

Figure 2: **Évolution de la population de la Russie de 1990 à 2009**

Ces chiffres sont vraisemblablement sous-estimés dans le contexte de désorganisation généralisée qui suit la chute de l'Union soviétique c'est pourquoi il est légitime de se poser la question de la fiabilité des chiffres. Les migrations internationales sont sous estimées car elles sont mal enregistrées à cause de l'immigration illégale. Dans le tableau 1, j'ai repris les chiffres de l'immigration légale et j'ai essayé de manière assez simple d'estimer le solde migratoire réel de la manière suivante : le solde migratoire estimé est égal à la population au 31 décembre-la population au 1er janvier + les naissances de l'année-les décès de l'année. Dans ce cas, on se rend compte que le solde migratoire estimé est plus élevé que l'officiel. Par contre, il est intéressant de noter que les deux taux suivent une évolution parallèle en trois périodes : une explosion migratoire du 1990 à 1994, une baisse de l'intensité de 1995 à 2004 et une reprise ensuite. Si cette estimation est bonne, cela signifie que l'immigration illégale est en effectif de 40% de l'immigration légale et que les tendances sont les mêmes ce qui est généralement le cas.

Ces mouvements migratoires internationaux, conséquence de l'ouverture des frontières, se sont doublés de mouvements internes encore plus importants puisque plus de 17 millions de Russes ont changé de «région»① de résidence en 20 ans. Cela signifie, qu'au total, plus de 27 millions d'habilitants de la Russie ont effectué un mouvement migratoire interrégional ou international ce qui trois périodes successives : de 1990 à 1994 puis de 1995 à 2004 et enfin de 2005 à nos jours. La première période est celle de l'explosion des mouvements, représente près de 20% de la population.

Sur les 20 ans depuis la chute de l'Union soviétique, on peut distinguer

---

① Le terme région sera utilisé dans cet article pour désigner les «sujets de la fédération» si on reprend la terminologie russe. La carte administrative de l'Union soviétique a été peu modifiée depuis 20 ans et la constitution de la Fédération de Russie liste 83 sujets de la fédération : Oblast', Kray, Republique, Okrug autonome, Oblast' autonome et 2 villes à statut fédéral (Moscou et Saint-Petersbourg. Ces «sujets» sont la base de la géographie administrative russe et les cartes de cet article sont réalisées sur cette base.

puisque plus de 50% des migrations internes et internationales sont concentrées sur cette période.

3.1989–1994 : la mise en place rapide de mouvements migratoires de grande ampleur

Le système de « propiska », qui a fonctionné jusqu'à la fin de l'Union soviétique, entravait fortement la liberté de mouvement. Ainsi, les migrations internationales étaient quasiment inexistantes. De même, les migrations internes étaient fortement contrôlées. Ce système était simple et efficace. Sur leur «passeport intérieur», les citoyens soviétiques avaient un tampon du bureau local du Ministère de l'Intérieur de leur région de résidence. Sans ce tampon, leur passeport n'était pas valide et il était impossible d'être employé ou de scolariser ses enfants dans une autre région que celle indiquée par la propiska. En pratique, ce système a été assez efficace en restreignant très fortement l'immigration vers les grandes villes et en encourageant l'émigration vers les régions périphériques que le Gosplan désirait mettre en valeur. De plus, jusqu'à 1991 et l'indépendance des 15 Républiques issues de l'Union soviétique, les migrations entre Républiques fonctionnaient sur ce principe de la propiska ; ce ne sont devenues juridiquement des migrations internationales qu'à partir de 1992.

Avec la chute de l'Union soviétique, le système de la propiska n'a pas été supprimé à l'intérieur de la Fédération de Russie. Simplement son application s'est assouplie si bien qu'il n'a plus qu'une faible influence sur le lieu de résidence des citoyens russes. Cela signifie que ces premières années du post soviétisme sont celles de l'absence presque totale de législation et de réglementation sur les migrations. Les citoyens soviétiques, dont le lieu de résidence était très strictement contrôlé, ont pu s'établir presque librement dans le pays ou dans la région qu'ils désiraient.

La seule législation qui a été mise en place est celle de la liberté de circulation entre les ex-Républiques soviétiques. Dans le cadre des traités fondateurs de la

C. E. I., l'accord de Bichkek de 1992 prévoit un régime sans visa entre lesdifférentes Républiques; il est encore en vigueur actuellement à deux exceptions près: le Turkménistan ne l'a jamais appliqué; la Russie et la Géorgie ne l'appliquent plus entre elles depuis 2001. Ainsi, le Russie a des traités bilatéraux d'exemption de visa avec les 9 autres Républiques de la C.E.I.

Tableau 1: Migrations en Russie de 1990 & 2009

Année	Migrations internationales				Migrations Interrégionales Arrivées d'une autre région
	Arrivées légales	Départs légaux	Solde migratoire officiel	Solde migratoire estimé	
1990	912 233	729 467	183 756	275 000	1 281 575
1991	692 238	675 497	16 741	136 100	1 105 360
1992	926 260	673 497	252 877	266 200	1 030 351
1993	923 280	483 028	440 252	526 300	971 086
1994	1 191 355	345 623	845 732	978 000	1 076 330
1995	866 857	347 338	519 319	653 700	1 086 983
1996	647 026	291 642	355 383	513 500	975 150
1997	597 651	232 987	364 664	514 100	926 079
1998	513 551	213 377	300 174	428 800	864 194
1999	379 726	214 963	164 763	269 500	803 939
2000	359 330	145 720	213 610	362 000	750 140
2001	193 450	121 166	72 284	278 500	699 537
2002	184 612	106 685	77 927	230 800	661 233
2003	129 144	94 018	35 126	93 000	668 091
2004	119 157	79 795	39 362	96 000	635 006
2005	177 230	69 798	107 432	125 900	606 509
2006	186 380	54 061	132 319	154 500	627 606
2007	286 956	47 013	239 943	258 200	634 500
2008	281 614	39 508	242 106	257 200	645 150
2009	279907	32458	247449	259400	573427
合计	9 848 707	4 997 287	4 851 420	6 678 300	17 709 369

Le début des années 90 a été marqué par le phénomène de «rapatriement».
Dans le cadre de l'émergence des États-nations issus des Républiques soviétiques,
une partie importante des citoyens a choisi de «rentrer» dans leur pays d'origine
même s'ils n'y avaient jamais vécu. Des Arméniens sont rentrés en Arménie alors
que des Russes de l'étranger proche ont fait le choix de s'installer sur le territoire
de la Fédération de Russie.

l'immigration en Russie est donc une immigration issue essentiellement des
Républiques de l'ancienne Union soviétique. Sur les 9800000 immigrants légaux
qu'elle a accueillis depuis 20 ans, plus de 90% viennent d'autres pays de la C.E.I.
et ce chiffre monte à 92% si on inclut les pays Baltes. Cette immigration a été très
forte dans la première période qui suit la chute de l'Union soviétique.

Tableau 2: Nombre et Pourcentage de Russes par
République de l'U.R.S.S. au recensement de 1989

République	Nombre de Russes	Pourcentage de Russes dans la population de la République
Estonie	474 834	30. 3%
Lettonie	905 515	33. 8%
Lituanie	344 455	9. 4%
Biélorussie	1 342 099	13. 2%
Moldavie	562 069	13. 0%
Ukraine	11 355 582	22. 1%
Arménie	51 555	1. 6%
Azerbaïdjan	392 304	5. 6%
Géorgie	341 172	6. 3%
Kazakhstan	6 227 549	37. 8%
Kirghizstan	916 558	21. 5%
Ouzbékistan	1 653 478	8. 3%
Tadjikistan	388 481	7. 6%
Turkménistan	333 892	9. 5%
Total hors Russie	25 289 540	

Ces arrivées sont essentiellement celles des «rapatriements» de Russes de l'étranger proche en Russie. Au dernier recensement soviétique de 1989, l'Union soviétique comptait plus de 25 millions de Russes ethniques en dehors de Russie pour deux raisons principales (tableau 2). Les frontières actuelles de la Russie, fixées dans les années 30, avaient laissé en dehors de Russie des territoires historiquement et culturellement russes. C'est le cas, par exemple, du nord du Kazakhstan, de l'est de l'Ukraine ou de la Crimée, etc ⋯ En parallèle, le pouvoir soviétique avait incité par volonté politique des populations russes à émigrer et à s'installer dans les autres Républiques.

Les Russes ethniques étaient très nombreux dans 5 Républiques qui en rassemblaient plus de 20 millions : l'Ukraine, Le Kazakhstan, l'Ouzbékistan, le Kirghizstan et la Lettonie. Devenus allochtones dans leurs nouveaux pays, une part importante des Russes ethniques a choisi d'immigrer en Russie car ils avaient du mal à y trouver leur place. À ce titre, l'exemple du Kazakhstan est édifiant. Dès début 1992, des dispositions sont prises pour la promotion de la langue kazakhe et la constitution de 1993 en fait la langue d'État dans un pays où une large majorité de la population est russophone. Les premières lois sur la langue ont sonné le glas des privilèges des Russes dans ces nouveaux États indépendants; «les Russes ont très mal vécu cette situation refusant de devenir les colonisés de ceux qu'ils colonisèrent» (DeTinguy 2004). De plus de nombreuses rumeurs se propageaient sur une «kazakhisation» rapide et forcée du pays. Dans ce contexte d'incertitude politique et de crise économique profonde, les Russes du Kazakhstan ont fait le choix, quand ils le pouvaient, d'émigrer en Russie. Sur les plus de 6 millions qui résidaient au moment de l'indépendance, ils ne sont plus que 4 millions en 2009 alors que contrairement à la situation russe, ils ont encore un léger excédent naturel (Seys 2009). Outre le rapprochement familial classique de ce type de migrations, cette immigration en Russie présente une originalité; ce sont essentiellement les élites des Russes de l'étranger proche qui sont arrivés car ils avaient des possibilités d'emplois et d'insertion dans la société russe. Ils ont en quelque sorte remplacés dans la société russe les départs qui se font au même moment.

Les départs de Russie se font essentiellement vers 3 pays qui représentent plus de 90% des flux : l'Allemagne, Israël et les États-Unis. Pour les deux premiers, la nature des mouvements est la même. l'Allemagne et Israël ont des lois sur la citoyenneté basées essentiellement sur le droit du sang. Tout citoyen qui peut prouver qu'il a un ancêtre juif ou allemand est citoyen de droit d'Israël ou de l'Allemagne. l'Union soviétique avait des populations juives et allemandes ethniques en nombre. En Russie, au recensement de 1989, on comptait 570000 Juifs et 842000 Allemands.

Les deux communautés ont connu des processus d'émigration comparables dans leur forme et dans leur nombre. En effet, en 2010 les Juifs et les Allemands ne représentent plus que respectivement 40% et 20% de leurs communautés en 1989 et les départs cumulés s'élèvent à 318 000 vers Israël et 748000 vers l'Allemagne. Ces départs ont fortement ébranlé la société russe qui a perdu une part importante de ses cadres (Tetart et Martins 2007). Ces communautés étaient les mieux formées du pays et représentaient, par exemple, une partie importante des médecins et des universitaires. Leurs départs rapides et massifs ont constitué une fuite des cerveaux qui est partiellement responsable de la désorganisation du système de santé par le départ de nombreux médecins.

Le troisième pays d'accueil est les États-Unis qui ont accueilli près de 140000 Russes en 20 ans. Les raisons de cette émigration sont différentes mais la forme est comparable. Les États-Unis ont essayé d'attirer dans un premier temps les élites intellectuelles russes en leur offrant les postes dans les laboratoires de recherche et dans les universités reprenant une tradition historique de l'époque de la guerre froide. Cette politique d'attractivité se prolonge actuellement par des programmes d'accueil d'étudiants russes de bon niveau. Ils ont attiré, mais c'est plus anecdotique, quelques sportifs de très haut niveau. Par contre ils n'ont pas pu se prémunir de l'installation des mafias russes sur le territoire américain.

Les migrations internes qui se sont mises en place au lendemain de la chute de l'Union soviétique constituent un retournement des tendances antérieures. l'U.R.

S.S. avait essayé de mettre en valeur les régions périphériques du nord et de l'est de la Russie car les ressources minières et pétrolières y sont très importantes en y créant ex-nihilo des villes de mono-activité industrielle. Pour y faire immigrer des populations, elle avait donné très facilement des propiska pour s'y installer mais aussi attribué aux citoyens des avantages divers et variés en termes de salaire, de logement, d'approvisionnement ou d'accès à l'université pour leurs enfants. Au début des années 90, la fin de ces avantages pour les habitants des régions périphériques et l'assouplissement du système de propiska ont permis l'inversion très rapide des mouvements migratoires, les citoyens des régions périphériques quittant ces espaces en crise plus profonde. De plus, cette inversion s'est faite dans le cadre d'une augmentation des flux qui d'environ 300000 changements de régions par an dans les années 80 sont passés à plus d'1200000 en 1990. Les Russes, découvrant la liberté de résidence, ont choisi de s'établir quand ils le pouvaient dans la partie européenne du pays et dans l'Oural et dans le sud-ouest de la Sibérie.

Tous ces mouvements migratoires se sont fait en parallèle d'une forme de mobilité nouvelle autour de la Russie: le phénomène des « tchelnoki ». Les tchelnoki sont des personnes qui ont développé du commerce transfrontalier in-formel. Dans les années 90, de nombreux citoyens russes sont allés vendre dans les pays voisins des produits qui étaient moins chers en Russie comme des cigarettes, de la vodka ou des antiquités. Dans l'autre sens, ils importaient en Russie des biens de consommation comme de l'électroménager ou des voitures d'occasion. Ce commerce informel a permis à de nombreux Russes de survivre dans la phase de transition au début des années 90. Avec la création des frontières à l'intérieur de l'ex-U.R.S.S., le phénomène des tchelnoki a commencé à se développer entre les pays de la C.E.I. d'autant que l'absence de visa simplifiait les formalités. Dès le milieu des années 90, le phénomène a commencé à diminuer d'intensité car les réseaux de distribution de produits importés se sont organisés et l'inflation a rapide-ment rendu les produits russes moins compétitifs. Pour qu'il reste rentable, le phénomène des tchelnoki s'est complexifié. Au commerce transfrontalier informel, s'est progressivement ajouté le travail clandestin pour de courtes périodes. Des tchelnoki issus de la C.E.I. venaient en Russie pour vendre et acheter des produits alimentaires ou des biens de consommation; ils en profitaient pour travailler au noir de quelques jours à quelques semaines essentiellement dans deux secteurs d'activité: l'agriculture et le bâtiment. C'est là l'origine de la mise en place d'immigration illégale temporaire en Russie comme dans l'Union européenne avec les travailleurs immigrés saisonniers que l'on retrouve dans l'agriculture espagnole par exemple.

4.1995−2004: le ralentissement des flux et la mise en place difficile d'une politique migratoire

À partir de 1993, l'État russe va se doter d'une politique migratoire qui sera mise en place en deux temps. En 1993, la Russie adhère aux chartes de l'Organisation des Nations Unies de 1951 et 1967 relatives au statut des réfugiés. Pour transposer ces ratifications, elle met en place un «Service Fédéral des Migrations» (F.M.S. ou *Federal'naya Migratsionaya Sluzhba* en Russe). À cet organisme, sont attribuées deux missions: gérer la question des réfugiés dans le nombre est en croissance rapide autour de la Tchétchénie et organiser les mouvements migratoires internationaux. Dans l'urgence de 1993, il va s'atteler essentiellement à la question des réfugiés puis progressivement appliquer la politique migratoire en remplacement de la police et des autorités régionales dont c'était une compétence commune. Il va se substituer progressivement à elles région après région si bien qu'il ne gère la question migratoire pour l'ensemble de la Fédération de Russie qu'en 1999. Certaines Républiques, comme le Tatarstan, ont été très réticentes à ne plus gérer directement la question migratoire. Jusqu'à la fin de la présidence de Boris Eltsine en 1999, la Russie n'a pas de réelle politique migratoire car elle s'est dotée d'une double législation rendant difficile son application. La constitution de décembre 1993 confirme la loi sur la citoyenneté russe de 1992 qui, contrairement à celle des autres pays de la C.E.I., autorise la double nationalité pour permettre

aux Russes de l'étranger proche d'être citoyen de leur pays de résidence et de la
Fédération de Russie. De plus, elle met en place une période de transition de 10
ans jusqu'en 2002 où les documents d'identité de l'Union soviétique restent valable-
s①. Cela signifie tout simplement qu'il est impossible que la Russie mette en place
une politique migratoire restrictive ou incitative. En théorie, le F.M.S. n'est pas en
mesure de refuser l'autorisation d'immigrer jusque 2002 à tout citoyen qui lui
présente un passeport intérieur ou international soviétique même si cette personne
est déjà citoyen d'un autre État issus de l'U.R.S.S. En pratique, une majorité de
citoyens a réglé la question de sa nationalité avant la fin du siècle. Dans ce cadre
juridique se mettant en place, le gouvernement russe a pris une première directive
de restriction d'accès au territoire russe pour les étrangers en 1998 tout en continu-
ant à attribuer assez facilement la citoyenneté russe aux Russes ethniques de
l'étranger proche. Dans ses compétences, le F.M.S. s'était vu rapidement ajouter
celle d'apporter une aide financière aux citoyens russes qui «rentrent» dans leur
pays.

Dans ce contexte, l'évolution des tendances migratoires va se prolonger par-
tiellement. Les départs très nombreux du début des années 90 vont se réduire forte-
ment à partir de 1995 – 1996. En effet, le nombre de départs d'Allemands et de
Juifs diminue fortement dès 1995, les communautés se tarissant.

En parallèle, l'immigration en Russie va suivre une évolution comparable
influencée par le contexte économique. De 1995 à 2004, le nombre d'entrées sur le
territoire russe a été divisé par 7 en passant de 867000 à 119000 la chute
s'accélérant à partir de 1998. Cela est dû à la diminution du nombre de rapatrie-
ments. Le nombre de Russes de l'étranger proche, qui continuent à représenter en-
viron 80% des immigrants, a déjà fortement diminué et ceux qui désiraient immi-
grer en Russie l'ont déjà fait dans leur grande majorité. En même temps, la crise

---

① La loi de 1992 prévoyait que les documents d'identité de l'époque soviétique seraient valides
jusqu'en 2002. En fait la Russie a maintenu leur validité jusqu'en 2005 car elle a eu beaucoup de mal à
généraliser l'utilisation des documents d'identité russe qu'elle n'a commencé à mettre en place qu'en
1997.

financière asiatique de la fin de 1997 a fortement ébranlé l'économie russe si bien que la pénurie de main d'œuvre que l'on observait dans certains secteurs économiques avant cette date a disparu dès 1998. La Russie est devenue moins attractive pour une main d'œuvre immigrée potentielle.

Outre ces Russes de l'étranger proche, seule une communauté apparaît dans les chiffres ce sont les Arméniens. Avec un excédent naturel, une jeunesse nombreuse et une absence de réelle croissance économique, l'Arménie est un réservoir de main d'œuvre pour la Russie d'autant que les relations politiques sont très cordiales entre les deux pays. Entre 1995 et 2004, ils représentent plus de 7% de l'immigration légale en Russie ce qui signifie qu'environ 600000 Arméniens sont entrés en Russie. Ce chiffre, vraisemblablement sous estimé, en fait la première communauté étrangère.

Les migrations internes suivent une évolution parallèle en diminuant fortement durant toute la période. Ainsi, alors qu'en 1995, plus d'1 million de Russes ont changé de région, ils ne sont plus que 720000 en 2004 et les mouvements confirment ceux de la période précédente à une nuance près. Les Russes quittent les régions périphériques du nord et de l'est du pays pour se concentrer en Europe, dans l'Oural et dans le sud de la Sibérie. La nuance est que les deux régions les plus attractives ne sont plus les villes de Moscou et de Saint-Pétersbourg mais les régions de Leningrad① et de Moscou qui sont en réalité la périphérie de ces deux grandes villes. La Russie connaît pendant cette période le début du processus classique de périurbanisation.

Avec l'arrivée de Vladimir Poutine à la présidence en 2000, la Russie va se doter d'une nouvelle politique migratoire en deux temps. Elle va très fortement restreindre le droit d'asile qui était utilisé par certains migrants originaires de la C.E.

---

① Dans les années 90, la Russie a débaptisé la plupart des villes auxquelles on avait donné le nom de dignitaires de l'époque soviétique en leur redonnant leur nom ancien. Ainsi, par exemple, la ville de Leningrad est redevenue Saint-Petersbourg, Sverdlovsk a été rebaptisée Ekaterinbourg. Par contre, les oblasts (régions) n'ont pas été renommées; leurs noms officiels sont toujours les Oblasts de Leningrad et de Sverdlovsk.)

I. comme les Tadjiks mais aussi par certains autres comme les Afghans et passer des accords de réadmissions bilatéraux avec l'ensemble des pays de la C.E.I. En 2002, elle va établir des quotas de main d'ouvre étrangère par région. La conséquence directe de cette politique se voit très rapidement sur les chiffres. l'immigration légale va fortement chuter pour arriver à un minimum de 120000 entrées en 2004. La conséquence indirecte va être le développement de l'immigration illégale en remplacement du phénomène desTchelnoki. Selon Anatoly Vishnevski, l'immigration en Russie était légale à 90%–95% en 2000, elle ne le serait plus qu'à 60%–65% en 2007. La raison est très simple, la mise en place des quotas de mains d'ceuvre étrangère est intervenue au moment où l'économie russe avait déjà commencé sa période de très forte croissance économique amorcée en 2000. Très rapidement, le pays s'est retrouvé en pénurie de main d'ceuvre en particulier dans l'industrie et le bâtiment. l'immigration illégale était le seul moyen d'assurer la construction de tous les chantiers immobiliers dont se sont couvertes les grandes villes russes dans ces premières années du XXIᵉ siècle. Cette immigration illégale nouvelle va mettre en place des communautés issues de trois pays avec par ordre d'importance des Ouzbeks, des Tadjiks et des Kirghizes. Pour la première fois, depuis la fin de l'Union soviétique ce ne sont plus uniquement des Russes ethniques ou des Arméniens qui immigrent de l'étranger proche. Par contre, malgré leur allochtonie, ces populations ont généralement une connaissance satisfaisante de la langue russe à leur arrivée. Cela est très original dans le cadre d'une immigration de travail peu qualifiée.

5.Depuis 2005, l'immigration est perçue comme une nécessité

La Russie en 2005 est dans une situation économique beaucoup plus favorable puisqu'elle vient de connaître près d'une décennie de forte croissance. Dans le débat politique, la question migratoire est apparue depuis 2000 quand Vladimir Poutine, fraîchement élu, lance un cri d'alarme sur le déclin démographique du

pays. C'est la première fois qu'un dirigeant de haut niveau évoque la crise
démographique sans évoquer la question migratoire mais en insistant sur le déficit
naturel. La question migratoire comme un moyen de combler le déficit naturel est
évoqué pour la première fois en 2001 et se traduira par la mise en place de quotas
d'immigration en 2002 qui trop faibles auront pour conséquence de réduire le nom-
bre d'immigrants légaux. Jusqu'en 2005, le gouvernement russe va nier la présence
d'immigrés illégaux et à partir de ce moment là, il va changer radicalement de po-
sition en passant d'une position de négation à une position de régularisation. Pour
faire changer l'opinion publique très réticente à l'immigration de non-Russes en
particulier de centre-asiatiques. Le gouvernement va annoncer des chiffres in-
vraisemblables d'immigrants. Dans un discours en 2005, Vladimir Poutine estime
qu'il y a 10 millions d'immigrants illégaux en Russie. La presse amplifiera ses pro-
pos en avançant des chiffres de 15 millions. Ces chiffres sont naturellement sur-
estimés, l'ordre de grandeur vraisemblable étant compris entre 1 et 3 millions. Ils
vont rendre possible une action politique et un premier décret est pris fin 2005 sur
la «part des travailleurs étrangers dans le commerce de détail». En 2006, une loi
fédérale est votée sur le recensement des immigrés et une autre prévoit
l'augmentation très forte de l'aide financière accordée aux Russes de l'étranger
proche souhaitant immigrer. En fait la Russie, vient de changer de politique migra-
toire. Elle considère enfin l'immigration comme le seul moyen d'atténuer la crise
démographique car, dès 2006, le nombre de départs en retraite est devenu
supérieur au nombre d'entrées sur le marché du travail. De même, elle a fait le
choix clair de privilégier l'immigration de l'ex-Union soviétique car un phénomène
nouveau est apparu vers 2005 des travailleurs saisonniers chinois commencent à ar-
river sur le sol russe. Ils seraient entre 200000 et 400000 par an (Tabarly 2007)
et la perception de leur arrivée a été très claire dans l'opinion publique où le fan-
tasme de «l'invasion chinoise» existe bien que cette immigration soit rarement per-
manente.

Ces changements politiques ont eu des effets sur les flux et donc sur les statis-
tiques: dès 2005 le nombre d'immigrants internationaux augmente de nouveaux et

passe de 120,000 à plus de 280,000 en 2007. Ces immigrants sont encore très majoritairement de la C.E.I. puisque plus de 95% en viennent. Si on regarde la répartition par nationalité, près de 80% sont russes car le rapatriement qui avait fortement décru au début du siècle repart car les incitations du gouvernement russe semblent efficaces mais aussi car les deux principales communautés de l'étranger proche, celles d'Ukraine et du Kazakhstan, se sentent de plus en plus étrangères dans ces pays.

La nouveauté est le nombre d'immigrants étrangers qui augmente fortement; il est presque multiplié par 6 entre 2005 et 2007 (tableau 3). C'est le signe de la mise en place de la nouvelle politique migratoire dont le maître mot pourrait être: «laisser les étrangers de la C.E.I. immigrer». Pour la première fois en 2007, les immigrants étrangers représentent plus de 20% du total. Par contre, ils sont originaires à 95% de la C.E.I. en particulier de 4 pays avec par ordre d'importance en 2009: l'Ouzbékistan, l'Ukraine, l'Arménie et l'Azerbaïdjan.

Dans le même temps, le nombre d'immigrants originaires d'autres pays a commencé à augmenter. Même si les effectifs sont encore faibles, ils ont triplé en valeur absolue entre 2005 et 2007. Ils ont par contre baissé en pourcentage à cause de la très forte augmentation du nombre d'immigrants issus de la C.E.I. Leurs origines sont très variées et seuls deux pays apparaissent: la Chine et le Viêt-Nam. Cette immigration n'en est encore qu'à ses débuts mais il est possible, qu'à l'avenir, des communautés conséquentes de ces deux pays apparaissent en Russie.

En termes de migrations internes, les effectifs ont continué de diminuer. En 2009, le total est descendu à moins de 600 000 migrants par an soit une baisse de moitié sur les 20 années depuis la chute du communisme. En fait, cette baisse est une prolongation des tendances antérieures. Les Russes migrent de moins en moins à l'intérieur de leur pays car le chômage faible, conséquence de la croissance économique, leur offre des emplois dans les régions ou ils vivent et ne les obligent pas à changer de région.

Table3: Immigrants légaux en Russie par nationalité de 2005 à 2009

	2005	2007	2009
Nombre total d'immigrants	177 230	286 956	279 907
Dont citoyens russes	162 646	218 287	218 986
Pourcentage de Russes dans les immigrants	91. 8%	76. 3%	78. 2%
Dont citoyens russes ayant une autre nationalité	9 666	33 257	26 648
Nombre total d'immigrantsétrangers	11 634	59 676	54 887
Pourcentage d'immigrants étrangers	6. 6%	20. 8%	19. 6%
Nombre d'immigrants étrangers issus de pays de la C.E.I.	10 235	56 290	51 471
Pourcentage de citoyens de la C. E. I. dans les Étrangers	88. 0%	94. 3%	93. 8%
Principales citoyennetés			
Azebaidjanais	387	7 448	6 225
Arméniens	788	8 991	8 801
Kazakhstanais	1 924	2 182	1 990
Kirghizstanais	469	1 065	689
Moldaves	413	2 877	2 481
Ouzbekistanais	2 622	11 531	11 226
Ukrainiens	2 580	14 962	9 554
Nombres d'immigrants étrangers issus de pays extérieurs à la C.E.I.	1 399	3 386	3 416
Pourcentage de citoyens extérieurs à la CEI dans les étrangers	12%	5. 7%	6. 2%
Vietnamiens	99	559	656
Chinois	402	846	513
Immigrants sans citoyenneté Spécifiée	2 950	8 893	6 032
Pourcentage d'immigrants sans citoyenneté spécifiée	1. 6%	2. 9%	2. 4%

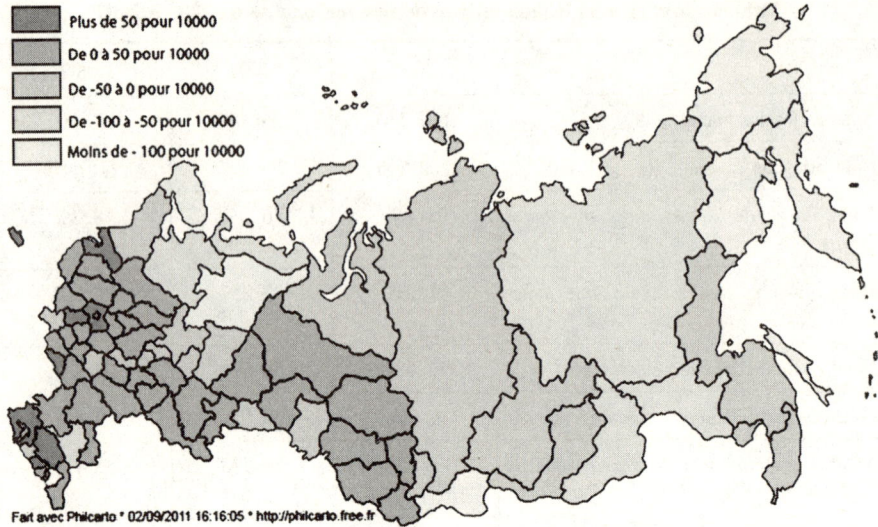

Plus de 50 pour 10000
De 0 à 50 pour 10000
De -50 à 0 pour 10000
De -100 à -50 pour 10000
Moins de - 100 pour 10000

Fait avec Philcarto * 02/09/2011 16:16:05 * http://phlcarto.free.fr

Figure 3: Taux de solde migratoire interne annuel moyen en Russie de 2000 à 2009

6. Les migrations ont définit une nouvelle géographie de la population russe

Depuis 20 ans, la Russie a connu des mouvements migratoires sans précédent que ce soit sur le plan international ou sur le plan interne. Elle a mis en place un nouveau système migratoire comparable à celui d'autres pays européens ou la migration est une réponse à des besoins économiques en particulier de main d'œuvre. Dans l'ensemble des payspost-communistes, la transition a eu également des conséquences sur l'espace. C'est ce que les géographes appellent la mutation des territoires. Alors que la planification de l'époque soviétique avait essayé de développer l'ensemble du territoire russe par une volonté politique de mise en valeur des régions périphériques, le libéralisme économique va mettre en place une concurrence entre les territoires qui va se traduire par une contraction de l'espace russe.

Les migrations internes ont été une réponse à la nouvelle donne économique avec un renversement des tendances. Les espaces périphériques se vident au profit de la Russie d'Europe, de l'Oural et du sud-ouest de la Sibérie. La carte n'°1 montre clairement une rétraction de l'espace russe avec deux tiers du territoire ou la solde migratoire moyens des 20 dernières années est négatif quand il n'est positif dans le tiers ouest du pays avec des contrastes très importants. Si on envisage les situations extrêmes, la recomposition de l'espace russe est très importante. Les deux régions parmi les plus orientales du pays sont celles qui ont perdu le plus de population. En moyenne, la population de la Tchoukotka a diminué de 0,52% par an depuis 20 ans et celle de la région de Magadan de 0,38%. Cela signifie que ces deux régions ont subi un véritable exode en perdant respectivement 71% et 59% de leur population depuis la chute de l'Union soviétique. Cette chute est due au départ massif des Russes et des Ukrainiens quand les autochtones sont restés.

A l'opposé, les régions européennes de la Russie accueillent des populations du nord et de l'est du pays. Quand on analyse les chiffres en détail, on se rend compte que ce ne sont quelques régions qui accueillent des populations en nombre. En 2009, par exemple, seules 17 régions sur 83 avaient un solde migratoire interne positif; elles sont toutes en Europe sauf 3: les régions de Sverdlovsk, Tomsk et Novossibirsk. En réalité, l'immigration se fait vers les grandes villes. La Russie a une géographie urbaine différente de celle de l'Europe, c'est un pays de grandes villes. Elle comptait, au recensement de 2002, 13 villes de plus d'un million d'habitants et 33 de plus de 500000. Au total, ces villes représentaient respectivement 27 et 42 millions d'habitants. 29de ces 33 villes de plus de 500000 habitants ont un solde migratoire interne positif et elles accueillent plus de 90% de l'immigration interne. C'est là une des conséquences du phénomène de métropolisation que connaît la Russie depuis 20 ans. De même, les deux régions de Moscou (la ville et la région) ont accueilli plus de 20% des personnes ayant changé de région. La croissance économique et les nouveaux emplois se sont concentrés dans les grandes villes de l'ouest du pays en particulier le long d'un axe urbain qui va de Saint-Pétersbourg à Ekaterinbourg en passant par Moscou. En dehors ce cet axe, on ne trouve un solde migratoire fort que dans deux régions, l'exclave de Kaliningrad et la région de Krasnodar au sud, et faible à Omsk et Novossibirsk.

Les migrations internationales renforcent la dynamique des migrations internes avec une organisation spatiale propre à chaque communauté immigrée. Comme l'émigration est devenue très faible, la totalité des régions russes a un solde migratoire positif. l'immigration se concentre cependant dans le sud de la partie européenne de la Russie qui accueille plus de 80% des immigrants avec une préférence pour les grandes villes de la même manière que pour les migrations internes. A elle seule, l'agglomération moscovite a accueilli plus de 15% des immigrants. Il existe cependant une différence notoire : plus de 15% de l'immigration internationale se fait dans la région de l'Oural et de Sibérie occidentale. Cette immigration vient combler le manque de main d'œuvre dans ces régions où l'exploitation des gisements miniers et d'hydrocarbures ont été fortement mis en valeur depuis 10 ans. C'est remarquable, par exemple, dans les régions de Khanty-Mansiysk ou de Krasnoïarsk.

Quand on fait une analyse par communauté, on se rend compte que l'immigration présente des différences importantes selon le pays d'origine. La première différence est liée à la proximité géographique. Les immigrants issus de pays voisins s'installent de préférence dans les régions voisines de leur pays d'origine.

Ainsi, on observe très clairement une concentration d'Ukrainiens à l'ouest et de Kazakhstanais dans l'Oural et en Sibérie occidentale. Pour les pays, n'ayant pas de frontières avec la Russie, la logique est légèrement différente et le cas des Ouzbeks et des Kirghizes est original. Ces deux communautés se sont installées dans l'ensemble de la Russie mais les régions qui en accueillent le plus sont l'agglomération de Moscou, le Tatarstan et la Bachkortostan. Cela signifie que, quand ils en ont le choix, les Ouzbeks et les Kirghizes préfèrent émigrer vers les Républiques Autonomes du centre de la Russie où sont établis leurs cousins turciques et musulmans : les Tatars et les Bachkirs.

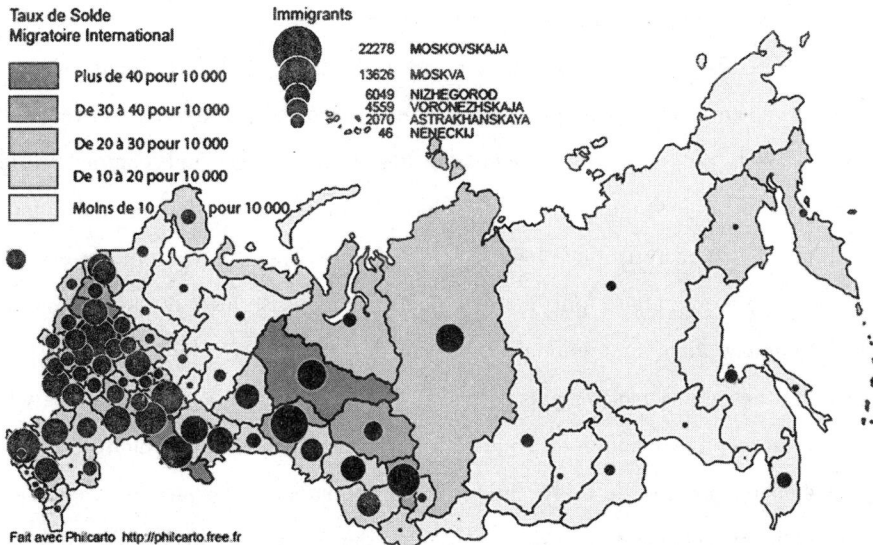

**Figure 4 : Taux de solde migratoire international et
nombre d'immigrants en Russie en 2009**

7.Conclusion

En 20 ans la Russie s'est dotée de mouvements migratoires d'une très grande
ampleur. Elle est devenue un pays d'accueil important à l'échelle mondiale en deux
temps. Les premières années ont été celles du départ des Juifs et des Allemands
mais surtout celles du rapatriement des Russes de l'étranger proche dans le cadre
d'un accroissement très rapide des flux dès 1990. Au tournant du siècle d'autres
mouvements se sont amorcés avec l'arrivée légale ou illégale d'étrangers de la C.E.
I. : Arméniens puis Ouzbeks, Tadjiks, Kirghizes ⋯ La politique migratoire et la
législation ont varié. l'assouplissement du système de propiska a permis les flux très
importants du début des années 90 qu'ils soient internationaux ou internes. La
législation, qui s'est progressivement mis en place, a eu peu d'influence sur les
flux ; elle a cependant fait varier la limite entre immigration légale et illégale. Avec
l'arrivée de Vladimir Poutine au pouvoir, la Russie s'est dotée d'une politique mi-
gratoire qui a commencé à être efficace vers 2004. Elle laisse immigrer assez facile-

ment les citoyens des autres pays de la C.E.I. et pratique une politique restrictive sur les autres. Malgré cela, des communautés extérieures à la C.E.I. commencent à apparaître même si elles sont pour l'instant embryonnaires. Tous ces mouvements ont redessiné la géographie de la population de la Russie avec une contraction de l'espace russe vers les grandes villes dans le cadre du processus de métropolisation.

Toutes ces caractéristiques font de la Russie un pays européen comme les autres en matière migratoire puisque les quatre caractéristiques du système sont réunies. l'immigration internationale est issue des anciennes colonies et des pays proches. Associée aux mouvements internes, elle se concentre vers les grandes villes en croissance économique de l'ouest du pays. La dynamique migratoire est devenue l'élément essentiel de la dynamique de la population et la question migratoire est un élément important du débat politique. Sur ce point, la Russie présente cependant une originalité car la question migratoire s'inscrit dans le contexte de crise démographique. Les autorités russes s'inquiètent depuis une dizaine d'années de la baisse de population car les perspectives de population sont très pessimistes. l'immigration apparaît comme un des moyens d'enrayer la baisse de population. C'est efficace à court terme puisque pour la première fois depuis 20 ans la Russie a gagné de la population en 2009 grâce à l'immigration et à une légère remontée de la natalité amorcée depuis 2005. Toutefois, sans baisse rapide de la mortalité, l'immigration ne sera pas suffisante ou alors avec une augmentation de son ampleur. Dans ce cas la difficulté sera qu'il faudra accueillir des immigrés issus de pays extérieurs à la C.E.I. ce qui semble difficile. l'opinion publique russe a déjà beaucoup de mal à accepter les immigrés issus du sud de l'ex-Union soviétique, elle ne semble pas prête à accepter des immigrants asiatiques ou africains en nombre. La Russie a européanisé son système migratoire, elle ne semble pas capable de le mondialiser à court terme···

References

Bafoil, François. 2006. *Europe Centrale et Orientale: mondialisation, européanisation et changement social*. Paris: Presses de Sciences Po.

De Tinguy, Anne. 2004. *La Grande Migration: la Russie et les Russes depuis l'ouverture du rideau de fer*. Paris: Plon.

Monnier, Alain. 2006. *Démographie contemporaine de l'Europe: Évolutions, tendances, défis*. Paris: Armand Colin.

Philipov, Dimiter, et Jürgen Dobritz. 2004. *Les Conséquences démographiques de la transition économique dans les pays d'Europe centrale et orientale*. Strasbourg: Éditions du Conseil de l'Europe.

Sardon, Jean-Paul. 1998. « Fécondité, bouleversements politiques et transition vers l'économie de marché en Europe de l'est». *Espace, Populations, Sociétés*, n°. 1998-3: 339-360.

Seys, François-Olivier. 1998. «Typologie des changements démographiques en Europe centrale et orientale depuis la chute du communisme ». *Espace, Populations, Sociétés*, n°. 1998-3: 441-461.

——. 2009. «Les Dynamiques démographiques au Kazakhstan, Un modèle spécifique depuis l'indépendance». *Espace, Populations, Sociétés*, n°. 2009-2: 243-261.

Shkolnikov, Vladimir, France Meslé et Jacques Vallin. 1995. «La Crise sanitaire en Russie». *Population*, n°. 4-5-1995: 417-441.

Tabarly, Sylviane.2007. *Le Défi démographique russe*. Dossiers documentaires de l'École normale supérieure.

http://geoconiuences.ens-lyon.fr/doc/etpays/Russie/RussieDoc6.htm.

Tetart, Frank, et Alcidio Martins.2007. «Juifs et Allemands d'Ex-U.R.S.S.: Des diasporas "russes" en Israël et en Allemagne». *Le courrier des pays de l'est*, n°. 8: 234-251.

Vichnevski, Anatoli. 2009. « Les enjeux de la crise démographique en Russie». *Russie.Nei.Vision*, n° 41.

中国移民能否振兴欧洲的不景气经济体？

张邦庆

这篇文章研究的是在经济萧条时期来到欧洲的中国新移民——特别是在东南欧的浙江商人。浙江移民的类型从原来占大多数的小商人转变为从事复杂经营的大规模投资者。因此，出于自身利益，接收国应该去扶植，而不是限制这一类移民制度化的进展。由此，政府应该通过制定移民政策和反歧视政策来充分利用这些移民的潜能。

迄今为止，对进入欧洲的中国移民的研究已经有足够多的学术文献，这已不再是一个新奇的现象了。学者们研究了生活在各接收国中的中国移民：一战后的北欧和西欧，共产主义俄罗斯和东欧，还有当代的中欧、东欧、南欧和西欧①。从他们的研究工作中，对于这些生活在情况各种各样的欧洲国家的中国新移民，我们得以搜集并整理出两大类型。第一个类型是西欧强势经济中的领薪工人，其中，福建籍的餐馆工人就是最好的例子（Pieke et al. 2004）。同时，在中欧、南欧和东南欧较疲软的经济中，我们看到的更多是来自浙江的小商小贩，而这则构成了另外一种不同的类型。目前的文献表明，两个群体都没有对将自己的经济行为拓展到其他领域表现出很大的斗志。通常地，福建人和浙江人都是通过链式移民进入接收国，即一小拨开拓者先在新的国家立足，然后从家乡找来亲朋好友，来为刚起步的生意提供人手（Pieke 1998, Chin 2001）。最后，两类新移民都带有一种特别强烈的企业家精神。想要创业的欲望如此之强烈，以至于新移民在抵达后不久，一旦在雇主那里获得了足够多的资本和经验，就开始经营自己的饭馆、批发或零售生意；地点经常是选在尚

---

① 如欲概览，可参见 Chang、Rucker-Chang 2011；Benton、Pieke 1998。

未被其他店铺大量进入的地方,继而在家乡找来同胞帮手自己的生意。

尽管关于福建工人和浙江商人,有了一定的研究进展,但是我们仍然相当需要了解,在任一既定的移民接收国中,移民类型是怎样随着时间的变化而发生改变的。当来自同一个国家的移民大量涌入同一块行业时,中国商店和中国餐馆的老板们不再期待还能以同样的利润空间,在老地方经营同样的生意。特别是对在经济波动中成长发展的浙江人而言,一个国家的经济不可能一直长期停滞,消费需求保持不变,同时其他的市场参与者不能进入。经济的上扬可能促进国内和制度化的廉价消费品供应商的涌入;而严重的经济衰退则会导致消费萎缩,以及仇外心理和更加严苛的移民管理制度。面对着纷繁变化的竞争、需求和居住国社会态度,移民是如何去应对的? 的确,中国移民是一种跨国现象(Chang 2011a;Nyíri 2007;Pieke et al. 2004),在危机时期或者过度竞争的时候,可以容易地把他们的供应网络、分销网络和劳工网络转移到其他国家。然而迁移这样的解决方法并非一直可行。就像欧洲中国移民研究奠基人学者之一,匹克(Pieke 2004)所注意到的,移民可能由于各种原因而寻求永久性的定居,比如社会福利,比如雇佣自由。经验证据同样表明,浙江商人正在开始拓展到其他的行业,例如轻工业。这些行业需要更多技术上的和物流上的知识——因此就需要更多的资本,以及供应商、分销商和金融家之间的协调。

因此,进入发展中经济体的浙江商人正处于一个有意思的时刻:移民的总量可能有所减少,但是其特征正变得更加的制度化。笔者在这里使用"制度化"这个提法,指的是浙商正在探索那些通常只有手边资本充足的大型跨国公司才有能力染指的经济行为;同时也是说,这些经济行为开始受到政府的支持,而平常只有国企才有这种待遇。由于正碰上欧洲经济严重紧缩的时期,这一现象就更加有意思了。在这种时期,法律制定者和政策制定者对移民的本能反应就是更加严厉的立法和执法。这些措施经常导致新移民总数的减少,同时已经生活在居住国的移民受到刁难。然而中国新移民有可能通过刺激国外的直接投资,抓住机会,减缓其中某些经济体的下滑趋势。

本文探讨经济停滞时期的中国新移民与欧洲政策这一对同期现象。我主要关注中国新移民中的一个子集——浙江商人——在欧洲的一小部分地区——即欧洲的东南部,特别是塞尔维亚的情况。我选择研究浙江籍移民,是要着重研究这样一个移民群体的演变,他们出人意料地有利于国外资本的直接投资。同时,选择塞尔维亚作为研究中国移民的地点,目的是将其置于一个被腐败和制裁所围困的经济体中。此外,自20世纪90年代中期以来,塞尔维亚持续迎来数量庞大的中国移民;同时,作为地处欧盟家门口的国家,塞尔维亚采纳了一揽子立法,用来讨好欧盟成员国资格的审批人。因此,本文既不研究有国家背景的投资项目中的高级技术工人,也不研究可能成为人才外流中一员的留学生们,而关注半熟练性的商人。仅凭对塞尔维亚的研究,本文并不想要推演出任何适用于整个欧洲的一般化理论——虽然塞尔维亚的浙江人与欧洲其他地方的浙江籍移民之间有许多相似之处①。

在文章的开头,我将会介绍浙籍移民的移民类型演变,从当初占绝大多数的小商人到今天从事各种复杂经营活动的温州籍投资商。接下来,我会尝试说明,鼓励而不是限制这一模式走向制度化,正是移民所在国的利益所在。最后,我将以政府要如何通过调整移民政策和反歧视政策,以便充分利用这些移民的潜力,来结束本文的讨论。

1.小商人的发迹时代

整个20世纪90年代,持续不断的中国移民浪潮席卷了整个东欧,他们要么是途经东欧前往西欧的领薪工人,要么是一心想在东欧贩卖廉价消费品的商人②。在西欧,移民通常在餐馆和工厂里工作。与一般链式移民的情况一样,雇佣的模式容易按照侨乡(移民输出地区)的不同而不同(Tan 2007,第1页),因此,比如餐饮行业的从事者就以福州周边各县的福建人为主。相较而言,东欧的中国社区则是倒爷们流动的结果,他们从俄罗斯的边境地带动身,而后西行,进入欧俄、匈牙利、罗马尼亚、捷克和南联盟(Chang 2011a;IOM

---

① 需要注意的是,在提到“欧洲”时,我没有把俄罗斯算进去。由于其与中国的漫长的边境线和悠长的中国移民历史,俄罗斯在很多方面是独特的,境内拥有一个庞大而多样的中国人口。这些人中包括了商人、学生和劳工,还有移民的后代,被驱逐出境的人,以及几个世纪以来从中国来到俄罗斯的士兵们。如欲全面了解在俄罗斯的中国人历史,参 Datsyshen 2011。

② 关于浙江人向东欧移民,Benton Pieke(1998);Chang、Rucker-Chang(2011);Nyíri(2007)、Saveliev and Nyíri(2002),Pieke、Mallee(1999)已论述甚详,此处不赘,仅略作讨论。

1998;Nyíri 2007,1998)。这些国家之所以成为热门的移民目的地,是因为共产主义的崩溃开辟了对消费品需求的新市场,同时,他们与中国交情甚笃的外交关系经常意味着中国人可以免签证入境。一支庞大的移民队伍从浙江省的青田和温州地区迁移过来——该地区以其创业精神和海外移民而闻名。这群浙江人在这些接收国里看到了能够使自己获得成功的条件。进入门槛低意味着浙江商人可以以最小的资本投入上手其生意,并且,薄弱的边境管控意味着他们可以很轻松地进行倒卖交易,或者迁移到邻国。

独立战争及其后遗症严重损坏了工业和国家基础结构,这种情况在南联盟尤甚以至于国内鲜能出现竞争力量,能够与中国人抗衡,后者与中国本土的低成本制造商保持着紧密的联系。此外,混乱也意味着边境的管控败坏,并且如果贿赂得当,官员乐意无视违法行为。这就使得,无论对想要偷偷溜进西欧的领薪工人,还是对想要从事小规模消费品生意的小商人而言,前南斯拉夫的各后继国家都成为富有吸引力的目的地。商人们通常经营着一种被称为kineske prodavnice(中国商店)的店铺,这种店在整个前南都可以看得到,但在塞尔维亚和波黑塞族共和国是特别的多。这些“中国商店”的所有者几乎都是来自青田或温州的浙江人。

早年,青田人和温州人在前南各后继国家里形象并不见佳。20世纪90年代后期,他们在新贝尔格莱德的70号商城(Blok 70)附近大量定居下来,这激起了当地许多居民的不满,并常常导致浙江移民与该地区年轻人的小规模冲突(Petrovic 2007;Chang 2011a,167)。之后2003年,塞尔维亚颁布了《财务登记法》,一项要求提供所有销售的交易凭据的法律;通过选择性执法,或者是以避免传票为由索要贿赂,腐败的税务官员们被赋予了一个可以不断拿来骚扰“中国商店”老板们的利器。在他们看来,浙江商人对当地的习俗和法律表现出了极大的忽视:中国商店的经营经常性地与《财务登记法》相抵触——即使本国的其他地方正努力改革,希望能获得欧盟的成员国资格。(实际上,《财务登记法》本身能得以通过,就是在努力使塞尔维亚在销售和税务记账方面达到欧盟的水准。)同时,在除了小城镇(那里没有同族同胞)的所有地方,中国移民都避免和他们的塞尔维亚邻居们交往,而是选择进口他们自己的食物,把子女送回中国教育,并把赚来的钱寄回侨乡。结果中国移民社群(community)在塞尔维亚所呈现出来的形象,是一群勤劳但孤立、有时无道德原则的、从接收国的不稳定中谋利，但又很少与这个国家本身建立持久联系的少数族裔经销商。具有讽刺意味的是，作为这样一个植根于全球化和跨国网络的移民社区，浙江商人的视野却出奇地褊狭不问世事，他们宁愿把侨乡经验整个复制，而不是融入接收国的环境。

然而，随着时间的推进，浙江商人开始自组织起来。2005年，为了抗议《财务登记法》，70号商场的商人们罢市了好几天，他们认为该法律被用来歧视性专门针对他们执法。由此，一个无党派组织，来自同一个侨乡但内部竞争激烈的小商人群体，组成了一股强大的坚实力量，他们的罢工导致了塞尔维亚经济大面积的瘫痪，其中包括那些到"中国商店"采购的下游零售商和在"中国商店"里工作的罗姆人（吉普赛人）。中国大使馆被请求介入、调解，最终双方达成一致：在70号商城，财务登记法将执行较松，以便于中国商人有时间去调整适应。①

这就是2008年左右中国移民和塞尔维亚人的关系状态，用一种勉强的相互接受的状态来描述最合适不过了。浙江商人很少大举深入到塞尔维亚社会的社会文化结构中，但话又说回来，当地社会对中国移民的接受过程也过于缓慢。有一些电影、新闻报道和教育类电视节目侧面提到了中国人的存在或者中国文化，暗示了当地社会的态度从接受向宽容的过渡②。但是在大多数情况下，移民商人和当地居民生活在完全不同、完全隔离的社会空间，只有在进行商业交易时才相互接触。小商人侧身其中的经济隙缝（economic niche）——从事廉价消费品的批发或零售，几乎不存在国内的竞争——使得这种隔离很容易实现。供应渠道来自中国，从中商人们可以低价拿到产品，并且在塞尔维亚的分销网络完全依赖于中国的经销商。因此浙江商人看起来是一个完全隔离的、自给自足的移民企业家隙缝经济。在一个转型过程中的经济体中，他们可以轻松立足，并对当地的社会结构几无触及。当经济或者当地公共舆论糟糕到了敌意这一地步的时候，这些小商人可以轻易地转移到其他国家，同时带走他们的供应网络和分销网络。

这里必须承认，塞尔维亚并不一定能够代表所有的中欧和东南欧国家。

---

① 此间详情，可见 Chang（2011a）。

② 若要了解更多的关于塞尔维亚电影对中国人的描述，见 Rucker-Chang（2011）。

在许多方面，塞尔维亚是有其独特性的，包括其政治和经济基础结构被米洛舍维奇政权破坏的广度。这一称为小偷治国也不为过的政权及其历史遗产，留下了一种渗透到官僚体系各层中的腐败文化，以及一个大量经济部门垮塌的经济①。所有这些因素削弱了本土竞争，同时使原本严苛的法律得以通融，而这使得中国人能兴旺发达。无论在其他哪个后共产主义欧洲国家，社会总不会这么糟糕。因此，虽然有些国家早先也迎来了相当多的中国移民，但这种数量级并没能一直持续下去，要么因为经济的改善使得廉价消费品从需求市场上退出了，要么因为被迫移民和税收法压低了中国企业家们的利润。例如匈牙利，在尝试了免签证的政策后不久，政府就出台了更为严格的移民措施来限制签证申请，并使得居留许可的延期变得非常困难（Nyíri 2007，第64页）。因此，当时在这个地区最大的一个中国移民群体就扩散到邻国去了。在捷克，另一个早期接收了大量中国移民的国家，移民们也没有停留很久，但是那些坚持留下来的，后来就开始将其经营活动多元拓展到消费品之外的其他经济部门（Moore 2006）。然而，塞尔维亚独有的不稳定吸引了具有旅居文化的浙江商人长时间停留下来，其数量比在任何其他中欧或者东南欧国家的都要多。如果说可以在某个地方搜集到浙江人的特征，那么这个地方就应该是塞尔维亚：在那里，他们仍然主要从事小额贸易，与当地社会相隔离，并且远离政治。

2.化身为制度化投资商

今天说到进入转型中经济体的中国人，通俗的理解不是大量涌入的小商人，而是在有国家支持的、大型发展项目比如大坝或道路中工作的技术人员，或者是积极进行海外并购的中国企业（Roberts、Balfour 2009；Walt 2009）。正是这些企业项目引起美国评论家对中国扩张主义的警觉。因此，在这些制度性的投资以及以浙江人为例的小型企业家的尝试之间并不对等。乍一看，这两个趋势看起来彼此无关：大型基础设施和投资项目通常都是由中国政治精英和商业精英支持的，并且其中常有一个外交的层面；浙江商人之间几乎没有任何合作，而少有的例外是移民中介，把侨乡的潜在移民与接收国隙缝经济中

---

① 如欲更广泛了解当代塞尔维亚，参 Ramet、Ravlakovíc（2005）。

的雇主们联系了起来。事实证明，几个世纪以来中华帝国儒家学说对商业的排斥，以及共产主义时代的指令经济，是青田人和温州人不得不创业的动力所在（Forster、Yao 1999）。这些地区的居民没有办法从国家获得帮助，只能自谋生计：小本经营，并移民到遥远的国度做买卖。

这些就是2008年前后居住在塞尔维亚的浙江商人的特征——富有创业精神，与国家没什么牵连。他们与接收社会的关系停步在勉强的相互接受上；他们视彼此为来自同一个族群的竞争者，只有在抗议财务登记法时，为了这种很具体的目的才走到了一起。然而中国社区已经从这种停滞转向更深层次的经济渗透。2008年，中国投资商组成的财团投资了1500万欧元，在新贝尔格莱德建成一个名为"中国购物中心"（Kineski Tržni Centar）的大型综合购物商场；是年12月中国购物中心开业时，就成为中国人在塞尔维亚最大的投资项目（B92 News Online 2010；SrbijaNet 2009；Politika Online 2008）。在这个项目中，中国大使馆、塞尔维亚当地政府和商业组织结为联盟，突破了之前该国中国人不参与政治的性质。因此，看起来塞尔维亚的小商人们已经成为实现制度性投资的催化剂（catalyst）。

浙江人这种集中资金投资大型项目的模式被复制到非洲、欧洲、南亚、东南亚，甚至朝鲜。温州商人业已购买或计划购买意大利制鞋厂股份、西班牙和阿联酋广播电台的股份；俄罗斯、美国和越南的工业园区；以及朝鲜和津巴布韦的矿山（Chen 2008）。正当许多这类企业直接受惠于来自温州的投入，另一些资本则是从投资目标国的温州财团或者温州商人组织中筹措的——例如，拥有一千多名会员的南非温州同乡会。即使资本最终来自侨乡，在寻觅投资机会和采取行动上，浙江移民网络的跨国性本质无疑在其中起到了关键性作用。明显的，这些投资涉及了一系列不同的行业，从鞋类、衣服和皮革制品（这曾是温州投资的典范性行业）到房地产、大宗商品、建筑业和高科技。这些企业也获得了中国政府部门的支持，证据就是温州贸易考察团中有官员随行（Xinhua 2011）。考虑到政府官员一般只关注大型项目，所以这一发展是很令人瞩目的，它传递出了浙江商人和北京政治精英意愿合作这一信号，同时也展现了浙江海外投资的规模和复杂程度。

浙江代表团在潜在的投资目标国也受到了政治人物的欢迎。像中国购物中心这种规模的投资不仅能创造就业岗位，还能带动工程建设，拓宽财政收入。在全球经济衰退的大气候下,任何能切实改善当地人生计的措施都会受到接收国政府的欢迎。因此大体上说,塞尔维亚官员急于支持中国购物中心的建设①,此现象并不令人感到吃惊。凑巧的是,中国购物中心的标志性年份——2008 年,正好是全球经济衰退的开始。由于世界上大多数经济继续恶化,而偿债能力相对雄厚的中国的购买能力却在增加,因此类似的投资项目只会更加频繁。的确,在中国强健的增长率将意味着从世界各地更多的进口这一点上,现在已经有一种说法,所谓的中国将会带领世界走出衰退(Strauss-kahn 2009,Wessel 2010);在不景气的经济体中注入资金,毫无疑问这也是其努力中的一部分。

3.通过政策刺激中国投资

假设浙江商人可以作为大规模投资的管道(conduits),接收国的政府就能通过政策鼓励——或者至少不要非理性地阻挠——浙江人的入境和商业活动。对塞尔维亚,这就意味着要向《财务登记法》的执行注入一针"可预见性",而此法仍停留在纸面上,并且在 70 号商场之外,至今浙江商人仍广泛认为,此法是歧视性针对他们执行。据说,便衣税收官员仍然监视中国商店的不法行为,有时设下陷阱欺骗店主:他们花钱购买商品,在收据给出来之前就离开,之后再返回来索要贿赂。而这只是塞尔维亚社会肆虐已久的腐败大模式中的一部分;塞尔维亚的中国人在各种官僚机构中都遭遇到行贿受贿,从报关程序到税务执法。然而《税务登记法》的独特性在于,它不成比例地影响了中国移民中的一类:浙江小商人。此外,尽管所有国籍的商人,包括塞尔维亚本国商人,都经常受到政府官员的敲诈,《财务登记法》的执行中区别性针对中国商人的情况,几近违反人权规范。对一个表面中立的法律的选择性执法能否上升到歧视的层面上,无论是 2009 年塞尔维亚政府出台的具有里程碑意义的《反歧视法》,还是《公民权利和政治权利国际公约》,或者欧洲反歧视法都没能给出决定性的答案②。然而,修改这个法律的最可靠的方法不是在法庭

① 然而,由于当地政府的阻挠,中国购物中心刚开始遇到过一些麻烦(Chang 2011b)。
② 更全面的讨论请参阅 Chang 2011b。

上挑战它,而是通过自上而下的指令来改变它的执行方式,使得执法官员不再
专门针对中国商人。这一点如果做到了,将会是一个鼓励浙江商人更长时间
地定居下来,从而成长为联合投资组织(investment pools)或者投资管道(in-
vestment conduits)的有效方式,同时也可以避免当地人的一些印象,觉得中国
人受到了特别的优待(比如,要是中国人通关容易一些的话,就会有这样的情
况)。

对于一定能从中国投资中获益的欧洲较不发达经济体而言,如果其对中
国移民的政策想要吸引并留住从事小规模经营活动的商人,就必须以一种不
会激起当地人的怨恨的方式,清除商业上的障碍。防止法律的有区别执行就
是这方面的努力的一大方向。这些措施将会大大便利中国移民到达接收国后
的生活。但是以移民法律表现出来的入境的障碍呢? 尽管这么说看起来不合
情理,我的观点是,对于与欧盟接壤但又不属于其中一员的塞尔维亚来说,移
民法并不需要进行全面的修订来吸引中国移民。近二十年来,大量的中国移
民已能应付此国不断反复的签证要求和登记要求了①。过去,塞尔维亚曾是
中国移民进入欧盟的跳板,因为中国公民能够轻易进入塞尔维亚,而塞尔维亚
又通过其他国家间接与欧盟接壤。即使在塞尔维亚逐渐废止了免签证的制度
之后,中国移民仍陆续到来,谋求生计。他们的人数,与其他的东南欧、中欧和
东欧国家(除了俄罗斯)的相比是比较多,但是如果与那些对移民有着强烈吸
引力的国家相比,比如英国,就是小巫见大巫了。因此入境的关卡并不需要特
别严格,但是如果塞尔维亚想要加入欧盟,那情况就变了。

说到移民中的拉力因素,塞尔维亚明显的不如北欧和西欧的欧盟成员国,
后者对中国移民来说更有吸引力,因为这些地区与中国的移民输出地之间的
工资差距更加厉害。为了保护他们自己的劳动力储备(labor pool)和社会资
源,这些国家通过严苛的移民法来限制移民潮的涌入。尽管如此,这些国家的
吸引力仍然很强,中国移民继续制定新的偷渡方案以便偷偷越过边境。一旦
成功入境,他们可能会受到雇主和蛇头剥削和虐待。同时,作为对严苛的移民
政策的回应,移民可能会滥用避难程序,递交虚假的避难申请,以便能继续留
在这个国家里(Pieke 2004)。另外,在塞尔维亚,就像在其他的东南欧和中欧

① 据我估计,在塞尔维亚大约有 2 万至 3 万的中国人(Chang 2011a,第 149 页 n.2)。

国家一样，他们的移民政策并不是很严厉，但是他们的经济无法支撑大量的劳动力人口移入，在这种情况下，中国移民的问题并没有使移民政策和避难政策变得更加复杂；因为这些议题与劳动力的问题密切相关，而塞尔维亚的中国人主要是小商人而非领薪工人。考虑到商人与领薪工人的区别，同时考虑到无论是经验的还是传闻的证据，都表明了前一类型更可能推动制度化投资，政府如果想要留住像浙江人这样的旅居商人，就要保证本国的法律以及法律的执行不会把这些移民挑出来区别对待。

　　然而，随着欧洲经济的恶化，这一点将越来越难保证。选民们会投票要求对移民和难民实行更加严厉的政策，而后者是易受攻击的替罪羊。不偏不倚地执行非歧视性的法律，尽管这个追求没有争议性，但是如果小商人的入境受到严格的扼制，这样的努力可能变成空对空。具有讽刺意味的是，在一定程度上，正是疲弱的经济吸引了类似青田人和温州人这样的移民，因此必须在两种经济情况之间维持平衡：一种是国内竞争者裹足不前的经济；另一种是经济情况特别糟糕，以至于政府限制移民也没有必要。

（杜娟　译）

参考文献

B92 News Online. 2010. "Za kineski tržni centar 10 mil. EUR". 1 月 26 日. http:// www.b92.net/biz/vesti/srbija.php? yyyy=2010&mm=01&dd=26&nav_id=406742.

Benton, Gregor, and Frank N. Pieke, eds. 1998. *The Chinese in Europe*. Houndmills: MacMillan.

Chang, Felix B. 2011a. "Myth and Migration: Zhejiangese Merchants in Serbia". In Chang and Rucker-Chang 2011.

——. 2011b. "The Chinese under Serbian Laws". In Chang and Rucker-Chang 2011.

Chang, Felix B., and Sunnie T. Rucker-Chang, eds. 2011.*Chinese Migrants in Russia*, *Central Asia and Eastern Europe*. Oxon: Routledge.

Chen, Zhouxi. 2008. "Wenzhou Clansmen Take the Yellow Brick Road Abroad". Translated by Peng Liu. *Economic Observer Online*, 4 月 3 日. http://www.eeo.com.cn/ens/feature/2008/04/03/96065.html.

Chin, Ko-lin. 2001. "The Social Organization of Chinese Human Smuggling". In *Global Human Smuggling: Comparative Perspectives*, edited by David Kyle and Rey Koslowski. Baltimore: Johns Hopkins UP.

Datsyshen, Vladimir. 2011. "Historical and Contemporary Trends of Chinese Labor Migration into Siberia". In Chang and Rucker-Chang 2011.

Forster, Keith, and Xianguo Yao. 1999. "A Comparative Analysis of Economic Reform and Development in Hangzhou and Wenzhou Cities". In *Cities in China: Recipes for Economic Development in the Reform Era*, edited by Jae Ho Chung. London: Routledge.

IOM (International Organization for Migration). 1998. "Chinese Immigrants in Central and Eastern Europe: The Cases of the Czech Republic, Hungary, and Romania". In Benton and Pieke 1998.

Moore, Markéta. 2006. "From 'Loose Sand' to 'Cloakroom Community'". In *Voluntary Organizations in the Chinese Diaspora*, edited by Khun Eng Kuah-Pearce and Evelyn Hu-Dehart. Hong Kong: Hong Kong UP.

Nyíri, Pál. 1998. "New Migrants, New Community: the Chinese in Hungary, 1989–95". In Benton and Pieke 1998.

———.2007. *Chinese in Eastern Europe and Russia: A Middleman Minority in a Transnational Era*. Oxon: Routledge.

Nyíri, Pál, and Igor R. Saveliev, eds. 2002. *Globalizing Chinese Migration: Trends in Europe and Asia*. Aldershot: Ashgate.

Petrovic, Mina. 2007. "Diversification of urban neighbourhoods: The case study in New Belgrade". Paper presented at the ENHR Conference on Sustainable Urban Areas, Rotterdam, Netherlands, 25, 6 月 8 日. http://www.enhr2007rotterdam.nl/documents/W14_paper_Petrovic.pdf.

Pieke, Frank N. 1998. "Introduction". In Benton and Pieke 1998.

———. 2004. "Chinese Globalization and Migration to Europe". Paper presented at the Center for Comparative Immigration Studies, University of California,

San Diego, 3 月.

Pieke, Frank N., and Hein Mallee, eds. 1999.*Internal and International Migration： Chinese Perspectives*. Surrey： Curzon.

Pieke, Frank N., Pál Nyíri, MetteThunø and Antonella Ceccagno, eds. 2004. *Transnational Chinese： Fujianese Migrants in Europe*. Stanford： Stanford UP.

Politika Online. 2008. "Otvoren kineski tržni centar". 6 月 22 日. http://www.politika.rs/rubrike/Beograd/Otvoren-kineski-trzni-centar.lt.html.

Ramet, Sabrina P., and Vjeran Pavlakovi ć, eds. 2005.*Serbia since* 1989： *Politics and Society under Milošević and After*. Seattle： U of Washington P.

Roberts, Dexter, and Frederik Balfour. 2009. "China Revs up its Dealmaking Machine". *Business Week*, 7 月 15 日.

Rucker-Chang, Sunnie T. 2011. "Filmic Representations of the Chinese Presence in Serbia, Croatia, Bosnia and Slovenia". In Chang and Rucker-Chang 2011.

SrbijaNet. 2009. "Stopirana izgradnja velikog kineskog tržnog centra". 7 月 15 日. http://www. srbijanet. rs/ekonomija/srbija/22205-stopirana-izgradnja-velikogkineskog-trznog-centra.htm.

Strauss-Kahn, Dominique. 2009. "The International Monetary System： Reforms to Enhance Stability and Governance". Remarks of the Managing Director of the International Monetary Fund, International Finance Forum, Beijing, 11 月 16 日. http://www.imf.org/external/np/speeches/2009/111609.htm.

Tan, Chee-Beng. 2007. "Introduction： Chinese Overseas, Transnational Networks, and China". In *Chinese Transnational Networks*, edited by Chee-Beng Tan. Oxon： Routledge.

Walt, Vivienne. 2009. "China Goes on a Smart Shopping Spree". *Business Week*, 3 月 2 日.

Wessel, David. 2010. "Asia's Latest Export： Recovery".*Wall Street Journal*, 2 月 24 日.

Xinhua. 2011. "China's Wenzhou Trade Group visits Nigeria". 8 月 28 日. http://www.china.org.cn/business/2011-08/28/content_23298444.htm.

Can Chinese Migrants Bolster
the Struggling Economies of Europe?

FELIX CHANG

This article examines new Chinese migration into Europe during a period of economic stagnation-more specifically, Zhejiangese merchants in Southeast Europe. The Zhejiangese migration pattern has changed from the predominance of petty merchants to the sophisticated operations of large-scale investors. It is therefore in the interests of host countries to foster, rather than restrict, the progression of this pattern toward institutionalization. As such, governments should shape immigration and antidiscrimination policies to harness the potential of these migrants.

BY NOW, enough academic literature has amassed on Chinese migration into Europe that it is no longer a novel phenomenon. Scholars have examined Chinese migrants in host societies as diverse as post-World War I Northern and Western Europe, Communist Russia and Eastern Europe, and contemporary Central, Eastern, Southern, and Western Europe.[1] From their work, we can glean two general patterns among new Chinese migrants across the vast majority of European countries. Comprising one group are wageworkers in the stronger economies of Western Europe, of whom Fujianese restaurant workers are the prime example (Pieke et al. 2004). Meanwhile, the weaker economies of Central Europe, Southern Europe,

---

[1] For comprehensive overviews, see the edited volumes of Chang and Rucker-Chang (2011); Benton and Pieke (1998).

and Southeast Europe tend to see more petty merchants and traders hailing from Zhejiang province, who comprise another distinct group. Current literature indicates that both groups exhibit limited appetite for diversification into other economic sectors. The Fujianese and Zhejiangese also customarily move into a host society through chain migration, whereby a small number of pioneers set up in a new country and then send for relatives and acquaintances from their hometowns to help man the nascent businesses (Pieke 1998; Chin 2001). Finally, both types of new Chinese migrants are bound by a particularly strong sense of entrepreneurship. The desire to stake out on one's own is so strong that shortly after arrival in a new society, migrants who have amassed sufficient capital and experience under their employers will start their own restaurant, wholesale, or retail business, often in areas not greatly penetrated by existing shops, and in turn send for other compatriots from their hometowns to assist.

Despite the headway that has been made on the study of Fujianese workers and Zhejiangese merchants, however, much still needs to be learned about how their migration patterns Change over time within any given host country. Proprietors of Chinese shops and restaurants cannot expect to remain in the same area running the same business at the same margins while co-ethnic compatriots crowd into the same niche. For the Zhejiangese in particular, who tend to thrive in volatility, a nation's economy simply does not stagnate for so long that other market entrants are perpetually kept out while consumer demand remains constant. An uptick in the economy can propel domestic and institutional suppliers of cheap consumer goods to jump in; a severe downturn can spur drop-offs in consumer demand, as well as xenophobia and tougher immigration regimes. Faced with variable competition, demand, and host society attitudes, how do migrants adapt? It is certainly true that Chinese migration is a transnational phenomenon (Chang 2011a; Nyíri 2007; Pieke et al. 2004), with supply, distribution, and labor networks which can be easily moved to other countries in times of crisis or excessive competition. Yet relocation will not always be the solution. As noted by Frank Pieke, one of the foundational scholars of the Chinese in Europe, migrants may pursue permanent residence for reasons as diverse as social benefits and freedom of employment (2004). Empirical evidence also suggests that Zhejiangese merchants are beginning to diversify into other sectors, such as light industry. These sectors entail far greater technical and logistical knowledge-and therefore require more capital and coordination among suppliers, distributors, and financiers.

Zhejiangese migration into some developing economies is therefore at an interesting juncture where the volume of migration may be tapering off but the features of migration are becoming more institutional. I use "institutional" in the sense that the Zhejiangese are delving into activities traditionally reserved for large multinational corporations with ample investment capital at their disposal, and also in the sense that these activities are beginning to enjoy the types of governmental support traditionally reserved for Chinese state-owned companies. This phenomenon is doubly interesting because it coincides with a period of intense constriction for Europe's economies. The instinctive impulse among lawmakers and policymakers toward migrants during such a period will be get-tough legislation and enforcement. Such measures often lead to a decline in the overall number of new migrants while complicating the lives of migrants already in a host country. Yet new Chinese migrants may hold the propensity to cushion the downward spiral of some of these e-conomies, by spurring foreign direct investment.

This article examines the concomitant phenomena of new Chinese migration and European policy in a period of economic stagnation. I focus on one subset of new Chinese migrants-Zhejiangese merchants-in a narrow part of Europe-namely, Southeast Europe, and particularly Serbia. In choosing the Zhejiangese, I aim to highlight the evolution of a group of migrants who are unexpectedly conducive to foreign direct investment. At the same time, the choice of Serbia serves to set the stage for Chinese migration in an economy that has been besieged by corruption and embargoes. Serbia is, furthermore, a state that has seen a large and sustained volume of Chinese migrants since the mid-1990s, as well as state at the doorstep of the European Union (EU) that has adopted a slew of legislations to appease the gatekeepers of EU membership. Thus, this article focuses neither on highly skilled workers who are part of state-backed investment projects nor students who would be part of the brain drain, but on semi-skilled merchants. With its lens on Serbia, this article does not purport to extrapolate any theories of general applicability to all of Europe, though there are numerous similarities among Zhejiangese in Serbia and elsewhere in Europe.①

I begin this article with a primer on the evolution of the Zhejiangese migration pattern, from the predominance of petty merchants at its inception to the sophisticated operations of Wenzhounese investors today. Then I will attempt to make the case that it is in the interests of host countries to foster, rather than restrict, the progression of this pattern toward institutionalization. Finally, I end with a discussion on how governments can shape immigration and antidiscrimination policies to harness the potential of these migrants.

1.Merchant Beginnings

Throughout the 1990s, steady waves of Chinese migrants swept through Eastern Europe, either en route to Western Europe as wageworkers or as entrepreneurs bent on selling cheap consumer goods in Eastern Europe itself.② In Western Europe, the migrants usually worked in restaurants or factories. As befits chain migration, employment patterns tended to fall along *qiaoxiang* (migrant sending areas) lines (Tan 2007, 1), so that, for instance, the Fujianese from counties around Fuzhou dominated the restaurant sector. The Chinese communities of Eastern Europe, by contrast, were the products of shuttle traders who had started out in the

---

① Note that in speaking of "Europe", I am excluding Russia. By virtue of its long border with China and longstanding history of Chinese immigration, Russia is anomalous in many ways, hosting a large and diverse population of Chinese. These populations include merchants, students, and laborers, as well as descendants of settlers, deportees, and soldiers who crossed from China into Russia throughout the centuries. For a comprehensive history of the Chinese in Russia, see Datsyshen 2011.

② The migration of Zhejiangese into Eastern Europe has been covered extensively in Benton and Pieke (1998),Chang and Rucker-Chang (2011); Nyíri (2007); Nyiri and Saveliev (2002); Pieke and Mallee (1999) and will only be briefly discussed here.

Russian borderlands and then moved westward, into European Russia, Hungary, Romania, Czech Republic, and the Federal Republic of Yugoslavia (FRY) (Chang 2011a; IOM1998; Nyíri 2007, 1998). These countries were popular destinations because the collapse of Communism opened up new markets for consumer goods, while strong diplomatic ties with the People's Republic of China (PRC) often meant that visa requirements were waived for Chinese entrants. A large contingent of the migrants hailed from the towns of Qingtian and Wenzhou in Zhejiang province, areas which specialize in entrepreneurship and overseas migration. The Zhejiangese saw in each of these receiving countries conditions which enabled them to succeed. The low barriers to entry meant that Zhejiangese merchants could set up with minimal capital expenditures, and the thinly patrolled borders meant that they could conduct shuttle trade-or resettle in neighboring countries-with ease.

In the FRY in particular, the wars of independence and their legacy had so ravaged industry and infrastructure that there was little viable competition against the Chinese, who had ties to low-cost manufacturers back home. Further, the chaos meant that borders were badly patrolled and officials were willing to overlook infractions of law-if adequately bribed. This made the Yugoslav successor states attractive targets both for wageworkers looking to steal into Western Europe and petty traders trying to establish small-scale consumer goods businesses. The traders customarily run shops called *kineske prodavnice* ("Chinese shops"), which can be found throughout former Yugoslavia but are especially numerous in Serbia and Republika Srpska. Proprietors of *kineske prodavnice* were almost always Zhejiangese from Qingtian or Wenzhou.

In their early years, the Qingtianese and Wenzhounese were not well received in the Yugoslav successor states. Their large-scale settlement during the late 1990s in the Blok 70 neighborhood of New Belgrade spurred resentment among many locals, leading often to skirmishes with youths in the area(Petrovic 2007; Chang 2011a, 167). Later, when Serbia promulgated the Law of Fiscal Registers in 2003, a law that required receipts for all sales transactions, corrupt tax officials were given a tool to harass *kineske prodavnice* proprietors by singling them out for enforcement or demanding bribes to avoid citation. For their part, the Zhejiangese displayed a remarkable disregard for local customs and laws: Chinese shops routinely ran afoul of the Law of Fiscal Registers, even as the rest of the country grappled with reforms in the hopes of gaining EU membership. (Indeed, the Law of Fiscal Registers itself was passed in an effort to bring Serbia's sales and tax record-keeping up to EU standards.) Meanwhile, in all but the smallest towns, where there were no co-ethnic compatriots, the Chinese avoided socializing with their Serbian neighbors, choosing instead to import their own foods, send their children back to China for schooling, and remit their earnings to the *qiaoxiang*. The image that emerges of the Chinese communities in Serbia, then, was of a hardworking but isolated and sometimes unscrupulous group of middlemen minorities who benefited from the country's instability and yet established few lasting ties with the country itself. Ironically, for a community that arose from globalization and transnational networks, Zhejiangese merchants were curiously unworldly and provincial in their outlook, preferring to replicate their entire *qiaoxiang* experience rather than to become immersed in their host country. ·

Over time, however, the Zhejiangese began to organize. In 2005, the merchants of Blok 70 shut down their businesses for several days in protest of the Law of Fiscal Registers, which they said was discriminatorily enforced against them. Hence, an unaffiliated group of petty merchants, who despite shared *qiaoxiang* are fiercely competitive, organized into a powerful block which paralyzed large segments of the Serbian economy during their strike, including downstream retailers who procure from the *kineske prodavnice* and Roma (Gypsy) employees of *kineske prodavnice*. The Chinese embassy was called in to mediate, and eventually two sides agreed that the Law of Fiscal Registers would be laxly enforced in Blok 70-to give time for the merchants to adjust.①

Such was the state of relations between Chinese and Serbs around 2008, aptly characterized as a state of grudging mutual acceptance. Zhejiangese merchants had

---

①　For a fuller account of this episode, see Chang (2011a).

made few inroads into the sociocultural fabric of Serbian society, but then again, the host society too was slow to embrace the Chinese presence. A few films, news articles, and educational television programming tangentially addressed the Chinese presence or Chinese culture, suggesting a movement from acceptance to tolerance.① But for the most part, the merchant migrants and their hosts lived in entirely different and entirely separate social spaces, coming together only to effect commercial transactions. This segregation was facilitated by the economic niche within which the petty merchants operated-wholesale and retail sales of cheap consumer products-which sees virtually no domestic competition. The supply routes run from China, where merchants can cheaply source products, and the distribution networks in Serbia rely purely on Chinese intermediaries. The Zhejiangese therefore seem to be a wholly segregated, self-sufficient niche of migrant entrepreneurs who can set up in a transition economy with ease and minimal intrusion into the social fabric. When the economy or local opinion sours to the point of hostility, however, these petty merchants can easily move to another country, taking their supply and distribution chains with them.

It must be conceded that Serbia is not necessarily emblematic of all of Central and Southeast Europe. Serbia is anomalous in a number of respects, including the breadth of damage to the political and economic infrastructure done by the Miloš ević regime. That regime and its legacy, which can best be described as a kleptocracy, left behind a culture of corruption permeating all levels of bureaucracy as well as an economy where numerous industries have been decimated.② All of these factors enabled the Chinese to flourish, by undermining domestic competition while allowing harsh laws to be bent. Elsewhere in post-Communist Europe, the societies were not always so dire. Therefore, while some countries might have seen sizeable influxes of Chinese early on, those magnitudes were not always sustained, whether because an improved economy rendered cheap consumer goods out-of-step with

---

① For more indicators of the depiction of Chinese in Serbian film, see Rucker-Chang (2011).
② For comprehensive coverage of contemporary Serbia, see Ramet and Pavlaković (2005).

market demand or because well-enforced immigration and tax laws drove down the margins for Chinese entrepreneurs. In Hungary, for example, shortly after experimenting with a visa-free regime, the government instituted more restrictive immigration measures that imposed visas requirements and imperiled extensions of residency permits (Nyíri 2007). Thus, one of the largest Chinese populations in the region at that time fanned out into neighboring countries. In the Czech Republic, another early recipient of large influxes of Chinese, migrants also did not stay long either, but those who did would begin to diversify into economic sectors beyond consumer goods (Moore 2006). Yet the unique precariousness of Serbia has enticed an sojourning culture of Zhejiangese merchants stay longer and in larger numbers than they have in any other central or Southeast European country. If characteristics about the Zhejiangese can be gleaned from anywhere, it would be from Serbia, where they have remained primarily engaged in petty trade, isolated from society, and disengaged from politics.

2.Reincarnation as Institutional Investor

Today's popular understanding of Chinese movement into transition economies is not the influx of petty merchants but, rather, technical personnel attached to large, state-backed development projects such as dams or roads, or the aggressive overseas acquisitions of Chinese businesses (Roberts and Balfour 2009; Walt 2009). These are the ventures that draw alarm from US commentators over Chinese expansionism. There is a disparity, then, between these institutional investments and the forays of small-scale entrepreneurs such as the Zhejiangese. At first glance, these two trends appear to have nothing to do with one another: the colossal infrastructure and investment projects are typically supported by a nexus of China's political and business elite and often have a diplomatic dimension; whereas Zhejiangese merchants hardly ever work in concert, other than the efforts of migration brokers who link would-be migrants from the *qiaoxiang* with employers in the niche economies of receiving countries. The entrepreneurial drive of the

Qingtianese and Wenzhounese, it turns out, was born of centuries of exclusion from the anti-business Confucianism of imperial China and the command economy of Communism (Forster and Yao 1999). Without being able to avail themselves of aid from the state, denizens of these areas fended for themselves by running small businesses and emigrating to trade in distant lands.

Such were the characteristics of the Zhejiangese in Serbia around 2008-entrepreneurial and disassociated from the state. Vis-à-vis the host society, relations had stalled at grudging mutual acceptance; vis-à-vis each other, the merchants were co-ethnic competitors, having only come together for the narrow purpose of protesting the Law of Fiscal Registers. Yet the Chinese community was moving from this stasis to deeper economic penetration. In 2008, a consortium of Chinese investors had poured 15 million Euros into a large shopping complex called the *Kineski Tržni Centar* in New Belgrade; by the time the *Kineski Tržni Centar* opened in December of that year, it had become the largest Chinese investment in the country (*B92 News Online* 2010; *SrbijaNet* 2009; *Politika Online* 2008). The project had lined up the Chinese embassy, local Serbian government, and commercial organizations as allies, breaking with the formerly apolitical nature of the Chinese in the country. It appears, therefore, that the petty merchants in Serbia had become a catalyst for institutional investment.

The same pattern of Zhejiangese pooling their capital to invest in large-scale ventures is being replicated across Africa, Europe, South Asia, Southeast Asia, and even North Korea. Wenzhou merchants have bought or planned to buy interests in shoe manufacturers in Italy, broadcasting stations in Spain and the United Arab Emirates; industrial parks in Russia, the US, and Vietnam; and mines in North Korea and Zimbabwe(Chen 2008). While many of these enterprises stem directly from efforts out of Wenzhou, some of the capital is drawn from consortia or organizations of Wenzhounese merchants already in the target country-for example, the Wenzhou Fellow Countrymen Association in South Africa, which has over a thousand members. Even if the capital comes ultimately from the *qiaoxiang*, the transnational nature of Zhejiangese migrant networks is doubtlessly crucial to scouting out and acting on investment opportunities. Notably, these investments are spread across a diverse array of industries, from footwear, clothing, and leather goods (which used to be the paradigmatic industry for Wenzhounese investment) to real estate, commodities, construction, and high tech. These ventures are also drawing support from the Chinese political apparatus, as evident from the accompanying of Chinese officials on Wenzhounese trade group visits (*Xinhua* 2011). The attention of government officials is usually reserved for sizeable projects, so this development is remarkable, both in signaling the willingness of Zhejiangese merchants and Beijing political elites to work together and in revealing the size and sophistication of Zhejiangese ventures overseas.

Zhejiangese delegations are also being welcomed by the political leadership in potential target countries. An investment the magnitude of the *Kineski Tržni Centar* has the propensity to create jobs, spur construction, and broaden tax revenues. In this climate of global recession, any tangible improvement to the livelihood of locals will be welcomed by the governments of host nations. It is not surprising that for the most part, Serbian officials have rushed to support the establishment of the *Kineski Tržni Centar*①. Coincidentally, the banner year of 2008 for the *Kineski Tržni Centar* also marked the onset of the global recession. Investment projects such as this can only become more frequent, as the purchasing power of a relatively solvent China grows while most economies of the world continue to sour. Indeed, it has been said that China will lead the world out of recession, the sense that its healthy growth rates will mean greater imports from all over the world (Strausskahn 2009; Wessel 2010); these injections of capital into struggling economies will doubtlessly be part of that effort.

3.Incentivizing Chinese Investment through Policy

Assuming that Zhejiangese merchants can serve as conduits to large-scale in-

---

① There were, however, some snags at the outset with the *Kineski Tržni Centar*, due to impediments by local government (Chang 2011b).

vestment, governments in receiving countries can pursue policies which encourage-
or at least do not unreasonably hinder-the entry and operation of Zhejiangese. For
Serbia, this means instilling a measure of predictability to the enforcement of the
Law of Fiscal Registers, which remains on the books and, outside of Blok 70, is
still widely regarded among Zhejiangese merchants as being discriminately enforced
against them. Allegedly, undercover tax officials still stake out *kineske prodavnice*
for violations, sometimes entrapping proprietors by paying and then leaving before
receipts can be handed out, only to return later to demand bribes. This is part of a
greater pattern of corruption endemic to Serbian society; for the Chinese in Serbia
encounter graft at numerous levels of bureaucracy, from the customs clearing
process to tax enforcement. Yet the Law of Fiscal Registers is unique because it
disproportionately affects one type of Chinese migrant: Zhejiangese petty
merchants. Furthermore, while businesspeople of all nationalities within Serbia,
including Serbian nationals themselves, are routinely shaken down by government
officials, the Law of Fiscal Registers is said to be disparately enforced against the
Chinese in a way that skirts close to violation of human rights norms. Whether se-
lective enforcement of a facially neutral law rises to the level of discrimination is
not conclusively answered by the Serbia's landmark Anti-Discrimination Act of
2009, nor by the International Covenant on Civil and Political Rights, nor by Eu-
ropean anti-discrimination law.[1] Yet the surest way to reshape this law will not be
to challenge it in court but to transform its enforcement through top-down
directives, so that officials refrain from specifically targeting Chinese merchants. If
this is done, it would be an efficient way of incentivizing longer-term settlement of
Zhejiangese merchants, and hence their maturation into investment pools or con-
duits, while steering clear of the impression among locals that the Chinese are trea-
ted preferentially (as would be the case if Chinese had an easier time clearing cus-
toms, for example).

For Europe's weaker economies that could stand to benefit from Chinese in-

---

[1] For fuller discussion, see.

vestment, a comprehensive policy toward the Chinese that attempts to lure and retain small-scale merchants must remove barriers to business, in a way that does not stir local resentment. Prevention of the disparate enforcement of laws figures prominently into that effort. These measures would greatly ease the lives of Chinese migrants once they have arrived in a host country. But what about barriers to entering a country, in the form of immigration laws? Counterintuitive though it may seem, my view is that for Serbia, which borders the EU but is not part of it, immigration laws do not need major overhaul to attract Chinese migrants. The sizeable Chinese population has managed to cope with the country's visa and registration requirements through its ebbs and flows for nearly two decades.[1] In the past, Serbia was used as a springboard into the EU because Serbia was easy to enter for Chinese citizens and bordered countries contiguous with the EU. Even after Serbia phased out its visa-free regime, the Chinese continued to come and try to make a livelihood. Their numbers have been relatively high compared with the rest of Southeast Europe, Central Europe, and Eastern Europe (except Russia) but modest compared to countries with strong pull factors for immigration, such as the United Kingdom. Barriers to entry therefore do not have to be very stringent, though that would Change if Serbia were to ever join the EU.

In terms of migration pull factors, Serbia contrasts quite starkly with EU members in Northern and Western Europe, which draw Chinese migrants more strongly because wage differentials with sending areas in China are more severe. To protect their own labor pool and social resources, these countries stem the influx of migrants through stringent immigration laws. Nevertheless, the magnetism of these countries is intense, and Chinese migrants continue to devise novel schemes to sneak across the borders. Once inside, they may be subject to exploitation and abuse by employers and migration brokers. Concomitantly, in response to strict immigration policies, migrants may abuse the asylum process, through submitting false asylum claims so as to remain in the country (Pieke 2004). In Serbia, on the

---

[1] By my estimate, there are 20 000–30000 Chinese in Serbia (Chang 2011a, 149 n.2).

other hand, as in other Southeast and Central European countries where immigration laws are less draconian but the economy does not support a large imported labor population, the Chinese question does not implicate these immigration and refugee policy issues; for such issues are intimately related with *labor* issues, and Serbia's Chinese population consists primarily of petty merchants rather than wageworkers. Bearing in mind this difference between merchants and wageworkers, as well as empirical and anecdotal evidence which suggests that the former category are more likely to catalyze institutional investment, governments who want to lure sojourning merchants such as the Zhejiangese should ensure that their laws and law enforcement does not single out these populations.

As the economies of Europe worsen, however, this will become more difficult to ensure. Voting constituents will demand stricter policies on immigrants and refugees, who are vulnerable scapegoats. While the pursuit of evenhanded enforcement of nondiscriminatory laws should be uncontroversial, such efforts may be moot if the entry of petty merchants is severely curtailed. The irony is that to some extent, it is a weakened economy which draws migrants such as the Qingtianese and Wenzhounese, so a balance must be struck between an economy where domestic competitors are immobilized and an economy that is so bad that government restricts immigration unnecessarily.

References

B92 News Online. 2010. 'Za kineski tržni centar 10 mil. EUR'. 26th Junary. http:// www.b92.net/biz/vesti/srbija.php? yyyy = 2010&mm = 01&dd = 26&nav_id = 406742.

Benton, Gregor, and Frank N. Pieke, eds. 1998. *The Chinese in Europe*. Houndmills: MacMillan.

Chang, Felix B. 2011a. 'Myth and Migration: Zhejiangese Merchants in Serbia'. In Chang and Rucker-Chang 2011.

——. 2011b. 'The Chinese under Serbian Laws'. In Chang and Rucker-Chang 2011.

Chang, Felix B., and Sunnie T. Rucker-Chang, eds. 2011.*Chinese Migrants in Russia, Central Asia and Eastern Europe*. Oxon: Routledge.

Chen, Zhouxi. 2008. 'Wenzhou Clansmen Take the Yellow Brick Road Abroad'. Translated by Peng Liu. *Economic Observer Online*, 3nd April. http://www.eeo.com.cn/ens/feature/2008/04/03/96065.html.

Chin, Ko-lin. 2001. 'The Social Organization of Chinese Human Smuggling'. In *Global Human Smuggling: Comparative Perspectives*, edited by David Kyle and Rey Koslowski. Baltimore: Johns Hopkins UP.

Datsyshen, Vladimir. 2011. 'Historical and Contemporary Trends of Chinese Labor Migration into Siberia'. In Chang and Rucker-Chang 2011.

Forster, Keith, and Xianguo Yao. 1999. 'A Comparative Analysis of Economic Reform and Development in Hangzhou and Wenzhou Cities'. In *Cities in China: Recipes for Economic Development in the Reform Era*, edited by Jae Ho Chung. London: Routledge.

IOM (International Organization for Migration). 1998. 'Chinese Immigrants in Central and Eastern Europe: The Cases of the Czech Republic, Hungary, and Romania'. In Benton and Pieke 1998.

Moore, Markéta. 2006. 'From "Loose Sand" to "Cloakroom Community"'. In *Voluntary Organizations in the Chinese Diaspora*, edited by Khun Eng Kuah-Pearce and Evelyn Hu-Dehart. Hong Kong: Hong Kong UP.

Nyíri, Pál. 1998. 'New Migrants, New Community: the Chinese in Hungary, 1989-95'. In Benton and Pieke 1998.

——.2007. *Chinese in Eastern Europe and Russia: A Middleman Minority in a Transnational Era*. Oxon: Routledge.

Nyíri, Pál, and Igor R. Saveliev, eds. 2002.*Globalizing Chinese Migration: Trends in Europe and Asia*. Aldershot: Ashgate.

Petrovic, Mina. 2007. 'Diversification of urban neighbourhoods: The case study in New Belgrade'. Paper presented at the ENHR Conference on Sustainable Urban Areas, Rotterdam, Netherlands, 25, 8th June. http://www.enhr2007rotterdam.nl/documents/W14_paper_Petrovic.pdf.

Pieke, Frank N. 1998. 'Introduction'. In Benton and Pieke 1998.

——. 2004. 'Chinese Globalization and Migration to Europe'. Paper presented at the Center for Comparative Immigration Studies, University of California, San Diego, March.

Pieke, Frank N., and Hein Mallee, eds. 1999.*Internal and International Migration: Chinese Perspectives*. Surrey: Curzon.

Pieke, Frank N., Pál Nyíri, MetteThunø and Antonella Ceccagno, eds. 2004. *Transnational Chinese: Fujianese Migrants in Europe*. Stanford: Stanford UP.

Politika Online. 2008. 'Otvoren kineski tržni centar'. 22nd June. http:// www.politika.rs/rubrike/Beograd/Otvoren-kineski-trzni-centar.lt.html.

Ramet, Sabrina P., and Vjeran Pavlaković, eds. 2005.*Serbia since 1989: Politics and Society under Milošević and After*. Seattle: U of Washington P.

Roberts, Dexter, and Frederik Balfour. 2009. 'China Revs up its Dealmaking Machine'. *Business Week*, 15th July.

Rucker-Chang, Sunnie T. 2011. 'Filmic Representations of the Chinese Presence in Serbia, Croatia, Bosnia and Slovenia'. In Chang and Rucker-Chang 2011.

SrbijaNet. 2009. 'Stopirana izgradnja velikog kineskog tržnog centra'. 15th July. http://www. srbijanet. rs/ekonomija/srbija/22205-stopirana-izgradnja-velikogkineskog-trznog-centra.htm.

Strauss-Kahn, Dominique. 2009. 'The International Monetary System: Reforms to Enhance Stability and Governance'. Remarks of the Managing Director of the International Monetary Fund, International Finance Forum, Beijing, 16th November. http://www.imf.org/external/np/speeches/2009/111609.htm.

Tan, Chee-Beng. 2007. 'Introduction: Chinese Overseas, Transnational Networks, and China'. In *Chinese Transnational Networks*, edited by Chee-Beng Tan. Oxon: Routledge.

Walt, Vivienne. 2009. 'China Goes on a Smart Shopping Spree'. *Business Week*, 2nd March.

Wessel, David. 2010. 'Asia's Latest Export: Recovery'. *Wall Street Journal*,

24th February.

Xinhua. 2011. 'China's Wenzhou Trade Group visits Nigeria'. 28th August. http://www.china.org.cn/business/2011-08/28/content_23298444.htm.

阿拉伯知识分子移民在法国

——一种社会政治史的路径

多玛·布里松

　　本文关注的主题是法国移民史上鲜为人知的一个主题,阿拉伯世界与法国之间知识分子的交流。文中将说明,这种交流只有放回到法国与伊斯兰世界的现代政治与学术关系的脉络之下才能够得到分析。为了这个目的,本文提出一个分析框架,其中划分三个历史时段。第一,自 18 世纪末到 1880 年为止,智识欧洲得到现代阿拉伯世界的重新发现,标志着某种接触与新的交流发展起来。第二,从1880 年至 20 世纪 60 年代,就是狭义的殖民时期,标志着欧洲与阿拉伯世界的权力不对等。第三,20 世纪 60 年代以降,以至今日,后殖民时期为一种新的关系开启了新篇章,其间阿拉伯与法国的知识界的往来更为平等。

　　如果说有一些西方国家(美国、加拿大、澳大利亚等)是正式以移民国家自居,相对而言法国的情况便显得似是而非。似是而非,因为它是世界上输入最多移民的国家之一①,但这段移民历史总的来说却不见于集体记忆。整整几十年的期间,共和国的整合神话(mythe intégrateur)——根据此原则,国家不能在法国公民之间,按照起源、宗教或人种做出区分——使得在社会科学的各主题中,移民研究流落到一个正当性的边缘位置:由于政治重要性不足,这个问题仅能找到少数几个切入点。不过,这个情况从 20 世纪 90 年代开始转

---

　　① 在 20 世纪,法国所纳入的移民,就其数量占全国人口的百分比,相当于、甚至有时超过美国。(Horowitz、Noiriel 1992)

变。当时出版了一定数量的研究报告（Noiriel 1988）之后，重新发现这段被忘记的迁移历史成为可能；接着在 21 世纪初期，随着后殖民研究的开展，在法国的阿拉伯移民社群的重要性得到更具体的关注，涵盖殖民与后殖民时期（Smouts 2007）。

然而，对于这些彼时受到压抑的课题的重新关注，无意间倾向于遮蔽某部分现象。来到法国的阿拉伯移民，特别是那些来自北非前殖民地的移民，主要的性质无疑是经济的：这些低端移民工人在战后经济起飞时期动身，从此产生了融为法国人口一部分的阿拉伯和伊斯兰社群①。然而，这类经济移民以其庞大规模，结果掩盖了另一类移民，纵然在数字上较不重要，却更为渊源久长且同样复杂的迁移，即在阿拉伯世界和法国之间的学术移民。本文正是针对后者这段被淹没的历史，试图提供概述，并设法澄清其主要的表现形式以及最关键决定性因素。

法国的阿拉伯学术移民是一个现代的现象。在 19—20 世纪，当时欧洲列强，特别是法国，已越来越深入地介入阿拉伯社会的生活，而对这种殖民地帝国主义，此类移民与之有密不可分的关系，这点在下文中将作说明。这些介入，通过其政治、经济上的影响，开启了欧洲和阿拉伯世界的学者之间的新交流：阿拉伯世界的知识分子来到法国寻找"现代知识"。他们认为这些知识是当时欧洲（军事、经济、政治……）强盛的原因。而在 18 世纪以前，伊斯兰教和基督教之间的学术交流是贫乏的，是帝国扩张时期才迫使学术交流变得更加紧密，让知识与思想在地中海两岸间流动起来：在这一点上，新的权力关系蕴含着新的知识关系。这些知识关系交织起来的一大主要模式就是这些知识分子的迁移——不管是文人、学生、新闻工作者或者大学教师。

然而，如果说这些迁移之于帝国及殖民的政治框架是不可分割的，这些迁移也绝不能严格化约于该框架。相反，历史研究则表明，这些关系往往是多种多样、与时俱变、并内在矛盾的。诚然，这些关系的展开，局限在经济与政治支配的框架之内，但也时常能够超出这个框架，创生新的合作形式，并推进知识得以掣肘权力的新关系。为了观察到其中各个角色的多重样貌，在这些课题

① 值得一提的是，绝大多数在法国的阿拉伯人都属法国籍，这归因于立法机关在取得国籍上相对宽松的规定，长久以来允许外来人口加入法国的政治实体。

上采取社会政治学的视角，从而企及在其后形形色色的智识关系无疑是重要的。

此一社会政治学视角将通过更为传统的历史时序得以展现。为了明确掌握阿拉伯学术移民的主要阶段，可以依照某几个政治事件，划分三个时期。18世纪末到19世纪80年代为第一个时期，阿拉伯世界重新在知识上发现了现代欧洲。第二个时期是19世纪80年代至20世纪60年代，也就是严格说来的殖民扩张时期。在这一时期，权力体制与知识体制之间发生了一些重组。最后是1960年以来直至今日的时期，它的标志性事件是阿拉伯国家取得独立。通过国家的独立，殖民框架中的沉重政治得到了超越，而阿拉伯世界和法国之间崭新的交流形式也开展了起来。

1.帝国之前（1798—1880）：再发现与交流

现代欧洲的开始，习惯上以1789年的法国大革命作为标志，然而对阿拉伯世界来说，史家眼中的关键年份却是略有不同。至少就政治和学术而言，伊斯兰世界古典与现代历史之间意义最为重大的断裂是1798年。1798年的标志性事件是拿破仑军队在埃及的登陆，以及通常所说的"埃及远征"（1798—1801）的开端。相对而言，远征事件的重要性不在（相对有限的）军事向度，而在于以之为发轫的一场前所未有的知识交流：远征，既是一次军事行动也是一次科学探险。拿破仑的大军带着一个考察团登陆，其中的科学家涵盖所有当时的所有学科，从植物学到工程学。他们既被授命研究眼前的国家并带回一套卷帙浩繁的描述（*Description* 1994），也要去为历经启蒙洗礼的欧洲迅速累积的科学成就做见证人。于是，这些科学家与当地见到的文人进行了交流，并取得了一定成功：当地文人尽管反对军事入侵，但他们确实对其法国同行展现的广博知识大开眼界。当时身在开罗的史学家与撰史家贾巴尔提（Al-Jabarti）的心里，便回荡着这爱恨交织的矛盾：他一方面对他所认为的对伊斯兰稳麦（信仰共同体）的挑衅加以挞伐，另一方面见证了穆斯林中间被他们的欧洲邻居所激起的科学好奇心。

此外，埃及考察不仅展示了欧洲在理论上的先进点，它也为这种先进性在实际中更为问题性的体现，提供了几个例证。拿破仑军队的登陆，而最后全靠英国的军事援助才将其击退,让伊斯兰世界见识到欧洲在军事领域新获得的力量。基督教和伊斯兰两个世界之间一直呈均势,这一此前占据主流地位的观点,甚至连伊斯兰教内在优越性的感觉,都一下受到了残酷的挑战。而穆斯林世界的观察者提出的各种诊断,汇集到了一点上:欧洲强大的原因要从他们的先进知识里寻找。军事的优越根本上是由于技术的优越,换言之,来自科学与知识的优越。接下来,反思将延伸到引发这一情况的社会政治条件:欧洲文明能够获得这样的力量,是因为他们的政治组织有利于思想和观念辩论。我们可以看到,在军事优势这个直接问题之后,在知识上师法欧洲的问题被迅速地提了出来。更确切地说,这时在酝酿着一系列相关的问题:为了抵抗欧洲力量的危险,向哪些欧洲的知识技术敞开大门较为合适? 在引进这些外源知识的过程中,怎样避免带来在地的社会与政治结构的变革——哪怕是微乎其微?最后,这些知识能凭借什么,兼容于阿拉伯世界特有的一些文化宗教传统?

　　针对这些问题,各种各样的、有时彼此冲突的答案被提了出来。对于我们的主题较为重要的是,紧接在埃及远征后形成的这一连串探问,正是以其迫切性,构成了阿拉伯知识分子移民发展的重要动机。伊斯兰世界的知识分子,学生、文人、科学家和观察者,成群结队地访问欧洲,只为更好掌握其知识、体制,以及总而言之所有可能解释其现代性的事物。多数人抱定自强的念头,以欧洲的现代性为基准试图改造故土社会,从而抵抗西方的挑战。就这样,在这些迁移的组织过程中,知识和权力紧密结合起来,即使它们的结合方式不是所有情境下都相仿。

　　如此说来,我们就能够根据不同的迁移对权力的依赖程度大小来为其分类。在光谱的一端是学习派遣团,即官方送往欧洲各大首都的文人与学生。这些派遣乃是服从于一个明确的政治意向,它们不仅接受母国当局的决策与组织,而且母国的政府也寄望于他们从欧洲带回的知识与技术,以加强自身的权力。其中最著名的一次派遣进行于 1826 至 1831 之间,即由埃及国王穆罕默德·阿里决定,让 44 名埃及学生造访巴黎。他们受到到爱资哈尔(al-Azhar)大学一位谢赫·塔赫塔维(Rif'a ar-Rafi al-Tahtawi)的领导。塔赫塔维把自己在异国的经历写进了一本长篇:《Takhliss Al-Ibriz Fi Talkhiss Baris》(法译本名为《巴黎之金》)。这本书很快成为经典。返回埃及后,塔赫塔维受命创办新式教学,亦即建立欧式学校并介绍西方科学。知识的逻辑与权力的逻辑在此会合,孰因孰果难分难解。穆罕默德·阿里的监护人角色和塔赫塔维所扮演的角色,无疑显露出这次输入欧洲知识的政治性:建立一个现代国家以及提升人民的教育程度,这两者最终都是一个"力"的目标服务。然而同时,在塔赫塔维身上看到"阿拉伯与伊斯兰世界对西方科学思想的真正发现"(Louca 1991),同样也具正当性。因为他的西方考察和写作,标志着一场知识交流的起点,而这场交流的多重表现,尤其是其中批判性的部分,远不能全部化约为单纯的政治附属物(见下文)。

在光谱的另一端,知识分子迁移的其他形式呈现出另一种更加自由、较未受规整的与权力的关系。这些人留学欧洲,是在寻求创造新的政治形式。哲马鲁丁·阿富汗尼(Jamal-Eddine Al-Afghani)和穆罕默德·阿不笃(Mohamed Abduh)等人都是这一类例子。他们在被英国人从埃及驱逐之后,于 19 世纪 80 年代流亡巴黎并且创刊《Al-'Urwa al-Wusqa》("不可折断的联系"),该刊物被视为伊斯兰改革主义的出生证。阿富汗尼和阿不笃在欧洲的游访经历,让他们深深浸淫在欧洲当时的知识与制度,而认为,为了让伊斯兰文化更加开放、更有创造力,正应吸取欧洲的知识与制度。他们认为惯见于欧洲人的理性方法,势必重新激活古兰经与教法;而弥漫在 19 世纪欧洲的政治自由的要求也启发穆斯林推翻自己头上的暴君。回溯他们的轨迹,既是被迫流放也是访察游历,更是批判性政治反思的时刻,阿富汗尼和阿不笃在巴黎的境遇,在许多方面都与许多 19 世纪欧洲知识分子的命运类似:如果非提出一个类似的人物不可,那就一定是同样离乡漂泊、几乎同时代的卡尔·马克思。

以塔赫塔维所代表的一类,与阿富汗尼和阿不笃所代表的另外一类加以对照,我们就能大致掌握在阿拉伯世界和法国之间迁移交流的多样性:有些人待在官方的框架里,而其他人则在边缘进行探索,甚而与这个框架正面冲突。尽管他们的做法大异其趣,却能从中见出共同点所在:首先是这一现象之旧,因为自 19 世纪以降,法国首都就成了许多阿拉伯知识分子聚会旅居之处。其次在于他们的动机,他们可能有不同的终极目标,但都同样关心引进欧洲知识,或者更广义地说,当时所谓的"文明":这个说法指涉欧洲方方面面的整体"进步",也就是说,欧洲人自认为——这种"自认"有对有错——自文艺复兴和启蒙时期以来在政治、艺术、科学及思想的"成就"。"文明"这个十足诱人的提法激励着一代又一代的阿拉伯学生和知识人,连续不断地造访欧洲;但反过来,对欧洲霸权来说,"文明"也是一项为之服务的难以推倒的理论基础,比别人更"文明"的一方就能在这个"文明"中找到霸权的正当性论证。[①]

然而,解释阿拉伯世界与欧洲的学术交流,不应仅通过帝国主义这单一透镜来考察,这一点相当重要。特别是在19世纪80年代之前,用帝国主义来概括纷繁复杂的现象还没有什么实际价值。首先是因为,长久以来欧洲在地中海的扩张政策呈现犹豫和缺乏协调。诚然,以法国为例,早在1830年就登陆了阿尔及利亚,但全面将其作为与内地相连的殖民地,是几十年后才做出的决定。此外,许多穆斯林仍然将西方的正面许诺(它的文明)赋予多于其黑暗面(殖民进取)的分量,他们愿意打赌,前者将能抑制住后者。最后,在19世纪的多数时期,地中海两岸知识分子的丰富联系,见证了建立在地缘政治决定论边缘的联系所包含的力量:法国东方学研究的奠基人萨西(Sylestre de Sacy)和商博良(Champollion),都以开放与合作的精神,款待许多阿拉伯文人来到巴黎;而阿不笃也将与勒南(Ernest Renan)论战。在此之外,还能加上一个事实,那就是阿拉伯人走访欧洲并不是一边倒的:与之平衡的是许多法国艺术家、科学家与作家游历东方[②]。互相的吸引是真实的,两边都是如此,交流丰富,而借用充满创造性:此间往来绝非殖民压迫和不对等关系可以化约。[③]

2.帝国的内在矛盾(1880—1962)

在19世纪的最后20年,欧洲和阿拉伯世界之间的地缘政治平衡在面临转变。从此开始,帝国主义政策更为明目张胆,英国在埃及身上强加保护国地位(1882)、法国同样之于突尼斯(1881)即为一证。摩洛哥也在此时进入法国的势力范围(尽管正式的保护国关系的缔结迟在1912年);至于阿尔及利亚,19世纪80年代正是与法国领土结合越来越紧密的时期。世纪末的政治吊诡就是这样,正是此时在国内,以自由的理想之名取得胜利的共和党人,将殖民逻辑推到极致:国内的进步人士、自由派,在境外却露出了野蛮帝国主义者的

---

① 关于帝国关系中"文明"的辩证法,关于帝国在"更文明"的人与"更不文明"的人中置入的关系,参见 Luizart 2006。

② 在此仅列出几个名字:福楼拜、奈瓦尔(Nerval)、拉马丁、德拉克罗瓦。

③ 提出这一点,特别是在反对对《东方学》(Saïd 1978)的仓促解读。

一面(Luizart 2006)。

　　这种新的政治局势,反过来影响了阿拉伯世界和法国之间的学术交流。整体上我们可以说,学术交流的意义从此变得更加复杂:法国一直仍是文化与科学之地,这不用说,但也成为了政治支配的标志。这种形象的改变并非激烈的,瞬时性的:毋宁说,它分划出了一条光谱,由各种各样面对西方现代性的态度与关系组成。

　　首先,在北非(马格里布)和中东(马什里格)*两地的知识分子之间产生越来越严重的断裂。前者是更加直接地被笼罩于法国霸权之下,相形之下,后者只是零散的受到威胁。在中东,特别是在埃及,最明显的帝国主义威胁实际上是英国:因此,本地精英往往倾心法国,鉴于后者是英国的宿敌。法国的文化影响力,归功于学校和文化机构等致力于传播其语言文化的网络,在19与20世纪之交达到巅峰。在这个过程中,传教机构起了关键的作用,因为这些教学经常是教会学校提供的。然而,这些教学的对象远非限于基督徒:这些学校首先是被认为是社会上升的途径,从而学生中颇多伊斯兰教徒。所以说,在中东的精英阶层中,对法关系的主导情况,是埃及远征以来,文化科学等方面的文明化政策的延续。

　　相反,北非的阿拉伯人口则是直接身处在法国的政治支配之下:认同法国文明承载者的神话对于他们因而是困难的。征服阿尔及利亚的残酷烙下了记忆的伤痕,而法国霸权向突尼斯与摩洛哥的延伸,则让它的帝国主义野心昭然若揭。另外,法国加诸其穆斯林臣民之上的殖民关系往往带有暧昧与背弃。法国在马格里布堂而皇之施展权力,实际上的宣称,是以现代性及文明的名义:然而,进入这个文明的大门,对穆斯林却永远是封闭的。法国的"精神分裂症"在阿尔及利亚表现极端:巴黎,以其大革命和共和国的政治成就(诸如人权、政治平等、全民免费教育),自诩为文明民族,但却同时拒绝,让信伊斯兰教的阿尔及利亚人分享这些成就。换言之,虽然理论上他们成为全权的法国人,实际上是二等公民:他们长期被强迫接受一种司法系统以及和一套将他们和欧洲人民做出区隔的代议政治。更强烈的对比将在教育和知识领域。法国内地设立了一个无偿的教育体系,近乎系统性的排除了阿尔及利亚的穆斯

_____

　　* Mashrīq,指涉阿拉伯文化区域的东部一带(L'Orient arabe)。——译注

林公民,以至于对他们来说,学校几乎是不存在的。直到第二次世界大战之后,阿尔及利亚穆斯林学生在法国学校注册的数量仍是出乎意料的低(Colonna 1975):虽然马格里布在法国的直接政治影响之下,但是在中东比在马格里布有更多孩子以法语学习,可为这种不平衡之一证(Frémaux 1991)。阿尔及尔大学也是一样,这座阿拉伯世界的第一所现代大学一直都是欧洲殖民人口的堡垒,而排除穆斯林学生(Pervillié 1984)。在独立前夕,在巴黎大学注册的阿尔及利亚学生人数多于阿尔及尔大学。

　　对比在马格里布和马什里格的政治情况,有助于了解为什么阿拉伯知识分子迁移法国会被赋予如此多样的意义。来自中东的学生和知识分子,仍然能够将法国更多看作一个知识之地,甚于殖民统治的中心。这一次同样,埃及似乎拥有最完善的交流系统。一系列每年接待埃及来访学生的协议得以顺利缔结;而且,这些埃及学生享有法国政府给予的特殊法律地位。在这样的条件下,可想而知,这种往来对他们是有利的:这些一定数量的埃及青年自幼学习法语,接着前往法国接受教育,最后回到埃及,身负重要的知识或政治责任。塔哈·侯赛因(Taha Hussein)就是这样,来到索邦大学学习社会学,并在世纪之初从师涂尔干。回到开罗以后,侯赛因成为了首屈一指的阿拉伯文学批评家,随后,接掌国民教育部长之职。他的巴黎回忆凸显当时理论探索的狂热,显示出了当年在欧洲与阿拉伯的知识之间,两者的混合与和谐过渡总是可能的。

　　马格里布的学生和知识分子的情况,相对地更加复杂。整个20世纪前半叶,他们来法国学习或旅居的数字持续增长。这些长期或短期的移居,首先是作为绕开国内现代教育门槛的手段:如前述吊诡例子,直到20世纪50年代,阿尔及利亚学生注册巴黎大学的数量比起在阿尔及尔大学多。然而,虽然留学法国在有些方面是一种解放的体验,但在另一些方面则是疏离的。进入内地号称象征着的知识与政治现代性,又相当于进入了内地在马格里布赖以支配的基础。矛盾难以计数,选择何其纠结:要么拒绝这现代性,冒着落伍倒退的风险;要么接受,相反地,等于承认殖民者的优越性。而且,反对殖民统治的政治运动在第二次世界大战以前总是稀稀落落:他们在公共领域的微弱声音,压抑了"全面回顾过去"(droit d'inventaire)的可能性;唯有经由后者,马格里布的知识分子才能厘清:欧洲的理论与科学成就是一回事,接触这种成就所经过的政治支配又是另一回事。

　　我们从而可以窥见,在 20 世纪上半叶,地理起源不同的阿拉伯知识分子,在法国的状况有多么大的差距:来自中东的比起北非的较少受制于政治支配关系之下,所以能够对于接受欧洲知识保持更大的开放。前述的马格里布和马什里格两地的知识分子之间存在的差异,还只是泛泛而论,远不能借以厘清两边各自内部的情况的多样性:根据宗教、社会阶层、国家的不同,无论中东人还是北非人都可能保有复杂的关系,比在法国的经历能让他们自己发现的还要复杂。

　　如果我们仍旧想要捕捉这一时期的某些结构性特点,可以注意到在此寻求独立之际扮演关键角色的两类现象。其一,在第一次世界大战之后,旅法阿拉伯知识分子的日渐政治化。该现象不是新的,因为如我们所知,阿富汗尼和阿不笃发起的伊斯兰改革主义就是在巴黎取得了决定性进展。几十年后,来自叙利亚—黎巴嫩地区的学生聚居巴黎(尤其是像阿尔苏齐(Zaki al-Arsouzi)和阿弗拉克(Michel Aflaq)),阿拉伯民族主义与阿拉伯复兴社会党就围绕着他们发起(Choueiri 2000)。同样在这些几十年间,马格里布人越来越投入于改革主义的战线,并且很快转为公开的独立运动。对阿拉伯知识分子的政治活动来说,身处阿拉伯世界的地理边界之外这一点,完全不是一项局限。实际情况似乎恰恰相反。甫抵巴黎,许多知识分子都立即感觉到,一种比自己国内更为宽容的政治气氛:媒体自由,集会自由,行动与通信自由,包括和进步主义党人接触都有可能,所有这些自由促进了政治诉求和政治纲领的成形,而后者在不久之后将削弱欧洲帝国主义。

　　这几十年期间的第二类重要现象,则是关于法国与阿拉伯知识分子之间的合作形式。近来许多历史学研究,已使得今天的我们能够更好地掌握,当时在政治支配的语境下,两者之间关系的本质(Pouillon 2008)。这一点尤为重要,因为东方学,也就是说以阿拉伯世界为对象的科学研究,是这些年在法国构筑起来的,而巴黎成为欧洲几大东方学研究中心之一。既然如此,我们就大概可以觉得,研究阿拉伯世界的法国专家们,在彼时旅法的众多阿拉伯知识分子之中当能找到。然而现实情况更为复杂,对于欧洲和阿拉伯学问世界之间的往来互动提供了丰富材料,甚至也有益于研究非殖民化。诚然,在欧洲逐渐兴起的,以研究他们的文化历史为研究对象的学术活动,阿拉伯人有份参与其中:他们担任口译,帮助发掘文本,为欧洲学者讲解复杂的语文学问题。但相较于法国、欧洲学者认同自身的角色重要程度,阿拉伯人的工作经常是次要和边缘化的。这些协助欧洲东方学者的阿拉伯人,在多数情况下,"尽管在出版的作品里面贡献了他们的语言能力、实务知识、甚至于他们的社会学知识,但仅仅被一谢了之,甚至有时直接忽略。"(第 x 页)

因此,许多法国科学机构工作的阿拉伯世界的知识分子,在知识的分工上几乎总被限制于附属型任务:他们多半是辅导教师(répétiteur),或者最好的情况下,语言教师;有些人偶尔被招去从事他们的学术专长,但这种情况罕见。直到 20 世纪 50 年代末,法国国内所有从事阿拉伯世界研究的研究员和大学教师都是法国人,一个阿拉伯人都没有。阿拉伯知识分子在法国的存在,其矛盾可见一斑:一方面,他们在法国各大大学机构中为数庞大,讲一口完美的法语,并且拥有阿拉伯和伊斯兰文化的第一手知识;另一方面,法国学者,正巧在研究这一文化的著名专家,与他们的阿拉伯同事很少或几乎没有合作。当年萨西能够在巴黎和客居的阿拉伯文人缔结友谊,勒南与阿不笃切磋辩论的时代,早已远去。

法国和阿拉伯的科学界当然互相比邻,而且可能在边际合作。尊敬和私人情谊也还存在,往往是脱俗人物才能如此。但真实的汇合没有发生,深层交流与相互影响也难以开展。帝国政治框架的性质本身向我们解释了为什么交流的机会这样被浪费了。权力的不平衡状态;一方面是法国的文明化;另一方面是殖民地统治的现实,两者矛盾越来越明显;最后,法国精英对于帝国扩张的本质视而不见:这一切解释了,为什么只有非殖民化能打开一个新的时代,能让阿拉伯知识分子在法国的存在能在更为平等的基础上被评价。

3.后殖民时代的重组(1962 年至今)

去殖民化,尤其阿尔及利亚的去殖民化,后来成为当代法国的一页创伤史。如果说法国殖民帝国在 20 世纪 40—50 年代的逐步崩解,终将被视为历史不可避免的演进,阿尔及利亚则是不然,因为对很多法国人来说,那是法兰西共和国不可分割的一部分。冲突的恐怖和历历在目的创伤,又恰逢法国日益扩大,几近内战的政治分裂。不过另一方面,阿尔及利亚在 1962 年获得独立,使得殖民时代成为翻过的一页,并且让阿拉伯和法国知识分子之间的合作得以在更为平等的基础上进行。

　　这样,去殖民化远没有为阿拉伯知识分子向法国的迁移打上句号,反而向其间注入了新的活力。在摩洛哥、阿尔及利亚和突尼斯三国改组过渡为独立国家的协议中,均加入了一些有关学生迁移的条款:法国承诺接待大量来自这些国家的学生(20世纪60年代,他们的数量每年在4500—5000人之间),并培养他们,以期将来有能力参与建设自己的国家(Geisser 2000)。对广义上的知识迁移来说,这些学生移民随后将会形成一条重要的渠道。为数可观的知识分子——今天居住在法国的阿拉伯研究员、大学教师或记者——刚进入法国时,往往是以学生身份。一旦获取文凭,他们中相当数量的人选择留在法国——甚至不得不留在法国,如下文所述。与之前的期间的情况相似,学生迁移和知识分子迁移难以分开,因为前者往往成为后者。后殖民时期的新特征在于每年接收的学生数量急速增长,使得移民群体的规模变得庞大,也赋予在法国的阿拉伯知识社区前所未有的重要性。

　　另外,后独立时代的移民大多来自马格里布这一点,也向在法阿拉伯知识社区的组成方面,引入了一个新元素。上文已提到,长久以来,他们多半源自中东,亦即埃及和叙利亚—黎巴嫩地区:他们在国内就已受到良好的法语教育,在多样化与扎根广度方面胜于北非。而接下来,这些教育使得他们更为顺利地前往法国留学,并成为在法知识分子的核心。然而,自20世纪60年代以来,马格里布人席卷而至,也因此重塑了知识分子社区的结构。这种移民情势的翻转,以及来自北非的学生与知识分子的比例升高,可以用许多原因解释。

　　首先,北非人享有大学生交换协议。其对北非大学生大量到来的有利之处如前所述。而在同时,从中东来法国学习定居的学生变少了。这是因为,中东各国在更早取得的独立时,设立的教育体制,使得他们已经可以在自己的国家享有高水平的现代大学教育:在国内的大学就可以得到的知识,远赴法国寻求就不再那么必要或者重要。相对地,北非国家独立较晚,大学教育尚需时日积淀。留学法国仍有意义,取得法国学位被认为既是个人成就,也是之后投入于独立国家的建设的手段。诚然,不能说马格里布和法国之间的流动量增加了,就中断了源自中东的流动:后者持续下来,但节奏比起几十年前确实放缓了。而马格里布人,在后殖民的自由时期,由于地理和文化与前宗主国接近,数目占了上风,超过了中东人,并给在法阿拉伯学生与知识分子社区带来了新的结构,展开了全新的历史篇章。

阿拉伯知识分子的流散(diaspora)的人口组成改变之外,还有一种更为广的意义上的态度变化,使得他们与法国的关系为之一变。更大程度的平等盛行起来,从此改由独立自由的国家所构成的阿拉伯世界,谴责起欧洲,尤其是法国的殖民史来,没有了顾忌。这一次也是一样,知识分子的迁移不能从背后更大的政治框架中拿开;然而,与以往不同,同样是政治框架,如今却对阿拉伯知识分子更为有利,因为它变得更倾向于寻找公平的合作形式,而这是过去被殖民所阻碍的。在上面略有提到的东方学领域,就很引人注目地说明了这一点。如同先前所述,之前,在法国对阿拉伯世界的学术生产中,阿拉伯知识分子只占据边缘位置,局限在一些附属型的任务中。在 20 世纪 50 年代的去殖民化的背景下,情况开始转变。许多以阿拉伯世界为课题的法国和欧洲专家开始意识到,他们正在研究一个正深深处于政治动荡之中的文明。而且,部分学者支持去殖民化的一方,他们明确署名且利用自己的影响力支持阿拉伯人民的事业(Berque［1961］,2001)。这种批判性的反思一直深入到法国诸多学术门类的基础:头一次,阿拉伯知识分子在东方学研究结构中缺席的问题,被尖锐地提出。欧洲学人同意,支持阿拉伯人进入学科,期望改善过往弊病:研究阿拉伯世界,却无法同阿拉伯文人的贡献相联系。

这种反思,在阿拉伯知识分子自身也在进行对西方知识的深刻批判的时候,变得更为必要。按照在法国工作的埃及共产主义社会学家,阿卜杜勒·马立克(Abd-el-Malek1963)的说法,被殖民民族在很长时间里都是欧洲科学凝视的对象;现在,由于非殖民化运动,他们成为全权的主体,将要由自己,为自己发声。实际上,国家独立在现实中的体现,就是各国的大学与科研中心之设立,而这就使阿拉伯人能够生产一套自己的,关于自身历史文化的话语。相反,西方关于阿拉伯世界的话语则由于与殖民历史的联系而名声有损,这就迫使他们必须在自己说话算数的阿拉伯人面前,发明新的关于阿拉伯世界的论述。

这样,20 世纪 60 年代就标志着阿拉伯知识分子大量进入法国大学和研究机构的时期的开始。有史以来第一次,他们不再被限制于从属位置,而是得到体制的承认而成为研究员或大学教师。这项巨大的断裂,不仅体现在与他们过去的边缘地位的对比上;更重要的是,他们由此获得了官方的位置,从而在学术与政治的辩论中,获得了分量以及言论影响力。为数不少的重要知识分子便因此冒出头来。阿尔昆(Mohamed Arkoun)就是一个例证。阿尔昆1928年出生于法国治下的阿尔及利亚,20世纪50年代来到索邦大学的伊斯兰学院攻读博士。作为杰出的研究员,他进入法国大学体系;后者,如上文所述,正在努力向阿拉伯研究者开放。在法国经历过各种各样教职以后,他成为巴黎多所大学的教授,在各种有关阿拉伯研究的机构中担任主任。这些官方职位使他在知识论辩中具有了正当性:身为许多有关伊斯兰的学术论文与专著的作者,他成为当代伊斯兰世界的代表声音之一。他鼓吹一个向西方的知识和科学影响全然开放的伊斯兰世界,一个不与现代脱节的宗教。以法语写作,居住在巴黎的他,已经成为了全世界穆斯林——从摩洛哥到印度尼西亚——的一个参考作者。他所体现的,正是卢西庸(Roussillon 2005)所谓“迁移的实验室”所具有的丰富性,也就是说,流散位置提供给这些知识分子的创造性的实验力量。

　　阿尔昆的例子显示了,去殖民化运动将如何为阿拉伯和法国知识分子交流展开一个全新的阶段。虽说正如上文所说明的那样,阿拉伯知识分子在法国的存在由来久远,在整个19与20世纪都一直持续,但是直到20世纪60年代,他们的知识活动才摆脱了政治支配关系,得以全面展开。因此,在这些年里,巴黎成了作家穆尼夫(Abd-el-Rahman Mounif Mounif)眼中“阿拉伯人的首都”(语载 Ajami 1999)。确乎是一个吊诡的首都,因为它的离心性,处在阿拉伯世界地理边界之外。但仍然以自己的方式成为首都,让阿拉伯世界的所有地区的知识分子居住、工作于其间。许许多多学者、文人(但也有许多报章杂志),在巴黎找到了灵感,避难地,或是单纯地,一个有利于研究与讨论的地方。60年代充满了不满和革命色彩的氛围,当然是有利于这些交换,也推动了各种各样的计划,而这些计划常常是政治性与思想性不可分离的。法国与阿拉伯关系所经历的这阵清风,又同样是戴高乐将军所做出的政治与外交方面更为官方的决定的产物:戴高乐急于翻过阿尔及利亚战争这一页,着手实施一种新的阿拉伯政策,其中科学和文化的部分占了不小的比重。法国境内加强设立有关阿拉伯世界的现代化而知名的研究中心,而在马格里布和中东则强化自身在学校和大学中的存在。此举更加促进阿拉伯世界与法国之间已然可观的交流。

　　除了 19 世纪欧洲帝国主义扩展的长时段因素,阿拉伯知识分子在法国的迁移也受到某些更即刻当下的历史事件影响。近几十年来,阿拉伯国家的政治社会变化就是如此。一些新近独立的国家没有能力实现经济起飞,从而没有设立有效的高等教学与研究系统的经济基础,这个因素最初造成一部分知识分子的离开。的确,在法国取得大学文凭,选择返回祖国参与建设的人为数不少;但同样也有很多人,满心幻灭,选择了相反的途程,希望在寻求更加令人满意的教学及研究条件:他们的时运将是各种各样,某些人成功地进入了法国学术结构,其他的则只能安于飘摇不定的现代流放生活。

　　与经济困境同时起作用的,还有一个重要因素促使知识分子移民前往欧洲,特别是法国,那就是阿拉伯国家的后独立政治史。总的来说,一开始多数阿拉伯知识分子都是热心支持去殖民化以及他们年轻的国家。而且,独立运动在自身的政治计划中,给他们许下了显要的位置,因为 20 世纪 50—60 年代一些关键性的任务是交由他们负责的(如新式教育系统的设立,知识的非殖民化,阿拉伯语化等等)。而 20 世纪 70 年代,许许多多未得实现的诺言,让最初的热情开始逐渐让位给失望。随之而来国内政治氛围的渐趋严峻,又使得许多知识分子离开。

　　政治对移民的影响最极端而悲剧性的例子就是阿尔及利亚。在此国,20世纪 90 年代爆发了一场血腥内战。知识分子首先受到攻击,因为他们被认定和欧洲及前殖民者保有联系。在新闻工作者、大学教师或者作家遭遇处决之后,团体网络随即动员起来,协助受到威胁的知识分子避走法国。一个有力的法阿社群有效地担任起了桥梁。此外,若干知名的法国知识分子——如布迪厄(Pierre Bourdieu)或德里达(Jacques Derrida)——都在支持阿尔及利亚知识分子委员会担任领导(两个人都和阿尔及利亚素有渊源:布迪厄在阿尔及利亚开始了他的人类学生涯,而德里达在那里出生长大)。正是如此,在非殖民化三十年后,一些阿拉伯知识分子与法国之间仍存有千丝万缕的深刻联系;这些联系十分复杂,其中现在的一点一滴都仍不能绕开过去,包括过去最黑暗的一部分;这些联系又如此深刻,足够躲开这历史背后的决定论,产生原创性的合作与交织。

4.结 论

对为期两世纪的阿拉伯知识分子迁移法国史进行的分析,已显示过程中我们不可能排除背后更全面的政治因素。事实上,我们可以主张,阿拉伯世界和欧洲之间的政治关系重新洗牌,才引发具规模性和持续的移民;大约在 18 世纪与 19 世纪之交,新的依存关系于焉诞生:对于西方,先是经济主导权然后扩及政治,至于阿拉伯这边,则出自学习现代欧洲知识的必须性。知识分子的迁移是一个交流形式,迁移与其他事件的相互影响,也已在上文中讨论:法国教育系统在阿拉伯世界,精英的法国化,科学知识与课程的西化,等等。这些各种各样的变动可以归类在三个主要期间:前帝国时期,首先,欧洲在阿拉伯土地上的侵扰带来了对欧洲知识的重新发现,但同时,一种平等关系的可能性仍然存在。接着是殖民时期,在政治与经济宰制之下,知识交流落得问题重重,然而从未中断。最后,在 1960 年以后,去殖民化运动革新了政治秩序、使其更为平等。在每个阶段,阿拉伯知识分子的流散——这一流散,以其所处位置本身,就处在阿拉伯与欧洲世界的交界地带——很大程度取决于整体的政治关系。

不过,我们也努力说明,知识秩序与政治秩序之间交错的关系必须被谨慎理解。如果说,像葛兰西或布迪厄开创性的分析(Gramsci 1978;Bourdieu 1984)所强调的那样,知识世界中不乏社会政治决定的部分——这点上与任何其他社会宇宙并无二致——我们仍然不能把知识世界的运行看做是政治的简单投影。阿拉伯知识分子迁移与帝国主义有关,这一点并不表示,迁移可以完全化约到伴随的支配的形式去。我们已经见到,在居住法国的阿拉伯知识分子中间,不同的社会与民族团体与西方知识的关系大不相同。还有,值得再三强调的是,思想体验总是矛盾而繁复的:政治支配未曾真正中断理论和想法的交流。如果说了解阿拉伯知识分子在法国的移居,不可能略过殖民关系,那么,同样不可能忽视的是,殖民关系带来了多重的思想重构(关于这些问题,参 Bertrand 2006;Sibeud 2011)。

(钟加珩 译)

参考文献

Abd-el-Malek, Anouar. 1963. "l'Orientalisme en crise". *Diogène*, no. 44: 109–142.

Ajami, Fouad. 1999. *The Dream Palace of the Arabs: A Generation's Odyssey.* Vintage.

Berque, Jacques. (1961) 2001. "Pour l'étude des sociétés orientales contemporaines".

In*Opera Minora III*, 131–132. Bouchene.

Bertrand, Romain. 2006.*Mémoires d'empire, la Controverse autour du «fait colonial».*

Le Croquant/Raisons d'agir.

Bourdieu, Pierre.1984. *Homo Academicus.* Minuit.

Choueiri, Youssef. 2000.*Arab Nationalism, A History.* Blackwell.

Colonna, Fanny. 1975.*Instituteurs algériens 1883–1939.* Presses de la Fondation

Nationale des Sciences Politiques.

Description de l'Egypte. 1994. Taschen.

Frémaux, Jacques. 1991. *La France et l'Islam depuis 1789.* PUF.

Geisser, Vincent. 2000. *Diplômés maghrébins d'ici et d'ailleurs.* Editions du CNRS.

Gramsci, Antonio. 1978.*Carnets de Prison.* Gallimard.

Horowitz, Daniel, and Gérard Noiriel, eds. 1992.*Immigrants in Two Democracies: French and American Experiences.* New-York University Press.

Louca, Anouar. 1991. "Rifa'a Al-Tahtawi (1801–1873) et la science occidentale". *D'un Orient l'Autre* 2:201–218.

Luizart, Pierre-Jean. 2006. *Le Choc colonial et l'islam.* La Découverte.

Noiriel, Gérard. 1988. *Le Creuset français.* Le Seuil.

Pervillié, Guy. 1984. *Les Étudiants algériens de l'université française, 1880–1962.* Editions du CNRS.

Pouillon, François, ed. 2008. *Dictionnaires des orientalistes de langue française*. IISMM & Karthala.

　　Roussillon, Alain. 2005.*La Pensée islamique contemporaine*. Téraede.

　　Saïd, Edward. 1978.*Orientalism*. Verso.

　　Sibeud, Emmanuelle, ed. 2011. " Décolonisation et sciences humaines". *Revue d'Histoire des Sciences Humaines* (24).

　　Smouts, Marie-Claude, ed. 2007. *La Situation postcoloniale*. Presses de la Fondation nationale des sciences politiques.

Les Migrations intellectuelles arabes enFrance : Une approche par l'histoire socio-politique

THOMAS BRISSON

L'article s'intéresse à un objet peu connu de l'histoire migratoire française, les circulations d'intellectuels entre le monde arabe et la France. Il montre que ces dernières ne peuvent être analysées qu'à condition d'être réinscrites dans l'histoire des rapports politiques et intellectuels entre la France et le monde musulman à l'époque moderne. Pour cela, il propose un cadre d'analyse divisé en trois moments historiques. Le premier, qui court de la fin du XVIIIe à 1880, représente la redécouverte moderne de l'Europe intellectuelle par le monde arabe, et marque le développement d'un type de contacts et de circulations nouveau. La deuxième, de 1880 aux années 1960, constitue la période coloniale proprement dite pendant laquelle les asymétries de pouvoir entre l'Europe et le monde arabe ont constitué le cadre général dans lequel leurs relations intellectuelles se sont déroulées. Enfin, des années 1960 à aujourd'hui, la période postcoloniale a ouvert un nouvel ordre de rapports, plus égalitaires, entre les mondes intellectuels arabes et français.

SI UN CERTAIN NOMBRE de pays occidentaux (les États-Unis, le Canada, l'Australie, etc.) se reconnaissent officiellement comme des pays de migrations, tel n'est pas le cas de la France qui présente une situation relativement paradoxale. Paradoxale car, alors qu'elle est l'un des plus grands pays d'immigration au monde①, cette histoire migratoire est largement absente de la mémoire collective. Pendant des décennies, le mythe intégrateur républicain-selon lequel l'État ne saurait différencier les citoyens français en fonction de leur origine, de leur religion ou de leur ethnie-a tenu les études migratoires en marge des sujets légitimes des sciences sociales: faute d'importance politique, la question ne trouvait que peu de débouchés scientifiques. Cette situation a cependant commencé à évoluer dans les années 1990, suite à la publication d'un certain nombre de travaux (Noiriel 1988) qui ont permis de redécouvrir une histoire migratoire oubliée, puis au début des années 2000 lorsque le développement des études post-coloniales a plus précisément contribué à faire reconnaître l'importance des communautés arabes immigrées en France pendant et après la période coloniale (Smouts 2007).

Cette attention pour des questions jusque-là refoulées a cependant eu tendance à laisser un certain nombre de phénomènes dans l'ombre. Les migrations arabes en France, en particulier celles originaires d'Afrique du Nord et liées à la colonisation, sont en effet essentiellement de nature *économique*: migrations de travailleurs peu qualifiés venus au moment du décollage économique des années d'après-guerre, qui ont donné naissance aux communautés arabes et musulmanes désormais intégrées à la population française②. Or l'importance de ces migrations économiques a eu pour conséquence d'occulter les migrations *intellectuelles* entre le monde arabe et la France qui, quoique numériquement moins importantes, sont cependant plus anciennes et tout aussi complexes. C'est cette histoire dont on entend donner ici quelques aperçus, en tentant d'en mettre en lumière les principales articulations mais aussi les déterminations les plus significatives.

Les migrations intellectuelles arabes en France sont un phénomène moderne.

---

① Au vingtième siècle, elle accueille, en pourcentage de sa population, à peu près autant, voire parfois plus, d'immigrants que les États-Unis. Horowitz et Noiriel 1992.

② Rappelons que la grande majorité des Arabes de France sont de nationalité française, en vertu d'un dispositif législatif relativement souple d'acquisition de la nationalité qui a longtemps permis l'intégration des populations étrangères dans le corps politique français.

On montrera plus précisément qu'elles sont indissociables de l'impérialisme colonial desXIX^e et XXe siècles, lorsque les puissances européennes, et en particulier la France, sont intervenues de manière de plus en plus profonde dans la vie des sociétés arabes. À travers leurs implications politiques et économiques, ces interventions ont ouvert à des échanges nouveaux entre savants d'Europe et du monde arabe : les intellectuels du monde arabe sont venus en France chercher un savoir «moderne» qu'ils tenaient pour responsable de la puissance (militaire, économique, politique···) que l'Europe manifestait à cette époque. Alors que, jusqu'au XVIIIe siècle, les contacts intellectuels entre l'islam et la chrétienté étaient peu développés, la période impériale a rendu nécessaire de nouer des liens scientifiques plus étroits, à même de faire circuler les savoirs et les idées entre les deux rives de la Méditerranée : de nouveaux rapports de pouvoir ont de ce fait impliqué de nouveaux rapports au savoir. Les migrations d'intellectuels (qu'ils soient lettrés, étudiants, journalistes ou universitaires) seront l'une des modalités principales par lesquelles ces rapports se tisseront.

Cependant, si ces migrations sont indissociables du cadre politique impérial puis colonial, elles ne lui sont pas non plus strictement réductibles. L'étude historique montre plutôt que les rapports qui se sont noués ont été divers, évolutifs, ambivalents. Certes, ils se sont déroulés dans un cadre de domination économique et politique, mais ils ont souvent réussi à dépasser ce cadre, à donner lieu à des formes de coopération originales et à promouvoir des relations où le savoir a aussi été en mesure de déjouer le pouvoir. D'où l'importance d'adopter une optique sociopolitique sur ces questions, afin de pouvoir observer la multiplicité des acteurs qui ont été impliqués et, partant, la diversité des relations intellectuelles qui se sont dessinées à cette occasion.

On proposera d'articuler cette perspective sociopolitique à une trame chronologique plus classique. Trois périodes, marquées par un certain nombre d'événements politiques, permettent de rendre compte des principales évolutions des migrations intellectuelles arabes. La première va de la fin duXVIII^e siècle jusqu'aux années 1880, et marque la redécouverte moderne de l'Europe intellectuelle par le monde arabe. La seconde, de 1880 aux années 1960, forme à proprement parler la période coloniale et donne lieu à un certain nombre de reconfigurations entre les régimes de pouvoir et de savoir. La dernière commence en 1960 et se poursuit jusqu'à aujourd'hui: marquée par l'accession des pays arabes à l'indépendance, elle permet de dépasser les pesanteurs politiques du cadre colonial et d'inaugurer des formes de circulation inédites entre le monde arabe et la France.

1. Avant l'Empire (1798-1880): redécouvertes et circulations

Si l'on a coutume de dater le commencement de l'époque moderne en Europe à la Révolution française de 1789, c'est une date légèrement différente que retiennent les historiens pour le monde arabe. C'est, dans ce cas, 1798 qui forme la césure la plus significative, au moins en termes politiques et intellectuels, entre histoires musulmanes classique et moderne. 1798 marque en effet le débarquement des armées napoléoniennes en Égypte et le début de ce qu'il est de coutume d'appeler l'«expédition d'Égypte» (1798-1801). L'importance de l'événement tient moins à sa dimension militaire (relativement limitée) qu'aux contacts intellectuels inédits qu'il inaugurera: autant qu'une campagne militaire l'expédition est une aventure scientifique. Bonaparte embarque avec ses armées un groupe de scientifiques couvrant l'ensemble des disciplines de l'époque (de la botanique à l'ingénierie). Ces derniers sont autant chargés d'étudier le pays (ils en ramèneront une monumentale description: *Description* 1994) que de témoigner des avancées scientifiques européennes qui se sont accélérées au siècle des Lumières. Les contacts sont donc développés avec les lettrés rencontrés sur place, avec un succès certain puisque, en dépit de leur opposition à l'invasion militaire, ces derniers se montrent en général favorablement impressionnés par les savoirs que leur présentent leurs homologues français. L'historien et chroniqueur Al-Jabarti, présent au Caire à ce moment, se fera l'Écho de cette ambivalence: critique de ce qu'il perçoit comme une agression contre l'*Umma* musulmane, il se fait néanmoins le témoin d'une curiosité scientifique musulmane stimulée par son voisin européen.

Par ailleurs, l'expédition d'Égypte n'agit pas seulement comme un révélateur des avancées théoriques de l'Europe : elle en exemplifie aussi un certain nombre de traductions concrètes et plus problématiques. Le débarquement des armées de Bonaparte, qui ne sera finalement repoussé qu'avec l'aide militaire de l'Angleterre, donne aux Musulmans un certain nombre d'occasions d'observer la puissance nouvelle de l'Europe dans ces domaines. l'idée d'un équilibre général entre mondes de la chrétienté et de l'islam qui avait prédominé jusque-là, voire le sentiment d'une supériorité intrinsèque de la religion musulmane, se trouvent ainsi brutalement remis en cause. Or les diagnostics que posent les observateurs musulmans convergent pour trouver dans l'avancée des savoirs européens les raisons de leur puissance : l'avancée militaire est question d'avancée technique c'est-à-dire, en dernier lieu, scientifique et intellectuelle. Plus tard, la réflexion s'élargira aux conditions sociopolitiques d'une telle situation : si la civilisation européenne est capable d'une telle puissance, diront les commentateurs musulmans, c'est parce son organisation politique est favorable à la pensée et au débat d'idées. On le voit, derrière la question première de la suprématie militaire se pose rapidement celle des conditions d'une réappropriation des savoirs européens. Plus précisément, une série de questionnements apparentés se développent à ce moment-là : à quels savoirs et techniques de l'Europe convient-il de s'ouvrir pour être en mesure de résister au danger que pose sa puissance? Dans quelle mesure peut-on importer ces savoirs exogènes sans impliquer aussi a minima une transformation des structures sociale et politique locales? En quoi, enfin, ces savoirs sont-ils compatibles avec un certain nombre de traditions culturelles et religieuses propres au monde arabe?

À ces questions, des réponses diverses et parfois opposées ont été apportées : on en dira un mot plus loin. Plus important pour notre propos est le fait que l'urgence des interrogations qui ont été formulées à la suite de l'expédition d'Égypte a été l'une des causes principales du développement des migrations intellectuelles arabes : étudiants, lettrés, scientifiques et observateurs du monde musulman se sont rendus en nombre en Europe afin de se familiariser avec ses savoirs, ses institutions et plus généralement tout ce qui était susceptible de rendre compte de sa modernité. La plupart, de même, l'ont fait dans le but de transformer leurs sociétés d'origine à l'aune de cette modernité européenne, et ce pour les rendre plus fortes, c'est-à-dire capables de résister au défi occidental. Savoir et pouvoir sont ainsi allé de pair dans l'organisation de ces migrations, même si les modalités de leur liaison n'ont pas été partout les mêmes.

On pourrait ainsi différencier plusieurs types de migrations, selon leur plus ou moins grande dépendance à l'égard du pouvoir. À l'une des extrémités du spectre, on trouverait les *missions* d'étudiants et de lettrés envoyées officiellement dans les grandes capitales européennes à des fins de connaissance. Ces missions répondent à une volonté politique claire, puisqu'elles sont non seulement décidées et encadrées par les autorités, mais que ces dernières comptent sur les savoirs et techniques ramenées d'Europe pour renforcer leur pouvoir. La plus célèbre d'entre elles a lieu entre 1826 et 1831 lorsque, suite à la décision de Mohamed Ali, 44 étudiants égyptiens font le voyage vers Paris. Ils sont dirigés par un *Sheikh* de l'université Al-Azhar, Rif'a a-Rafi al-Tahtawi, qui consigne son expérience dans un long ouvrage, devenu classique, le *Takhliss Al-Ibriz Fi Talkhiss Baris* (traduit en français par *l'Or de Paris*). De retour en Égypte, ce dernier sera chargé de jeter les bases d'un enseignement nouveau, en instaurant des écoles sur le modèle européen et en introduisant les sciences occidentales dans les cursus scolaires. Logique du savoir et logique du pouvoir se croisent donc, à ce niveau, sans pouvoir pourtant être totalement réduites l'une à l'autre. La personnalité tutélaire de Mohamed Ali et le rôle que jouera Tahtawi en Égypte montrent certes la traduction politique de l'importation des savoirs européens: en permettant de construire un État moderne et une population éduquée, ces derniers servent donc *in fine* un objectif de puissance. Mais en même temps, on peut légitimement voir en Tahtawi «la véritable découverte, par le monde arabe et musulman, de la pensée scientifique occidentale» (Louca 1991), au sens où son expédition et ses écrits marquent le début d'un processus d'échange des savoirs dont les multiples traductions, en particulier critiques, seront loin de se réduire toutes à de simples auxiliaires du politique (voir *infra*).

À l'autre extrémité du spectre, d'autres formes de migrations intellectuelles exemplifient un type de rapport différent aux pouvoirs : plus libres, moins encadrées, elles cherchent au contraire dans le détour par l'Europe une manière d'inventer de nouvelles formes de politique. Les figures de Jamal-Eddine Al-Afghani et Mohamed Abduh en seraient exemplaires. Réfugiés à Paris dans les années 1880 à la suite de leur exil d'Égypte par les Anglais, ils y fondent la revue *Al-' Urwa al-Wusqa* (« Le lien indissoluble »), considérée comme l'acte de naissance du réformisme musulman. Les pérégrinations d'Afghani et d'Abduh seront l'occasion d'une initiation profonde aux savoirs et aux institutions européens de l'époque dont les deux hommes recommandent l'application à la culture musulmane, dans le but de la rendre plus ouverte et créatrice. L'usage de la raison qu'ils attribuent aux Européens doit servir à revivifier Coran et Sharia ; quant à l'exigence de liberté politique qui traverse l'Europe du XIXe siècle, elle doit inspirer les Musulmans à se débarrasser de leurs tyrans. À la fois exil forcé, voyage d'étude et moment d'une réflexion politique critique, le séjour d'Afghani et d'Abduh à Paris se rapproche par plus d'un point du destin de maints intellectuels européens du XIXe siècle : s'il fallait leur trouver un équivalent, c'est sûrement de la figure déracinée et quasi-contemporaine de Karl Marx que l'on pourrait les rapprocher.

À comparer les figures de Tahtawi d'un côté, d'Àfghani et Abduh de l'autre, on mesure la diversité des formes de circulations entre le monde arabe et la France : si certaines s'inscrivent dans un cadre officiel, d'autres se déroulent au contraire en marge, voire à rebours de ce cadre. Les unes comme les autres, néanmoins, font apparaître des éléments communs : Leur *ancienneté*, tout d'abord, puisque dès le XIXe siècle la capitale française est le lieu de réunion ou de passage de nombreux intellectuels arabes. Leurs motivations, ensuite, qui, si elles peuvent *in fine* diverger, se caractérisent néanmoins par un même souci d'ouverture aux savoirs européens et plus généralement à ce que l'on nomme à l'époque la *civilisation* : ce dernier terme désigne l'ensemble des « avancés » politiques, artistiques, scientifiques et intellectuelles que les Européens, à tort ou à raison, pensent avoir effectuées depuis la période de la Renaissance et des Lumières. Il sera suffisamment attractif pour inciter des générations sans cesse plus nombreuses d'étudiants et d'intellectuels arabes à se rendre en Europe; *a contrario*, comme on le verra, il pourra également fonctionner comme un argument implacable au service de la domination européenne, le plus «civilisé» trouvant dans cette qualité une justification à sa domination①.

Cependant, il importe de ne pas interpréter les circulations intellectuelles entre mondes arabe et européen au travers du seul prisme de l'impérialisme. Particulièrement jusqu'aux années 1880, ce dernier reste en réalité relativement peu opératoire pour rendre compte de la complexité des phénomènes qui se déroulent. Tout d'abord car les politiques d'expansion européennes en Méditerranée sont longtemps hésitantes et peu coordonnées: certes, la France a, par exemple, débarqué en Algérie en 1830 mais la décision d'un rattachement colonial complet à la Métropole ne sera finalement prise que des décennies plus tard. Par ailleurs, de nombreux musulmans continuent d'accorder plus d'importance à la promesse positive de l'Occident(sa civilisation) qu'à sa face sombre(l'entreprise coloniale), faisant le pari que la première parviendra à contenir la seconde. Enfin, durant la majeure partie du XIXᵉ siècle, la richesse des contacts entre intellectuels des deux rives de la Méditerranée témoigne de la force des liens qui se nouent en marge des déterminations géopolitiques: Sylvestre de Sacy (le fondateur des études orientalistes française) ou Champollion accueillent, dans un esprit d'ouverture et de coopération, de nombreux lettrés arabes de passage à Paris; Abduh, de son coté, débattra avec Renan. À cela, s'ajoute le fait que les circulations arabes en Europe trouvent leur pendant avec le «voyage en Orient» de nombreux artistes, scientifiques et écrivains français②.Les fascinations ont été réelles, d'un coté comme de l'autre, les échanges nombreux et les emprunts créatifs: tous sont loin d'être

---

① Sur la dialectique de la civilisation dans le rapport impérial et la relation qu'elle instaure entre le «plus» et le «moins» civilisé, voir Luizart 2006.

② Flaubert, Nerval, Lamartine, Delacroix, pour se limiter à quelques noms.

réductibles au seul cadre de la domination coloniale et de ses rapports inégaux[1].

2. Ambivalences impériales (1880–1962)

Dans les dernières décennies du XIXe siècle, l'équilibre géopolitique entre l'Europe et le monde arabe se modifie. C'est désormais une politique ouvertement impérialiste qui se met en place, comme en témoigne l'imposition d'un protectorat anglais en Égypte (1882), et français en Tunisie (1881). Le Maroc passe lui aussi, à ce moment, sous influence français (même si l'établissement du protectorat interviendra en 1912 seulement) ; quant à l'Algérie, les années 1880 sont celles d'un rattachement de plus en plus poussé au territoire français. Le paradoxe politique de cette fin de siècle veut ainsi que ce soient les républicains-qui triomphent à ce moment-là en France au nom d'un idéal d'égalité-qui pousseront le plus loin la logique coloniale : progressistes et libéraux à l'intérieur, ils se révéleront, à l'inverse, de farouches impérialistes à l'extérieur (Luizart 2006).

Cette nouvelle donne politique a en retour influencé les circulations intellectu-elles entre le monde arabe et la France. De manière générale, on peut dire qu'elle en complexifie la signification : la France peut certes toujours être vue comme une terre de culture et de science, mais elle en vient aussi à être perçue comme un symbole de domination politique. Ce changement de perception est cependant loin d'être radical et immédiat : il délimite, plutôt, un spectre d'attitudes diverses et de rapports différentiels à la modernité occidentale.

En premier lieu, une coupure de plus en plus significative s'instaure entre in-tellectuels originaires d'Afrique du Nord (Maghreb) et du Moyen-Orient (Mach-reck). Les premiers sont plus directement exposés à une domination politique française que les seconds ne perçoivent que de manière diffuse. Au Moyen-Orient, en particulier en Égypte, c'est en effet l'Angleterre qui représente le danger impérial le plus patent : de ce fait, les élites tendent à y privilégier la France, vue

---

[1]   Ce, en particulier, contre une lecture hâtive d'*Orientalism* de Saïd (1978).

comme le rival de cette dernière. L'influence culturelle de la France est maximale au tournant des XIXe et XXe siècles, grâce à un réseau d'écoles et d'institutions culturelles qui en diffusent la langue et la culture. Les missions religieuses jouent un rôle primordial dans ce processus puisque ce sont souvent des écoles confessionnelles qui assurent cet enseignement. Cependant, cet enseignement est loin d'être strictement réservé aux Chrétiens: les Musulmans sont nombreux à fréquenter ces écoles, vues avant tout comme un vecteur de promotion sociale. C'est donc un rapport à la France dans la continuité d'une politique de civilisation culturelle et scientifique-telle qu'elle s'était mise en place après l'expédition d'Égypte-qui prédomine parmi les élites intellectuelles du Moyen-Orient.

À l'inverse, les populations arabes de l'Afrique du Nord se trouvent, elles, sous la domination politique directe de la France: il leur est donc difficile d'adhérer au mythe d'une France porteuse de civilisation. La brutalité de la conquête en Algérie a marqué les mémoires et l'extension de sa domination sur la Tunisie et le Maroc témoigne de ses desseins impérialistes. Par ailleurs, le rapport colonial que la France instaure avec ses sujets musulmans est marqué par l'ambiguïté et les reniements. En effet, c'est au nom de la modernité et de la civilisation que cette dernière prétend officiellement exercer son pouvoir sur le Maghreb: or, l'accès à cette même civilisation est en permanence refusé aux Musulmans. Cette «schizophrénie» française sera poussée à l'extrême en Algérie: Paris se présente comme une nation civilisée du fait des conquêtes politiques de la Révolution et de la République (Droits de l'Homme, égalité politique, enseignement gratuit pour tous, etc.) mais refuse, en même temps, de faire bénéficier les Algériens musulmans de la plupart de ces avancées. Ces derniers, bien que théoriquement français de plein droit, sont en réalité des citoyens de seconde zone: ils sont longtemps astreints à un système juridique et un mode de représentation politique propre qui les différencie du reste de la population européenne. Le contraste est d'autant plus frappant dans le domaine de l'éducation et des savoirs. Alors que la France met en place, en Métropole, un système d'enseignement gratuit et universel, ce droit est quasi-systématiquement refusé aux citoyens musulmans d'Algérie pour lesquels les écoles sont presque inexistantes. Jusqu'aux lendemains de la seconde guerre mondiale, le nombre d'élèves algériens musulmans scolarisés dans les écoles françaises restera étonnamment bas (colonna1975): signe de ce déséquilibre, on trouve plus d'enfants scolarisés en français au Moyen-Orient qu'au Maghreb, alors que ce dernier est sous l'influence politique directe de la France (fremaux1991). Il en va de même pour l'université d'Alger, l'une des premières universités modernes du monde arabe, qui reste un bastion de la population européenne coloniale et exclut les étudiants musulmans (Pervillie 1984). À la veille de l'indépendance, il y aura plus d'étudiants algériens inscrits à l'université de Paris qu'à celle d'Alger.

Le contraste entre les situations politiques du Maghreb et du Moyen-Orient permet alors de comprendre pourquoi les migrations intellectuelles arabes vers la France pourront êtres investis de significations différentes. Étudiants et intellectuels originaires du Machreck peuvent continuer à voir dans la France un lieu de savoir plus que le centre d'un système de domination politique. Encore une fois, l'Égypte semble posséder le système le plus perfectionné d'échanges. Une série d'accords a été conclue pour accueillir chaque année des étudiants égyptiens; de plus, ces derniers bénéficient d'un statut juridique spécial accordé par l'État français. On ne s'étonnera pas, dans ces conditions, que les circulations leur soient profitables: éduqués en français dès leur plus jeune âge pour un certain nombre, ces étudiants viennent ensuite se former en France et, souvent, repartent exercer en Égypte des responsabilités intellectuelles ou politiques importantes. Taha Hussein viendra ainsi étudier la sociologie en Sorbonne où il sera l'étudiant de Durkheim au début du siècle. Une fois revenu au Caire, il deviendra l'un des plus grands noms de la critique littéraire arabe et, par la suite, ministre de l'Éducation nationale. Ses souvenirs parisiens mettent en avant l'ivresse de ses découvertes théoriques et montrent que des hybridations et des passages harmonieux entre savoirs européens et arabes étaient toujours possibles à cette époque.

La situation des étudiants et intellectuels du Maghreb est, par contraste, plus complexe. Tout au long de la première moitié du XXᵉ siècle, un nombre croissant d'entre eux viendra étudier ou séjourner en France. Ces migrations, plus ou moins longues, apparaîtront tout d'abord comme un moyen de contourner les restrictions d'accès à l'enseignement moderne qui subsistent dans leurs pays: d'où le paradoxe déjà signalé que, dans les années 1950, les étudiants algériens seront plus nombreux à l'université de Paris qu'à celle d'Alger. Libératoire par certains aspects, le voyage vers la France peut cependant se révéler aliénant par d'autres: l'accès à la modernité intellectuelle et politique que prétend représenter la Métropole est aussi accès à ce qui fonde sa domination sur le Maghreb. Les contradictions sont ainsi nombreuses et les choix douloureux: refuser cette modernité, c'est courir le risque d'être laissé à la traîne; l'accepter, à l'inverse, revient à reconnaître la supériorité du colonisateur. À cela s'ajoute le peu de structuration des mouvements politiques opposés à la colonisation jusqu'à la seconde guerre mondiale: leur faible écho dans l'opinion publique a longtemps empêché que se développe la possibilité d'un «droit d'inventaire» qui aurait permis aux intellectuels du Maghreb de pouvoir dissocier les avancées théoriques et scientifiques dont l'Europe était porteuse, du rapport de domination politique à travers lequel ils y ont eu accès.

On voit donc combien la situation des intellectuels arabes en France pendant la première moitié du XXe siècle a pu varier en fonction de leur origine: ceux originaires du Moyen-Orient sont moins soumis aux rapports de domination politique que leurs confrères d'Afrique du Nord et peuvent ainsi entretenir un rapport plus ouvert aux savoirs européens. La distinction entre intellectuels du Maghreb et du Machrek reste, par ailleurs, très générale et ne saurait rendre compte de la multiplicité des situations qui existent au sein de chaque ensemble: selon leur religion, leur classe sociale ou leur pays, les uns ou les autres ont pu avoir des rapports bien plus complexes à ce que leur séjour en France leur permettait de découvrir.

Si l'on veut cependant dégager certains traits structurants de cette époque, on peut retenir deux séries de phénomènes qui joueront un rôle primordial au moment de l'accès aux indépendances. Le premier touche à la politisation grandissante des intellectuels arabes présents en France dans les années qui font suite à la première

guerre mondiale. Le phénomène n'est pas nouveau, puisque l'on se souvient que le
réformisme musulman d'Afghani et d'Abduh avait connu des développements
décisifs à Paris. Quelques décennies plus tard, c'est autour d'étudiants levantins
présents à Paris (Zaki al-Arsouzi et Michel Aflaq en particulier) que seront jetées
les bases du nationalisme arabe et du parti *Baath* (Choueiri 2000). Dans ces
mêmes décennies, leurs homologues du Maghreb seront aussi de plus en plus
impliqués dans le combat réformiste et, bientôt, ouvertement indépendantiste. Le
fait de se trouver hors des frontières géographiques du monde arabe n'a donc en
rien été une limitation à l'activité politique des intellectuels arabes. Il semble plutôt
que le contraire soit vrai. En France, nombre d'intellectuels ont tout d'abord trouvé
un climat politique plus libéral que dans leurs propres pays : accès à des publica-
tions diverses, possibilités de réunions et de contacts avec les partis progressistes
ont d'autant facilité l'élaboration de revendications et de programmes politiques qui
allaient bientôt miner l'impérialisme européen.

Une deuxième série de phénomènes significatifs de ces décennies touche aux
formes de collaborations entre intellectuels français et arabes. Un certain nombre de
travaux historiographiques récents nous permettent aujourd'hui de mieux apprécier
la nature des relations qui se sont tissées entre les uns et les autres en contexte de
domination politique (Pouillon 2008). Ce point est d'autant plus important que
l'orientalisme, l'étude scientifique du monde arabe, se développe et se structure au
cours de ces années en France et que Paris devient l'un des principaux centres ori-
entalistes européens. On aurait donc pu penser que les spécialistes français du
monde arabe allaient trouver un appui précieux dans les nombreux intellectuels ar-
abes qui se trouvaient en France au même moment. Or la réalité est plus nuancée
et est riche d'enseignements sur les relations qui ont existé entre les mondes
savants européens et arabes jusqu'aux décolonisations. Certes, les Arabes ont pris
leur part à l'activité scientifique qui se développait en Europe et visait à étudier
leur culture et leur histoire : ils ont servi d'interprètes, ont aidé à exhumer des
textes, ont renseigné les savants européens sur des questions de philologie comple-
xes. Mais ce travail est souvent resté secondaire et fut marginalisé par rapport au

rôle que les savants français et européens se sont attribué. Dans les travaux qui s'écrivent alors, les collaborateurs arabes des orientalistes sont, la plupart du temps, «tout juste remerciés ou même ignorés dans la publication de l'œuvre finale à laquelle ils ont pourtant contribué par leurs compétences linguistiques, leurs connaissances pratiques ou même leur savoir sociologique» (x)

Ainsi, les intellectuels du monde arabe qui travaillent dans les nombreuses institutions scientifiques françaises ont-ils quasiment toujours été cantonnés à des tâches annexes dans la division du savoir: ils sont en général répétiteurs ou, au mieux, professeurs de langue; certains sont parfois sollicités pour leur expertise académique mais ces cas sont rares. Jusqu'à la fin des années 1950, tous les chercheurs et les universitaires spécialistes du monde arabe en France sont français; aucun n'est arabe. On touche là à l'un des paradoxes de la présence des intellectuels arabes en France: d'un côté ces derniers sont présents en nombre autour des grands centres universitaires français, maîtrisent parfaitement le français, et possèdent une connaissance de première main de la culture arabe et musulmane; de l'autre les savants français, spécialistes renommés de cette même culture, collaborent peu voire à peine avec leurs collègues arabes. On semble loin du temps où Sacy pouvait nouer des liens d'amitié avec les lettrés arabes de passage dans la capitale et où Renan et Abduh débattaient.

Les communautés scientifiques française et arabe se sont certes côtoyées et ont pu collaborer à la marge. Des liens personnels de respect et d'amitié ont également existé, fruits, le plus souvent, de personnalités exceptionnelles. Mais la rencontre véritable n'a pas eu lieu et a empêché que se développe en profondeur un travail de fécondation et d'influence réciproques. La nature même du cadre politique impérial rend en grande partie compte de cette occasion ratée. Le déséquilibre de pouvoir; les contradictions de plus en plus flagrantes entre le discours sur la civilisation et la culture françaises d'un côté, et la réalité de la domination coloniale de l'autre; l'aveuglement, enfin, des élites françaises sur la nature du fait impérial: tout cela explique pourquoi seule la décolonisation sera en mesure d'ouvrir une ère nouvelle où la présence intellectuelle arabe en France pourra être appréciée sur des bases plus égalitaires.

3.Recompositions post-coloniales (1962-aujourd'hui)

La décolonisation, et plus précisément la décolonisation de l'Algérie, aura été l'un des moments traumatiques de l'histoire de France contemporaine. Si la désagrégation progressive de l'Empire colonial français au cours des années 1940 et 1950 sera finalement acceptée comme une évolution inévitable de l'histoire, il n'en ira pas de même pour l'Algérie, vue par de nombreux Français comme une partie intégrante de la république française. Aux horreurs du conflit et aux plaies toujours vives qu'il ouvrira, s'ajoute en France la division politique grandissante qui mène le pays au bord de la guerre civile. Cependant, l'accession à l'indépendance de l'Algérie en 1962 permettra aussi de tourner la page de la période coloniale et d'engager des formes de collaboration entre intellectuels arabes et français sur une base plus égalitaire.

Ainsi, loin de mettre fin aux migrations intellectuelles arabes en France, la décolonisation va au contraire leur donner un second souffle. Dans les accords qui organisent la transition vers l'indépendance du Maroc, de l'Algérie et de la Tunisie, sont ajoutées un certain nombre de clauses relatives aux migrations estudiantines : la France s'est ainsi engagée à accueillir un nombre significatif d'étudiants issus de ces pays (ils seront entre 4500 et 5000 à venir, chaque année, au cours des années 1960) et à les former afin qu'ils puissent ensuite participer à la construction de leur pays (Geisser2000). Ces migrations d'étudiants formeront par la suite un canal important de migrations intellectuelles au sens large. Nombre de ces derniers-chercheurs, universitaires ou journalistes arabes qui résident aujourd'hui en France-y sont souvent arrivés, tout d'abord, en tant qu'étudiants. Une fois leur diplôme acquis, un certain nombre a choisi de rester en France-voire y a été contraint comme on le verra. Comme pour les périodes précédentes, il est donc difficile de séparer migrations intellectuelles et migrations d'étudiants, les premières procédant souvent des secondes. La nouveauté, cependant, de la période postcoloniale, réside dans le nombre d'étudiants accueillis chaque année: l'augmentation rend massif le phénomène migratoire et confère ainsi à la communauté intellectuelle arabe en France une importance qu'elle n'avait jamais connue par le passé.

Par ailleurs, l'origine essentiellement maghrébine de ces migrations post-indépendance introduit un deuxième élément nouveau, touchant cette fois à la composition de la communauté intellectuelle arabe en France. On a vu comment celle-ci avait longtemps été plutôt formée de Moyen-Orientaux, Égyptiens et Syro-libanais: ces derniers avaient pu bénéficier d'une éducation francophone, dans leur pays, plus diversifiée et mieux implantée qu'en Afrique du Nord; cette éducation, par la suite, leur a permis de se rendre en France avec une plus grande facilité et d'y constituer le noyau dur de la présence intellectuelle arabe. Or, à parti des années 1960, ce sont les Maghrébins qui s'imposent par leur nombre et qui renou-vellent ainsi la structure de la communauté. Plusieurs raisons expliquent cette in-version de tendance et le poids plus importants pris par les étudiants et les intellec-tuels d'Afrique du Nord.

Tout d'abord, ces derniers bénéficient d'accords d'échanges universitaires dont on a dit combien ils avaient favorisé leur venue en nombre. Or, au même moment, les étudiants du Moyen-Orient sont bien moins nombreux à venir étudier en France et à y rester. Ils peuvent en effet désormais jouir d'un enseignement universitaire moderne et de qualité dans leurs pays, mis en place par les autorités au moment d'une accession à l'indépendance plus précoce qu'au Maghreb: il ne leur est donc plus nécessaire ou important de venir jusqu'en France chercher des savoirs accessi-bles dans les universités nationales. À l'inverse, la mise sur pied de ces universités prit plus de temps dans les pays d'Afrique du Nord qui acquirent leur indépendance plus tardivement: le passage par la France continua alors de faire sens, l'acquisition d'un diplôme français étant vue à la fois comme un symbole de réussite individuelle et comme une manière de venir contribuer, ensuite, à la con-struction de nations indépendantes. Certes, le développement de ces circulations entre le Maghreb et la France ne mit pas complètement fin à celles originaires du Moyen-Orient: ces dernières se poursuivirent mais sur un rythme moins soutenu que lors des décennies précédentes. Mais elles resteront moins nombreuses que celles venant du Maghreb, qui s'imposent, en cette période de liberté postcoloniale, par leur proximité géographique et culturelle avec l'ancienne Métropole, conférant à la communauté des étudiants et intellectuels arabes une structure nouvelle et ouvrant ainsi une nouvelle période de son histoire.

À cette modification dans la composition de la diaspora intellectuelle arabe s'ajoute en effet un changement d'attitude plus général touchant aux rapports que cette dernière entretient avec la France. Une plus grande égalité est de rigueur, le monde arabe étant désormais composé de nations indépendantes et libres qui ne se privent pas de reprocher à l'Europe, et particulièrement à la France, son passé colonial. Ici encore les migrations intellectuelles ne peuvent êtres isolés d'un cadre politique plus large ; à la différence des périodes précédentes, cependant, ce même cadre est désormais plus favorable aux intellectuels arabes puisqu'il pousse à rechercher des formes de collaboration égalitaires que la colonisation avait empêchées. On en trouverait une illustration frappante dans le domaine de l'orientalisme, dont on a brièvement dit un mot plus haut. On l'a vu, les intellectuels arabes ont été tenus en marge de la production scientifique française sur le monde arabe, cantonnés à des tâches annexes. Cette situation commence à évoluer, sur fond de décolonisation, dans les années 1950. Nombre de spécialistes français et européens du monde arabe commencent alors à prendre conscience du fait qu'ils étudient une civilisation en plein bouleversement politique. Plusieurs, d'ailleurs, prennent parti pour les décolonisations, usant de leur nom et de leur influence au service de la cause arabe (Berque [1961] 2001). Cette réflexion critique touche jusqu'aux fondements des disciplines scientifiques françaises : pour la première fois la question de l'absence des intellectuels arabes dans les structures orientalistes est posée dans toute son acuité. Les savants européens s'accordent pour favoriser leur entrée dans la discipline et faire ainsi évoluer des savoirs qui, bien que portant sur le monde arabe, ont été incapables d'associer la contribution des lettrés arabes.

Une telle réflexion est rendue d'autant plus nécessaire que les intellectuels arabes se sont engagés, de leur côté, dans une critique profonde des savoirs occidentaux. Selon les termes d'Anouar Abd-el-Malek, sociologue communiste égyptien travaillant en France, les peuples colonisés ont longtemps été l'objet du regard scientifique européen; or, à la faveur des décolonisations, ils sont devenus des sujets de plein droit, entendant parler par et pour eux-mêmes (Abd-el-malek1963). De fait, les indépendances se sont traduites par la mise en place d'universités et de centres de recherches nationaux, permettant aux Arabes de devenir les producteurs d'un discours propre sur leur histoire et leur culture. À l'inverse, le discours occidental sur le monde arabe s'est trouvé discrédité pour ses liens avec la période coloniale poussant, ici aussi, à inventer de nouvelles manières de parler du monde arabe où les Arabes auraient pleinement leur mot à dire.

Les années 1960 marquent ainsi le début d'une période où les intellectuels arabes vont pleinement entrer dans les structures universitaires et de recherche françaises. Pour la première fois, donc, ils ne seront pas cantonnés à des positions subalternes, mais bénéficieront d'une pleine reconnaissance institutionnelle en devenant chercheurs ou universitaires. La rupture n'est pas seulement évidente par rapport à la marginalité dans laquelle ils ont été tenus auparavant; elle leur permet surtout d'occuper une position officielle qui leur donnera poids et influence dans les débats savants et politiques. Un certain nombre de figures intellectuelles importantes émergent alors tel, par exemple, Mohamed Arkoun. Né en 1928 en Algérie alors française, Arkoun vient dans les années 1950 réaliser sa thèse à l'Institut d'Études Islamiques de la Sorbonne. Chercheur brillant, il est intégré au milieu universitaire français qui, comme on l'a vu, cherche dans ces années à s'ouvrir aux chercheurs arabes. Après différents postes d'enseignement en France, il devient professeur aux universités de Paris et directeur de divers instituts de recherche sur le monde arabe. Ces positions officielles lui confèrent une légitimité à intervenir dans le débat intellectuel: auteurs de nombreux articles scientifiques et de plusieurs ouvrages sur l'islam, il devient l'une des grandes voix musulmanes contemporaines. Partisan d'un islam pleinement ouvert aux apports intellectuels et scientifiques de l'Occident, il plaide pour une religion en phase avec l'époque

moderne. Écrivant en français et résidant à Paris, il est en même temps un auteur
de référence pour les Musulmans du monde entier, du Maroc à l'Indonésie, exem-
plifiant la fécondité de ce qu'Alain Roussillon a pu nommer les «laboratoires de
l'immigration» (Roussillon 2005), soit la force d'expérimentation créatrice qu'offre
à des intellectuels leur position diasporique.

La figure de Mohamed Arkoun montre combien la décolonisation aura su
ouvrir une nouvelle période des relations entre les intellectuels arabes et la France.
Si, comme on a pu le voir, leur présence y a été ancienne etcontinue tout au long
des XIXe et XXe siècles, ce n'est néanmoins qu'après les années 1960 que leur
activité intellectuelle parvint à se développer pleinement, une fois dégagée des rap-
ports de domination politique. Ainsi, dans ces années, Paris devient, selon les
termes de l'écrivain Abd-el-Rahman Mounif, «la capitale des Arabes» (cité dans
Ajami 1999). Capitale certes paradoxale car excentrée et hors des frontières
géographiques du monde arabe proprement dit. Capitale à sa façon, néanmoins, en
ce que des intellectuels originaires de toutes les parties du monde arabe y résident
et y travaillent. Nombreux sont les savants, les écrivains (mais aussi les journaux
et les revues) qui y trouvent inspiration, refuge ou simplement un lieu de
recherche et de discussion propice à leurs travaux. Le climat contestataire ou
révolutionnaire des années 1960 a sûrement été favorable à ces échanges et au
développement de divers projets, souvent indissociablement politiques et intellectu-
els. Mais ce nouveau souffle que connaissent les relations franco-arabes a aussi été
l'effet de décisions politiques et diplomatiques plus officielles prises par le Général
de Gaulle : soucieux de tourner la page de la guerre d'Algérie, ce dernier engage
une nouvelle politique arabe qui comportera un important versant scientifique et
culturel. La France se dote ainsi de centres de recherche modernes et reconnus sur
le monde arabe et renforce sa présence dans les écoles et les universités du Magh-
reb et du Moyen-Orient. Ce dispositif tend à renforcer les flux déjà importants de
circulation entre le monde arabe et la France.

Inscrites dans le temps long de l'expansion impérialiste européenne du XIXe
siècle et de ses soubresauts, les migrations intellectuelles arabes en France ont

également été influencées par des événements historiques plus ponctuels. Tel fut en particulier le cas avec les changements politiques et sociaux qu'ont connus les pays arabes dans les dernières décennies. L'incapacité d'un certain nombre de nations nouvellement indépendantes à impulser un décollage économique suffisant pour poser les bases d'un système de recherche et d'enseignement supérieur efficace, a tout d'abord été un facteur de départ pour un certain nombre d'intellectuels. Nombreux sont ceux qui, diplômés des universités françaises, choisirent de rentrer dans leurs pays pour y participer à l'effort de construction nationale ; mais nombreux seront aussi ceux qui, désabusés, feront le chemin inverse dans l'espoir de trouver, en Europe, des conditions de recherche et d'enseignement plus satisfaisantes : leurs fortunes seront diverses, certains parvenant à s'intégrer avec succès aux structures intellectuelles françaises, d'autres devant se contenter de la vie plus précaire qui fut celle de nombreux intellectuels en exil à l'époque moderne.

Parallèlement à, et souvent de concert avec ces difficultés économiques, l'histoire politique post-indépendance des pays arabes a également été un facteur important de migrations vers l'Europe et vers la France en particulier. De manière générale, nombre d'intellectuels arabes avaient été de fervents soutiens des décolonisations et des jeunes États qui en étaient sortis. Les mouvements indépendantistes leur promettaient par ailleurs une place de choix dans leur projet politique, puisque c'est à eux qu'incombaient un certain nombre de tâches cruciales dans les années 1950 et 1960 (mise en place d'un système d'enseignement nouveau, décolonisation des savoirs, arabisation, etc.). Dans les années 1970, l'enthousiasme initial commença à laisser progressivement la place à la déception, nombre de promesses n'ayant pas été réalisées. Le durcissement du climat politique qui s'en suivit incita alors plusieurs intellectuels à quitter leur pays.

L'exemple le plus extrême et tragique de l'incidence du politique sur les migrations est fourni par l'Algérie qui connut, durant les années 1990, une guerre civile meurtrière. Les intellectuels furent parmi les premières victimes pour leurs liens supposés avec l'Europe et l'ancien colonisateur. Suite aux premières exécutions qui visèrent des journalistes, des universitaires ou des écrivains, des réseaux de solidarité se mirent en place pour permettre aux intellectuels menacés de se réfugier en France. La présence d'une forte communauté franco-algérienne sur place joua efficacement le rôle d'intermédiaire entre les deux pays. De plus, un certain nombre d'intellectuels français reconnus-tels Pierre Bourdieu ou Jacques Derrida-prirent la tête de comites de soutien aux intellectuels algériens (l'un comme l'autre entretenaient des liens anciens avec l'Algérie: Bourdieu a débuté sa carrière d'anthropologue en Algérie alors que Derrida y est né et y a été élevé). Ainsi, trente ans après la décolonisation des liens complexes mais profonds unissaient toujours un certain nombre d'intellectuels arabes à la France: liens complexes où le présent continue d'être informé par l'histoire, y compris dans ses aspects les plus noirs; liens suffisamment profonds, néanmoins, pour échapper au strict déterminisme de cette même histoire et produire des collaborations et des hybridations originales.

4.Conclusion

L'analyse de deux siècles de migrations intellectuelles arabes en France fait apparaître combien on ne saurait isoler ce phénomène d'un certain nombre de déterminations politiques plus globales. On peut en effet poser qu'il y a eu développement de migrations significatives et continues à partir du moment où les liens politiques entre le monde arabe et l'Europe se sont redéfinis, au tournant des XVIIIe et XIXe siècles, pour donner naissance à des formes d'interdépendances nouvelles: domination économique puis politique occidentale d'un côté, nécessité de s'ouvrir aux savoirs européens modernes du côté arabe. Les migrations intellectuelles ont été l'une des formes des échanges qui se sont mis en place, en relation avec d'autres évolutions évoquées dans cet article: développement d'un enseignement français dans le monde arabe, francisation des élites, occidentalisation des cursus et des savoirs scientifiques, etc. Ces divers changements permettaient de repérer trois périodes principales. Une période pré-impériale, tout d'abord pendant laquelle les incursions en terres arabes de l'Europe amènent à une redécouverte de ses savoirs, tout en laissant encore ouverte la possibilité d'un rapport égalitaire. Une période coloniale, ensuite, au cours de laquelle les formes de domination économiques et politiques qui s'imposent rendent plus problématiques les transferts de savoir, sans y mettre jamais fin néanmoins. Enfin, après 1960, les décolonisations imposent un ordre politique renouvelé et plus équilibré. Dans chacun des cas, les principales caractéristiques de la diaspora intellectuelle arabe en France-que sa position même inscrit à l'interface des mondes arabe et européen-ont donc été en grande partie déterminées par ces ensembles de rapports politiques.

On a cependant cherché à montrer que les relations qui se sont tissées entre ordres intellectuel et politique doivent être appréhendées avec circonspection. Si, comme le rappellent avec force les analyses séminales de Gramsci (1978) ou Bourdieu (1984), les mondes intellectuels sont-comme tous les univers sociaux-traversés par des déterminations sociopolitiques, il n'en reste pas moins que l'on ne saurait apprécier leur fonctionnement comme un simple décalque du politique. En l'occurrence, que les migrations intellectuelles arabes soient liées au phénomène impérial n'implique pas qu'elles puissent être entièrement réduites aux formes de domination qui l'ont accompagné. On a vu comment, parmi les intellectuels arabes résidant en France, divers groupes sociaux et nationaux avaient pu avoir des relations variées aux savoirs occidentaux. Plus encore, il faut redire combien l'expérience proprement intellectuelle des uns comme des autres a toujours été ambivalente et plurielle: la domination politique n'a jamais rendu impossibles les échanges de théories et d'idées, les processus d'inculturation et d'hybridation. Si l'on ne saurait donc comprendre les migrations intellectuelles arabes en France sans tenir compte du rapport colonial, on ne saurait non plus négliger que ce rapport a donné lieu à des reconfigurations intellectuelles multiples (sur ces questions, voir Bertrand 2006; Sibeud 2011).

References

Abd-el-Malek, Anouar. 1963. «l'Orientalisme en crise». *Diogène*, n°. 44 : 109-142.

Ajami, Fouad. 1999.*The Dream Palace of the Arabs* : *A Generation's Odyssey*. Vintage.

Berque, Jacques. (1961) 2001. «Pour l'étude des sociétés orientales contemporaines». *In Opera Minora III*, 131-132. Bouchene.

Bertrand, Romain. 2006. *Mémoires d'empire, la Controverse autour du «fait colonial»*. Le Croquant/Raisons d'agir.

Bourdieu, Pierre.1984. *Homo Academicus*. Minuit.

Choueiri, Youssef. 2000.*Arab Nationalism, A History*. Blackwell.

Colonna, Fanny. 1975.*Instituteurs algériens* 1883-1939. Presses de la Fondation Nationale des Sciences Politiques.

Description de l'Egypte. 1994. Taschen.

Frémaux, Jacques. 1991.*La France et l'Islam depuis* 1789. PUF.

Geisser, Vincent. 2000.*Diplômés maghrébins d'ici et d'ailleurs*. Editions du CNRS.

Gramsci, Antonio. 1978.*Carnets de Prison*. Gallimard.

Horowitz, Daniel, et Gérard Noiriel, edir. 1992.*Immigrants in Two Democracies : French and American Experiences*. New-York University Press.

Louca, Anouar. 1991. «Rifa'a Al-Tahtawi (1801-1873) et la science occidentale». *D'un Orient l'Autre* 2 : 201-218.

Luizart, Pierre-Jean. 2006.*Le Choc colonial et l'islam*. La Découverte.

Noiriel, Gérard. 1988.*Le Creuset français*. Le Seuil.

Pervillié, Guy. 1984. *Les Étudiants algériens de l'université française*, 1880-1962. Editions du CNRS.

Pouillon, François, dir. 2008. *Dictionnaires des orientalistes de langue française*. IISMM & Karthala.

Roussillon, Alain. 2005.*La Pensée islamique contemporaine*. Téraede.

Saïd, Edward. 1978.*Orientalism*. Verso.

Sibeud, Emmanuelle, dir. 2011. « Décolonisation et sciences humaines ». *Revue d'Histoire des Sciences Humaines* (24).

Smouts, Marie-Claude, dir. 2007. *La Situation postcoloniale*. Presses de la Fondation nationale des sciences politiques.

作者介绍· Auteurs· About authors

Maurizio AMBROSINI, PhD, is a Full Professor of Sociology of Migrations, Faculty of Political Sciences, University of Milan. He is the director of the "Mondi migranti" journal, the first Italian journal of the sociology of migration. He is Chairperson of the degree in "Social Sciences for Globalization" at the University of Milan; the scientific director of the Centre for Migration Studies Medì-migrations in the Mediterranean-in Genoa; the Director of the Genoa's Sociology of Migrations Summer School.

His research focuses on immigration and the labour market; self-employment; migrant families and networks; youths of migrant origin.

毛里齐奥·安布洛西尼博士,任米兰大学政治系移民社会学正教授。他是意大利第一个移民社会学杂志——《移民世界》杂志的主编。他是米兰大学"全球化社会科学"学位的负责人,热那亚地中海移民研究中心科研主任,热那亚移民社会学暑期学校主任。

他主要研究移民和劳动力市场、独立经营、移民家庭和网络、移民后代青年。

Thomas Brisson, maître de conférences en science politique à l'université Paris 8 et chercheur au LabTop (Laboratoire Théories du Politique) a publié en 2008 *Les intellectuels arabes en France: migrations et échanges intellectuels* (La Dispute). Il prépare actuellement un ouvrage sur les diasporas intellectuelles postcoloniales, en particulier autour des intellectuels arabes, indiens et néo-confucéens aux États-Unis.

多玛·布里松,巴黎第八大学政治学讲师,政治理论实验室(LabTop)研究员,于 2008 出版《阿拉伯知识分子在法国:移民与学术交流》("争论"出版社);目前正在写作一本关于后殖民知识分子的离散、尤其是在美国的阿拉伯、印度以及新儒家的知识分子的专著。

Felix B. CHANG is Visiting Assistant Professor and the Director of the Institute for the Global Practice of Law at the University of Cincinnati College of Law. He received his JD from University of Michigan Law School and his BA from Yale. His prior publications include Chinese Migrants in Russia, Central Asia and Eastern Europe (Routledge 2011).

张邦庆是辛辛那提大学法学院的客座助理教授。他在耶鲁大学获得学士学位,在密西根大学获得法律职业博士学位(JD)。他之前的出版物中包括了《俄罗斯、中亚和东欧的中国移民》一书(2011 年,劳特利奇出版社)。

Anna KRASTEVA is doctor honoris causa of University Lille 3, France. She is director of CERMES (Centre for Refugees, Migration and Ethnic Studies) at the New Bulgarian University. She has edited more than twenty books and published articles in Bulgaria, USA, France, UK, Belgium, Russia, Switzerland, Germany, FYROM, Slovakia, Greece, Serbia, Turkey, Italy, the Netherlands, and Romania. She is editor-in-chief of the *Southeastern Europe* (Brill), member of the editorial board of Nationalism and ethnic politics (Routledge) and of other international journals. She worked as fellow at the Institute for advanced studies in Nantes, France (January-June 2010). Migration, ethnicity, citizenship, digital diaspora are among her main fields of research and teaching. She has been guest professor at several European universities. Anna Krasteva is member of a number of international scientific boards, e.g. of the Centre for Central, Eastern and Balkan Europe of the University of Bologna, of the Reseau des Maisons des Sciences de l'homme in France. She is an independent expert monitoring and evaluating projects for the European Commission, experienced in leadership and participation in numerous national, regional, and international projects.

安娜·克勒斯泰娃是法国里尔三大荣誉博士。她是新保加利亚大学

Cermes(难民、移民和族群研究中心)主任。她曾主编超过 20 本书籍,并在保加利亚、美国、法国、英国、比利时、俄罗斯、瑞士、德国、马其顿、斯洛伐克、希腊、塞尔维亚、土耳其、意大利、荷兰和罗马尼亚发表文章。她是《东南欧》杂志(布里尔出版社)主编,《民族主义和族群政治》(劳特利奇出版社)和其他国际期刊的编辑委员会成员。她曾在法国南特高级研究学院担任研究员(2010 年 1—6 月)。她的主要研究和教学领域包括移民、族群、公民身份及数字散居。她曾在欧洲多个大学任客座教授,也是多个国际科学委员会成员,如:博洛尼亚大学中欧、东欧和巴尔干地区研究中心,法国人类科学之家网络。她以独立专家身份,为欧洲委员会进行项目的监测和评估,具有许多国家、区域和国际项目的参与和领导经验。

Mirjana MOROKVASIC is a research director and professor emeritus at the CNRS-Centre National de la Recherche Scientifique, Paris. In France she taught at the at the Université de Lille and University Paris X and was a visiting fellow and professor at a number of universities abroad. Among others she was "Marie Jahoda Professor" at the Ruhr University Germany in 1999/2000; International Dean of the International Women's University, Hanover 2000; a Guest professor at the Institute for Gender Studies, Ochanomizu University, Tokyo. Her research focuses on migration, identity processes, transnationalism and gender and privileges a comparative perspective. Her numerous publications in several languages include articles in referee journals and, among books: *Crossing Borders and Shifting Boundaries: Gender on the Move* (2003) *co-edited with Umut Erel and Kyoko Shinozaki; Femmes, genre, migrations et mobilités* (2005), a special issue of *Revue Européenne des migrations internationales* co-edited with Christine Catarino; *Migration and Mobility in an enlarged Europe: A gender perspective*, co-edited with Sigrid Metz. Göckel and A. Senganata Münst (2008). Her new co-edited book on *Paradoxes of Integration: Female Migrants in Europe* (with Floya Anthias and Maria Kontos) will be published in Fall 2012.

米里亚娜·莫罗克瓦西奇为巴黎法国国家科学研究中心的研究总监和名誉教授。她曾在法国里尔大学和巴黎第十大学任教,并曾在一些国外大学的访问学者和教授。她在 1990—2000 年时曾为德国鲁尔大学的玛丽霍达教授（Marie Jahoda Professor）；2000 年时在汉诺威德国国际女子大学担任学院院长；2001 年担任东京御茶水女子大学性别研究所客座教授。她的研究主要集中在移民、认同的过程、跨国主义、性别和基本权利的比较观点。她著有许多翻译成不同语言的出版物，包括在专业学术期刊中的文章。其著作有：2003 年与乌木·埃雷尔（Umut Erel）和筱崎香子（Kyoko Shinozaku）共同编辑的"跨越国界和边界转移——性别上的移动"（Crossing Borders and Shifting Boundaries. Gender on the Move）. 2005 年与克里斯汀·卡塔里诺（Christine Catarino）共同编辑欧洲国际移民特刊《妇女、性别、迁移与流动》（Femmes, genre, migrations et Mobilités），2008 年与西格丽德·梅兹·苟葛（Sigrid Metz. Gockel）和桑格那塔·姆斯（A. Shenganata Mu nst）合编《在性别观点之下，边界扩大后的欧洲其人口迁移与流动》（Migration and Mobility in an enlargen Europe. A gender perspective），她将于 2012 年秋季出版她和佛雅·安迪雅（Floya Anthias）和玛丽亚·康托斯（Maria Kontos）合编《悖论的集成——欧洲的女性移民"（Paradoxes of Integration. Female Migrants in Europe）。

Claude Mouchard est né en 1941. Professeur émérite à l'Université à Paris 8, rédacteur en chef adjoint de la revue Po&sie, il est l'auteur de plusieurs recueils poétiques (dont L'air, editions Circé 1997; Papiers !, éditions Laurence Teper 2007) ou critiques (dont Un *grand désert d'hommes*, éditions Hatier 1991; *Qui si je criais . . .?*, éditions Laurence Teper 2007).

克洛德·穆沙生于 1941 年，曾长期任教于巴黎第八大学，教授法国文学及比较文学，为文学系终身名誉教授。担任巴黎《诗 & 歌》杂志副主编。发表诗集和文学评论集多部。主要作品有诗集《空中》（1997 年，巴黎喀耳刻出版社）、《证件》（2007 年，巴黎劳伦丝·泰柏出版社），评论集《人的大漠》（1991 年，巴黎哈梯耶出版社）、《谁，如果我呼喊……?》（2007 年，巴黎劳伦丝·泰柏出版社）等。

Pierre Pachet a enseigné la littérature dans diverses universités françaises (Paris 7-Denis-Diderot en dernier lieu) et américaines. Il est l'auteur de récits autobiographiques, de récits de voyages (en particulier en Europe de l'Est), d'essais sur la littérature, sur le sommeil, sur l'intime: Autobiographie de mon père,

Devant ma mère, Le voyageur d'Occident, Les baromètres de l'âme, la naissance du journal intime, Nuits étroitement surveillées, et en dernier lieu Sans amour.

皮埃尔·巴歇曾在多所法国高校(最后任教于巴黎七大)和美国高校教授文学。他著有自传、游记(主要为东欧游记),有关文学、睡眠、私密性的随笔,作品有《父亲的自传》、《在母亲面前》、《西方游客》、《灵魂晴雨表》、《私密日记的诞生》、《严密监视的夜》以及《没有爱情》。

她主要以比较法研究移民、认同过程、跨国主义和性属等问题。她的众多作品被翻译成不同语言出版,包括在专业学术期刊中的文章。其著作有:2003年与乌木·埃雷尔(Umut Erel)和筱崎香子(Kyoko Shinozaku)共同主编的《跨越国界和边界转移——性别上的移动》,2005年与克里斯汀·卡塔里诺共同主编的欧洲国际移民特刊《妇女、性别、迁移与流动》,2008年与西格丽德·梅兹·苟葛、桑格那塔·姆斯合编的《边界扩大后的欧洲其人口迁移与流动:性属的观点》,以及于2012年和佛雅·安迪雅、玛丽亚·康托斯合编的《整合的悖论——欧洲的女性移民》。

François-Olivier SEYS, a soutenu en 1994 un doctorat sur les dynamiques démographiques en Allemagne au moment de l'unification. En septembre 1995, il est nommé Maître de Conférences à l'Université Lille 1 où il reste 5 ans. Cette première expérience d'universitaire va lui permettre d'étendre ses champs de recherche aux dynamiques démographiques dans l'ensemble de l'Europe postcommuniste en étant accueilli dans des universités russes, roumaines et surtout slovaques. De 2000 à 2008, il met sa carrière universitaire entre parenthèses et part en détachement pour le Ministères des Affaires Etrangères en Slovaquie puis au Kazakhstan. A son retour à l'Université Lille 1 en 2008, il reprend ses activités d'enseignant chercheur. En mai 2012, il vient d'être élu Vice-président chargé des relations internationales de l'Université Lille 1. Dans la cadre de ces fonctions, il continue à mener des recherches sur l'espace postcommuniste en ajoutant des études sur l'Asie centrale et a publié plus d'une vingtaine articles sur le Kazakhstan, la Russie, la Slovaquie et les nouveaux Länder de l'Allemagne. De même, il a élargi sa thématique de recherche en s'intéressant à l'intégration de la variable démographique dans les projets d'aménagement et d'urbanisme des villes d'Europe centrale et orientale. Il est membre du comité de lecture de la revue «Espace, Populations, Sociétés».

弗朗索瓦-奥利维耶·塞斯 1994 通过了博士论文的答辩,主题为德国统一时刻的人口动力学。自 1995 年 9 月起,他在里尔大学担任了五年助理教授。在这一职务上他曾前往俄罗斯、罗马尼亚和斯洛伐克的大学交流,进而将研究领域延伸到欧洲后共产国家的人口动力。2000 年至 2008 年之间,他暂停大学的研究生涯,为法国外交部服务,先后被派驻斯洛伐克和哈萨克斯坦。2008 年他重回里尔大学执教,并在 2012 五月当选该校国际事务副校长。在这一岗位上,他继续研究后共产空间,并且将研究主题扩展到中亚国家,发表了二十多篇关于哈萨克斯坦、俄罗斯、斯洛伐克和德国新增各邦的文章。同时,他还将研究主题延伸到中欧与东欧城市规划计划中的人口变量。他是学术期刊《空间、人口、社会》的编审委员会委员。

Géographe, ancien élève de l'École normale supérieure Fontenay-Saint-Cloud, ancien membre de l'École française de Rome, agrégé et docteur en géographie, **Serge WEBER** est actuellement maître de conférences à l'Université Paris-Est Marne-la-Vallée. Après une thèse sur les migrations est-européennes en Italie, il oriente ses recherches sur les politiques migratoires dans l'espace Schengen, les questions de genre en migration et les approches de la mobilité dans le cadre du laboratoire Villes Mobilités Transports.

地理学家塞尔日·韦伯是巴黎马恩·瓦雷东巴黎大学的副教授,曾就读于 Fontenay-Saint-Cloud 高等师范学校并服务于罗马法国学院。完成了关于意大利东欧移民的博士论文之后,隶属于"城市,流动性,交通运输"研究中心的他将研究重点转向申根国境中的移民政策,移民流动中的性别面向以及关于流动性的各种研究取向。

Catherine WIHTOL DE WENDEN est auteur de très nombreux ouvrages, articles, chapitres d'ouvrages et numéros de revues sur le phénomène migratoire, en français et en anglais. Expert auprès de l'OCDE (1986, 1992), du Conseil de

l'Europe (1992-1995), de la Commission européenne (vice-présidente du groupe
COST A2 Migrations DG V et DG XII) et du Haut Commissariat aux Réfugiés des
Nations Unies (ERAC, 1996-2000), présidente du groupe de recherche Migra-
tions (Research Commitee 31) de l'Association internationale de Sociologie depuis
2002. Membre de la Commission nationale de déontologie de la sécurité de 2003 à
2009. Membre de la Section 40 (Science Politique) du Comité National du CNRS
(instance d'évaluation des chercheurs) de 2004 à 2008, membre des instances
d'évaluation de l'ANR depuis 2007, membre du conseil scientifique de la région
Île-de-France de 2006 à 2010. Membre des comités de rédaction *d'Hommes et Mi-*
grations, *de Migrations Société*, *d'Esprit*, *de Modern and Contemporary France*, *de*
Projet et d'Anatoli (Université Paris I). Enseignante à l'Institut d'Études Politiques
de Paris au Master Europe, à l'École doctorale de Sciences Po et co-responsable
du programme de recherche du CERI: Migrations et relations internationales
depuis 2005.

　　卡特琳娜·维托尔·德·文登著作颇丰,用法语和英语发表了许多关于
移民现象的专著、文章、合著以及期刊。曾担任经济合作与发展组织(OCDE:
1986 年、1992 年)、欧洲委员会(1992 年—1995 年)、欧盟委员会以及联合国
难民署(欧洲研究区域委员会 ERAC,1996 年—2000 年)的专家;自 2002 年,
任国际社会学会移民研究组(第 31 研究委员会)负责人;2003 年至 2009 年,
国家安全伦理委员会(CNDS)成员;2004 年至 2008 年,国家科学研究中心
(CNRS)全国委员会(研究员评估机构)第 40 部(政治科学)成员;自 2007 年
国家科研署(ANR)评估机构成员;2006 年至 2010 年,法兰西岛大区科学委员
会成员。任《人类与移民》、《移民社会》、《精神》、《现当代法国》(英文),《计
划》以及《阿纳多里》(Anatoli·巴黎第一大学)等期刊的编委会成员。任教于
巴黎政治研究所的欧洲硕士项目和巴黎政治学院博士院;自 2005 年起,担任
国际研究中心移民与国际关系研究项目的共同负责人。